# Greek Corporate Governance Legislation

Law 4706/2020 and Regulatory Acts

# Greek Corporate Governance Legislation

## Law 4706/2020 and Regulatory Acts

John A. O'Shea & Daniel A. Webber

LEX GRAECA

**LEX GRAECA**

Greek Corporate Governance Legislation
Law 4706/2020 and Regulatory Acts

First edition published 2021

Typesetting: Peter J. Merrigan
Art Director: Thespina Stephanides

Lex Graeca
London

ISBN: 978-1-8384106-0-5

**Note to Readers – Disclaimer**

This publication is designed to provide an accurate and authoritative translation of the legislation and regulatory decisions covered. Appropriate diligence has been shown in preparing the translation and the translated legal provisions are as they stand on the date of publication.

It is sold on the understanding that the publisher is not engaged in providing legal or advisory/consultancy or other such professional services in general and in relation to the matters translated in particular. If legal advice or other expert assistance is required, the services of a competent professional person in the jurisdiction concerned should be sought.

Readers should also be aware more recent developments and amendments to the original Greek legislation may have occurred since the time of publication and primary sources in Greek should always be consulted in cooperation with your legal advisors to ensure that they are basing decisions on the most recent version of the legislation.

No responsibility for loss caused to any individual or organization acting on or refraining from action as a result of the translated material in this publication can be accepted by Lex Graeca or the authors.

# Acknowledgments

We feel the need to note and acknowledge that this translation would not have been possible without the Panhellenic Association of Translators (www.pem.gr), which introduced the authors to each other and sparked collaboration on the Lex Graeca series of translations. We must also thank Peter Merrigan for typesetting the text and preparing it for publication, Thespina Stephanides for the art direction, as well as Professor Helen Xanthaki for her insightful introduction and feedback.

# Table of Contents

Introduction.................................................................................................1

Foreword ...................................................................................................9

Νόμος Υπ' Αριθμ. 4706/2020..................................................................22

Law 4706/2020 ........................................................................................23

Εγκύκλιος αρ. 60 .....................................................................................190

Circular No. 60.........................................................................................191

Απόφαση 1Α/890/18.9.2020....................................................................206

Decision 1Α/890/18.9.2020 .....................................................................207

Απόφαση 1/891/30.9.2020.......................................................................224

Decision 1/891/30.9.2020.........................................................................225

Απόφαση 1/893/16.10.2020......................................................................238

Decision 1/893/16.10.2020.......................................................................239

Παράρτημα I: Πληροφοριακό Δελτίο ........................................................250

Annex I: Prospectus .................................................................................251

Greek to English Glossary ........................................................................288

English to Greek Glossary .........................................................................294

# Introduction

## Better Legislation in Greece

*Better legislation: what is it?*

Legislation is just a regulatory tool. Regulation is the process of putting government policies into effect to the degree and extent intended by government[1]. The regulatory tools available to governments are diverse[2], but legislation remains the most popular and trusted tool for putting policies into effect. And so legislative quality is a contribution[3] to regulatory quality. As regulators use efficacy (the extent to which they achieve their policy goals[4]) as their measure of success, drafters use the ability of their legislative text to achieve efficacy as their own measure of success[5]. So, whereas regulators have concrete and factual criteria of achievement, drafters suffer

---

1    See National Audit Office, Department for Business, Innovations and Skills, 'Delivering regulatory reform', 10 February 2011, para 1.

2    See A. Flueckiger, 'Régulation, dérégulation, autorégulation : l' émergence des actes étatiques non obligatoires' (2004) 123 *Revue de droit suisse* 159; Better Regulation Task Force (BRTF), 'Routes to Better Regulation: A Guide to Alternatives to Classic Regulation', December 2005; See J. Miller, James, 'The FTC and Voluntary Standards: Maximizing the Net Benefits of Self-Regulation' (1985) 4 *Cato Journal* 897; OECD Report, 'Alternatives to traditional regulation', para 0.3; and also OECD, *Regulatory Policies in OECD Countries: From Interventionism to Regulatory Governance* (Paris, OECD, 2002).

3    See R Heaton 'Foreword' in Cabinet Office, Office of Parliamentary Counsel *When Laws Become Too Complex*, 16 April 2013, https://www.gov.uk/government/publications/when-laws-become-too-complex/when-laws-become-too-complex; also see J. P. Chamberlain, 'Legislative drafting and law enforcement' (1931) 21 *Am.LabLegRev* 235, 243.

4    See N. Gunningham and D. Sinclair, 'Designing Smart Regulation', http://www.oecd.org/dataoecd/18/39/33947759.pdf, 18; and also R. Baldwin, 'Is Better Regulation Smarter Regulation?' (2005) *Public Law* 485, 511.

5    See C. Timmermans, 'How Can One Improve the Quality of Community Legislation?' (1997) 34 *Common Market Law Review* 1229, 1236–7.

from an inevitable abstract criterion for achievement[6] that is their text's ability to produce efficacy[7]. The term used to express the ability of legislation to produce the desired regulatory results is effectiveness. The term is used by various sources without definition[8.]

Academics define effectiveness as the extent to which the observable attitudes and behaviours of the target population correspond to the attitudes and behaviours prescribed by the legislator[9]; as a term encompassing implementation, enforcement, impact, and compliance[10]; as the degree to which the legislative measure has achieved a concrete goal without suffering from side effects[11]; as the extent to which the legislation influences in the desired manner the social phenomenon which it aims to address[12]; as the consideration and respect of the implementation and enforcement of legislation to be enacted[13]; or as a measure of the causal relations between the law and its effects: an effective law is one that is respected or implemented, provided that the observable degree of respect can be attributed to the norm[14]. So, an effective law is one that can (i) foresee the main projected outcomes and use them in the drafting and formulation process; (ii) state clearly its objectives and purpose; (iii) provide for necessary and appropriate means and enforcement measures; (iv) assess and evaluate real-life effectiveness in a consistent and timely manner[15].

---

6       See Office of the Leader of the House of Commons, *Post-legislative Scrutiny – The Governments Approach*, March 2008, para 2.4.

7       See H. Xanthaki, 'On Transferability of Legal Solutions' in C. Stefanou and H. Xanthaki (eds.) *Drafting Legislation, A Modern Approach*, above, n 19, 6.

8       See 'European Governance: Better law-making', Communication from the Commission, COM(2002) 275 final, Brussels, 5.6.2002; also see High Level Group on the Operation of Internal Market, 'The Internal Market After 1992: Meeting the Challenge – Report to the EEC Commission by the High Level Group on the Operation of Internal Market', SEC (92) 2044; also see Office of Parliamentary Counsel, 'Working with OPC', 6 December 2011; and OPC, 'Drafting Guidance', 16 December 2011.

9       See L. Mader, 'Evaluating the effect: a contribution to the quality of legislation' (2001) 22 *Statute Law Review* 119, 126.

10      See G. Teubner, 'Regulatory law: Chronicle of a Death Foretold' in Lenoble (ed), *Einfuhrung in der Rectssoziologie* (Darmstadt, Wissenschaftliche Buchgesellschaft, 1987) 54.

11      See G Muller and F Uhlmann *Elemente einer Rechtssetzungslehre* Zurich, Asculthess, 2013) 51-52.

12      See I. Jenkins, *Social Order and the Limits of the Law: a Theoretical Essay* (Princeton, Princeton University Press, 1981) 180; also see R. Cranston, 'Reform through legislation: the dimension of legislative technique' (1978-1979) 73 *NwULRev* 873, 875.

13      See W. Voermans, 'Concern about the Quality of EU Legislation: What Kind of Problem, by What Kind of Standards?' (2009) 2 *Erasmus Law Review* 59, 230.

14      See M. Mousmouti, 'Operationalising quality of legislation through the effectiveness test' (2012) 6 *Legisprudence* 191, 200.

15      This is Mousmouti's effectiveness test: ibid, 202.

Effective laws are generally characterised by clarity, precision, and unambiguity. Clarity, or clearness[16], is the quality of being clear and easily perceived or understood[17]. Precision is defined as exactness of expression or detail[18]. Unambiguity is certain or exact meaning[19]: semantic unambiguity requires a single meaning for each word used[20], whereas syntactic unambiguity requires clear sentence structure and correct placement of phrases or clauses[21]. Clarity, precision, and unambiguity contribute to legislative effectiveness as they offer predictability to the law, an attribute that allows users to comprehend the required content of the regulation. Predictability is a necessary component of effectiveness and of the rule of law[22].

Clarity is enhanced, in principle, by the use of plain/easified language and gender neutral/inclusive language. The plain language movement has evolved greatly and has gained increased sophistication in its philosophy: instead of a recipe for legislation that can be understood by any user in a single reading, it now relates readability for its specific audience. Peter Butt defines plain language as clear and effective for its audience[23]. Sullivan focuses on plain language as a concept encapsulating a qualifier of language which is subjective to each reader or user[24]. This new but necessary element of easification of legislative communication requires that drafter gauge the exact profile of the users of their legislative text, as a means of determining what the pitch of their communication must be[25]. But revolutionary research by the UK Office of Parliamentary Counsel has finally provided empirical evidence on the profiles of legislative users, who are divided into three distinct groups: lay persons reading the

---

16    See Lord H. Thring, *Practical Legislation: The Composition and Language of Acts of Parliament and Business Documents* (London, John Murray, 1902) 61.

17    *See Compact Oxford English Dictionary of Current English* (Oxford, Oxford University Press, 2005).

18    *Ibid.*

19    *Ibid.*

20    J. MacKaye, A.W. Levi and W. Pepperell Montague, *The Logic of Language* (Hannover, Dartmouth College Publications, 1939) chapter 5.

21    For the distinction between semantic and syntactic ambiguity, see R. Dickerson, *The Fundamentals of Legal Drafting* (Boston, Little-Brown, 1986) 101 and 104; for an application of rules of logic to resolve syntactic ambiguities, see L.E. Allen, 'Symbolic logic: a razor-edged tool for drafting and interpreting legal documents' (1956-1957) 66 *Yale L J* 833, 855.

22    See Sir S. Laws, CALC Conference 2009, Hong Kong; also Lord Simon of Glaisdale, 'The Renton Report-Ten Years On' (1985) *Statute Law Review* 133.

23    See P Butt *Modern Legal Drafting: A Guide to Using Clearer Language* (Cambridge, Cambridge University Press, 2013) 103.

24    See R. Sullivan, 'Some implications of plain language drafting' (2001) 22 *Statute Law Review* 145, 149.

25    See D. Berry 'Audience Analysis in the Legislative Drafting Process' (2000) *The Loophole* 61, 62.

legislation to make it work for them[26], sophisticated non-lawyers using the law in the process of their professional activities, and lawyers and judges. In more detail there are three categories of users of legislation:

Non-lawyers who need to use legislation in the course of their work, such as law enforcers, human resources professionals, or local council officials; the 'Mark Green' of the survey represents about 60% of users of legislation;

Lay persons who seek answers to questions related to their personal or familial situation; 'Heather Cole' represents about 20% of users of legislation; and

Lawyers, judges, and senior law librarians; the 'Jane Booker' persona represents about 20% of users of legislation[27].

Combined with the type of legislative text as an additional parameter of knowing their audience[28], drafters are now obligated[29] to easify legislative communication to lay people, non-legal professionals, and legal professionals. Dealing with language is not enough, especially when the modern holistic concept of plain language is taken into account.

The diagram[30] opposite visualises these goals and their hierarchy.

---

26    See J. J. E. Gracia, A *Theory of Textuality: The Logic and Epistemology* (Albany, State University of New York Press, 1995), 159-163, and 164-165; also see G.L. Pi and V. Schmolka, 'A Report on Results of Usability Testing Research on Plain Language Draft Sections of the Employment Insurance Act: A Report to Department of Justice Canada and Human Resources Development Canada' (unpublished, August 2000); and V. Schmolka, 'Consumer Fireworks Regulations: Usability Testing, TR1995-2e (Department of Justice Canada, unpublished, 1995).

27    See A. Bertlin, 'What works best for the reader? A study on drafting and presenting legislation' [2014] *The Loophole*,  https://assets.publishing.service.gov.uk/government/uploads/system/uploads/attachment_data/file/326937/Loophole_-_2014-2__2014-05-09_-What_works_best_for_the_reader.pdf, pp.27-28.

28    See B. A. Garner 'Guidelines for drafting and editing court rules' [1997] *Federal Rules Decisions* 169, 187.

29    See R. Sullivan, 'The Promise of Plain Language Drafting' (2001) 47 *McGill Law Journal* 97, 114.

30    See H. Xanthaki, "On transferability of legislative solutions: the functionality test" in C. Stefanou and H. Xanthaki (eds), Drafting Legislation: A Modern Approach – in Memoriam of Sir William Dale, above, n.19, 1. The basis of the diagramme remains the same but the entries have been updated for clarity.

```
                        Regulatory
                         Efficacy
                     _____
                        Legislative
                       Effectiveness

                   (Ecomonic cost-efficiency)
              _____
                          Clarity
                         Precision
                        Unambiguity
            _____
                     Easified language
                  Gender inclusive language
```

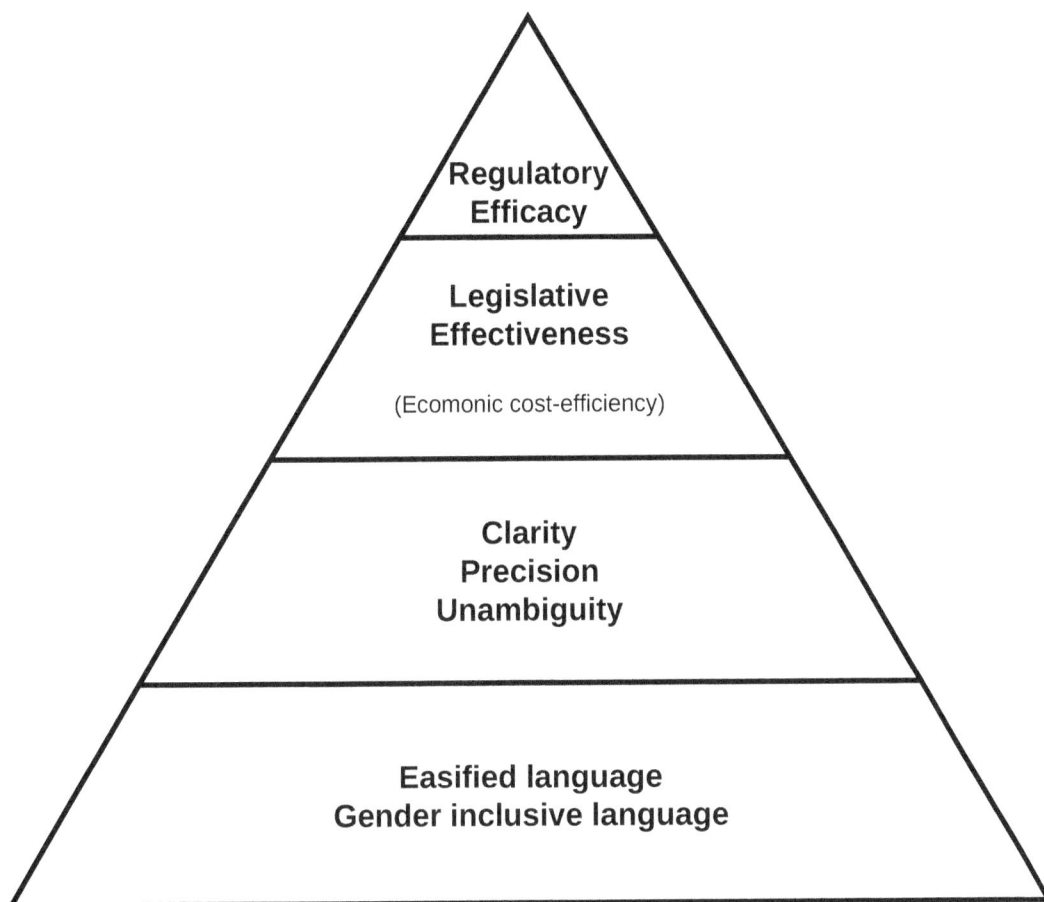

*Why pursue it? Not just effectiveness but also trust*

Much along the lines of Kalypso Nicolaïdis' paradigm of sustainable integration[31], we must view legislation as a method of communication with (not just EU) citizens directly. We can share the long term vision of the regulators, explain in concrete how this legislation contributes to the achievement of regulatory the vision, and ask citizens to change their behaviour in an admittedly inconvenient yet worthy, in the long term, effort to achieve OUR common super goal. This will enhance implementation of the law. But it goes even further.

Legislation in that sense can re-establish the lost channel of communication between citizens and the state, and can render citizens participants to regulation and ultimately to the state's long-term vision. And this can only be the longevity and its sustainability

---

31      See K Nicolaïdis, "EU 2.0? Towards Sustainable Integration", 2010, Open Democracy,
        at: https://www.opendemocracy.net/en/can-europe-make-it/project-europe-2030-towards-
        sustainable-integration/; also see K Nicolaïdis, "Sustainable Integration: Towards EU 2.0?
        – The JCMS Annual Review Lecture" [2010] 48 Journal of Common Market Studies (Annual
        Review), 21; K Nicolaïdis, "Project Europe 2030: Reflection and Revival", 2010, Open
        Democracy, https://www.opendemocracy.net/en/project-europe-2030-reflection-and-revival-
        part-one/.

of the country. Functional regulation uses the most appropriate means to achieve the regulatory super goal: survival and prosperity for the ideal that it represents, for the peoples that are within its boundaries, and for the bureaucracy that administers them, i.e. the state.

So, we go back to legislation as simply a tool for regulation. It is a mere mechanism that regulators use to achieve the desired regulatory results. For the purposes of achieving the desired regulatory results, thus reaching efficacy of regulation, law-makers communicate the regulatory message to its citizens. They express what rights and obligations citizens acquire by virtue of the legislative text, and they state what modification of action or behaviour is sought by the state for the purposes of achieving efficacy of regulation. This communication is crucial. It is only through legislation as a channel of communication between the state and its legislative users that reform requirements are expressed. If they are conveyed in an accessible manner, the users may understand them, and, in turn, may decide to actually put them to effect. Implementing the regulatory reforms *en masse* leads to the successful execution of the selected regulatory mechanisms. This allows the latter to perform as envisaged by the EU regulators. And so, if their regulatory strategy was correct, they will reap the desired regulatory results. So, accessible communication of the new requirements to the users of legislation is absolutely crucial for the state's regulatory success. As regulation constitutes the main means of governance, it is absolutely crucial for the long term sustainability of the state as the administrator of peoples and country.

There is little doubt, therefore, that in order to support and incite sustainability, Greece must proceed to a reform of its law-making approaches and tactics in order to respond to the now changed usage of its legislative texts.


*The new Greek model for the Executive State and Better Law-making*

Law 4622/2019 on the Executive State constitutes a really radical innovation in Greece's regulatory and legislative approach. It creates the concept of a state at the service of citizens via regulatory tools aiming to achieve measurable results, monitored and reviewable periodically by the core of the government. This functional approach promises to focus the Greek regulators to intertwined sustainable goals, which are constantly under monitoring and review on the basis of empirical measurable criteria. For any academic in the field of regulatory studies, this is a conceptual dream. In practice, the executive state spreads into law-making and recognises that legislation is a (not the only) tool for regulation.

Better law-making lies at the heart of the executive state, which embraces all the debate above on better legislation as an instigator of trust for legislative users and Greek citizens. Batter law-making is assigned to a new British-style centralised General Secretariat for the Legal and Parliamentary Matters. The GS reviews all primary legislative drafts, and recommends amendments based on the new Manual of the Law-Making Process. An independent Committee for the Scrutiny of the

Quality of the Law-Making Process reviews as many primary law drafts as possible, and offers recommendations in application of the Manual.

*What are the main issues with Greek Laws?*

But all this effort has only come about in 2020. Despite the brevity of the application of the new Greek model in practice, there are very promising results and visible reforms to Greek laws. They include the introduction of a Table of Contents, shorter and more precise titles, the inclusion of an article on Regulatory Aims, the inclusion of an article on Legislative Objectives, and the collection of all powers and duties under one article with a precise heading at the end of the Law or at least the end of the Part where they belong.

However, there is a lot more than need to be achieved. And they relate to a long established pathogeny of Greek legislative texts:

a.   Omnibus laws;
b.   Numerous amendments at Parliament;
c.   Lack of rationale between objectives/purpose, object, and structure; and
d.   Lack of awareness of easification.

Until very recently, Greek draft laws were presented to Parliament as a collection of articles and parts belonging to the competence of the same Ministry. There was little consideration of the diversity of topics covered by the same legislative text. In combination with the (inevitable) lack of a precise title, the legislative user is asked to embark on a treasure hunt in order to unearth the one article that could possibly relate to their issue but would often lay buried under numerous articles on completely different topics. No hint of the topic in the title, in the headings, or even in the Introductory Report has been a rather frequent phenomenon. The Law and decisions translated in this book present the same pathogeny.

The confusion caused by omnibus drafts law is further accentuated by the disproportionately large number of often diverse articles added as amendments in the process of parliamentary debates. I have witnessed a single draft law with 50 articles suffer the inclusion of more than 30 new articles added during the process of it being debated before parliament. What came out of the General Secretariat as a relatively decent draft law, ended up as just another disjunct omnibus legislative text. There is no intention here to begrudge or delimit parliamentary debate, which is of course the cornerstone of any democracy. But the devastating effect of this practice in Greece is liable to destroy the quality of legislative texts.

These pathogenies can be attributed to a lack of understanding of the connection between regulation and legislation, regulatory objectives, legislative object, legislative structure, and legislative language. Ignorance of their interconnection, as depicted in the above diagram, prevents the actors of the law-making process from making wiser drafting choices, and of course acting to delimit the consequences of any necessarily suboptimal drafting choices.

And, in turn, this leads to a lack of consideration of the concept of Easification, namely drafting the legislative text in a manner that communicates each regulatory message to the most relevant of the legislative audiences, and expressing it in a language that is appropriate for the level of legal and topic sophistication of the user group in question.

Greece has a long way to go to reform fully. Excellent translations of its laws, like the one included in this marvellous book, contribute to highlighting further the text's wrong drafting choices. In this respect, the book can contribute to the enhancement of legislative quality in Greece, especially in the context of post legislative scrutiny exercises.

But the main attribute of the book is its crucial facilitation of the accessibility of Greek legislation by non-Greek speakers. They constitute the membership of foreign investment circles, which are so highly sought and expertly prioritised by the Greek state.

I commend the authors for their expert translations. The quality of their translation work does not come as a surprise to me. But what may well surprise them is the value of their work not just for foreigners wishing to approach the Greek investment environment and the Greek regulatory framework but for Greek law-makers and scrutinisers of legislation and regulation.

I very much look forward to the next book in the series.

**Prof. Helen Xanthaki, UCL**

President, International Association for Legislation
Member, Committee for the Scrutiny of the Quality of the Law-Making Process,
Presidency of Government, Hellenic Republic

# Foreword

## John A. O'Shea & Daniel A. Webber

This book inaugurates the *Lex Graeca* series of translations of Greek laws, aiming to serve a dual purpose: to satisfy a clear and present need for English-language versions of Greek codes and legislation, on one hand, and to set a standard in terms of language, quality, accuracy and promptness for such translations, on the other. It is our intention that all further instalments in the *Lex Graeca* series continue to adhere to this standard.

The overarching aim of the *Lex Graeca* series is to clarify Greek law for an international audience. That audience is diverse, consisting of:

- legal practitioners, who might be engaged to provide legal advice to their foreign clients or explain sections of statutes;
- legal translators, who might be called upon to translate sections of the law or need a reference text for terminology and style purposes;
- businesspeople, who have already invested in Greece or are interested in doing so, as well as foreign shareholders in Greek businesses;
- academics, particularly comparative lawyers, who thus far have had little access to information in English about the Greek legal system;
- and the general public, who might be interested in reading about the way Greek laws are structured and the topics touched upon.

In making these texts available in English, another specific aim is to create momentum for international investors in Greece, facilitating their understanding of Greek law through plain-language translations of the latest business-related laws and the general framework of rules which apply in the country.

How companies operate and whether Greek companies operate in line with internationally accepted standards is perhaps as good a starting place as any.

Law 4706/2020 was enacted, according to its explanatory memorandum when brought before Parliament[1]:

- To update and strengthen the statutory framework concerning corporate governance, given changes that have taken place in EU company law since the first set of Greek rules on corporate governance were adopted back in 2002, as well as national company and stock market law
- To explicate the structure of company management, the criteria for its selection and the standards for its functioning in keeping with international standards in the corporate governance sector
- To lay down proper and effective governance practices so as to bolster shareholder confidence. One of the key aims of the law is to bolster the competitiveness of Greek enterprises, ensuring that companies operate in a sound manner and are run by a strong, well-selected team making them more attractive to foreign investors as potential investments. Clear corporate governance rules are vital in growing the economy and ensuring development.

However, as with much Greek legislation, and as its title reveals, Law 4706/2020 *"on corporate governance of sociétés anonymes, modern capital market, transposition of Directive (EU) 2017/828 of the European Parliament and of the Council into Greek law, measures implementing Regulation (EU) No 2017/1131, and other provisions"*, is an omnibus law. Given that certain sections of the Law are not relevant to "business" and, therefore, for our intended purposes, we have opted to omit them from the translation[2].

Since the enactment of Law 4706/2020, the Hellenic Capital Market Commission (HCMC) has already issued several decisions and circulars on its interpretation and implementation. We considered it incumbent upon us to translate certain of these as well. These were:

- Circular No 60/18.9.2020 of the HCMC 'Guidelines regarding the Fit-and-Proper Policy of Article 3 of Law 4706/2020';
- Decision No 1A/890/18.9.2020 of the HCMC 'Specification of the system for determining, calculating and measuring the level of sanctions per infringement imposed pursuant to Article 24 of Law 4706/2020';
- Decision No 1/891/30.9.2020 of the HCMC 'Specification of [the rules contained in] Article 14(3)(j) and (4), Assessment of the Internal Audit System (IAS) and Implementation of the Corporate Governance provisions of Law 4706/2020'; and
- Decision No 1/893/30.9.2020 of the HCMC 'Prospectus to be published in the cases of an offer of securities under Article 58(2) of Law 4706/2020'.

The purpose of translating the foregoing was to shed light on the issues requiring explication and to underline the fact that this is common practice following the enactment of laws in Greece, i.e. the bodies charged with oversight of the implementation of such legislation are almost immediately faced with issues and queries from the public that require an official response.

To our knowledge, this is the first translation of a law and the circulars-decisions

clarifying and/or accompanying it published within the same year the law in question was passed by the Hellenic Parliament. This proximity to the date of adoption is part of the standard referred to above and is very much intentional, given the propensity of the Greek legislature to amend and supplement laws and the frequency at which such amendments are promulgated, often as part of omnibus laws.

It is often the case that translations of laws become obsolete almost by their publication date, given the laborious process of producing a high-quality, scrupulously edited text, thus making the endeavour seem disheartening at first glance, if not purportless. With the *Lex Graeca* series, we propose to dispel this prejudice and, as noted above, publish translations that meet not only the primary criteria of any text, i.e. accuracy, consistency and readability, but also the utilitarian criteria for such laws and their translations, i.e. timeliness and relevance.

## Methodology

The translation and editing were carried out to the highest professional standards and in accordance with current standard practices, so as to ensure consistency and quality throughout the text. The translation process consisted of three stages (**Research and Compilation, Translation, Review**) which are outlined below:

## i) Research and Compilation

The preliminary stage of our process involved three steps:

- Familiarising ourselves with the subjects covered by Law 4706/2020 in terms of style and terminology;
- Identifying the key statutory texts, whether tangentially related to the subject-matter or expressly cited in the body of Law 4706/2020; and
- Consulting the explanatory memorandum of Law 4706/2020, available on the Hellenic Parliament website, as well as English-language summaries of the law published online by various Greek law firms, predominantly for two purposes: to confirm our understanding of the key themes of the law, and to understand how Greek legal practitioners perceive the law and its provisions.

During this stage, we also consulted the few high-quality translations of related Greek and Cypriot laws available, as discussed in further detail below.

Having identified the relevant texts, both those cited in the Law (Regulation (EU) 2017/1131 & Directive (EU) 2017/828) as well as those relevant to the subject (the numerous Regulations, Directives and Recommendations on prospectuses, suitability policies, etc.), we compiled them and leveraged their terminology in order to:

a) identify such sections and, where appropriate, reproduce the official English-language text;

b) ensure consistency in both the style applied and the terminology used throughout the translation;

c) identify problematic terms in the target text (TT) not only to be discussed and resolved in the context of this publication, but also to be highlighted for research purposes; and

d) identify any errors in the source text (ST), examples of which will be discussed below.

The EU texts compiled and consulted for the purposes of this translation are listed below, in chronological order:

- Commission Recommendation of 15 February 2005 on the role of non-executive or supervisory directors of listed companies and on the committees of the (supervisory) board (2005/162/EC);
- Directive 2011/61/EU of the European Parliament and of the Council of 8 June 2011 on Alternative Investment Fund Managers and amending Directives 2003/41/EC and 2009/65/EC and Regulations (EC) No 1060/2009 and (EU) No 1095/2010;
- Commission Delegated Regulation (EU) No 231/2013 of 19 December 2012 supplementing Directive 2011/61/EU of the European Parliament and of the Council with regard to exemptions, general operating conditions, depositaries, leverage, transparency and supervision;
- Regulation (EU) No 596/2014 of the European Parliament and of the Council of 16 April 2014 on market abuse (market abuse regulation) and repealing Directive 2003/6/EC of the European Parliament and of the Council and Commission Directives 2003/124/EC, 2003/125/EC and 2004/72/EC;
- Directive 2014/56/EU of the European Parliament and of the Council of 16 April 2014 amending Directive 2006/43/EC on statutory audits of annual accounts and consolidated accounts;
- Directive (EU) 2015/849 of the European Parliament and of the Council of 20 May 2015 on the prevention of the use of the financial system for the purposes of money laundering or terrorist financing, amending Regulation (EU) No 648/2012 of the European Parliament and of the Council, and repealing Directive 2005/60/EC of the European Parliament and of the Council and Commission Directive 2006/70/EC;
- Directive (EU) 2017/828 of the European Parliament and of the Council of 17 May 2017 amending Directive 2007/36/EC as regards the encouragement of long-term shareholder engagement;
- Regulation (EU) 2017/1129 of the European Parliament and of the Council of 14 June 2017 on the prospectus to be published when securities are offered to the public or admitted to trading on a regulated market, and repealing Directive 2003/71/EC;
- Regulation (EU) 2017/2402 of the European Parliament and of the Council of 12 December 2017 laying down a general framework for securitisation and creating a specific framework for simple, transparent and standardised securitisation, and amending Directives 2009/65/EC, 2009/138/EC and 2011/61/EU and Regulations (EC) No 1060/2009 and (EU) No 648/2012;
- Regulation (EU) 2017/1131 of the European Parliament and of the Council of 14 June 2017 on money market funds;

- Commission Delegated Regulation (EU) 2019/980 of 14 March 2019 supplementing Regulation (EU) 2017/1129 of the European Parliament and of the Council as regards the format, content, scrutiny and approval of the prospectus to be published when securities are offered to the public or admitted to trading on a regulated market, and repealing Commission Regulation (EC) No 809/2004.

Regulations are of general application and binding in their entirety and directly applicable in all Member States, imposing common requirements on everyone falling within their scope, and take effect on their own terms as soon as they are adopted[3]. They are the EU's principle tool for achieving uniformity. However, since the EU does not have unbounded competence to legislate in all areas, certain national legislation may be required on "consequential matters" to give full effect to the regulation in each Member State. Regulations may also provide "a margin of manoeuvre for Member States to specify their own rules for reasons of coherence and for making the national provisions comprehensible to the persons to whom they apply"[4]. This, of course, leaves the scope for discrepancies between the regulation and the national laws to creep in, thereby undermining uniformity across the entire territory of the EU.

Typically, there is no need to provide translations of Regulations because the translations come directly from the EU, the legal fiction being that all language versions are equally authentic although there is always one original language version, typically the English version[5]. However, where Regulations require national implementing measures, translations of the resulting national laws are required in order for the Commission to check proper compliance.

This Greek law which we have translated contains just such measures to implement Regulation (EU) No 2017/1131 on money market funds. Our concern in this text

---

3    Craig, P., & De, B. G. (7th ed. 2020). EU law: Text, cases, and materials. New York: Oxford University Press.

4    One excellent example of this is the GDPR, where despite comprehensive rules being developed in the regulation, there remains considerable diversity between Member States on privacy laws, see https://www.whitecase.com/publications/article/gdpr-guide-national-implementation (access on 25 Oct 2020).

5    McAuliffe, K. (2013) 'The Limitations of a Multilingual Legal System'. *International Journal for the Semiotics of Law - Revue Internationale de Sémiotique Juridique 26*(4): 861–82.
McAuliffe, K. (2012) "Language and Law in the European Union: The Multilingual Jurisprudence of the ECJ" in Solan and Tiersma (eds) The Oxford Handbook of Language and Law Oxford University Press 200-216;
Derlén, M. (2019) "Multilingualism and the dynamic interpretation of European Union law" in Evolutionary interpretation and international law, Oxford: Hart Publishing Ltd;
Derlén, M. (2015) "A Single Text or a Single Meaning: Multilingual Interpretation of EU Legislation and CJEU Case Law in National Courts" in Language and culture in EU law: multidisciplinary perspectives, Farnham: Ashgate;
Derlén, M. (2009) Multilingual Interpretation of European Union Law, Kluwer Law International.

is not to examine the legal ramifications of these national implementing measures and the impact on the uniform application of EU law across the entire territory of the EU; that is a matter for the lawyers. Our concern is with potential linguistic and translational discrepancies which may exist, though, of course, this in itself is an issue that could have legal ramifications.

As intimated above, this Law draws not only on EU Regulations but also on Directives. Directives leave the Member States the discretion to determine how to achieve a specified result within a set deadline, leaving to the national authorities the "choice of form and methods" provided that the objectives of the Directive are achieved. While it is often the case that the national measures closely follow the wording of the Directive, it is also possible for there to be considerable discrepancies in approach, though the end result achieved may be the same.

This is important from a translation perspective because the directives exist in both the source language (Greek in our case) and target language (English in our case) so the translator can read both texts and obtain a strong understanding of the field they are about to translate. Where the Member State has opted to closely follow the wording of the Directive, the task of the translator is easy. Where the Member State has opted for a more complex form of transposition, which sits better in administrative terms with existing national rules, practices and ways of doing things, the translator may find that the text which transposes the Directive differs radically from the actual wording of the Directive and that much has to be translated from scratch, and that the two language versions of the Directive only serve as aids in terminological research.

An added complication is that Greek is, of course, the language of two different Member States of the EU. It would therefore be remiss of us, as translators, not to look at whether issues in this law have been addressed in the context of that legal system, and whether translations of those texts have been prepared. We therefore consulted the translation of the Cypriot Alternative Investment Funds Law of 2018, L.124(I) of 2018, which covered many of the same topics found in Law 4706/2020. It is safe to say that Cypriot legal drafting is a discipline entirely unto itself, and completely different from the style in Greece, so we limited ourselves to examining the terminological choices made.

Another useful reference was the recently translated work *Greek Corporate Legislation* (Nomiki Vivliothiki, ISBN: 978-960-654-099-8) — a work which no doubt inspired us and impressed upon us the need for similar works — offered translation options we had not previously considered.

As the number of texts being leveraged increased, so did the likelihood of usage that was either inconsistent or context-divergent in the reference texts, compounded by the polysemic nature of many terms employed in the ST. These issues, as well as their resolution, are discussed below.

## ii) Translation

The translation process was carried out according to the exacting requirements and specifications of modern-day professional translation in terms of style and

terminology. Moreover, we made use of the following standard translation strategies:

## a) Explicitation

A major issue in the field of legal translation is explicitation, i.e. the introduction of additional information to convey meaning inherent in a source-text word or phrase. At first glance, this might seem an obvious strategy when called upon to translate a text. However, the demands of legal translation in terms of conciseness, accuracy and, where possible, one-for-one equivalence, particularly in the case of a comparativist approach, might make explicitation a less likely candidate. Nevertheless, we have opted to employ explicitation where we felt it necessary and have signified such instances with the use of square brackets in order to provide the additional information we felt was necessary for a fuller understanding of the law.

Examples include:

- Article 46(5):
  *"Η σύσταση ενεχύρου επί μεριδίων ΟΕΕ προϋποθέτει σχετική καταχώριση της πράξης στο ειδικό ηλεκτρονικό μητρώο μεριδιούχων"*

  *"Pledges on AIF units require relevant registration of the deed [of pledge] in the special electronic unit-holder register"*

  The additional information is given to clarify exactly which deed, peculiar to the Greek system, must be registered.

- Article 76:
  *"Άρθρο 76 Επιλογή Προϊσταμένων"*

  *"Article 76 Selection of Heads [of Units]"*

Once again, explicitation was chosen in order to clarify exactly what these persons are heading.

Other issues which we considered as part of the overall translation strategy are:

## b) Gender-neutral language

Where the Greek text opted for the masculine as the default, we opted for several choices that are available to us and are widely established[6] for translation professionals, with a view to going beyond mere neutrality and rendering sex and gender irrelevant as a consideration[7]:

- a gender-neutral term, e.g. "Chairperson" rather than "Chairman" in the heading and text of Article 8;

---

6        https://www.europarl.europa.eu/cmsdata/151780/GNL_Guidelines_EN.pdf

7        Xanthaki, Helen (2020), Gender inclusive legislative drafting in English: A drafter's response to Emily Grabham, *feminists@law*, Vol 10, No 2 (2020), available at: https://journals.kent.ac.uk/index.php/feministsatlaw/article/view/952/1842

- A singular noun with plural pronouns, e.g. "has served as a director of the Company [...] for more than nine (9) financial years, cumulatively, at the time of their election" in Article 9;
- A plural noun where the meaning in the ST is intentionally abstract and is not referring to a single specific individual, e.g. "ο μεριδιούχος υποβάλλει σχετική αίτησή του προς τον διαχειριστή" - "unit-holders shall submit a relevant application to the manager" in Article 44(1).

Also worthy of note in this respect is the penultimate sentence of Article 3(1)(b), which we found particularly challenging:

*"Τα κριτήρια επιλογής των μελών του Διοικητικού Συμβουλίου περιλαμβάνουν τουλάχιστον την επαρκή εκπροσώπηση ανά φύλο σε ποσοστό που δεν υπολείπεται του είκοσι πέντε τοις εκατό (25%) του συνόλου των μελών του διοικητικού συμβουλίου."*

*"The director selection criteria shall include, as a minimum, representation of each gender of not less than twenty five percent (25%) of the total number of directors."*

We discussed the original and its intended meaning at length in order to reach the above formulation which we feel confident reflects the spirit in which the legislator drafted this provision.

## c) Easified language

The conventions we followed to achieve an easified-language result by and large adhered to common sense, as we understand it, and to the rules prescribed by the European Commission[8], with a view not to simplify or radically reformulate the ST, but to ensure that the TT is clear and comprehensible, reflecting the actual wording and intention of the ST and also being able to be read as a standalone text free from any of the hallmarks of mediocre translations (stunted syntax, excessive adherence to the structure of the original sentence, etc.).

In more concrete terms, the choices we made included:

- Changing word order to reflect what is normal in English-language texts, i.e. Subject-Verb-Object syntax where possible;
- Joining sentences where a full stop or a semicolon would not make sense, e.g. Article 92(4).
- Splitting sentences where we considered this served the purpose of clarity, e.g. Article 74(4)(h).

## iii) Review

The final step in our process was to review the translation, discuss and resolve any issues that arose and highlight any problems we considered worthy of inclusion in the **Issues** section of this Foreword.

---

8      How to Write Clearly, https://op.europa.eu/en/publication-detail/-/publication/
       c2dab20c-0414-408d-87b5-dd3c6e5dd9a5

This stage was particularly time-consuming, consisting of several passes of revisions and corrections, and involved reaching out to experts in various fields to explicate terms and clarify processes. Considering the effort involved, we are exceptionally satisfied with the final result and are confident in its quality and utility for readers.

## Issues

In this section, we outline some of the key issues that emerged during the translation process, which it is important for readers to bear in mind when using the translations.

## Transposition Issues

This category is two-fold, concerning 1) the EU texts being transposed or cited, and 2) the manner in which they are being transposed or cited in Law 4706/2020 and the accompanying HCMC decisions and circulars.

1) As regards the EU texts, the issue is again two-fold, concerning horizontal and vertical discrepancies in the use of language, where horizontal inconsistencies are those found across two or more different texts with regard to the same subject matter, while vertical inconsistencies are those found within the same EU text.

   One example of each is provided below:

   Horizontal inconsistency:

   The term "θεματοφύλακας" is used to translate two different terms, namely "depository" and "custodian", across various EU texts, e.g. Commission Delegated Regulation 2018/1618, Commission Regulation (EU) No 809/2004 and Regulation (EU) 2017/1131, to name but three.

   Vertical inconsistency:

   The use of the pair "financial period" - "διαχειριστική χρήση" in Commission Delegated Regulation 2019/980 is inconsistent within the text, with no fewer than four different terms used in the Greek version for the same word in English:

   | financial period | *διαχειριστική χρήση* |
   |---|---|
   | financial period | *χρήση* |
   | financial period | *οικονομική περίοδο* |
   | financial period | *οικονομική χρήση* |

   While this might appear superficial, it in fact perpetuates a long-standing problem in how to best translate such terms, both from English into Greek and, in our case, vice versa.

2) As regards the manner of transposition or citation, there were several instances where the wording of the EU text underwent an alteration in the text of the law, ranging from a change to a conjunction to a change to the entire provision being stipulated. Three examples are reproduced below to illustrate this range:

Article 71(4) of the Law concerning an amendment to Law 4099/2012:

*"δεν συμμορφώνεται με οποιαδήποτε από τις απαιτήσεις χαρτοφυλακίου, κατά παράβαση των άρθρων 17, 18, 24 και 25 του Κανονισμού (ΕΕ) 2017/1131*

*fails to comply with any of the portfolio requirements, in infringement of Articles 17, 18, 24 and 25 of the Regulation"*

(Emphasis our own)

However, the actual wording in Article 41(1)(b) of Regulation (EU) 2017/1131 reads as follows:

*"δεν συμμορφώνεται με οποιαδήποτε από τις απαιτήσεις χαρτοφυλακίου, κατά παράβαση του άρθρου 17, 18, 24 ή 25*

*fails to comply with any of the portfolio requirements, in infringement of Article 17, 18, 24 or 25"*

(Emphasis our own)

The above illustrates that the Greek legislators chose a different wording than that of the Regulation. This change may concern a simple conjunction but the effect is tidal, resulting in a material change in the implementation of the statute in question, rendering the obligation selective rather than cumulative.

Another minor example can be found in HCMC Decision 1/893/16.10.2020, where the wording of Regulation (EU) 2017/1129 is changed from:

*"σημαντικό νέο στοιχείο, ουσιώδες σφάλμα ή ουσιώδης ανακρίβεια*

*significant new factor, material mistake or material inaccuracy"*

to:

*"νέο σημαντικό στοιχείο, ουσιώδης ανακρίβεια ή ουσιώδες σφάλμα*

*significant new factor, material inaccuracy or material mistake"*

The meaning obviously remains the same, but we considered the change in word order worthy of highlighting and indicative of the approach taken by Greek legislators and, to a broader extent, Greek entities.

## Obvious Errors in the Source Text

- A discrepancy was found in how the heading of Article 16 is worded in the Table of Contents (Ο ρόλος της μονάδας εσωτερικού ελέγχου - *The role of the internal audit department*) and in the actual text (Αρμοδιότητες της μονάδας εσωτερικού ελέγχου - *Remit of the internal audit department*). While this might appear immaterial or even tautological at first sight, we consider paratextual issues worthy

of highlighting, as indicative of the extent to which the source text qua source text was scrutinised.

- The same error (discrepancy between the Table of Contents and the text) was found in the heading of Article 59: "Το πληροφοριακό δελτίο" in the Table of Contents (inclusion of an article), as compared to "Πληροφοριακό δελτίο" in the text (no article).
- In the table found in the Annex to Decision 1/893/30.9.2020 of the Board of Directors of the HCMC, item 1.5 contains a list from (a) to (d). However, the (b) is absent in the ST.

## Inconsistencies in the Source Text

- Two different names are given for the initialism "ΑΕΕΔ": Ανώνυμες Εταιρείες Εναλλακτικής Διαχείρισης (Alternative Management Firms) in Article 43(9) and Ανώνυμες Εταιρείες Επενδυτικής Διαμεσολάβησης (Investment Intermediation Firms) in Article 73. Obviously either one or the other is correct (or both, should the lawmakers have provided an alternative initialism), but we believe the error is worth underlining.
- Two different terms are used in the ST for "ultimate parent undertaking": "ανώτατη" and "τελική", with no disambiguation between the two or explanation given. We have opted to use the same English term ("ultimate parent undertaking") for both.

## Polysemic / Ambiguous Terms

As is the case in most languages, a Greek word can carry and convey numerous different meanings depending on use and context. While this is a commonplace challenge facing translators on a daily basis, it is severely compounded by the fact that all the aforementioned official texts often provided different translations for each term. A short list of the most problematic terms, certain of which were alluded to above under *Transposition Issues*, is given below:

- Διάθεση (Sale/Marketing/Disposal)
- Κυρώσεις (Penalties/Sanctions)
- Ίδια κεφάλαια (Own funds/Equity)
- Θεματοφύλακας (Depositary/Custodian)
- Οικονομικό έτος (Financial/Accounting period/year)
- Διαδικασίες (Procedures/proceedings)
- Ενεργός διάλογος / συμμετοχή μετόχων (shareholder engagement)

This issue was exacerbated by the fact that the EU Regulations and Directives being cited often contained different translations both across texts and, in certain cases, even within the same text. One example can be found in Article 2(2)(b) of Directive (EU) 2017/828, where both the terms "life assurance" and "life-insurance" are interpreted as "ασφάλιση ζωής" in the EN and EL versions, respectively. As all versions of EU legislative texts in all languages are considered equivalent and equally official, deciphering which is the source and which the target text is largely a moot point.

Having discussed the terms and examined the context in which they are used, we

made an informed choice regarding the most appropriate translation in each case. In one case, in Article 91(2), it's impossible to decipher whether the Greek text's use of the term "εκκρεμείς διαδικασίες" refers to pending procedures in general or pending legal proceedings specifically, so we opted to leave both terms with a slash ("pending procedures/proceedings"), pending clarification in a future law.

## Acronyms, Initialisms, Abbreviations and Official Names

Greek legal texts, ranging from ordinary notarial deeds to laws of the State, are notoriously challenging in terms of the abbreviations, acronyms and initialisms that are not only used with wilful abandon and no explanation in brackets or footnotes, but are also regarded as common knowledge for any reader, which is rarely the case, even for native speakers of Greek. Law 4706/2020 was pleasantly surprising, as it spelled out the full name of the body in virtually all cases of initialisms and acronyms.

However, this left us with a dilemma often faced by translators: how to translate the names of concepts, institutions and entities, particularly when an "official" translation (as in, one appearing in the English-language version of the entity's website) is available, and moreso when this translation does not satisfy our qualitative criteria. An ancillary issue was whether to invent an English acronym/initialism to account for the Greek one used or to simply transliterate the Greek acronym using Latin characters.

Ultimately, the approach taken was to examine each one on a case-by-case basis and, where appropriate, taking into consideration the frequency of appearance in the text, either use the official version — for instance, "Supreme Council for Civil Personnel Selection" ("ΑΣΕΠ") — or beget a name ourselves, as in the case of Article 78(3), containing a number of such entities ("Association of Transferable Securities Intermediaries" etc.).

## Capitalisation

A mainstay of Greek texts, arbitrary and inconsistent capitalisation of terms was to be found in several instances in Law 4706/2020. Article 2 of the Law provides definitions for numerous key terms found throughout the text. Upon perusing this list of definitions and scanning the text of the law, two major problems arise:

- While terms one might consider rudimentary – for instance, "Person" ("Πρόσωπο") – are defined, other key terms are not, despite being used throughout the ST in capitalised form. These include "Board of Directors" ("Διοικητικό Συμβούλιο") and "Corporate Governance System" ("Σύστημα εταιρικής διακυβέρνησης");
- Terms are used in capitalised form, signifying that they constitute defined and key terms of the text, with no such definition given under Article 2, and with inconsistent capitalisation. As per the previous example, the term "corporate governance System" (or, indeed, "system") can be found both with and without capitalisation even within the confines of a single indent, namely Article 13(1). Another pervasive example was the term "regulations" ("Κανονισμός") in the context of the governance of an AIF, the capitalisation of which in the ST was frustratingly inconsistent.

We have opted to dispense with arbitrary capitalisation and employ capitals when appropriate in English (terms such as "Board of Directors", for instance), when reference is being made to EU institutions (European Commission etc.), and when key terms defined within the text are employed (e.g. "Company").

We hope this book proves to be a useful, practical resource for readers. Any errors remain our own, and we welcome any comments and feedback regarding our work (info@lexgraeca.com).

# ΝΟΜΟΣ ΥΠ' ΑΡΙΘΜ. 4706/2020

**ΦΕΚ 136/Α/17-7-2020**

*Εταιρική διακυβέρνηση ανωνύμων εταιρειών, σύγχρονη αγορά κεφαλαίου, ενσωμάτωση στην ελληνική νομοθεσία της Οδηγίας (ΕΕ) 2017/828 του Ευρωπαϊκού Κοινοβουλίου και του Συμβουλίου, μέτρα προς εφαρμογή του Κανονισμού (ΕΕ) 2017/1131 και άλλες διατάξεις.*

*Η ΠΡΟΕΔΡΟΣ*

*ΤΗΣ ΕΛΛΗΝΙΚΗΣ ΔΗΜΟΚΡΑΤΙΑΣ*

*Εκδίδομε τον ακόλουθο νόμο που ψήφισε η Βουλή:*

## ΠΙΝΑΚΑΣ ΠΕΡΙΕΧΟΜΕΝΩΝ

ΜΕΡΟΣ Α΄ ΔΙΑΤΑΞΕΙΣ ΓΙΑ ΤΗΝ ΕΤΑΙΡΙΚΗ ΔΙΑΚΥΒΕΡΝΗΣΗ ΑΝΩΝΥΜΩΝ ΕΤΑΙΡΕΙΩΝ

**ΚΕΦΑΛΑΙΟ Α΄ ΓΕΝΙΚΕΣ ΔΙΑΤΑΞΕΙΣ**

*Άρθρο 1 Πεδίο εφαρμογής*

*Άρθρο 2 Ορισμοί*

**ΚΕΦΑΛΑΙΟ Β΄ ΔΙΟΙΚΗΤΙΚΟ ΣΥΜΒΟΥΛΙΟ**

*Άρθρο 3 Πολιτική καταλληλότητας των μελών Διοικητικού Συμβουλίου*

*Άρθρο 4 Διοικητικό Συμβούλιο*

*Άρθρο 5 Μέλη του Διοικητικού Συμβουλίου*

*Άρθρο 6 Εκτελεστικά μέλη του Διοικητικού Συμβουλίου*

*Άρθρο 7 Μη εκτελεστικά μέλη του Διοικητικού Συμβουλίου*

*Άρθρο 8 Πρόεδρος Διοικητικού Συμβουλίου*

*Άρθρο 9 Ανεξάρτητα μη εκτελεστικά μέλη του Διοικητικού Συμβουλίου*

**ΚΕΦΑΛΑΙΟ Γ΄ ΔΙΑΤΑΞΕΙΣ ΓΙΑ ΤΙΣ ΕΠΙΤΡΟΠΕΣ ΤΟΥ ΔΙΟΙΚΗΤΙΚΟΥ ΣΥΜΒΟΥΛΙΟΥ**

*Άρθρο 10 Οργάνωση και λειτουργία των επιτροπών του Διοικητικού Συμβουλίου*

*Άρθρο 11 Επιτροπή αποδοχών*

*Άρθρο 12 Επιτροπή υποψηφιοτήτων*

# Law 4706/2020

**Government Gazette, Series I, Issue 136/17-7-2020**

**Corporate governance of sociétés anonymes, modern capital market, transposition of Directive (EU) 2017/828 of the European Parliament and of the Council into Greek law, measures implementing Regulation (EU) No 2017/1131, and other provisions.**

THE PRESIDENT

OF THE HELLENIC REPUBLIC

We hereby promulgate the following law passed by Parliament:

## TABLE OF CONTENTS

PART I PROVISIONS ON THE CORPORATE GOVERNANCE OF SOCIÉTÉS ANONYMES

CHAPTER I GENERAL PROVISIONS

Article 1 Scope

Article 2 Definitions

CHAPTER II BOARD OF DIRECTORS

Article 3 Fit and Proper Policy for directors

Article 4 Board of Directors

Article 5 Directors

Article 6 Executive Directors

Article 7 Non-executive directors

Article 8 Chairperson of the Board of Directors

Article 9 Independent non-executive directors

CHAPTER III PROVISIONS ON BOARD COMMITTEES

Article 10 Organisation and operation of committees of the Board of Directors

Article 11 Remuneration committee

Article 12 Nominations committee

## ΚΕΦΑΛΑΙΟ Δ΄ΟΡΓΑΝΩΤΙΚΕΣ ΔΙΑΤΑΞΕΙΣ

*Άρθρο 13 Οργανωτικές ρυθμίσεις*

*Άρθρο 14 Κανονισμός λειτουργίας*

*Άρθρο 15 Οργάνωση και λειτουργία της μονάδας εσωτερικού ελέγχου*

*Άρθρο 16 Ο ρόλος της μονάδας εσωτερικού ελέγχου*

*Άρθρο 17 Κώδικας εταιρικής διακυβέρνησης*

## ΚΕΦΑΛΑΙΟ Ε΄ΔΙΑΤΑΞΕΙΣ ΓΙΑ ΤΗΝ ΕΝΗΜΕΡΩΣΗ ΤΩΝ ΕΠΕΝΔΥΤΩΝ

*Άρθρο 18 Ενημέρωση μετόχων από το Διοικητικό Συμβούλιο για τα υποψήφια μέλη του*

*Άρθρο 19 Μονάδα εξυπηρέτησης μετόχων*

*Άρθρο 20 Μονάδα εταιρικών ανακοινώσεων*

*Άρθρο 21 Πιστοποίηση του Κανονισμού Λειτουργίας και της διαδικασίας παραγωγής χρηματοοικονομικής πληροφόρησης*

*Άρθρο 22 Αυξήσεις μετοχικού κεφαλαίου με καταβολή μετρητών ή έκδοση ομολογιακού δανείου - Αλλαγές στη χρήση αντληθέντων κεφαλαίων*

*Άρθρο 23 Διάθεση περιουσιακών στοιχείων της Εταιρείας*

*Άρθρο 24 Κυρώσεις*

*ΜΕΡΟΣ Β΄ΔΙΑΤΑΞΕΙΣ ΓΙΑ ΤΗ ΣΥΓΧΡΟΝΗ ΑΓΟΡΑ ΚΕΦΑΛΑΙΟΥ*

## ΚΕΦΑΛΑΙΟ Α΄ ΕΝΣΩΜΑΤΩΣΗ ΤΗΣ ΟΔΗΓΙΑΣ (ΕΕ) 2017/828 ΤΟΥ ΕΥΡΩΠΑΪΚΟΥ ΚΟΙΝΟΒΟΥΛΙΟΥ ΚΑΙ ΤΟΥ ΣΥΜΒΟΥΛΙΟΥ ΓΙΑ ΤΗΝ ΤΡΟΠΟΠΟΙΗΣΗ ΤΗΣ ΟΔΗΓΙΑΣ 2007/36/ΕΚ ΟΣΟΝ ΑΦΟΡΑ ΤΗΝ ΕΝΘΑΡΡΥΝΣΗ ΤΗΣ ΜΑΚΡΟΠΡΟΘΕΣΜΗΣ ΕΝΕΡΓΟΥ ΣΥΜΜΕΤΟΧΗΣ ΤΩΝ ΜΕΤΟΧΩΝ

*Άρθρο 25 Αντικείμενο και πεδίο εφαρμογής (άρθρο 1 στοιχείο 1 της Οδηγίας (ΕΕ) 2017/828)*

*Άρθρο 26 Ορισμοί (άρθρο 1 στοιχείο 2 της Οδηγίας (ΕΕ) 2017/828)*

*Άρθρο 27 Εξακρίβωση των στοιχείων των μετόχων (άρθρο 3α της Οδηγίας (ΕΕ) 2017/828)*

*Άρθρο 28 Διαβίβαση πληροφοριών (άρθρο 3 β της Οδηγίας (ΕΕ) 2017/828)*

*Άρθρο 29 Διευκόλυνση της άσκησης των δικαιωμάτων των μετόχων (άρθρο 3 γ της Οδηγίας (ΕΕ) 2017/828)*

*Άρθρο 30 Μη διακριτική μεταχείριση, αναλογικότητα και διαφάνεια κόστους (άρθρο 3δ της Οδηγίας (ΕΕ) 2017/828)*

# CHAPTER IV ORGANISATIONAL PROVISIONS

Article 13 Organisational arrangements

Article 14 Rules of procedure

Article 15 Organisation and operation of the internal audit department

Article 16 Role of the internal audit department

Article 17 Corporate governance code

# CHAPTER V PROVISIONS ON INFORMATION PROVIDED TO INVESTORS

Article 18 Briefing of shareholders by the Board of Directors on prospective directors

Article 19 Shareholder relations department

Article 20 Corporate announcements department

Article 21 Certification of the Rules of Procedure and the financial information production process

Article 22 Share capital increases through cash payment or issuance of a bond loan. Changes in the use of funds raised.

Article 23 Disposal of Company assets

Article 24 Penalties

PART II PROVISIONS ON THE MODERN CAPITAL MARKET

# CHAPTER I TRANSPOSITION OF DIRECTIVE (EU) 2017/828 OF THE EUROPEAN PARLIAMENT AND OF THE COUNCIL AMENDING DIRECTIVE 2007/36/EC AS REGARDS THE ENCOURAGEMENT OF LONG-TERM SHAREHOLDER ENGAGEMENT

Article 25 Subject matter and scope (Article 1(1) of Directive (EU) 2017/828)

Article 26 Definitions (Article 1(2) of Directive (EU) 2017/828)

Article 27 Identification of shareholders (Article 3a of Directive (EU) 2017/828)

Article 28 Transmission of information (Article 3b of Directive (EU) 2017/828)

Article 29 Facilitation of the exercise of shareholder rights (Article 3c of Directive (EU) 2017/828)

Article 30 Non-discrimination, proportionality and transparency of costs (Article 3d of Directive (EU) 2017/828)

Άρθρο 31 Διαμεσολαβητές τρίτης χώρας (άρθρο 3ε της Οδηγίας (ΕΕ) 2017/828)

Άρθρο 32 Πολιτική ενεργού συμμετοχής (άρθρο 3ζ της Οδηγίας (ΕΕ) 2017/828)

Άρθρο 33 Επενδυτική στρατηγική θεσμικών επενδυτών και συμφωνίες με τους διαχειριστές περιουσιακών στοιχείων (άρθρο 3η της Οδηγίας (ΕΕ) 2017/828)

Άρθρο 34 Διαφάνεια των διαχειριστών περιουσιακών στοιχείων (άρθρο 3θ της Οδηγίας (ΕΕ) 2017/828)

Άρθρο 35 Διαφάνεια πληρεξούσιων συμβούλων (άρθρο 3ι της Οδηγίας (ΕΕ) 2017/828)

Άρθρο 36 Αρμόδια Αρχή και κυρώσεις (άρθρο 14 β της Οδηγίας (ΕΕ) 2017/828)

**ΚΕΦΑΛΑΙΟ Β΄ΟΡΓΑΝΙΣΜΟΙ ΕΝΑΛΛΑΚΤΙΚΩΝ ΕΠΕΝΔΥΣΕΩΝ (Ο.Ε.Ε.) ΜΕ ΜΟΡΦΗ ΑΜΟΙΒΑΙΟΥ ΚΕΦΑΛΑΙΟΥ**

Άρθρο 37 Σύσταση και μορφή

Άρθρο 38 Επενδυτικοί περιορισμοί

Άρθρο 39 Επενδυτικά τμήματα

Άρθρο 40 Διαχείριση ΟΕΕ

Άρθρο 41 Αδειοδότηση ΟΕΕ

Άρθρο 42 Κανονισμός ΟΕΕ

Άρθρο 43 Διάθεση μεριδίων ΟΕΕ

Άρθρο 44 Εξαγορά και αναστολή εξαγοράς μεριδίων ΟΕΕ

Άρθρο 45 Δέσμευση απόκτησης μεριδίων ΟΕΕ

Άρθρο 46 Μητρώο μεριδιούχων ΟΕΕ, βεβαιώσεις, μεταβίβαση, ενεχυρίαση

Άρθρο 47 Αποτίμηση

Άρθρο 48 Λύση ΟΕΕ

Άρθρο 49 Ανάκληση άδειας σύστασης ΟΕΕ

Άρθρο 50 Διαχείριση κινδύνου και ρευστότητας

Άρθρο 51 Σύγκρουση συμφερόντων μεταξύ διαχειριστή και ΟΕΕ

Άρθρο 52 Θεματοφύλακας

Άρθρο 53 Απαιτήσεις διαφάνειας

Άρθρο 54 Αρμόδια αρχή

Άρθρο 55 Διοικητικές κυρώσεις

Article 31 Third-country intermediaries (Article 3e of Directive (EU) 2017/828)

Article 32 Engagement policy (Article 3g of Directive (EU) 2017/828)

Article 33 Investment strategy of institutional investors and arrangements with asset managers (Article 3h of Directive (EU) 2017/828)

Article 34 Transparency of asset managers (Article 3i of Directive (EU) 2017/828)

Article 35 Transparency of proxy advisors (Article 3j of Directive (EU) 2017/828)

Article 36 Competent Authority and penalties (Article 14b of Directive (EU) 2017/828)

## CHAPTER II ALTERNATIVE INVESTMENT FUNDS (AIFs) IN THE FORM OF MUTUAL FUNDS

Article 37 Establishment and form

Article 38 Investment restrictions

Article 39 Investment compartments

Article 40 Management of the AIF

Article 41 Granting of authorisation for the AIF

Article 42 AIF regulations

Article 43 Sale of AIF units

Article 44 Redemption and suspension of redemption of AIF units

Article 45 Commitment to acquire AIF units

Article 46 Register of AIF unit-holders, certificates, transfer, pledging

Article 47 Valuation

Article 48 Winding up of AIFs

Article 49 Withdrawal of AIF authorisation

Article 50 Risk and liquidity management

Article 51 Conflicts of interest between the manager and the AIF

Article 52 Depositary

Article 53 Transparency requirements

Article 54 Competent authority

Article 55 Administrative penalties

*Άρθρο 56 Φορολογικές διατάξεις*

**ΚΕΦΑΛΑΙΟ Γ΄ΑΠΑΙΤΗΣΕΙΣ ΔΗΜΟΣΙΕΥΣΗΣ ΚΑΤΑ ΤΗ ΔΗΜΟΣΙΑ ΠΡΟΣΦΟΡΑ ΚΙΝΗΤΩΝ ΑΞΙΩΝ Η ΚΑΤΑ ΤΗΝ ΕΙΣΑΓΩΓΗ ΚΙΝΗΤΩΝ ΑΞΙΩΝ ΠΡΟΣ ΔΙΑΠΡΑΓΜΑΤΕΥΣΗ ΣΕ ΡΥΘΜΙΖΟΜΕΝΗ ΑΓΟΡΑ ΚΑΙ ΜΕΤΡΑ ΕΦΑΡΜΟΓΗΣ ΤΟΥ ΚΑΝΟΝΙΣΜΟΥ (ΕΕ) 2017/1129**

*Άρθρο 57 Σκοπός*

*Άρθρο 58 Πεδίο εφαρμογής*

*Άρθρο 59 Το πληροφοριακό δελτίο*

*Άρθρο 60 Ευθύνη για το ενημερωτικό δελτίο (άρθρο 11 του Κανονισμού (ΕΕ) 2017/1129)*

*Άρθρο 61 Αστική ευθύνη από το ενημερωτικό δελτίο (άρθρο 11 του Κανονισμού (ΕΕ) 2017/1129)*

*Άρθρο 62 Χρησιμοποιούμενη γλώσσα σύνταξης του ενημερωτικού δελτίου (άρθρο 27 του Κανονισμού (ΕΕ) 2017/1129)*

*Άρθρο 63 Διαφημίσεις (άρθρο 22 του Κανονισμού (ΕΕ) 2017/1129)*

*Άρθρο 64 Αρμόδια Αρχή (παρ. 9 του άρθρου 20 και άρθρο 31 του Κανονισμού (ΕΕ) 2017/1129)*

*Άρθρο 65 Αρμοδιότητες εποπτείας και διερεύνησης (άρθρο 32 του Κανονισμού (ΕΕ) 2017/1129)*

*Άρθρο 66 Διοικητικές κυρώσεις και μέτρα (άρθρα 38, 39 και 40 του Κανονισμού (ΕΕ) 2017/1129)*

*Άρθρο 67 Αναφορά παραβάσεων (άρθρο 41 του Κανονισμού (ΕΕ) 2017/1129)*

*Άρθρο 68 Δημοσίευση κυρώσεων και μέτρων (άρθρο 42 του Κανονισμού (ΕΕ) 2017/1129)*

**ΚΕΦΑΛΑΙΟ Δ΄ΕΦΑΡΜΟΣΤΙΚΕΣ ΔΙΑΤΑΞΕΙΣ ΤΟΥ ΚΑΝΟΝΙΣΜΟΥ (ΕΕ) 2017/2402 ΤΟΥ ΕΥΡΩΠΑΪΚΟΥ ΚΟΙΝΟΒΟΥΛΙΟΥ ΚΑΙ ΤΟΥ ΣΥΜΒΟΥΛΙΟΥ ΤΗΣ 12ΗΣ ΔΕΚΕΜΒΡΙΟΥ 2017 ΣΧΕΤΙΚΑ ΜΕ ΤΗ ΘΕΣΠΙΣΗ ΓΕΝΙΚΟΥ ΠΛΑΙΣΙΟΥ ΓΙΑ ΤΗΝ ΤΙΤΛΟΠΟΙΗΣΗ, ΤΗ ΔΗΜΙΟΥΡΓΙΑ ΕΙΔΙΚΟΥ ΠΛΑΙΣΙΟΥ ΓΙΑ ΑΠΛΗ, ΔΙΑΦΑΝΗ ΚΑΙ ΤΥΠΟΠΟΙΗΜΕΝΗ ΤΙΤΛΟΠΟΙΗΣΗ ΚΑΙ ΤΗΝ ΤΡΟΠΟΠΟΙΗΣΗ ΤΩΝ ΟΔΗΓΙΩΝ 2009/65/ΕΚ, 2009/138/ΕΚ ΚΑΙ 2011/61/ΕΕ ΚΑΙ ΤΩΝ ΚΑΝΟΝΙΣΜΩΝ (ΕΚ) 1060/2009 ΚΑΙ (ΕΕ) 648/2012**

*Άρθρο 69 Αρμόδιες αρχές για την εφαρμογή του Κανονισμού (ΕΕ) 2017/2402 (άρθρο 29 παρ. 4 και 5 του Κανονισμού)*

*Άρθρο 70 Διοικητικές κυρώσεις και άλλα μέτρα για παραβάσεις του Κανονισμού (ΕΕ) αρ. 2017/2402 (άρθρο 32 του Κανονισμού)*

Article 56 Tax provisions

## CHAPTER III REQUIREMENTS FOR PUBLICATION WHEN SECURITIES ARE OFFERED TO THE PUBLIC OR ADMITTED TO TRADING ON A REGULATED MARKET, AND MEASURES FOR THE IMPLEMENTATION OF REGULATION (EU) No 2017/1129

Article 57 Purpose

Article 58 Scope

Article 59 Prospectus

Article 60 Responsibility attaching to the prospectus (Article 11 of Regulation (EU) No 2017/1129)

Article 61 Civil liability arising from the prospectus (Article 11 of Regulation (EU) No 2017/1129)

Article 62 Use of language when drawing up the prospectus (Article 27 of Regulation (EU) No 2017/1129)

Article 63 Advertisements (Article 22 of Regulation (EU) No 2017/1129)

Article 64 Competent Authority (Article 20(9) and Article 31 of Regulation (EU) No 2017/1129)

Article 65 Supervisory and investigatory powers (Article 32 of Regulation (EU) No 2017/1129)

Article 66 Administrative penalties and measures (Articles 38, 39 and 40 of Regulation (EU) No 2017/1129)

Article 67 Reporting of infringements (Article 41 of Regulation (EU) No 2017/1129)

Article 68 Publication of penalties and measures (Article 42 of Regulation (EU) No 2017/1129)

## CHAPTER IV IMPLEMENTING PROVISIONS OF REGULATION (EU) No 2017/2402 OF THE EUROPEAN PARLIAMENT AND OF THE COUNCIL OF 12 DECEMBER 2017 LAYING DOWN A GENERAL FRAMEWORK FOR SECURITISATION AND CREATING A SPECIFIC FRAMEWORK FOR SIMPLE, TRANSPARENT AND STANDARDISED SECURITISATION, AND AMENDING DIRECTIVES 2009/65/EC, 2009/138/EC AND 2011/61/EU AND REGULATIONS (EC) No 1060/2009 AND (EU) No 648/2012

Article 69 Authorities competent for the implementation of Regulation (EU) No 2017/2402 (Article 29(4) and (5) of the Regulation)

Article 70 Administrative penalties and other measures in relation to infringements of Regulation (EU) No 2017/2402 (Article 32 of the Regulation)

**ΚΕΦΑΛΑΙΟ Ε΄ ΜΕΤΡΑ ΓΙΑ ΤΗΝ ΕΦΑΡΜΟΓΗ ΤΟΥ ΚΑΝΟΝΙΣΜΟΥ (ΕΕ) 2017/1131 ΓΙΑ ΤΑ ΑΜΟΙΒΑΙΑ ΚΕΦΑΛΑΙΑ ΤΗΣ ΧΡΗΜΑΤΑΓΟΡΑΣ (ΑΚΧΑ), ΤΡΟΠΟΠΟΙΗΣΕΙΣ ΤΟΥ Ν. 4099/2012 (Α΄ 250), ΤΟΥ Ν. 4209/2013 (Α΄ 253), ΤΟΥ Ν. 2533/1997 (Α΄ 228) ΚΑΙ ΤΟΥ Ν. 4449/2017 (Α΄ 7)**

Άρθρο 71 Τροποποιήσεις του ν. 4099/2012

Άρθρο 72 Τροποποιήσεις του ν. 4209/2013

Άρθρο 73 Τροποποίηση του ν. 2533/1997

Άρθρο 74 Τροποποίηση του ν. 4449/2017 για τους ελεγκτές και τις Επιτροπές Ελέγχου

Άρθρο 75 Τροποποίηση του ν. 4514/2018


*ΜΕΡΟΣ Γ΄ΘΕΜΑΤΑ ΟΡΓΑΝΩΣΗΣ, ΔΙΟΙΚΗΣΗΣ ΚΑΙ ΛΕΙΤΟΥΡΓΙΑΣ ΤΗΣ ΕΠΙΤΡΟΠΗΣ ΚΕΦΑΛΑΙΑΓΟΡΑΣ*

Άρθρο 76 Επιλογή Προϊσταμένων

Άρθρο 77 Σύσταση νέων οργανικών θέσεων στην Επιτροπή Κεφαλαιαγοράς και κατάργηση υφισταμένων

Άρθρο 78 Θέματα σύνθεσης Διοικητικού Συμβουλίου και Συμβουλευτικής Επιτροπής της Επιτροπής Κεφαλαιαγοράς - Τροποποιήσεις του ν. 1969/1991

Άρθρο 79 Προϋπολογισμός και Απολογισμός της Επιτροπής Κεφαλαιαγοράς - Τροποποίηση του ν. 2324/1995

Άρθρο 80 Κανονισμός Εσωτερικής Λειτουργίας της Επιτροπής Κεφαλαιαγοράς - Τροποποίηση του ν. 2324/1995


*ΜΕΡΟΣ Δ΄ΛΟΙΠΕΣ ΔΙΑΤΑΞΕΙΣ*

*(Οι διατάξεις των άρθρων 81 έως 90 αφορούν μη συναφή ζητήματα)*

ΜΕΡΟΣ Ε΄ ΚΑΤΑΡΓΟΥΜΕΝΕΣ, ΜΕΤΑΒΑΤΙΚΕΣ ΔΙΑΤΑΞΕΙΣ ΚΑΙ ΕΝΑΡΞΗ ΙΣΧΥΟΣ

Άρθρο 91 Καταργούμενες διατάξεις

Άρθρο 92 Μεταβατικές διατάξεις

Άρθρο 93 Έναρξη ισχύος

## CHAPTER V MEASURES FOR THE IMPLEMENTATION OF REGULATION (EU) No 2017/1131 ON MONEY MARKET FUNDS (MMFs), AMENDMENTS TO LAW 4099/2012 (Government Gazette, Series I, Issue 250), LAW 4209/2013 (Government Gazette, Series I, Issue 253), LAW 2533/1997 (Government Gazette, Series I, Issue 228) AND LAW 4449/2017 (Government Gazette, Series I, Issue 7)

Article 71 Amendments to Law 4099/2012

Article 72 Amendments to Law 4209/2013

Article 73 Amendment to Law 2533/1997

Article 74 Amendment to Law 4449/2017 on Auditors and Audit Committees

Article 75 Amendment to Law 4514/2018

PART III ISSUES CONCERNING THE ORGANISATION, ADMINISTRATION AND OPERATION OF THE HELLENIC CAPITAL MARKET COMMISSION

Article 76 Selection of Heads [of Units]

Article 77 Establishment of new posts at the Hellenic Capital Market Commission and abolition of existing posts

Article 78 Issues concerning the composition of the Board of Directors and of the Advisory Committee of the Hellenic Capital Market Commission - Amendments to Law 1969/1991

Article 79 Budget and Report of the Hellenic Capital Market Commission - Amendment to Law 2324/1995

Article 80 Rules of Procedure of the Hellenic Capital Market Commission - Amendment to Law 2324/1995

PART IV (Unrelated) OTHER PROVISIONS

(Articles 81 to 90 are unrelated)

PART E REPEALED AND TRANSITIONAL PROVISIONS AND ENTRY INTO FORCE

Article 91 Repealed provisions

Article 92 Transitional provisions

Article 93 Entry into force

# ΜΕΡΟΣ Α΄

## ΔΙΑΤΑΞΕΙΣ ΓΙΑ ΤΗΝ ΕΤΑΙΡΙΚΗ ΔΙΑΚΥΒΕΡΝΗΣΗ ΑΝΩΝΥΜΩΝ ΕΤΑΙΡΕΙΩΝ
## ΚΕΦΑΛΑΙΟ Α΄
## ΓΕΝΙΚΕΣ ΔΙΑΤΑΞΕΙΣ

## ΑΡΘΡΟ 1

*Πεδίο εφαρμογής*

1. Τα άρθρα 1 έως 24 εφαρμόζονται σε ανώνυμες εταιρείες με μετοχές ή άλλες κινητές αξίες εισηγμένες σε ρυθμιζόμενη αγορά στην Ελλάδα.

2. Οι διατάξεις των άρθρων 1 έως 24 εφαρμόζονται συμπληρωματικά σε σχέση με τις διατάξεις του ν. 4548/2018 (Α΄ 104).

3. Οι διατάξεις των άρθρων 1 έως 24 δεν εφαρμόζονται:

α) στις ανώνυμες εταιρείες με μετοχές ή άλλες κινητές αξίες εισηγμένες σε πολυμερή μηχανισμό διαπραγμάτευσης (ΠΜΔ) που λειτουργεί στην Ελλάδα, εκτός αν προβλέπεται διαφορετικά στο καταστατικό τους,

β) στην Τράπεζα της Ελλάδος.

4. Οι διατάξεις των άρθρων 1 έως 24 εφαρμόζονται με την επιφύλαξη ειδικότερων διατάξεων του ενωσιακού ή του εθνικού δικαίου, καθώς και των κανονιστικών πράξεων της Τράπεζας της Ελλάδος ή της Επιτροπής Κεφαλαιαγοράς που εκδίδονται κατ' εξουσιοδότηση αυτών, οι οποίες διέπουν την εταιρική διακυβέρνηση ανωνύμων εταιρειών που εποπτεύονται:

α) στο πλαίσιο του Ενιαίου Εποπτικού Μηχανισμού, από την Ευρωπαϊκή Κεντρική Τράπεζα ή από την Τράπεζα της Ελλάδος,

β) από την Τράπεζα της Ελλάδος, στο πλαίσιο των εποπτικών της αρμοδιοτήτων,

γ) από την Επιτροπή Κεφαλαιαγοράς, στο πλαίσιο των προληπτικών εποπτικών της αρμοδιοτήτων.

# PART I

## PROVISIONS ON THE CORPORATE GOVERNANCE OF SOCIÉTÉS ANONYMES
## CHAPTER I
## GENERAL PROVISIONS

# ARTICLE 1

*Scope*

1. Articles 1 to 24 shall apply to sociétés anonymes with shares or other transferable securities listed on a regulated market in Greece.

2. The provisions of Articles 1 to 24 shall supplement the provisions of Law 4548/2018 (Government Gazette, Series I, Issue 104).

3. The provisions of Articles 1 to 24 shall not apply:

a) to sociétés anonymes with shares or other transferable securities listed on a Multilateral Trading Facility (MTF) operating in Greece, save where otherwise provided for in their Articles of Association;

b) to the Bank of Greece.

4. The provisions of Articles 1 to 24 shall apply without prejudice to more specific provisions of EU or Greek law, as well as regulatory acts of the Bank of Greece or the Hellenic Capital Market Commission issued pursuant thereto which apply to the corporate governance of sociétés anonymes supervised:

a) in the context of the Single Supervisory Mechanism, by the European Central Bank or by the Bank of Greece;

b) by the Bank of Greece, within the context of its supervisory competences;

c) by the Hellenic Capital Market Commission, within the context of its preventive supervisory competences.

# ΑΡΘΡΟ 2

*Ορισμοί*

Για τους σκοπούς των άρθρων 1 έως 24 του παρόντος υιοθετούνται ορισμοί ως εξής:

1. «Ρυθμιζόμενη αγορά»: η ρυθμιζόμενη αγορά κατά την έννοια της παρ. 21 του άρθρου 4 του ν. 4514/2018 (Α΄ 14).

2. «Πολυμερής Μηχανισμός Διαπραγμάτευσης» (ΠΜΔ): ο Πολυμερής Μηχανισμός Διαπραγμάτευσης κατά την έννοια της παρ. 22 του άρθρου 4 του ν. 4514/2018.

3. «Εταιρεία»: η ανώνυμη εταιρεία της οποίας οι μετοχές ή άλλες κινητές αξίες είναι:

α) εισηγμένες σε ρυθμιζόμενη αγορά που λειτουργεί στην Ελλάδα ή

β) εισηγμένες σε ΠΜΔ που λειτουργεί στην Ελλάδα και στο καταστατικό των οποίων προβλέπεται η υπαγωγή τους στις διατάξεις των άρθρων 1 έως 24 του παρόντος.

4. «Μη εκτελεστικά μέλη»: τα μέλη του Διοικητικού Συμβουλίου της Εταιρείας, που δεν έχουν εκτελεστικές αρμοδιότητες στη διαχείριση της Εταιρείας στο πλαίσιο των καθηκόντων που τους ανατίθενται, πέραν των γενικών καθηκόντων που τους επιφυλάσσει η ιδιότητά τους ως μελών του Διοικητικού Συμβουλίου και έχουν επιφορτισθεί με τον ρόλο της συστηματικής επίβλεψης και παρακολούθησης της λήψης αποφάσεων από τη διοίκηση.

5. «Εκτελεστικά μέλη»: τα μέλη του Διοικητικού Συμβουλίου της Εταιρείας, που έχουν εκτελεστικές αρμοδιότητες όσον αφορά τη διαχείριση της Εταιρείας, στο πλαίσιο των καθηκόντων που τους ανατίθενται.

6. «Ανεξάρτητα μη εκτελεστικά μέλη»: τα μη εκτελεστικά μέλη του Διοικητικού Συμβουλίου της Εταιρείας, που κατά τον ορισμό ή την εκλογή τους και κατά τη διάρκεια της θητείας τους πληρούν τα κριτήρια ανεξαρτησίας που προβλέπονται στο άρθρο 9.

7. «Σύστημα εσωτερικού ελέγχου»: το σύνολο των εσωτερικών ελεγκτικών μηχανισμών και διαδικασιών, συμπεριλαμβανομένης της διαχείρισης κινδύνων, του εσωτερικού ελέγχου και της κανονιστικής συμμόρφωσης, που καλύπτει σε συνεχή βάση κάθε δραστηριότητα της Εταιρείας και συντελεί στην ασφαλή και αποτελεσματική λειτουργία της.

8. «Διαχειριστής αγοράς»: ο διαχειριστής αγοράς κατά την έννοια της παρ. 18 του άρθρου 4 του ν. 4514/2018.

9. «Διαχειριστής ΠΜΔ»: το πρόσωπο που διαχειρίζεται ΠΜΔ σύμφωνα με την παρ. 2.

10. «Όμιλος»: ο όμιλος επιχειρήσεων που αποτελείται από τη μητρική και τις θυγατρικές της οντότητες σύμφωνα με το Διεθνές Λογιστικό Πρότυπο (ΔΛΠ) 27.

# ARTICLE 2

*Definitions*

For the purposes of Articles 1 to 24 hereof, the following definitions are adopted:

1. "Regulated market": a regulated market within the meaning of Article 4(21) of Law 4514/2018 (Government Gazette, Series I, Issue 14).

2. "Multilateral Trading Facility" (MTF): a Multilateral Trading Facility within the meaning of Article 4(22) of Law 4514/2018.

3. "Company": a société anonyme whose shares or other transferable securities are:

a) listed on a regulated market operating in Greece; or

b) listed on an MTF operating in Greece, where the subjection of such shares or other transferable securities to the provisions of Articles 1 to 24 hereof is provided for in the Articles of Association of such société anonyme.

4. "Non-executive directors": the directors of the Company who do not have executive powers in the administration of the Company, in the context of the duties assigned to them, in addition to the general duties inherent to their capacity as directors, and who have been tasked with the systematic oversight and monitoring of management's decision-making.

5. "Executive directors": the directors of the Company who do have executive powers in the administration of the Company, in the context of the duties assigned to them.

6. "Independent non-executive directors": the non-executive directors of the Company who, at the time of their appointment of election and throughout their term, satisfy the independence criteria laid down in Article 9.

7. "Internal audit system": the internal audit mechanism and procedures as a whole, including risk management, internal audit and regulatory compliance, continuously covering every Company activity and contributing to its safe and effective operation.

8. "Market operator": a market operator within the meaning of Article 4(18) of Law 4514/2018.

9. "MTF operator": a person operating an MTF in accordance with paragraph 2.

10. "Group": a group of enterprises consisting of the parent company and its subsidiaries, in accordance with International Accounting Standard (IAS) 27.

11. «Πρόσωπο»: Κάθε φυσικό ή νομικό πρόσωπο.

12. «Συνδεδεμένη εταιρεία ή πρόσωπο»: Η εταιρεία ή το πρόσωπο που ορίζεται ως συνδεδεμένο μέρος σύμφωνα με το Διεθνές Λογιστικό Πρότυπο (ΔΛΠ) 24.

13. «Κύριο διοικητικό στέλεχος»: το πρόσωπο που ορίζεται από το Διεθνές Λογιστικό Πρότυπο (ΔΛΠ) 24.

14. «Πρόσωπο που έχει στενούς δεσμούς»: το πρόσωπο κατά την έννοια της περ. 26 της παρ. 1 του άρθρου 3 του Κανονισμού (ΕΕ) 596/2014 του Ευρωπαϊκού Κοινοβουλίου και του Συμβουλίου.

15. «Επιχειρηματική σχέση»: η επαγγελματική ή εμπορική σχέση, η οποία συνδέεται με την επιχειρηματική δραστηριότητα του προσώπου στο οποίο αφορά και η οποία, κατά τον χρόνο σύναψής της, αναμένεται ότι θα έχει διάρκεια.

16. «Σημαντική θυγατρική»: η θυγατρική, της Εταιρείας, η οποία επηρεάζει ή μπορεί να επηρεάσει ουσιωδώς τη χρηματοοικονομική θέση ή τις επιδόσεις ή την επιχειρηματική δραστηριότητα ή τα εν γένει οικονομικά συμφέροντα της Εταιρείας.

17. «Επιτροπή ελέγχου»: η επιτροπή ελέγχου του άρθρου 44 του ν. 4449/2017 (Α΄ 7).

18. «Οικονομική έκθεση»: η οικονομική έκθεση των άρθρων 4 και 5 του ν. 3556/2007 (Α΄ 91).

19. «Θυγατρική»: η οντότητα που ελέγχεται από μητρική, άμεσα ή έμμεσα.

11. "Person": Any natural or legal person.

12. "Related company or person": A company or person designated as a related party in accordance with International Accounting Standard (IAS) 24.

13. "Key management executive": the person defined in accordance with International Accounting Standard (IAS) 24.

14. "Person closely associated": a person within the meaning of Article 3(1)(26) of Regulation (EU) No 596/2014 of the European Parliament and of the Council.

15. "Business relationship": a professional or commercial relationship connected with the professional activities of the person in question and which is expected, at the time it is established, to have an element of duration.

16. "Material subsidiary": a subsidiary of the Company that materially affects or can materially affect the financial position or performance or business activity or general financial interests of the Company.

17. "Audit committee": the audit committee of Article 44 of Law 4449/2017 (Government Gazette, Series I, Issue 7).

18. "Financial report": the financial report of Articles 4 and 5 of Law 3556/2007 (Government Gazette, Series I, Issue 91).

19. "Subsidiary": an entity directly or indirectly controlled by a parent entity.

# ΚΕΦΑΛΑΙΟ Β΄
## ΔΙΟΙΚΗΤΙΚΟ ΣΥΜΒΟΥΛΙΟ

# ΑΡΘΡΟ 3

## Πολιτική καταλληλότητας των μελών Διοικητικού Συμβουλίου

1. Η Εταιρεία διαθέτει πολιτική καταλληλότητας των μελών του διοικητικού συμβουλίου, η οποία εγκρίνεται από το Διοικητικό της Συμβούλιο και περιλαμβάνει τουλάχιστον:

α) τις αρχές που αφορούν στην επιλογή ή την αντικατάσταση των μελών του Διοικητικού Συμβουλίου, καθώς και την ανανέωση της θητείας υφιστάμενων μελών και

β) τα κριτήρια για την αξιολόγηση της καταλληλότητας των μελών του Διοικητικού Συμβουλίου, ιδίως ως προς τα εχέγγυα ήθους, τη φήμη, την επάρκεια γνώσεων, τις δεξιότητες, την ανεξαρτησία κρίσης και την εμπειρία για την εκτέλεση των καθηκόντων που τους ανατίθενται. Τα κριτήρια επιλογής των μελών του Διοικητικού Συμβουλίου περιλαμβάνουν τουλάχιστον την επαρκή εκπροσώπηση ανά φύλο σε ποσοστό που δεν υπολείπεται του είκοσι πέντε τοις εκατό (25%) του συνόλου των μελών του διοικητικού συμβουλίου. Σε περίπτωση κλάσματος, το ποσοστό αυτό στρογγυλοποιείται στο προηγούμενο ακέραιο,

γ) την πρόβλεψη κριτηρίων πολυμορφίας (diversity) για την επιλογή των μελών του Διοικητικού Συμβουλίου.

1α. Η Επιτροπή Κεφαλαιαγοράς δημοσιεύει κατευθυντήριες γραμμές για την εφαρμογή της παρ. 1 εντός δύο (2) μηνών από την έναρξη ισχύος του παρόντος.

2. Η σύνθεση του Διοικητικού Συμβουλίου αντικατοπτρίζει τις γνώσεις, τις δεξιότητες και την πείρα που απαιτούνται για την άσκηση των αρμοδιοτήτων του, σύμφωνα με το επιχειρηματικό μοντέλο και τη στρατηγική της Εταιρείας.

3. Η πολιτική καταλληλότητας, καθώς και κάθε ουσιώδης τροποποίησή της υποβάλλεται προς έγκριση στην Γενική Συνέλευση και αναρτάται στον ιστότοπο της Εταιρείας.

4. Προϋπόθεση για την εκλογή ή τη διατήρηση της ιδιότητας του μέλους στο Διοικητικό Συμβούλιο Εταιρείας είναι να μην έχει εκδοθεί εντός ενός (1) έτους, πριν ή από την εκλογή του αντίστοιχα, τελεσίδικη δικαστική απόφαση που αναγνωρίζει την υπαιτιότητά του για ζημιογόνες συναλλαγές Εταιρείας ή μη εισηγμένης εταιρείας του ν. 4548/2018, με συνδεδεμένα μέρη. Το καταστατικό μπορεί να προβλέπει μεγαλύτερο χρονικό διάστημα από το οριζόμενο στο προηγούμενο εδάφιο. Κάθε υποψήφιο μέλος υποβάλλει στην Εταιρεία υπεύθυνη δήλωση ότι δεν συντρέχει το κώλυμα της παρούσας και κάθε μέλος Διοικητικού Συμβουλίου γνωστοποιεί αμελλητί προς την Εταιρεία την έκδοση σχετικής τελεσίδικης δικαστικής απόφασης.

## CHAPTER II
## BOARD OF DIRECTORS

# ARTICLE 3

*Fit and Proper Policy for directors*

1. Each Company shall have a Fit and Proper policy for its directors that is approved by its Board of Directors and shall consist of the following, as a minimum:

a) the principles concerning the selection or replacement of directors and the renewal of the terms of existing directors; and

b) the criteria for evaluating the suitability of directors, with particular regard to character requirements, reputation, competence, skills, independence of judgment and experience to perform the duties assigned to them. The director selection criteria shall include, as a minimum, representation of each gender of not less than twenty five percent (25%) of the total number of directors. In the case of a fraction, the percentage is question shall be rounded down to the nearest integer;

c) provision of diversity criteria for the selection of directors.

1a. The Hellenic Capital Market Commission shall publish guidelines on the application referred to in paragraph 1 within two (2) months of the entry hereof into force.

2. The composition of the Board of Directors shall reflect the knowledge, skills and experience required to exercise its powers, in accordance with the Company's business model and strategy.

3. The Fit and Proper policy, as well as any substantial change thereto, shall be submitted to the General Meeting for approval and posted to the Company's website.

4. A requirement for being elected as or remaining a director of a Company is for no non-appealable court judgment to have been handed down within one (1) year prior to or from the election, respectively, recognising that director's fault for loss-making transactions between the Company, or a non-listed company under Law 4548/2018, and related parties. The Articles of Association may provide for a period longer than the one laid down in the preceding subparagraph. Each prospective director shall submit a solemn declaration to the Company that the hindrance referred to herein does not apply; furthermore, each director shall notify the Company forthwith of a relevant non-appealable court judgment being handed down.

5. Προϋπόθεση για την ανάθεση εξουσιών διαχείρισης και εκπροσώπησης της Εταιρείας σε τρίτα πρόσωπα ή για τη διατήρηση της σχετικής ανάθεσης σε ισχύ, είναι να μην έχει εκδοθεί εντός ενός (1) έτους, πριν ή από την ανάθεση των εξουσιών σε αυτά, τελεσίδικη δικαστική απόφαση που αναγνωρίζει την υπαιτιότητά τους για ζημιογόνες συναλλαγές Εταιρείας, ή μη εισηγμένης εταιρείας του ν. 4548/2018 με συνδεδεμένα μέρη. Το καταστατικό μπορεί να προβλέπει μεγαλύτερο χρονικό διάστημα από το οριζόμενο στο προηγούμενο εδάφιο. Κάθε υποψήφιο, προς ανάθεση των ανωτέρω εξουσιών, τρίτο πρόσωπο υποβάλλει στην Εταιρεία υπεύθυνη δήλωση ότι δεν συντρέχει το κώλυμα της παρούσας και κάθε τρίτο πρόσωπο, προς το οποίο έχει γίνει ανάθεση, γνωστοποιεί αμελλητί προς την Εταιρεία την έκδοση σχετικής τελεσίδικης δικαστικής απόφασης.

6. Σε περίπτωση που διαπιστώνεται η παύση της συνδρομής ενός ή περισσοτέρων από τα κριτήρια καταλληλότητας, με βάση την πολιτική καταλληλότητας της εταιρείας, στο πρόσωπο ενός μέλους του Διοικητικού Συμβουλίου, για λόγους που το πρόσωπο αυτό δεν μπορούσε να αποτρέψει ούτε με μέσα άκρας επιμέλειας, το αρμόδιο όργανο της εταιρείας προβαίνει άμεσα στην παύση και στην αντικατάστασή του εντός τριών (3) μηνών.

# ΑΡΘΡΟ 4

## Διοικητικό Συμβούλιο

1. Το Διοικητικό Συμβούλιο ορίζει και επιβλέπει την υλοποίηση του συστήματος εταιρικής διακυβέρνησης των διατάξεων 1 έως 24, παρακολουθεί και αξιολογεί περιοδικά ανά τρία (3) τουλάχιστον οικονομικά έτη την εφαρμογή και την αποτελεσματικότητά του, προβαίνοντας στις δέουσες ενέργειες για την αντιμετώπιση ελλείψεων.

2. Το Διοικητικό Συμβούλιο διασφαλίζει την επαρκή και αποτελεσματική λειτουργία Συστήματος εσωτερικού ελέγχου της Εταιρείας, που αποβλέπει στους ακόλουθους, ιδίως, στόχους:

α) στη συνεπή υλοποίηση της επιχειρησιακής στρατηγικής, με την αποτελεσματική χρήση των διαθέσιμων πόρων,

β) στην αναγνώριση και διαχείριση των ουσιωδών κινδύνων που συνδέονται με την επιχειρηματική της δραστηριότητα και λειτουργία,

γ) στην αποτελεσματική λειτουργία της μονάδας εσωτερικού ελέγχου, η οργάνωση, η λειτουργία και οι αρμοδιότητες της οποίας ορίζονται στα άρθρα 15 και 16,

δ) στη διασφάλιση της πληρότητας και της αξιοπιστίας των στοιχείων και πληροφοριών που απαιτούνται για τον ακριβή και έγκαιρο προσδιορισμό της χρηματοοικονομικής κατάστασης της Εταιρείας και την κατάρτιση αξιόπιστων οικονομικών καταστάσεων, καθώς και της μη χρηματοοικονομικής κατάστασης αυτής, σύμφωνα με το άρθρο 151 του ν. 4548/2018,

5. A requirement for the delegation of management and Company representation powers to third parties or for the delegation in question to remain in effect is for no non-appealable court judgment to have been handed down within one (1) year prior to the delegation of powers to said persons, recognising that third parties' liability for loss-making transactions between the Company, or a non-listed company under Law 4548/2018, and related parties. The Articles of Association may provide for a period longer than the one laid down in the preceding subparagraph. Each prospective third party to whom the above powers may be delegated shall submit a solemn declaration to the Company that the hindrance referred to herein does not apply; furthermore, each third party to whom powers have been delegated shall notify the Company forthwith of a relevant non-appealable court judgment being handed down.

6. Where it is ascertained that one or several suitability criteria set out in the company's Fit and Proper policy have ceased to be met by a director, for reasons that the said director could not prevent despite the exercise of all due care, the competent Company body shall remove the said director forthwith and replace him or her within three (3) months.

# ARTICLE 4

## *Board of Directors*

1. The Board of Directors shall put in place and supervise the implementation of the corporate governance system referred to in provisions 1 through 24, and monitor and periodically assess its application and effectiveness at least every three (3) financial years, taking the actions necessary to address shortcomings.

2. The Board of Directors shall ensure the sufficient and effective operation of the Company's internal audit system with the following goals, in particular:

a) consistent implementation of the operational strategy with effective use of the resources available;

b) recognition of management of the material risks associated with its business activity and operation;

c) effective operation of the internal audit department, the organisation, operation and remit of which are set forth in Articles 15 and 16;

d) safeguarding the completeness and reliability of the data and information required for the accurate and timely determination of the Company's financial state and the preparation of reliable financial statements, as well as the Company's non-financial statement in accordance with Article 151 of Law 4548/2018;

ε) στη συμμόρφωση με το κανονιστικό και νομοθετικό πλαίσιο, καθώς και τους εσωτερικούς κανονισμούς που διέπουν τη λειτουργία της Εταιρείας.

3. Το Διοικητικό Συμβούλιο διασφαλίζει, ότι οι λειτουργίες που συγκροτούν το Σύστημα εσωτερικού ελέγχου είναι ανεξάρτητες από τους επιχειρηματικούς τομείς που ελέγχουν, και ότι διαθέτουν τους κατάλληλους οικονομικούς και ανθρώπινους πόρους, καθώς και τις εξουσίες για την αποτελεσματική λειτουργία τους, σύμφωνα με όσα επιτάσσει ο ρόλος τους. Οι γραμμές αναφοράς και η κατανομή των αρμοδιοτήτων είναι σαφείς, εκτελεστές και δεόντως τεκμηριωμένες.

4. Το Διοικητικό Συμβούλιο διασφαλίζει, ότι το αναλυτικό βιογραφικό που ορίζεται στην περ. β΄ της παρ. 1 του άρθρου 18 επικαιροποιείται αμελλητί και διατηρείται αναρτημένο καθ' όλη τη διάρκεια της θητείας εκάστου μέλους.

# ΑΡΘΡΟ 5

## Μέλη του Διοικητικού Συμβουλίου

1. Το Διοικητικό Συμβούλιο αποτελείται από εκτελεστικά, μη εκτελεστικά και ανεξάρτητα μη εκτελεστικά μέλη.

2. Η ιδιότητα των μελών του Διοικητικού Συμβουλίου ως εκτελεστικών ή μη εκτελεστικών ορίζεται από το Διοικητικό Συμβούλιο. Τα ανεξάρτητα μη εκτελεστικά μέλη εκλέγονται από τη γενική συνέλευση ή ορίζονται από το Διοικητικό Συμβούλιο σύμφωνα με την παρ. 4 του άρθρου 9, δεν υπολείπονται του ενός τρίτου (1/3) του συνολικού αριθμού των μελών του και, πάντως, δεν είναι λιγότερα από δύο (2). Αν προκύψει κλάσμα, στρογγυλοποιείται στον αμέσως εγγύτερο ακέραιο αριθμό.

3. Στις συνεδριάσεις του Διοικητικού Συμβουλίου που έχουν ως θέμα την κατάρτιση των οικονομικών καταστάσεων της Εταιρείας, ή η ημερήσια διάταξη των οποίων περιλαμβάνει θέματα για την έγκριση των οποίων προβλέπεται η λήψη απόφασης από τη γενική συνέλευση με αυξημένη απαρτία και πλειοψηφία, σύμφωνα με τον ν. 4548/2018, το Διοικητικό Συμβούλιο βρίσκεται σε απαρτία, όταν παρίστανται δύο (2) τουλάχιστον ανεξάρτητα μη εκτελεστικά μέλη. Σε περίπτωση αναιτιολόγητης απουσίας ανεξάρτητου μέλους σε δύο (2) τουλάχιστον συνεχόμενες συνεδριάσεις του Διοικητικού Συμβουλίου, το μέλος αυτό λογίζεται ως παραιτηθέν. Η παραίτηση αυτή διαπιστώνεται με απόφαση του Διοικητικού Συμβουλίου, το οποίο προβαίνει στην αντικατάσταση του μέλους, σύμφωνα με την διαδικασία της παρ. 4 του άρθρου 9.

4. Η Εταιρεία υποβάλλει στην Επιτροπή Κεφαλαιαγοράς τα πρακτικά της συνεδρίασης του Διοικητικού Συμβουλίου ή της γενικής συνέλευσης, που έχει ως θέμα τη συγκρότηση ή τη θητεία των μελών του Διοικητικού Συμβουλίου, εντός είκοσι (20) ημερών από το πέρας αυτής.

e) conformity to the statutory and legislative framework, as well as the internal regulations governing the operation of the Company.

3. The Board of Directors shall ensure that the functions comprising the internal audit system are independent from the business areas they control, and that they have the appropriate financial and human resources at their disposal, as well as the powers for their effective operation, in accordance with the requirements of their role. The reporting lines and allocation of powers shall be clear, enforceable and duly substantiated.

4. The Board of Directors shall ensure that the detailed CV provided for in Article 18(1)(b) is updated forthwith and remains posted throughout the term in office of each director.

# ARTICLE 5

*Directors*

1. The Board of Directors shall consist of executive, non-executive and independent non-executive directors.

2. The Board shall determine the capacity of its directors as executive or non-executive directors. Independent non-executive directors shall be elected by the General Meeting or appointed by the Board of Directors in accordance with Article 9(4); their number shall not be less than one third (1/3) of the total number of directors and, in any event, no less than two (2). In the case of a fraction, it shall be rounded to the nearest integer.

3. During Board meetings on the preparation of the Company's financial statements or with an agenda including items which, in order to be approved, require a decision made by the General Meeting by qualified quorum and majority, in accordance with Law 4548/2018, the Board of Directors shall be quorate when at least two (2) non-executive directors are present. In the event of unwarranted absence by an independent director from at least two (2) consecutive Board meetings, the director in question shall be deemed to have resigned. This resignation shall be acknowledged by resolution of the Board replacing the director in accordance with the procedure laid down in Article 9(4).

4. The Company shall submit the minutes of the meeting of the Board of Directors or of the General Meeting on the composition or term in office of the directors to the Hellenic Capital Market Commission within twenty (20) days from the end of the said meeting.

# ΑΡΘΡΟ 6

## Εκτελεστικά μέλη του Διοικητικού Συμβουλίου

1. Τα εκτελεστικά μέλη του Διοικητικού Συμβουλίου, ιδίως:

α) είναι υπεύθυνα για την εφαρμογή της στρατηγικής που καθορίζεται από το Διοικητικό Συμβούλιο και

β) διαβουλεύονται ανά τακτά χρονικά διαστήματα με τα μη εκτελεστικά μέλη του Διοικητικού Συμβουλίου σχετικά με την καταλληλότητα της εφαρμοζόμενης στρατηγικής.

2. Σε υφιστάμενες καταστάσεις κρίσεων ή κινδύνων, καθώς και όταν επιβάλλεται από τις συνθήκες να ληφθούν μέτρα τα οποία αναμένεται ευλόγως να επηρεάσουν σημαντικά την Εταιρεία, όπως όταν πρόκειται να ληφθούν αποφάσεις σχετικά με την εξέλιξη της επιχειρηματικής δραστηριότητας και τους κινδύνους που αναλαμβάνονται, οι οποίες αναμένεται να επηρεάσουν τη χρηματοοικονομική κατάσταση της Εταιρείας, τα εκτελεστικά μέλη ενημερώνουν αμελλητί εγγράφως το Διοικητικό Συμβούλιο, είτε από κοινού είτε χωριστά, υποβάλλοντας σχετική έκθεση με τις εκτιμήσεις και τις προτάσεις τους.

# ΑΡΘΡΟ 7

## Μη εκτελεστικά μέλη του Διοικητικού Συμβουλίου

Τα μη εκτελεστικά μέλη του Διοικητικού Συμβουλίου, συμπεριλαμβανομένων των ανεξάρτητων μη εκτελεστικών μελών, έχουν, ιδίως, τις ακόλουθες υποχρεώσεις:

α) Παρακολουθούν και εξετάζουν τη στρατηγική της Εταιρείας και την υλοποίησή της, καθώς και την επίτευξη των στόχων της.

β) Διασφαλίζουν την αποτελεσματική εποπτεία των εκτελεστικών μελών, συμπεριλαμβανομένης της παρακολούθησης και του ελέγχου των επιδόσεών τους.

γ) Εξετάζουν και εκφράζουν απόψεις σχετικά με τις προτάσεις που υποβάλλουν τα εκτελεστικά μέλη, βάσει υφιστάμενων πληροφοριών.

# ΑΡΘΡΟ 8

## Πρόεδρος Διοικητικού Συμβουλίου

1. Ο Πρόεδρος του Διοικητικού Συμβουλίου είναι μη εκτελεστικό μέλος.

2. Σε περίπτωση που το Διοικητικό Συμβούλιο, κατά παρέκκλιση της παρ. 1, διορίσει ως Πρόεδρο ένα εκ των εκτελεστικών μελών του Διοικητικού Συμβουλίου, διορίζει υποχρεωτικά αντιπρόεδρο εκ των μη εκτελεστικών μελών.

# ARTICLE 6

## *Executive Directors*

1. In particular, executive directors:

a) shall be responsible for implementing the strategy set by the Board of Directors; and

b) shall deliberate regularly with non-executive directors on the appropriateness of the strategy being implemented.

2. During ongoing crises or conditions of risk, and when conditions require the taking of measures that could reasonably be expected to materially affect the Company — for instance, when decisions on the progress of business activities and risks undertaken are to be made and are expected to affect the financial situation of the Company — the executive directors shall notify the Board of Directors forthwith in writing, whether jointly or separately, submitting a relevant report containing their assessments and proposals.

# ARTICLE 7

## *Non-executive directors*

Non-executive directors, including independent non-executive directors, shall have the following obligations in particular:

a) to monitor and examine the Company's strategy and the implementation thereof, as well as the attainment of the Company's goals;

b) to ensure effective oversight of executive directors, including the monitoring and control of their performance;

c) to examine and express views on proposals submitted by executive directors, on the basis of the information available.

# ARTICLE 8

## *Chairperson of the Board of Directors*

1. The Chairperson of the Board of Directors is a non-executive director.

2. Where the Board of Directors, by way of derogation from paragraph 1, appoints an executive director as Chairperson, it must also appoint a non-executive director as Vice-Chairperson.

# ΑΡΘΡΟ 9

## Ανεξάρτητα μη εκτελεστικά μέλη του Διοικητικού Συμβουλίου

1. Ένα μη εκτελεστικό μέλος του Διοικητικού Συμβουλίου θεωρείται ανεξάρτητο εφόσον κατά τον ορισμό και κατά τη διάρκεια της θητείας του δεν κατέχει άμεσα ή έμμεσα ποσοστό δικαιωμάτων ψήφου μεγαλύτερο του μηδέν κόμμα πέντε τοις εκατό (0,5%) του μετοχικού κεφαλαίου της Εταιρείας και είναι απαλλαγμένο από οικονομικές, επιχειρηματικές, οικογενειακές ή άλλου είδους σχέσεις εξάρτησης, οι οποίες μπορούν να επηρεάσουν τις αποφάσεις του και την ανεξάρτητη και αντικειμενική κρίση του.

2. Σχέση εξάρτησης υφίσταται ιδίως στις ακόλουθες περιπτώσεις:

α) Όταν το μέλος λαμβάνει οποιαδήποτε σημαντική αμοιβή ή παροχή από την Εταιρεία, ή από συνδεδεμένη με αυτήν εταιρεία, ή συμμετέχει σε σύστημα δικαιωμάτων προαίρεσης για την αγορά μετοχών ή σε οποιοδήποτε άλλο σύστημα αμοιβής ή παροχών συνδεόμενο με την απόδοση, πλην της αμοιβής για τη συμμετοχή του στο Διοικητικό Συμβούλιο ή σε επιτροπές του, καθώς και στην είσπραξη πάγιων παροχών στο πλαίσιο συνταξιοδοτικού συστήματος, συμπεριλαμβανόμενων των ετεροχρονισμένων παροχών, για προηγούμενες υπηρεσίες προς την Εταιρεία. Τα κριτήρια βάσει των οποίων ορίζεται η έννοια της σημαντικής αμοιβής ή παροχής καθορίζονται στην πολιτική αποδοχών της εταιρείας.

β) Όταν το μέλος ή πρόσωπο, που έχει στενούς δεσμούς με το μέλος, διατηρεί ή διατηρούσε επιχειρηματική σχέση κατά τα τελευταία τρία (3) οικονομικά έτη πριν από το διορισμό του με:

βα) την Εταιρεία ή

ββ) συνδεδεμένο με την Εταιρεία πρόσωπο ή

βγ) μέτοχο που κατέχει άμεσα ή έμμεσα ποσοστό συμμετοχής ίσο ή μεγαλύτερο του δέκα τοις εκατό (10%) του μετοχικού κεφαλαίου της Εταιρείας κατά τα τελευταία τρία (3) οικονομικά έτη πριν από τον διορισμό του, ή συνδεδεμένης με αυτή εταιρείας, εφόσον η σχέση αυτή επηρεάζει ή μπορεί να επηρεάσει την επιχειρηματική δραστηριότητα είτε της Εταιρείας είτε του προσώπου της παρ. 1 ή του προσώπου που έχει στενούς δεσμούς με αυτό. Τέτοια σχέση υφίσταται ιδίως, όταν το πρόσωπο είναι σημαντικός προμηθευτής ή σημαντικός πελάτης της Εταιρείας.

γ) Όταν το μέλος ή το πρόσωπο, που έχει στενούς δεσμούς με το μέλος:

γα) έχει διατελέσει μέλος του Διοικητικού Συμβουλίου της Εταιρείας ή συνδεδεμένης με αυτήν εταιρείας για περισσότερο από εννέα (9) οικονομικά έτη αθροιστικά κατά τον χρόνο εκλογής του,

γβ) έχει διατελέσει διευθυντικό στέλεχος ή διατηρούσε σχέση εργασίας ή έργου ή υπηρεσιών ή έμμισθης εντολής με την Εταιρεία ή με συνδεδεμένη με αυτήν εταιρεία κατά το χρονικό διάστημα των τελευταίων τριών (3) οικονομικών ετών πριν από τον ορισμό του,

# ARTICLE 9

## *Independent non-executive directors*

1. Non-executive directors shall be considered independent if, at the time of their appointment and during their term in office, they do not directly or indirectly hold a percentage of the Company's share capital affording voting rights greater than point five percent (0.5%) and they are free of financial, business, family or other relationships of dependence that could influence their decisions and their independent and objective judgment.

2. A relationship of dependence exists in the following cases, in particular:

a) When directors receive significant remuneration or compensation from the Company or an affiliated company, or participate in a share option or any other performance-related remuneration or compensation scheme, save their remuneration for participation in the Board of Directors or committees thereof, as well as the receipt of fixed amounts of benefits under a retirement plan (including deferred benefits) for prior service with the Company. The criteria according to which the concept of significant remuneration or compensation is defined shall be set forth in the company's remuneration policy.

b) When a director or a person closely associated with the director maintains or maintained a business relationship during the three (3) financial years prior to their appointment with:

ba) the Company; or

bb) a person related with the Company; or

bc) a shareholder who directly or indirectly holds a percentage in the Company's share capital equal to or greater than ten percent (10%) during the three (3) financial years prior to their appointment or in an affiliated company, insofar as this relationship affects or could affect the business activities of the Company or the person referred to in paragraph 1 or the person closely associated therewith. Such a relationship exists, in particular, when the person is an important supplier or important customer of the Company.

c) When the director or a person closely associated with the director:

ca) has served as a director of the Company or of an affiliated company for more than nine (9) financial years, cumulatively, at the time of their election;

cb) has served as a management executive of or maintained a relationship under an employment contract, contract for work, services agreement or salaried retainer arrangement with the Company or an affiliated company during the three (3) financial years prior to their appointment;

γγ) έχει συγγένεια μέχρι δεύτερου βαθμού εξ αίματος ή εξ αγχιστείας, ή είναι σύζυγος ή σύντροφος που εξομοιώνεται με σύζυγο, μέλους του Διοικητικού Συμβουλίου ή ανώτατου διευθυντικού στελέχους ή μετόχου, με ποσοστό συμμετοχής ίσο ή ανώτερο από δέκα τοις εκατό (10%) του μετοχικού κεφαλαίου της Εταιρείας ή συνδεδεμένης με αυτήν εταιρείας,

γδ) έχει διοριστεί από ορισμένο μέτοχο της Εταιρείας, σύμφωνα με το καταστατικό, όπως προβλέπεται στο άρθρο 79 του ν. 4548/2018,

γε) εκπροσωπεί μετόχους που κατέχουν άμεσα ή έμμεσα ποσοστό ίσο ή ανώτερο από πέντε τοις εκατό (5%) των δικαιωμάτων ψήφου στη γενική συνέλευση των μετόχων της Εταιρείας κατά τη διάρκεια της θητείας του, χωρίς γραπτές οδηγίες,

γστ) έχει διενεργήσει υποχρεωτικό έλεγχο στην Εταιρεία ή σε συνδεδεμένη με αυτή εταιρεία, είτε μέσω επιχείρησης είτε ο ίδιος είτε συγγενής του μέχρι δεύτερου βαθμού εξ αίματος ή εξ αγχιστείας είτε σύζυγος αυτού, κατά τα τελευταία τρία (3) οικονομικά έτη πριν από τον διορισμό του,

γζ) είναι εκτελεστικό μέλος σε άλλη εταιρεία, στο Διοικητικό Συμβούλιο της οποίας συμμετέχει εκτελεστικό μέλος της Εταιρείας ως μη εκτελεστικό μέλος.

3. Το Διοικητικό Συμβούλιο λαμβάνει τα αναγκαία μέτρα για τη διασφάλιση της συμμόρφωσης με τις προϋποθέσεις της παρ. 1. Η πλήρωση των προϋποθέσεων του παρόντος για τον χαρακτηρισμό μέλους Διοικητικού Συμβουλίου ως ανεξάρτητου μέλους επανεξετάζεται από το Διοικητικό Συμβούλιο σε ετήσια τουλάχιστον βάση ανά οικονομικό έτος και πάντως πριν από τη δημοσιοποίηση της ετήσιας οικονομικής έκθεσης, στην οποία και συμπεριλαμβάνεται σχετική διαπίστωση. Σε περίπτωση που κατά τον έλεγχο της πλήρωσης των προϋποθέσεων της παρ. 1 ή σε περίπτωση που οποιαδήποτε στιγμή διαπιστωθεί ότι οι προϋποθέσεις έπαψαν να συντρέχουν στο πρόσωπο ανεξάρτητου μη εκτελεστικού μέλους, το Διοικητικό Συμβούλιο προβαίνει στις δέουσες ενέργειες αντικατάστασής του.

4. Σε περίπτωση παραίτησης ή θανάτου ή με οποιονδήποτε άλλον τρόπο απώλειας της ιδιότητας ανεξάρτητου μη εκτελεστικού μέλους, που έχει ως συνέπεια ο αριθμός των ανεξαρτήτων μη εκτελεστικών μελών να υπολείπεται του ελάχιστου εκ του ν.όμου απαιτούμενου αριθμού, το Διοικητικό Συμβούλιο ορίζει ως ανεξάρτητο μη εκτελεστικό μέλος μέχρι την επόμενη γενική συνέλευση, είτε αναπληρωματικό μέλος, σε περίπτωση που υφίσταται βάσει του άρθρου 81 του ν. 4548/2018, είτε υφιστάμενο μη εκτελεστικό μέλος ή νέο μέλος που εκλέγει σε αντικατάσταση, εφόσον πληρούνται τα κριτήρια της παρ. 1.

Όπου με απόφαση του αρμοδίου οργάνου της Εταιρείας προβλέπεται αριθμός ανεξαρτήτων μη εκτελεστικών μελών μεγαλύτερος του προβλεπομένου στην παρ. 2 του άρθρου 5, και, μετά από την αντικατάσταση, ο αριθμός των ανεξάρτητων μη εκτελεστικών μελών του Διοικητικού Συμβουλίου υπολείπεται του προβλεπομένου ως άνω αριθμού, αναρτάται σχετική ανακοίνωση στην ιστοσελίδα της Εταιρείας, η οποία και διατηρείται αναρτημένη μέχρι την αμέσως επόμενη γενική συνέλευση.

cc) is a relative up to the second degree by blood or marriage or is the spouse or partner considered to be equivalent to a spouse of a director or senior management executive or shareholder holding a percentage in the Company's share capital equal to or greater than ten percent (10%) or in an affiliated company;

cd) has been appointed by a specific shareholder of the Company, in accordance with the Articles of Association, as provided for in Article 79 of Law 4548/2018;

ce) represents shareholders who directly or indirectly hold a percentage equal to or greater than five percent (5%) at the General Meeting of the Company's shareholders during their term in office, without instructions in writing;

cf) has conducted a statutory audit of the Company or an affiliated company, whether via an enterprise or in person or through a relative up to the second degree by blood or marriage or a spouse thereof during the three (3) financial years prior to their appointment;

cg) is an executive director in another company, with an executive director of the Company serving on the Board of said company as a non-executive director.

3. The Board of Directors shall take the measures necessary to ensure compliance with the requirements referred to in paragraph 1. Fulfilment of the conditions hereof for the characterisation of a director as independent shall be reviewed by the Board of Directors at least once per financial year and, in any event, prior to the publication of the annual financial report, which shall include a relevant confirmation. Where it is found, during the check of fulfilment of the conditions referred to in paragraph 1 or at any time, that the conditions for characterisation as an independent non-executive director have ceased to be met, the Board shall take the actions necessary to replace the said director.

4. In the event of resignation or death or loss in any other way of the independent non-executive directorship, resulting in the number of independent non-executive directors falling short of the minimum number required by law, the Board of Directors shall appoint either an alternate member, where one exists under Article 81 of Law 4548/2018, or an existing non-executive director or new director elected for substitution, insofar as the criteria referred to in paragraph 1 are met, as an independent non-executive director until the next General Meeting.

Where a decision of the competent Company body provides for a number of non-executive directors greater than the number set forth in Article 5(2) and, following replacement, the number of independent non-executive directors falls short of the aforesaid number required, a relevant notice shall be posted to the Company website and remain posted until the next General Meeting.

5. Τα ανεξάρτητα μη εκτελεστικά μέλη υποβάλλουν, από κοινού ή το καθένα χωριστά, αναφορές και εκθέσεις προς την τακτική ή έκτακτη γενική συνέλευση της Εταιρείας, ανεξάρτητα από τις εκθέσεις που υποβάλλει το Διοικητικό Συμβούλιο.

5. Independent non-executive directors shall submit reports, either jointly or separately, to the ordinary or extraordinary General Meeting of the Company, irrespective of the reports submitted by the Board of Directors.

## ΚΕΦΑΛΑΙΟ Γ΄
## ΔΙΑΤΑΞΕΙΣ ΓΙΑ ΤΙΣ ΕΠΙΤΡΟΠΕΣ ΤΟΥ ΔΙΟΙΚΗΤΙΚΟΥ ΣΥΜΒΟΥΛΙΟΥ

## ΑΡΘΡΟ 10

*Οργάνωση και λειτουργία των επιτροπών του Διοικητικού Συμβουλίου*

1. Η Εταιρεία διαθέτει επιτροπή ελέγχου, σύμφωνα με το άρθρο 44 του ν. 4449/2017, επιτροπή αποδοχών, σύμφωνα με το άρθρο 11 του παρόντος και επιτροπή υποψηφιοτήτων, σύμφωνα με το άρθρο 12 του παρόντος.

2. Οι αρμοδιότητες της επιτροπής αποδοχών και της επιτροπής υποψηφιοτήτων είναι δυνατόν να ανατεθούν σε μία επιτροπή.

3. Οι επιτροπές της παρ. 2 είναι τουλάχιστον τριμελείς και αποτελούνται από μη εκτελεστικά μέλη του Διοικητικού Συμβουλίου. Δύο (2) τουλάχιστον μέλη είναι ανεξάρτητα μη εκτελεστικά. Τα ανεξάρτητα μη εκτελεστικά μέλη αποτελούν την πλειοψηφία των μελών της επιτροπής. Πρόεδρος της επιτροπής ορίζεται ανεξάρτητο μη εκτελεστικό μέλος.

4. Οι επιτροπές της παρ. 1 διαθέτουν κανονισμό λειτουργίας, με τον οποίο ορίζονται, μεταξύ άλλων, ο ρόλος τους, η διαδικασία εκπλήρωσής του, καθώς και η διαδικασία σύγκλησης και συνεδριάσεών τους. Ο κανονισμός λειτουργίας αναρτάται στον διαδικτυακό τόπο της Εταιρείας.

5. Οι επιτροπές της παρ. 1 χρησιμοποιούν οποιουσδήποτε πόρους κρίνουν πρόσφορους, για την εκπλήρωση των σκοπών τους, συμπεριλαμβανομένων υπηρεσιών από εξωτερικούς συμβούλους.

## ΑΡΘΡΟ 11

*Επιτροπή αποδοχών*

Τηρουμένων των άρθρων 109 ως 112 του ν. 4548/2018, η επιτροπή αποδοχών:

α) διατυπώνει προτάσεις προς το Διοικητικό Συμβούλιο σχετικά με την πολιτική αποδοχών που υποβάλλεται προς έγκριση στη γενική συνέλευση, σύμφωνα με την παρ. 2 του άρθρου 110 του ν. 4548/2018,

β) διατυπώνει προτάσεις προς το Διοικητικό Συμβούλιο σχετικά με τις αποδοχές των προσώπων που εμπίπτουν στο πεδίο εφαρμογής της πολιτικής αποδοχών, σύμφωνα με το άρθρο 110 του ν. 4548/2018, και σχετικά με τις αποδοχές των διευθυντικών στελεχών της Εταιρείας, ιδίως του επικεφαλής της μονάδας εσωτερικού ελέγχου,

# CHAPTER III
## PROVISIONS ON BOARD COMMITTEES

# ARTICLE 10

*Organisation and operation of committees of the Board of Directors*

1. The Company shall have an audit committee, in accordance with Article 44 of Law 4449/2017, a remuneration committee, in accordance with Article 11 hereof, and a nominations committee, in accordance with Article 12 hereof.

2. The remit of the remuneration committee and the nominations committee may be assigned to a single committee.

3. The committees referred to in paragraph 2 shall consist of no fewer than three members and shall comprise executive directors. At least two (2) members shall be independent non-executive directors. Independent non-executive directors shall make up the majority of committee members. An independent non-executive director shall be appointed to chair the committee.

4. The committees referred to in paragraph 1 shall have rules of procedure setting out, inter alia, their duties, the procedure for the performance thereof, as well as the procedure for calling the committee and conducting meetings. The rules of procedure shall be posted to the Company's website.

5. The committees referred to paragraph 1 shall use any resources deemed expedient for the fulfilment of their purpose, including services provided by external consultants.

# ARTICLE 11

*Remuneration committee*

Without prejudice to Articles 109 to 112 of Law 4548/2018, the remuneration committee shall:

a) formulate proposals for the Board of Directors on the remuneration policy which shall be submitted for approval to the General Meeting, in accordance with Article 110(2) of Law 4548/2018;

b) formulate proposals to the Board of Directors on the remuneration of persons falling within the scope of the remuneration policy, in accordance with Article 110 of Law 4548/2018 and on the remuneration of the Company's management executives and, in particular, the head of the internal audit department;

*γ) εξετάζει τις πληροφορίες που περιλαμβάνονται στο τελικό σχέδιο της ετήσιας έκθεσης αποδοχών, παρέχοντας τη γνώμη της προς το Διοικητικό Συμβούλιο, πριν από την υποβολή της έκθεσης στη γενική συνέλευση, σύμφωνα με το άρθρο 112 του ν. 4548/2018.*

## ΑΡΘΡΟ 12

### *Επιτροπή υποψηφιοτήτων*

*1. Η επιτροπή υποψηφιοτήτων εντοπίζει και προτείνει προς το Διοικητικό Συμβούλιο πρόσωπα κατάλληλα για την απόκτηση της ιδιότητας του μέλους Διοικητικού Συμβουλίου, βάσει διαδικασίας η οποία προβλέπεται στον κανονισμό λειτουργίας της.*

*2. Για την επιλογή των υποψηφίων η επιτροπή υποψηφιοτήτων λαμβάνει υπόψη τους παράγοντες και τα κριτήρια που καθορίζει η Εταιρεία, σύμφωνα με την πολιτική καταλληλότητας που υιοθετεί.*

c) examine the information contained in the final draft of the annual remuneration report, providing its opinion to the Board of Directors prior to the submission of the report to the General Meeting, in accordance with Article 112 of Law 4548/2018.

# ARTICLE 12

*Nominations committee*

1. The nominations committee shall identify and nominate persons suitable for a Directorship on the Board of Directors based on a procedure laid down in its rules of procedure.

2. In selecting candidates, the nominations committee shall take into consideration the factors and criteria set by the Company, in accordance with the Fit and Proper policy it has adopted.

# ΚΕΦΑΛΑΙΟ Δ΄
## ΟΡΓΑΝΩΤΙΚΕΣ ΔΙΑΤΑΞΕΙΣ

# ΑΡΘΡΟ 13

## Οργανωτικές ρυθμίσεις

1. Η Εταιρεία υιοθετεί και εφαρμόζει Σύστημα εταιρικής διακυβέρνησης σύμφωνα με τα άρθρα 1 ως 24 του παρόντος νόμου, λαμβάνοντας υπόψη το μέγεθος, τη φύση, το εύρος και την πολυπλοκότητα των δραστηριοτήτων της. Το σύστημα εταιρικής διακυβέρνησης των άρθρων 1 έως 24 του παρόντος νόμου περιλαμβάνει τουλάχιστον τα εξής:

α) επαρκές και αποτελεσματικό Σύστημα εσωτερικού ελέγχου, συμπεριλαμβανομένων των συστημάτων διαχείρισης κινδύνων και κανονιστικής συμμόρφωσης,

β) επαρκείς και αποτελεσματικές διαδικασίες για την πρόληψη, τον εντοπισμό και την καταστολή καταστάσεων σύγκρουσης συμφερόντων,

γ) επαρκείς και αποτελεσματικούς μηχανισμούς επικοινωνίας με τους μετόχους, ώστε να διευκολύνονται η άσκηση των δικαιωμάτων τους και ο ενεργός διάλογος με αυτούς (shareholder engagement),

δ) πολιτική αποδοχών, η οποία συνεισφέρει στην επιχειρηματική στρατηγική, στα μακροπρόθεσμα συμφέροντα και στη βιωσιμότητα της Εταιρείας.

2. Κύρια αποστολή της κανονιστικής συμμόρφωσης είναι η θέσπιση και η εφαρμογή κατάλληλων και επικαιροποιημένων πολιτικών και διαδικασιών, με σκοπό να επιτυγχάνεται έγκαιρα η πλήρης και διαρκής συμμόρφωση της Εταιρείας προς το εκάστοτε ισχύον ρυθμιστικό πλαίσιο και να υφίσταται ανά πάσα στιγμή πλήρης εικόνα για τον βαθμό επίτευξης του σκοπού αυτού. Κατά τη θέσπιση των σχετικών πολιτικών και διαδικασιών, αξιολογούνται η πολυπλοκότητα και η φύση των δραστηριοτήτων της Εταιρείας, συμπεριλαμβανομένων της ανάπτυξης και της προώθησης των νέων προϊόντων και των επιχειρηματικών πρακτικών.

# ΑΡΘΡΟ 14

## Κανονισμός λειτουργίας

1. Η Εταιρεία διαθέτει επικαιροποιημένο κανονισμό λειτουργίας και μεριμνά για την κατάρτιση κανονισμού λειτουργίας των σημαντικών θυγατρικών της.

2. Ο κανονισμός λειτουργίας της Εταιρείας και κάθε τροποποίησή του εκδίδονται και εγκρίνονται από το Διοικητικό Συμβούλιο. Περίληψη του κανονισμού λειτουργίας δημοσιοποιείται αμελλητί στο διαδικτυακό τόπο της Εταιρείας.

# CHAPTER IV
# ORGANISATIONAL PROVISIONS

# ARTICLE 13

## *Organisational arrangements*

1. The Company shall adopt and implement a corporate governance system in accordance with Articles 1 to 24 hereof, taking into consideration the scale, nature, range and complexity of its activities. The corporate governance system referred to in Articles 1 to 24 hereof shall include the following, as a minimum:

a) a sufficient and effective internal audit system, including risk management and regulatory compliance systems;

b) sufficient and effective procedures to prevent, identify and end conflicts of interest;

c) sufficient and effective mechanisms for communication with shareholders in order to facilitate the exercise of their rights and active dialogue with them (shareholder engagement);

d) a remuneration policy that contributes to the Company's business strategy, long-term interests and viability.

2. The primary mission of regulatory compliance is the adoption and implementation of appropriate and up-to-date policies and procedures, aiming at the timely achievement of the Company's full and continued compliance with the regulatory framework in effect from time to time, and at having a complete picture of the degree of achievement of this purpose at any given time. At the time of adoption of the relevant policies and procedures, the complexity and nature of the Company's activities shall be assessed, including the development and promotion of new products and business practices.

# ARTICLE 14

## *Rules of procedure*

1. The Company shall have up-to-date rules of procedure and ensure the drafting of rules of procedure for its material subsidiaries.

2. The Company's rules of procedure and any amendment thereto shall be issued and approved by the Board of Directors. A summary of the rules of procedure shall be made public forthwith on the Company's website.

3. Ο κανονισμός λειτουργίας περιλαμβάνει τουλάχιστον τα εξής:

α) Την οργανωτική διάρθρωση, τα αντικείμενα των μονάδων, των επιτροπών του άρθρου 10 ή άλλων διαρκών επιτροπών, καθώς και τα καθήκοντα των επικεφαλής τους και τις γραμμές αναφοράς τους.

β) Την αναφορά των κύριων χαρακτηριστικών του Συστήματος εσωτερικού ελέγχου, ήτοι κατ' ελάχιστον τη λειτουργία της μονάδας εσωτερικού ελέγχου, διαχείρισης κινδύνων και κανονιστικής συμμόρφωσης.

γ) Τη διαδικασία πρόσληψης των ανώτατων διευθυντικών στελεχών και αξιολόγησης της απόδοσής τους.

δ) Τη διαδικασία συμμόρφωσης των προσώπων που ασκούν διευθυντικά καθήκοντα, όπως ορίζονται στον αριθμό 25 της παρ. 1 του άρθρου 3 του Κανονισμού (ΕΕ) 596/2014, και των προσώπων που έχουν στενούς δεσμούς με αυτά, σύμφωνα με τον ορισμό της παρ. 14 του άρθρου 2 του παρόντος, που περιλαμβάνουν τις υποχρεώσεις που απορρέουν από τις διατάξεις του άρθρου 19 του Κανονισμού (ΕΕ) 596/2014.

ε) Τη διαδικασία γνωστοποίησης τυχόν ύπαρξης σχέσεων εξάρτησης, σύμφωνα με το άρθρο 9, των ανεξάρτητων μη εκτελεστικών μελών του Διοικητικού Συμβουλίου και των προσώπων που έχουν στενούς δεσμούς με αυτά τα πρόσωπα.

στ) Τη διαδικασία συμμόρφωσης με τις υποχρεώσεις που απορρέουν από τα άρθρα 99 ως 101 του ν. 4548/2018, σχετικά με τις συναλλαγές με συνδεδεμένα μέρη.

ζ) Τις πολιτικές και διαδικασίες πρόληψης και αντιμετώπισης καταστάσεων σύγκρουσης συμφερόντων.

η) Τις πολιτικές και διαδικασίες συμμόρφωσης της Εταιρείας με τις νομοθετικές και κανονιστικές διατάξεις που ρυθμίζουν την οργάνωση και λειτουργία της, καθώς και τις δραστηριότητές της.

θ) Τη διαδικασία που διαθέτει η Εταιρεία για τη διαχείριση προνομιακών πληροφοριών και την ορθή ενημέρωση του κοινού, σύμφωνα με τις διατάξεις του Κανονισμού (ΕΕ) 596/2014.

ι) Την πολιτική και τη διαδικασία για τη διενέργεια περιοδικής αξιολόγησης του Συστήματος εσωτερικού ελέγχου, ιδίως ως προς την επάρκεια και την αποτελεσματικότητα της χρηματοοικονομικής πληροφόρησης, σε ατομική και ενοποιημένη βάση, ως προς τη διαχείριση κινδύνων και ως προς την κανονιστική συμμόρφωση, σύμφωνα με αναγνωρισμένα πρότυπα αξιολόγησης και του εσωτερικού ελέγχου, καθώς και της εφαρμογής των διατάξεων περί εταιρικής διακυβέρνησης του παρόντος νόμου. Η εν λόγω αξιολόγηση διενεργείται από πρόσωπα που διαθέτουν αποδεδειγμένη σχετική επαγγελματική εμπειρία και δεν έχουν σχέσεις εξάρτησης σύμφωνα με την παρ. 1 του άρθρου 9.

ια) Την πολιτική εκπαίδευσης των μελών του διοικητικού συμβουλίου, των διευθυντικών στελεχών, καθώς και των λοιπών στελεχών της Εταιρείας, ιδίως όσων εμπλέκονται

3. The rules of procedure shall include the following, as a minimum:

a) the organisational structure, the activities of units, the committees referred to in Article 10 or other standing committees, as well as the duties of their heads and their reporting lines;

b) reference to the key characteristics of the internal audit system, i.e. as a minimum the operation of the internal audit, risk management and regulatory compliance unit;

c) the procedure for recruitment of senior management executives and the evaluation of their performance;

d) the compliance procedure of persons discharging managerial responsibilities, as defined in Article 3(1)(25) of Regulation (EU) No 596/2014, and persons closely associated with them, as defined in Article 2(14) hereof, including the obligations deriving from the provisions of Article 19 of Regulation (EU) No 596/2014;

e) the procedure for disclosure of any relationships of dependence, in accordance with Article 9, between independent non-executive directors and persons closely associated with them;

f) the procedure for compliance with the obligations deriving from Articles 99 to 101 of Law 4548/2018 concerning transactions with related parties;

g) the policies and procedures for preventing and addressing conflicts of interest;

h) the Company's policies and procedures for compliance with the legislative and regulatory provisions regulating its organisation and operation, as well as its activities;

i) the Company's procedure for the handling of inside information and ensuring that the public is correctly informed, in accordance with the provisions of Regulation (EU) No 596/2014;

j) the policy and procedure for periodically assessing the internal audit system, with particular regard to the adequacy and effectiveness of financial reporting on a separate and consolidated basis, risk management and regulatory compliance, in accordance with recognised standards for evaluation and internal audit, as well as the implementation of the corporate governance provisions hereof. This assessment shall be carried out by persons with proven relevant professional experience and with no relationships of dependence, in accordance with Article 9(1);

k) the policy concerning the training of directors, management executives and other executives of the Company, particularly those involved in internal audit, risk management, regulatory compliance and information systems;

*στον εσωτερικό έλεγχο, στη διαχείριση κινδύνων, στην κανονιστική συμμόρφωση και στα πληροφοριακά συστήματα.*

*ιβ) Την πολιτική βιώσιμης ανάπτυξης που ακολουθεί η Εταιρεία, όπου απαιτείται.*

*4. Με απόφαση της Επιτροπής Κεφαλαιαγοράς, η οποία εκδίδεται εντός τριών (3) μηνών από την έναρξη ισχύος του παρόντος, καθορίζονται ο χρόνος, η διαδικασία, η περιοδικότητα και κάθε ειδικότερο αναγκαίο ζήτημα για την εφαρμογή της αξιολόγησης του Συστήματος εσωτερικού ελέγχου, που προβλέπεται στην περ. ι) της παρ. 3, καθώς και τα χαρακτηριστικά που αφορούν στα πρόσωπα που τη διενεργούν. Ο χρόνος που διενεργήθηκε η αξιολόγηση, καθώς και τα στοιχεία του προσώπου που τη διενήργησε, περιλαμβάνονται στη δήλωση εταιρικής διακυβέρνησης της Εταιρείας.*

## ΑΡΘΡΟ 15
### Οργάνωση και λειτουργία της μονάδας εσωτερικού ελέγχου

*1. Η Εταιρεία διαθέτει μονάδα εσωτερικού ελέγχου, που συνιστά ανεξάρτητη οργανωτική μονάδα εντός της Εταιρείας, με σκοπό την παρακολούθηση και βελτίωση των λειτουργιών και των πολιτικών της Εταιρείας αναφορικά με το Σύστημα εσωτερικού ελέγχου της.*

*2. Ο επικεφαλής της μονάδας εσωτερικού ελέγχου ορίζεται από το Διοικητικό Συμβούλιο της Εταιρείας, έπειτα από πρόταση της επιτροπής ελέγχου, είναι πλήρους και αποκλειστικής απασχόλησης υπάλληλος, προσωπικά και λειτουργικά ανεξάρτητος και αντικειμενικός κατά την άσκηση των καθηκόντων του και διαθέτει τις κατάλληλες γνώσεις και σχετική επαγγελματική εμπειρία. Υπάγεται διοικητικά στον διευθύνοντα σύμβουλο και λειτουργικά στην επιτροπή ελέγχου. Ως επικεφαλής της μονάδας εσωτερικού ελέγχου, δεν μπορεί να είναι μέλος του Διοικητικού Συμβουλίου ή μέλος με δικαίωμα ψήφου σε επιτροπές διαρκούς χαρακτήρα της Εταιρείας και να έχει στενούς δεσμούς με οιονδήποτε κατέχει μία από τις παραπάνω ιδιότητες στην Εταιρεία ή σε εταιρεία του Ομίλου.*

*3. Η Εταιρεία ενημερώνει την Επιτροπή Κεφαλαιαγοράς για οποιαδήποτε μεταβολή του επικεφαλής της μονάδας εσωτερικού ελέγχου, υποβάλλοντας τα πρακτικά της σχετικής συνεδρίασης του Διοικητικού Συμβουλίου, εντός προθεσμίας είκοσι (20) ημερών από τη μεταβολή αυτή.*

*4. Για την άσκηση του έργου της μονάδας εσωτερικού ελέγχου, ο επικεφαλής της έχει πρόσβαση σε οποιαδήποτε οργανωτική μονάδα της Εταιρείας και λαμβάνει γνώση οποιουδήποτε στοιχείου απαιτείται για την άσκηση των καθηκόντων του.*

*5. Ο επικεφαλής της μονάδας εσωτερικού ελέγχου υποβάλλει στην επιτροπή ελέγχου ετήσιο πρόγραμμα ελέγχων και τις απαιτήσεις των απαραίτητων πόρων, καθώς και τις επιπτώσεις περιορισμού των πόρων ή του ελεγκτικού έργου της μονάδας εν γένει. Το ετήσιο πρόγραμμα ελέγχων καταρτίζεται με βάση την αξιολόγηση των κινδύνων της Εταιρείας, αφού προηγουμένως ληφθεί υπόψη γνώμη της επιτροπής ελέγχου.*

l) the sustainable development policy followed by the Company, where necessary.

4. The time, procedure, regularity and all specific and necessary issues concerning implementation of the assessment of the internal audit system provided for in paragraph 3(i), as well as the characteristics concerning the persons conducting the assessment, shall be set forth in a decision issued by the Hellenic Capital Market Commission within three (3) months from the entry hereof into force. The time the assessment was conducted and the particulars of the person who conducted it shall be included in the Company's corporate governance statement.

# ARTICLE 15

*Organisation and operation of the internal audit department*

1. The Company shall have an internal audit department, constituting an independent organisational department within the Company, for the purpose of monitoring and improving the Company's functions and policies concerning its internal audit system.

2. The head of the internal audit department shall be appointed by the Company's Board of Directors, following a proposal from the audit committee, and shall be a full-time, exclusively engaged employee, personally and operationally independent and objective in the performance of their duties, possessing appropriate knowledge and relevant professional experience. The head of the internal audit department shall be administratively subordinate to the CEO and operationally subordinate to the audit committee. The head of the internal audit department cannot be a director or a member with voting rights of the Company's standing committees and be closely associated with any person serving in any of the aforesaid capacities at the Company or a company in the Group.

3. The Company shall notify the Hellenic Capital Market Commission of any change to the head of the internal audit department, submitting the minutes of the relevant meeting of the Board of Directors within a time limit of twenty (20) days from the date of the said change.

4. In order to carry out the work of the internal audit department, its head shall enjoy access to any and all organisational departments of the Company, and shall be made aware of any information required for the performance of their duties.

5. The head of the internal audit department shall submit an annual audit schedule, the requirements of the resources necessary, as well as the consequences of restricting the resources or audit work of the department, in general, to the audit committee. The annual audit schedule shall be prepared on the basis of the assessment of the risks facing the Company, after first having taken the opinion of the audit committee into consideration.

# ΑΡΘΡΟ 16

## *Αρμοδιότητες της μονάδας εσωτερικού ελέγχου*

1. Η μονάδα εσωτερικού ελέγχου διαθέτει και εφαρμόζει εσωτερικό κανονισμό λειτουργίας, ο οποίος εγκρίνεται από το Διοικητικό Συμβούλιο, έπειτα από πρόταση της επιτροπής ελέγχου. Ο αριθμός των εσωτερικών ελεγκτών της μονάδας εσωτερικού ελέγχου πρέπει να είναι ανάλογος με το μέγεθος της εταιρίας, τον αριθμό των υπαλλήλων της, τα γεωγραφικά σημεία όπου δραστηριοποιείται, τον αριθμό των λειτουργικών και των επιτελικών μονάδων και των ελεγκτέων οντοτήτων εν γένει. Για την εφαρμογή των άρθρων 1 ως 24, η μονάδα εσωτερικού ελέγχου ιδίως:

α) Παρακολουθεί, ελέγχει και αξιολογεί:

αα) την εφαρμογή του κανονισμού λειτουργίας και το Σύστημα εσωτερικού ελέγχου, ιδίως ως προς την επάρκεια και την ορθότητα της παρεχόμενης χρηματοοικονομικής και μη πληροφόρησης, της διαχείρισης κινδύνων, της κανονιστικής συμμόρφωσης και του κώδικα εταιρικής διακυβέρνησης που έχει υιοθετήσει η Εταιρεία,

αβ) τους μηχανισμούς διασφάλισης ποιότητας,

αγ) τους μηχανισμούς εταιρικής διακυβέρνησης και

αδ) την τήρηση των δεσμεύσεων που περιέχονται σε ενημερωτικά δελτία και τα επιχειρηματικά σχέδια της Εταιρείας σχετικά με τη χρήση των κεφαλαίων που αντλήθηκαν από τη ρυθμιζόμενη αγορά.

β) Συντάσσει εκθέσεις προς τις ελεγχόμενες μονάδες με ευρήματα αναφορικά με την περ. α), τους κινδύνους που απορρέουν από αυτά και τις προτάσεις βελτίωσης, εάν υπάρχουν. Οι εκθέσεις της παρούσας, μετά από την ενσωμάτωση των σχετικών απόψεων από τις ελεγχόμενες μονάδες, τις συμφωνημένες δράσεις, αν υπάρχουν, ή την αποδοχή του κινδύνου της μη ανάληψης δράσης από αυτές, τους περιορισμούς στο εύρος ελέγχου της, αν υπάρχουν, τις τελικές προτάσεις εσωτερικού ελέγχου και τα αποτελέσματα της ανταπόκρισης των ελεγχόμενων μονάδων της Εταιρείας στις προτάσεις της, υποβάλλονται ανά τρίμηνο στην επιτροπή ελέγχου.

γ) Υποβάλλει κάθε τρεις (3) τουλάχιστον μήνες στην επιτροπή ελέγχου αναφορές, στις οποίες περιλαμβάνονται τα σημαντικότερα θέματα και οι προτάσεις της, σχετικά με τα καθήκοντα των περ. α) και β) της παρούσας, τις οποίες η επιτροπή ελέγχου παρουσιάζει και υποβάλλει μαζί με τις παρατηρήσεις της στο Διοικητικό Συμβούλιο.

2. Ο επικεφαλής της μονάδας εσωτερικού ελέγχου παρίσταται στις γενικές συνελεύσεις των μετόχων.

3. Ο επικεφαλής της μονάδας εσωτερικού ελέγχου παρέχει εγγράφως οποιαδήποτε πληροφορία ζητηθεί από την Επιτροπή Κεφαλαιαγοράς, συνεργάζεται με αυτήν και διευκολύνει με κάθε δυνατό τρόπο το έργο της παρακολούθησης, του ελέγχου και της εποπτείας από αυτήν.

# ARTICLE 16

*Remit of the internal audit department*

1. The internal audit department shall have and apply internal rules of procedure, approved by the Board of Directors following a proposal from the audit committee. The number of internal auditors at the internal audit department must be commensurate to the size of the company, the number of its employees, the geographical locations where it engages in activities, the number of operational and executive departments and the entities to be audited, in general. With regard to application of Articles 1 to 24, the internal audit department shall, in particular:

a) Monitor, audit and assess:

aa) implementation of the rules of procedure and the internal audit system, with particular regard to the adequacy and correctness of the financial and non-financial reporting provided, risk management, regulatory compliance and the corporate governance code adopted by the Company;

ab) the quality assurance mechanisms;

ac) the corporate governance mechanisms; and

ad) compliance with the commitments found in the Company's prospectuses and business plans concerning the use of funds raised from the regulated market.

b) Prepare and submit reports to the audited departments containing findings regarding subparagraph a), the risks deriving from these findings and proposals for improvement, where applicable. The aforesaid reports, following incorporation of the relevant views expressed by the audited departments, the actions agreed upon, where applicable, or their acceptance of the risk of inaction, the restrictions on the scope of its audit, where applicable, the final internal audit proposals and the results of the response of the Company's audited departments to its proposals shall be submitted to the audit committee on a quarterly basis.

c) Submit reports to the audit committee at least every three (3) months containing the most important issues and its proposals concerning the duties referred to in subparagraphs a) and b) hereof, which the audit committee shall present and submit, together with its observations, to the Board of Directors.

2. The head of the internal audit department shall attend the General Meeting of shareholders.

3. The head of the internal audit department shall provide any information requested by the Hellenic Capital Market Commission in writing, and shall collaborate with the Commission and facilitate its monitoring, audit and oversight work in every way possible.

4. Με απόφαση της Επιτροπής Κεφαλαιαγοράς μπορεί να καθορίζεται κάθε ειδικότερο ζήτημα για την εφαρμογή του παρόντος και ιδίως, τα ζητήματα που είναι σχετικά με τις βέλτιστες πρακτικές ή τα πρότυπα εσωτερικού ελέγχου.

# ΑΡΘΡΟ 17

## *Κώδικας εταιρικής διακυβέρνησης*

1. Η Εταιρεία υιοθετεί και εφαρμόζει κώδικα εταιρικής διακυβέρνησης, ο οποίος έχει καταρτισθεί από φορέα εγνωσμένου κύρους.

2. Με απόφαση της Επιτροπής Κεφαλαιαγοράς μπορεί να καθορίζεται κάθε ειδικότερο θέμα για την εφαρμογή του παρόντος.

4. Any and all specific issues concerning the implementation hereof and, in particular, issues pertaining to best practices or internal audit standards may be set out in a decision issued by the Hellenic Capital Market Commission.

# ARTICLE 17

*Corporate governance code*

1. The Company shall adopt and implement a corporate governance code, prepared by a body of high repute.

2. Any and all specific issues concerning the implementation hereof may be set out in a decision issued by the Hellenic Capital Market Commission.

## ΚΕΦΑΛΑΙΟ Ε΄
## ΔΙΑΤΑΞΕΙΣ ΓΙΑ ΤΗΝ ΕΝΗΜΕΡΩΣΗ ΤΩΝ ΕΠΕΝΔΥΤΩΝ

## ΑΡΘΡΟ 18

### Ενημέρωση μετόχων από το Διοικητικό Συμβούλιο για τα υποψήφια μέλη του

1. Για την εκλογή των μελών του, το Διοικητικό Συμβούλιο αναρτά στον διαδικτυακό τόπο της Εταιρείας είκοσι (20) το αργότερο ημέρες πριν από τη γενική συνέλευση, στο πλαίσιο της σχετικής εισήγησής του, ενημέρωση ως προς το κάθε υποψήφιο μέλος, σχετικά με τα εξής:

α) Την αιτιολόγηση της πρότασης του υποψήφιου μέλους.

β) Το αναλυτικό βιογραφικό σημείωμα του υποψήφιου μέλους, το οποίο περιλαμβάνει ιδίως πληροφορίες σχετικά με την παρούσα ή προηγούμενη δραστηριότητά του, καθώς και τη συμμετοχή του σε θέσεις διευθυντικών στελεχών άλλων εταιρειών ή συμμετοχή του σε άλλα διοικητικά συμβούλια και επιτροπές Διοικητικών Συμβουλίων νομικών προσώπων.

γ) Τη διαπίστωση των κριτηρίων καταλληλότητας των υποψηφίων μελών του Διοικητικού Συμβουλίου, σύμφωνα με την πολιτική καταλληλότητας της Εταιρείας, και, εφόσον ο υποψήφιος προτείνεται για εκλογή ως ανεξάρτητο μέλος του Διοικητικού Συμβουλίου, την πλήρωση των προϋποθέσεων που ορίζονται στο άρθρο 9.

2. Το Διοικητικό Συμβούλιο μεριμνά, ώστε το καταστατικό της Εταιρείας, κωδικοποιημένο στην ισχύουσα κάθε φορά μορφή του, να βρίσκεται αναρτημένο στον διαδικτυακό τόπο της Εταιρείας.

3. Το Διοικητικό Συμβούλιο υποχρεούται στη δήλωση εταιρικής διακυβέρνησης, σύμφωνα με το άρθρο 152 του ν. 4548/2018, να συμπεριλαμβάνει αναφορά στην πολιτική καταλληλότητας, στα πεπραγμένα των επιτροπών του άρθρου 10 του παρόντος, στα αναλυτικά βιογραφικά των μελών του Διοικητικού Συμβουλίου και των ανωτάτων διευθυντικών στελεχών της Εταιρείας, σε πληροφορίες για τη συμμετοχή των μελών του Διοικητικού Συμβουλίου στις συνεδριάσεις του και στις συνεδριάσεις των επιτροπών του άρθρου 10 του παρόντος και σε πληροφορίες για τον αριθμό μετοχών που κατέχει κάθε μέλος Διοικητικού Συμβουλίου και κάθε κύριο διευθυντικό στέλεχος στην Εταιρεία.

# CHAPTER V
## PROVISIONS ON INFORMATION PROVIDED TO INVESTORS

# ARTICLE 18

*Briefing of shareholders by the Board of Directors on prospective directors*

1. For the purpose of electing its members, the Board of Directors shall no later than twenty (20) days prior to the General Meeting, and in the context of its recommendation on this matter, post to the Company's website information concerning each prospective director as regards the following:

a) reasoning behind the nomination of the prospective director;

b) the detailed CV of the prospective director, including, in particular, information concerning their current or present activity, as well as management of other companies or directorships in other companies and membership of committees of the Boards of Directors of legal persons;

c) an ascertainment that the suitability criteria are met by prospective directors, in accordance with the Company's Fit and Proper policy and, if the candidate is nominated for election as an independent director, fulfilment of the conditions set out in Article 9.

2. The Board of Directors shall ensure that the Company's codified Articles of Association, as in effect from time to time, shall be posted on the Company's website.

3. In accordance with Article 152 of Law 4548/2018, the Board of Directors must include a reference in the corporate governance statement to the Fit and Proper policy, the activities of the committees referred to in Article 10 hereof, the detailed CVs of the directors and senior management executives of the Company, information on the directors' attendance at Board meetings and meetings of the committees referred to in Article 10 hereof, as well as information on the number of shares held by each director and each key management executive of the Company.

# ΑΡΘΡΟ 19

## Μονάδα εξυπηρέτησης μετόχων

1. Η Εταιρεία διαθέτει μονάδα εξυπηρέτησης μετόχων, η οποία έχει την ευθύνη για την άμεση, ακριβή και ισότιμη πληροφόρηση των μετόχων, καθώς και την υποστήριξή τους, όσον αφορά την άσκηση των δικαιωμάτων τους, με βάση την ισχύουσα νομοθεσία και το καταστατικό της Εταιρείας.

2. Η μονάδα εξυπηρέτησης μετόχων μεριμνά για τα εξής:

α) τη διανομή μερισμάτων και δωρεάν μετοχών, τις πράξεις έκδοσης νέων μετοχών με καταβολή μετρητών, την ανταλλαγή μετοχών, τη χρονική περίοδο άσκησης των σχετικών δικαιωμάτων προτίμησης ή τις μεταβολές στα αρχικά χρονικά περιθώρια, όπως η επέκταση του χρόνου άσκησης των δικαιωμάτων,

β) την παροχή πληροφοριών σχετικά με τις τακτικές ή έκτακτες γενικές συνελεύσεις και τις αποφάσεις που λαμβάνονται σε αυτές,

γ) την απόκτηση ιδίων μετοχών και τη διάθεση και ακύρωσή τους, καθώς και τα προγράμματα διάθεσης μετοχών ή δωρεάν διάθεσης μετοχών σε μέλη του διοικητικού συμβουλίου και στο προσωπικό της Εταιρείας,

δ) την επικοινωνία και την ανταλλαγή στοιχείων και πληροφοριών με τα κεντρικά αποθετήρια τίτλων και τους διαμεσολαβητές, στο πλαίσιο ταυτοποίησης των μετόχων,

ε) την ευρύτερη επικοινωνία με τους μετόχους,

στ) την ενημέρωση των μετόχων, τηρουμένων των προβλέψεων του άρθρου 17 του ν. 3556/2007 (Α΄ 91), για την παροχή διευκολύνσεων και πληροφοριών από εκδότες κινητών αξιών,

ζ) την παρακολούθηση της άσκησης των μετοχικών δικαιωμάτων, ιδίως όσον αφορά τα ποσοστά συμμετοχής των μετόχων, και της άσκησης του δικαιώματος ψήφου στις γενικές συνελεύσεις.

# ΑΡΘΡΟ 20

## Μονάδα εταιρικών ανακοινώσεων

Η Εταιρεία διαθέτει μονάδα εταιρικών ανακοινώσεων, η οποία προβαίνει στις απαραίτητες ανακοινώσεις που αφορούν ρυθμιζόμενες πληροφορίες, σύμφωνα με τις προβλέψεις του ν. 3556/2007 (Α΄ 91), καθώς και εταιρικά γεγονότα σύμφωνα με τις προβλέψεις του ν. 4548/2018 (Α΄ 104), με σκοπό την ενημέρωση των μετόχων ή δικαιούχων άλλων κινητών αξιών της Εταιρείας. Η μονάδα εταιρικών ανακοινώσεων έχει την αρμοδιότητα για τη συμμόρφωση της Εταιρείας με τις υποχρεώσεις που προβλέπονται στο άρθρο 17 του Κανονισμού (ΕΕ) 596/2014, όσον αφορά τη δημοσιοποίηση προνομιακών πληροφοριών, και στις λοιπές εφαρμοστέες διατάξεις. Η μονάδα εξυπηρέτησης μετόχων και η μονάδα εταιρικών ανακοινώσεων μπορούν να λειτουργούν ως μια ενιαία μονάδα.

# ARTICLE 19

*Shareholder relations department*

1. The Company shall have a shareholder relations department, tasked with providing immediate, precise and equal information and support to shareholders with regard to the exercise of their rights, on the basis of the legislation in force and the Company's Articles of Association.

2. The shareholder relations department is responsible for the following:

a) the distribution of dividends and gratis shares, the issuing new shares with cash payment, share swaps, the period for exercising the relevant pre-emptive rights or changes to the initial time limits, such as extension of the time for exercising rights;

b) the provision of information on ordinary or extraordinary General Meetings and the decisions taken during such meetings;

c) the acquisition, disposal and cancellation of own shares, as well as the share option schemes or the gratis offering of shares to directors and Company staff;

d) the communication and exchange of information with central securities depositories and intermediaries, in the context of identifying shareholders;

e) broader communication with shareholders;

f) the briefing shareholders, in compliance with the provisions of Article 17 of Law 3556/2007 (Government Gazette, Series I, Issue 91), on the provision of facilitation and information by issuers of securities;

g) the monitoring of how shareholder rights are exercised, with particular regard to shareholder attendance rates and the exercise of voting rights at General Meetings.

# ARTICLE 20

*Corporate announcements department*

The Company shall have a corporate announcements department, which shall carry out the necessary communications concerning regulated information, in accordance with the provisions of Law 3556/2007 (Government Gazette, Series I, Issue 91), as well as corporate news, in accordance with the provisions of Law 4548/2018 (Government Gazette, Series I, Issue 104), for the purpose of briefing shareholders or holders of other Company securities. The corporate announcements department shall be responsible for the Company's compliance with the obligations set forth in Article 17 of Regulation (EU) No 596/2014 as regards public disclosure of inside information, as well as other applicable provisions. The shareholder relations department and the corporate announcements department may function as a single department.

## ΑΡΘΡΟ 21

*Πιστοποίηση του Κανονισμού Λειτουργίας και της διαδικασίας παραγωγής χρηματοοικονομικής πληροφόρησης*

*Ο ορκωτός ελεγκτής λογιστής ή η ελεγκτική εταιρεία οφείλει να επιβεβαιώνει στην Έκθεση Ελέγχου ότι η Εταιρεία διαθέτει επικαιροποιημένο κανονισμό λειτουργίας με το προβλεπόμενο περιεχόμενο, σύμφωνα με το άρθρο 14 του παρόντος.*

## ΑΡΘΡΟ 22

*Αυξήσεις μετοχικού κεφαλαίου με καταβολή μετρητών ή έκδοση ομολογιακού δανείου Αλλαγές στη χρήση αντληθέντων κεφαλαίων*

*1. Σε περίπτωση που γενική συνέλευση των μετόχων έχει ως θέμα την αύξηση του μετοχικού κεφαλαίου Εταιρείας με καταβολή μετρητών, το Διοικητικό της Συμβούλιο υποβάλλει στη γενική συνέλευση έκθεση, στην οποία αναφέρονται οι γενικές κατευθύνσεις του επενδυτικού σχεδίου που θα χρηματοδοτηθεί από τα κεφάλαια της αύξησης, ενδεικτικό χρονοδιάγραμμα υλοποίησής του, καθώς και απολογισμό της χρήσης των κεφαλαίων που αντλήθηκαν από προηγούμενες αυξήσεις μετοχικού κεφαλαίου, εφόσον έχει παρέλθει από την ολοκλήρωση κάθε αύξησης χρόνος μικρότερος των τριών (3) ετών. Στη σχετική απόφαση της γενικής συνέλευσης περιλαμβάνεται το περιεχόμενο της έκθεσης.*

*2. Εάν η απόφαση για την αύξηση του μετοχικού κεφαλαίου λαμβάνεται από το Διοικητικό Συμβούλιο, κατ' εφαρμογή των σχετικών διατάξεων του ν. 4548/2018, οι πληροφορίες που περιλαμβάνονται στην παρ. 1 του παρόντος περιγράφονται στα πρακτικά του Διοικητικού Συμβουλίου με θέμα την αύξηση του κεφαλαίου.*

*3. Αποκλίσεις στη χρήση των αντληθέντων κεφαλαίων σε σχέση με αυτή που προβλέπεται στο ενημερωτικό δελτίο και στις σχετικές αποφάσεις της γενικής συνέλευσης ή του Διοικητικού Συμβουλίου, ποσοστού μεγαλύτερου του είκοσι τοις εκατό (20%) του συνόλου των κεφαλαίων που αντλήθηκαν, υλοποιούνται μόνο με προηγούμενες αποφάσεις του Διοικητικού Συμβουλίου της Εταιρείας, με πλειοψηφία τριών τετάρτων (3/4) των μελών του και έγκριση της γενικής συνέλευσης που συγκαλείται για τον σκοπό αυτόν με αυξημένη απαρτία και πλειοψηφία. Σε κάθε περίπτωση, οι παραπάνω αποκλίσεις δεν μπορούν να αποφασισθούν πριν από την παρέλευση εξαμήνου από την ολοκλήρωση της άντλησης των κεφαλαίων, πλην εξαιρετικών περιπτώσεων ανωτέρας βίας ή απρόβλεπτων γεγονότων που αιτιολογούνται δεόντως στη γενική συνέλευση.*

*4. Τα παραπάνω ισχύουν και για τις περιπτώσεις έκδοσης ομολογιακού δανείου με δημόσια προσφορά και δημοσίευση ενημερωτικού δελτίου.*

# ARTICLE 21

*Certification of the Rules of Procedure and the financial information production process*

The certified public accountant or auditing firm must confirm in their Audit Report that the Company has up-to-date rules of procedure with the content required under Article 14 hereof.

# ARTICLE 22

*Share capital increases through cash payment or issuance of a bond loan. Changes in the use of funds raised.*

1. In the event that a General Meeting of shareholders discusses an increase to the Company's share capital through cash payment, the Board of Directors shall submit a report to the General Meeting setting out the general directions of the investment plan to be funded by the funds from the increase, an indicative schedule for the implementation thereof, as well as a review of the use of funds raised from previous share capital increases, where a period of no more than three (3) years has elapsed since the completion of each increase. The content of the report shall be included in the relevant decision made by the General Meeting.

2. If the share capital increase decision is being taken by the Board of Directors, pursuant to the relevant provisions of Law 4548/2018, the information contained in paragraph 1 of this Article shall be outlined in the minutes of the Board meeting on the capital increase.

3. Deviations in the use of funds raised compared to the use set forth in the prospectus and relevant decisions of the General Meeting or of the Board of Directors exceeding twenty percent (20%) of the total funds raised shall be implemented solely pursuant to prior decisions adopted by the Board of Directors of the Company with a majority of three quarters (3/4) of the directors and an approval by a General Meeting called for this purpose with a qualified quorum and majority. In any event, the above deviations may not be decided upon prior to the lapse of six months from the completion of the raising of funds, save in exceptional cases of force majeure or unforeseeable events for which adequate justifications are provided to the General Meeting.

4. The foregoing shall also apply in cases of issuance of a bond loan through a public offering and publication of a prospectus.

# ΑΡΘΡΟ 23

## Διάθεση περιουσιακών στοιχείων της Εταιρείας

Η απόφαση της Γενικής Συνέλευσης των μετόχων Εταιρείας που υπάγεται στις διατάξεις των άρθρων 1 ως και 24 για τη διάθεση, με μία ή περισσότερες συναλλαγές περιουσιακών της στοιχείων, οι οποίες λαμβάνουν χώρα εντός δύο (2) ετών και η αξία των οποίων αντιπροσωπεύει άνω του πενήντα ένα τοις εκατό (51%) της συνολικής αξίας των περιουσιακών στοιχείων της Εταιρείας, λαμβάνεται με αυξημένη απαρτία και πλειοψηφία, σύμφωνα με τις παρ. 3 και 4 του άρθρου 130 του ν. 4548/2018 (Α΄ 104).

# ΑΡΘΡΟ 24

## Κυρώσεις

1. Με την επιφύλαξη των αρμοδιοτήτων της Ευρωπαϊκής Κεντρικής Τράπεζας και της Τράπεζας της Ελλάδος, ως προς τα εποπτευόμενα από αυτές πρόσωπα, η Επιτροπή Κεφαλαιαγοράς εποπτεύει και δύναται να διενεργεί ελέγχους για την τήρηση των διατάξεων των άρθρων 1 ως 23. Σε περίπτωση διαπίστωσης παράβασης των διατάξεων των άρθρων 1 ως 23, η Επιτροπή Κεφαλαιαγοράς επιβάλλει:

α) επίπληξη ή χρηματικό πρόστιμο μέχρι τρία (3) εκατομμύρια ευρώ στην Εταιρεία και, σε κάθε περίπτωση, έως πέντε τοις εκατό (5 %) του συνολικού ετήσιου κύκλου εργασιών της, σύμφωνα με τις οικονομικές καταστάσεις κατά το οικονομικό έτος που αφορά η παράβαση και οι οποίες έχουν υπογραφεί από το Διοικητικό της Συμβούλιο. Στην περίπτωση που η Εταιρεία είναι μητρική ή θυγατρική μιας μητρικής που οφείλει να καταρτίζει ενοποιημένες οικονομικές καταστάσεις, σύμφωνα με τον ν. 4308/2014 και την Οδηγία 2013/34/ΕΕ (ΕΕ L 182/29.6.2013), ο συνολικός ετήσιος κύκλος εργασιών ορίζεται ως ο συνολικός ετήσιος κύκλος εργασιών ή τα αντίστοιχα έσοδα, σύμφωνα με το ισχύον νομοθετικό πλαίσιο περί κατάρτισης και παρουσίασης των ενοποιημένων οικονομικών καταστάσεων που προκύπτει από τις ενοποιημένες οικονομικές καταστάσεις της ανώτατης μητρικής επιχείρησης κατά τη χρήση που αφορά η παράβαση και οι οποίες έχουν εγκριθεί από το Διοικητικό της Συμβούλιο,

β) επίπληξη ή χρηματικό πρόστιμο μέχρι τρία (3) εκατομμύρια ευρώ σε μέλη του Διοικητικού Συμβουλίου ή άλλα φυσικά ή νομικά πρόσωπα που εμπίπτουν στο πεδίο εφαρμογής του παρόντος.

2. Κατά την επιμέτρηση του προστίμου λαμβάνονται ιδίως υπόψη η βαρύτητα της παράβασης, η επίπτωση της παράβασης στην εύρυθμη λειτουργία της αγοράς, ο κίνδυνος πρόκλησης βλάβης στα συμφέροντα των επενδυτών και των μετόχων μειοψηφίας της Εταιρείας, ο βαθμός της υπαιτιότητας, η λήψη μέτρων από τον παραβάτη για την άρση της παράβασης στο μέλλον, ο βαθμός συνεργασίας με την Επιτροπή Κεφαλαιαγοράς κατά το στάδιο διερεύνησης και ελέγχου, οι ανάγκες της ειδικής και γενικής πρόληψης και η τυχόν καθ' υποτροπή τέλεση παραβάσεων των άρθρων 1 ως 23.

# ARTICLE 23

*Disposal of Company assets*

The decision of the General Meeting of the shareholders of a Company subject to the provision of Articles 1 to 24 regarding disposal of its assets through one or more transactions taking place within two (2) years, where the value of the assets accounts for over fifty one percent (51%) of the total value of the Company's assets, shall be taken by a qualified quorum and majority, in accordance with Article 130(3) and (4) of Law 4548/2018 (Government Gazette, Series I, Issue 104).

# ARTICLE 24

*Penalties*

1. Without prejudice to the remit of the European Central Bank and of the Bank of Greece regarding the persons it supervises, the Hellenic Capital Market Commission shall supervise and may conduct audits on compliance with the provisions of Articles 1 to 23. Where an infringement of the provisions of Articles 1 to 23 is ascertained, the Hellenic Capital Market Commission shall impose:

a) a reprimand or pecuniary fine of no more than three (3) million euros on the Company and, in any event, no more than five percent (5%) of its total annual turnover according to the financial statements that were prepared during the financial year that the infringement concerns and signed by its Board of Directors. Where the Company is the parent or subsidiary undertaking of a parent undertaking obligated to prepare consolidated financial statements, in accordance with Law 4308/2014 and Directive 2013/34/EU (OJ L 182/29.6.2013), the total annual turnover is defined as the total annual turnover or corresponding revenue, in accordance with the applicable legislative framework on the preparation and presentation of consolidated financial statements deriving from the consolidated financial statements of the ultimate parent undertaking during the accounting period that the infringement concerns and which were approved by its Board of Directors;

b) a reprimand or pecuniary fine of no more than three (3) million euros on directors or other natural or legal persons falling within the scope hereof.

2. The fine shall be calculated with particular regard to the gravity of the infringement, its impact on the seamless operation of the market, the risk of harming the interests of the Company's investors and minority shareholders, the degree of culpability, the steps taken by the infringer to remedy the infringement in relation to the future, the degree of cooperation with the Hellenic Capital Market Commission during the stage of investigation and audit, the need for general and specific deterrence and any repeated infringement of Articles 1 to 23.

3. Το κύρος των αποφάσεων του Διοικητικού Συμβουλίου και της γενικής συνέλευσης δεν θίγεται από τη μη τήρηση των διατάξεων των άρθρων 1 ως 23.

4. Με απόφαση της Επιτροπής Κεφαλαιαγοράς, που δημοσιεύεται εντός δύο (2) μηνών από την έναρξη ισχύος του παρόντος, εξειδικεύεται το σύστημα προσδιορισμού, υπολογισμού και επιμέτρησης του ύψους των κυρώσεων ανά παράβαση.

3. The validity of Board and General Meeting decisions shall not be affected by non-compliance with the provisions of Articles 1 to 23.

4. The system for determining, calculating and measuring the level of penalties per infringement shall be specified in a Hellenic Capital Market Commission decision published within two (2) months of the entry hereof into force.

# ΜΕΡΟΣ Β΄

## ΔΙΑΤΑΞΕΙΣ ΓΙΑ ΤΗ ΣΥΓΧΡΟΝΗ ΑΓΟΡΑ ΚΕΦΑΛΑΙΟΥ

## ΚΕΦΑΛΑΙΟ Α΄
## ΕΝΣΩΜΑΤΩΣΗ ΤΗΣ ΟΔΗΓΙΑΣ (ΕΕ) 2017/828
## ΤΟΥ ΕΥΡΩΠΑΪΚΟΥ ΚΟΙΝΟΒΟΥΛΙΟΥ ΚΑΙ ΤΟΥ ΣΥΜΒΟΥΛΙΟΥ ΓΙΑ ΤΗΝ ΤΡΟΠΟΠΟΙΗΣΗ ΤΗΣ ΟΔΗΓΙΑΣ 2007/36/ΕΚ ΟΣΟΝ ΑΦΟΡΑ ΤΗΝ ΕΝΘΑΡΡΥΝΣΗ ΤΗΣ ΜΑΚΡΟΠΡΟΘΕΣΜΗΣ ΕΝΕΡΓΟΥ ΣΥΜΜΕΤΟΧΗΣ ΤΩΝ ΜΕΤΟΧΩΝ

# ΑΡΘΡΟ 25

*Αντικείμενο και πεδίο εφαρμογής*

**(άρθρο 1 στοιχείο 1 της Οδηγίας (ΕΕ) 2017/828)**

1. Οι διατάξεις των άρθρων 25 ως 36 καθορίζουν προϋποθέσεις για την άσκηση ορισμένων δικαιωμάτων των μετόχων που συνδέονται με δικαίωμα ψήφου σε γενικές συνελεύσεις εταιρειών, οι οποίες έχουν την καταστατική τους έδρα στην Ελλάδα και οι μετοχές των οποίων έχουν εισαχθεί προς διαπραγμάτευση σε ρυθμιζόμενη αγορά εγκατεστημένη ή λειτουργούσα σε κράτος-μέλος της Ευρωπαϊκής Ένωσης. Καθορίζουν επίσης ειδικές απαιτήσεις προκειμένου να ενθαρρύνουν τη συμμετοχή των μετόχων, ιδίως μακροπρόθεσμα. Οι ειδικές απαιτήσεις εφαρμόζονται για την ταυτοποίηση των μετόχων, τη διαβίβαση πληροφοριών, τη διευκόλυνση της άσκησης των δικαιωμάτων των μετόχων, τη διαφάνεια των θεσμικών επενδυτών, τους διαχειριστές περιουσιακών στοιχείων και τους πληρεξούσιους συμβούλους.

2. Οι διατάξεις των άρθρων 32 ως 35 καταλαμβάνουν:

α) θεσμικούς επενδυτές και διαχειριστές περιουσιακών στοιχείων, εφόσον η Ελλάδα αποτελεί το κράτος - μέλος καταγωγής τους,

β) πληρεξούσιους συμβούλους, εφόσον ο πληρεξούσιος σύμβουλος έχει την καταστατική του έδρα στην Ελλάδα ή, αν ο πληρεξούσιος σύμβουλος δεν έχει καταστατική έδρα εντός της Ευρωπαϊκής Ένωσης, εφόσον έχει στην Ελλάδα τα κεντρικά του γραφεία ή κατάστημα, σε περίπτωση που δεν έχει κεντρικά γραφεία εντός της Ευρωπαϊκής Ένωσης.

# PART II

## PROVISIONS ON THE MODERN CAPITAL MARKET

### CHAPTER I

### TRANSPOSITION OF DIRECTIVE (EU) 2017/828

### OF THE EUROPEAN PARLIAMENT AND OF THE COUNCIL AMENDING DIRECTIVE 2007/36/EC AS REGARDS THE ENCOURAGEMENT OF LONG-TERM SHAREHOLDER ENGAGEMENT

# ARTICLE 25

*Subject matter and scope*

**(Article 1(1) of Directive (EU) 2017/828)**

1. The provisions of Articles 25 to 36 establish requirements in relation to the exercise of certain shareholder rights attached to voting shares in relation to general meetings of companies which have their registered office in Greece and the shares of which are admitted to trading on a regulated market situated or operating within a Member State of the European Union. It also establishes specific requirements in order to encourage shareholder engagement, in particular in the long term. Those specific requirements apply in relation to identification of shareholders, transmission of information, facilitation of exercise of shareholders' rights, transparency of institutional investors, asset managers and proxy advisors.

2. The provisions of Articles 32 to 35 apply to:

a) institutional investors and asset managers, provided Greece is their home Member State;

b) proxy advisors, provided the proxy advisor has its registered office in Greece, or, where the proxy advisor does not have its registered office within the European Union, provided the proxy advisor has its head office or an establishment in Greece, where it does not have its head office within the European Union.

3. Τα άρθρα 27 ως 31 εφαρμόζονται στους διαμεσολαβητές που παρέχουν υπηρεσίες σε μετόχους ή σε άλλους διαμεσολαβητές για μετοχές εταιρειών που έχουν την καταστατική έδρα τους στην Ελλάδα και οι μετοχές των οποίων έχουν εισαχθεί προς διαπραγμάτευση σε ρυθμιζόμενη αγορά εγκατεστημένη ή λειτουργούσα σε κράτος - μέλος της Ευρωπαϊκής Ένωσης.

4. Τα άρθρα 32 ως 35 εφαρμόζονται σε:

α) θεσμικούς επενδυτές που επενδύουν σε μετοχές διαπραγματεύσιμες σε ρυθμιζόμενη αγορά, άμεσα ή μέσω διαχειριστή περιουσιακών στοιχείων,

β) διαχειριστές περιουσιακών στοιχείων που επενδύουν στις μετοχές αυτές εξ ονόματος επενδυτών, και

γ) πληρεξούσιους συμβούλους, στο μέτρο που παρέχουν υπηρεσίες σε μετόχους για μετοχές εταιρειών με καταστατική έδρα στην Ελλάδα και οι μετοχές των οποίων έχουν εισαχθεί προς διαπραγμάτευση σε ρυθμιζόμενη αγορά εγκατεστημένη ή λειτουργούσα σε κράτος - μέλος της Ευρωπαϊκής Ένωσης.

# ΑΡΘΡΟ 26

*Ορισμοί*

**(άρθρο 1 στοιχείο 2 της Οδηγίας (ΕΕ) 2017/828)**

Για τους σκοπούς των άρθρων 25 ως 36 ισχύουν οι ακόλουθοι ορισμοί:

α) «Ρυθμιζόμενη αγορά»: η ρυθμιζόμενη αγορά κατά την έννοια της παρ. 21 του άρθρου 4 του ν. 4514/2018 (Α΄ 14) και κατά την έννοια της περ. 21 της παρ. 1 του άρθρου 4 της Οδηγίας 2014/65/ΕΕ του Ευρωπαϊκού Κοινοβουλίου και του Συμβουλίου της 15ης Μαΐου 2014 για τις αγορές χρηματοπιστωτικών μέσων και την τροποποίηση της Οδηγίας 2002/92/ΕΚ και της Οδηγίας 2011/61/ΕΕ (ΕΕ L 173).

β) «Διαμεσολαβητής»: πρόσωπο, όπως η επιχείρηση επενδύσεων, κατά την έννοια της περ. α΄ της παρ. 1 του άρθρου 4 του ν. 4514/2018 και κατά την έννοια του σημείου 1 της παρ. 1 του άρθρου 4 της Οδηγίας 2014/65/ΕΕ, πιστωτικό ίδρυμα κατά την έννοια του σημείου 1 της παρ. 1 του άρθρου 4 του Κανονισμού (ΕΕ) αριθ. 575/2013 του Ευρωπαϊκού Κοινοβουλίου και του Συμβουλίου (ΕΕ L 176), και κεντρικό αποθετήριο τίτλων κατά την έννοια του σημείου 1 της παρ. 1 του άρθρου 2 του Κανονισμού (ΕΕ) αριθ. 909/2014 του Ευρωπαϊκού Κοινοβουλίου και του Συμβουλίου, (ΕΕ L 257), που παρέχει υπηρεσίες φύλαξης μετοχών, διαχείρισης μετοχών ή τήρησης λογαριασμών αξιών εξ ονόματος μετόχων ή άλλων προσώπων.

γ) «Θεσμικός επενδυτής»:

γα) επιχείρηση που δραστηριοποιείται στον τομέα της ασφάλισης ζωής κατά την έννοια του άρθρου 5 του ν. 4364/2016 (Α΄ 13) και αντασφάλισης, όπως ορίζεται στην παρ. 7 του άρθρου 3 του ν. 4364/2016, με την προϋπόθεση ότι οι εν λόγω δραστηριότητες καλύπτουν υποχρεώσεις ασφάλισης ζωής και δεν εξαιρούνται

3. Articles 27 to 31 shall apply to intermediaries in so far they provide services to shareholders or other intermediaries with respect to shares of companies which have their registered office in Greece and the shares of which are admitted to trading on a regulated market situated or operating within a Member State of the European Union.

4. Articles 32 and 35 apply to:

a) institutional investors, to the extent that they invest directly or through an asset manager in shares traded on a regulated market;

b) asset managers, to the extent that they invest in such shares on behalf of investors; and

c) proxy advisors, to the extent that they provide services to shareholders with respect to shares of companies which have their registered office in Greece and the shares of which are admitted to trading on a regulated market situated or operating within a Member State of the European Union.

# ARTICLE 26

## *Definitions*

### (Article 1(2) of Directive (EU) 2017/828)

For the purposes of Articles 25 to 36, the following definitions apply:

a) 'Regulated market': a regulated market as defined in Article 4(21) of Law 4514/2018 (Government Gazette, Series I, Issue 14) and in point (21) of Article 4(1) of Directive 2014/65/EU of the European Parliament and of the Council of 15 May 2014 on markets in financial instruments and amending Directive 2002/92/EC and Directive 2011/61/EU (OJ L 173);

b) 'intermediary': a person, such as an investment firm, as defined in Article 4(1)(a) of Law 4514/2018 and in Article 4(1)(1) of Directive 2014/65/EU, a credit institution as defined in Article 4(1)(1) of Regulation (EU) No 575/2013 of the European Parliament and of the Council (OJ L 176) and a central securities depository as defined in Article 2(1)(1) of Regulation (EU) No 909/2014 of the European Parliament and of the Council (OJ L 257), which provides services of safekeeping of shares, administration of shares or maintenance of securities accounts on behalf of shareholders or other persons;

c) 'institutional investor':

ca) an undertaking carrying out activities in the life assurance sector within the meaning of Article 5 of Law 4364/2016 (Government Gazette, Series I, Issue 13) and reinsurance as defined in Article 3(7) of Law 4364/2016, provided that those activities cover life-insurance obligations and are not excluded pursuant to the provisions in question;

σύμφωνα με τις εν λόγω διατάξεις,

γβ) ίδρυμα επαγγελματικών συνταξιοδοτικών παροχών που εμπίπτει στο πεδίο εφαρμογής της Οδηγίας (ΕΕ) 2016/2341 του Ευρωπαϊκού Κοινοβουλίου και του Συμβουλίου) (ΕΕ L 354) και σύμφωνα με το άρθρο 2 αυτής, εκτός εάν σύμφωνα με το άρθρο 5 αυτής, οι διατάξεις της δεν εφαρμόζονται πλήρως ή εν μέρει στο συγκεκριμένο ίδρυμα.

δ) «Διαχειριστής περιουσιακών στοιχείων»: επιχείρηση επενδύσεων κατά την έννοια της παρ. 1 του άρθρου 4 του ν. 4514/2018 που παρέχει υπηρεσίες διαχείρισης χαρτοφυλακίου σε επενδυτές, Διαχειριστής Οργανισμών Εναλλακτικών Επενδύσεων (ΔΟΕΕ) και Ανώνυμη Εταιρία Διαχείρισης Οργανισμών Εναλλακτικών Επενδύσεων (ΑΕΔΟΕΕ), όπως ορίζονται στις υποπερ. αα΄ και ββ΄ της περ. β΄ της παρ. 1 του άρθρου 4 του ν. 4209/2013 (Α΄ 253), που δεν πληροί τις προϋποθέσεις εξαίρεσης, σύμφωνα με το άρθρο 3 του ίδιου νόμου, ή εταιρεία διαχείρισης, όπως ορίζεται στην περ. β΄ του άρθρου 3 του ν. 4099/2012 (Α΄ 250), ή επιχείρηση επενδύσεων εγκεκριμένη, εφόσον δεν έχει ορίσει εταιρεία διαχείρισης εγκεκριμένη για τη διαχείρισή της.

ε) «Πληρεξούσιος σύμβουλος»: νομικό πρόσωπο που αναλύει σε επαγγελματική και εμπορική βάση τα στοιχεία που κοινοποιούν οι επιχειρήσεις και, όπου είναι σκόπιμο, άλλες πληροφορίες εισηγμένων εταιρειών, με σκοπό την ενημέρωση των επενδυτών, προκειμένου οι τελευταίοι να λαμβάνουν τις αποφάσεις ψήφου τους έχοντας στη διάθεσή τους έρευνες, συμβουλές ή συστάσεις ψήφου σχετικά με την άσκηση των δικαιωμάτων ψήφου τους.

στ) «Συνδεδεμένο μέρος»: έχει την έννοια που του αποδίδεται στα διεθνή λογιστικά πρότυπα που έχουν εκδοθεί σύμφωνα με τον Κανονισμό (ΕΚ) υπ' αρ. 1606/2002 του Ευρωπαϊκού Κοινοβουλίου και του Συμβουλίου (ΕΕ L 243).

ζ) «Πληροφορίες σχετικά με την ταυτότητα του μετόχου»: πληροφορία που επιτρέπει τον προσδιορισμό της ταυτότητας ενός μετόχου, συμπεριλαμβανομένων τουλάχιστον των εξής:

ζα) ονόματος και στοιχείων επικοινωνίας του μετόχου, που περιλαμβάνει την πλήρη διεύθυνση και, όπου υπάρχει, τη διεύθυνση ηλεκτρονικού ταχυδρομείου, καθώς και, αν πρόκειται για νομικό πρόσωπο εγκατεστημένο στην Ελλάδα, τον αριθμό καταχώρισής του στο Γενικό Εμπορικό Μητρώο (ΓΕΜΗ), ή αν είναι εγκατεστημένο σε κράτος - μέλος της Ευρωπαϊκής Ένωσης τον ευρωπαϊκό μοναδικό ταυτοποιητή (EUID), σύμφωνα με το σημείο 5 του Παραρτήματος του Εκτελεστικού Κανονισμού (ΕΕ) 2015/884 της Επιτροπής, της 8ης Ιουνίου 2015, (ΕΕ L 144), ή αν είναι εγκατεστημένο σε τρίτη χώρα τον αναγνωριστικό κωδικό νομικής οντότητας (LEI), σύμφωνα με το σημείο 17 του άρθρου 1 του Εκτελεστικού Κανονισμού 2018/1212 της Επιτροπής, της 3ης Σεπτεμβρίου 2018, (ΕΕ L 223),

ζβ) αριθμού κατεχόμενων μετοχών, και

ζγ) μόνο αν ζητηθούν από την εταιρεία, ενός ή περισσοτέρων από τα ακόλουθα στοιχεία: κατηγορίες ή κλάσεις των κατεχόμενων μετοχών ή ημερομηνία από την οποία κατέχονται.

cb) an institution for occupational retirement provision falling within the scope of Directive (EU) No 2016/2341 of the European Parliament and of the Council (OJ L 354) in accordance with Article 2 thereof, unless the provisions of Directive are not applied in whole or in part to that institution in accordance with Article 5 of that Directive;

d) 'Asset manager': an investment firm as defined in Article 4(1) of Law 4514/2018 that provides portfolio management services to investors, an alternative investment fund manager (AIFM) and alternative investment fund manager société anonyme (AIFMC), as defined in Article 4(1)(b)(aa) and (bb) of Law 4209/2013 (Government Gazette, Series I, Issue 253), that does not fulfil the conditions for an exemption in accordance with Article 3 of that law, or a management company as defined in Article 3(b) of Law 4099/2012 (Government Gazette, Series I, Issue 250), or an authorised investment company, provided that it has not designated a management company authorised for its management;

e) 'Proxy advisor': a legal person that analyses, on a professional and commercial basis, the corporate disclosure and, where relevant, other information of listed companies with a view to informing investors' voting decisions by providing research, advice or voting recommendations that relate to the exercise of voting rights;

f) 'Related party': has the same meaning as in the international accounting standards adopted in accordance with Regulation (EC) No 1606/2002 of the European Parliament and of the Council (OJ L 243);

g) 'Information regarding shareholder identity': information allowing the identity of a shareholder to be established, including at least the following information:

ga) name and contact details of the shareholder, including full address and, where available, email address and, where it is a legal person established in Greece, its registration number in the General Commercial Registry or, if it is established in a European Union Member State, its European Unique Identifier (EUID), in accordance with point 5 of the Annex to Commission Implementing Regulation (EU) No 2015/884 of 8 June 2015 (OJ L 144), or, if established in a third country, the legal entity identifier (LEI), in accordance with Article 1(17) of Commission Implementing Regulation (EU) No 2018/1212 of 3 September 2018 (OJ L 223);

gb) the number of shares held; and

gc) only insofar they are requested by the company, one or more of the following details: the categories or classes of the shares held or the date from which the shares have been held.

η) «Διευθυντής»:

ηα) κάθε μέλος των διοικητικών, διαχειριστικών ή εποπτικών οργάνων μιας εταιρείας,

ηβ) ο διευθύνων σύμβουλος και ο αναπληρωτής διευθύνων σύμβουλος, αν υπάρχει τέτοια θέση στην εταιρεία, εφόσον δεν είναι μέλη των διοικητικών, διαχειριστικών ή εποπτικών οργάνων μιας εταιρείας,

ηγ) άλλα πρόσωπα που εκτελούν καθήκοντα παρόμοια με εκείνα των υποπερ. ηα) και ηβ).

# ΑΡΘΡΟ 27
## Εξακρίβωση των στοιχείων των μετόχων

**(άρθρο 3α της Οδηγίας (ΕΕ) 2017/828)**

1. Οι εταιρείες έχουν το δικαίωμα να εξακριβώνουν τα στοιχεία των μετόχων τους.

2. Έπειτα από αίτημα της εταιρείας ή τρίτου μέρους που έχει ορισθεί από την εταιρεία, ο διαμεσολαβητής γνωστοποιεί χωρίς καθυστέρηση στην εταιρεία τα στοιχεία ταυτότητας του μετόχου.

3. Στην περίπτωση που υπάρχουν περισσότεροι του ενός διαμεσολαβητές σε μια αλυσίδα διαμεσολαβητών, το αίτημα της εταιρείας ή τρίτου μέρους, που έχει ορισθεί από την εταιρεία, διαβιβάζεται μεταξύ των διαμεσολαβητών χωρίς καθυστέρηση. Τα στοιχεία ταυτότητας του μετόχου διαβιβάζονται από τον διαμεσολαβητή που έχει στην κατοχή του τις αιτούμενες πληροφορίες κατευθείαν στην εταιρεία ή στο τρίτο μέρος που έχει οριστεί από την εταιρεία χωρίς καθυστέρηση. Η εταιρεία μπορεί να λαμβάνει πληροφορίες σχετικά με την ταυτότητα του μετόχου από κάθε διαμεσολαβητή στην αλυσίδα, ο οποίος έχει στην κατοχή του τις πληροφορίες.

Η εταιρεία δύναται να ζητά από το κεντρικό αποθετήριο τίτλων ή από άλλο διαμεσολαβητή ή πάροχο υπηρεσιών να συγκεντρώνει τις πληροφορίες σχετικά με την ταυτότητα του μετόχου, όπως ενδεικτικά από τους διαμεσολαβητές στην αλυσίδα διαμεσολαβητών, και να τις διαβιβάσει σε αυτή.

Ο διαμεσολαβητής, κατόπιν αιτήματος της εταιρείας ή τρίτου μέρους, που έχει ορισθεί από την εταιρεία, γνωστοποιεί στην εταιρεία τα στοιχεία του επόμενου διαμεσολαβητή στην αλυσίδα διαμεσολαβητών χωρίς καθυστέρηση.

4. Τα δεδομένα προσωπικού χαρακτήρα των μετόχων υποβάλλονται σε επεξεργασία βάσει του παρόντος, προκειμένου να μπορεί η εταιρεία να ταυτοποιεί τους υφιστάμενους μετόχους για να επικοινωνεί άμεσα μαζί τους, έτσι ώστε να διευκολύνονται η άσκηση των δικαιωμάτων των μετόχων και η ενεργός συμμετοχή στην εταιρεία.

Για τους σκοπούς του παρόντος άρθρου, οι εταιρείες και οι διαμεσολαβητές δεν διατηρούν τα προσωπικά δεδομένα μετόχων που τους διαβιβάζονται για διάστημα μεγαλύτερο των δώδεκα (12) μηνών από τη στιγμή που λαμβάνουν γνώση, ότι το

h) 'director':

ha) any member of the administrative, management or supervisory bodies of a company;

hb) where they are not members of the administrative, management or supervisory bodies of a company, the chief executive officer and, if such function exists in a company, the deputy chief executive officer;

hc) other persons who perform functions similar to those performed under points ha) and hb).

# ARTICLE 27
## *Identification of shareholders*

**(Article 3a of Directive (EU) 2017/828)**

1. Companies shall have the right to identify their shareholders.

2. On the request of the company or of a third party nominated by the company, the intermediaries shall communicate without delay to the company the information regarding shareholder identity.

3. Where there is more than one intermediary in a chain of intermediaries, the request of the company, or of a third party nominated by the company, shall be transmitted between intermediaries without delay, and the information regarding shareholder identity shall be transmitted directly to the company or to a third party nominated by the company without delay by the intermediary who holds the requested information. The company shall be able to obtain information regarding shareholder identity from any intermediary in the chain that holds the information.

The company may request the central securities depository or another intermediary or service provider to collect the information regarding shareholder identity, including from the intermediaries in the chain of intermediaries and to transmit the information to the company.

At the request of the company, or of a third party nominated by the company, the intermediary shall communicate to the company without delay the details of the next intermediary in the chain of intermediaries.

4. The personal data of shareholders shall be processed pursuant hereto in order to enable the company to identify its existing shareholders in order to communicate with them directly with the view to facilitating the exercise of shareholder rights and shareholder engagement with the company.

For the purposes of this Article, companies and intermediaries shall not store the personal data of shareholders transmitted to them for longer than twelve (12) months after they have become aware that the person concerned has ceased to be a shareholder.

συγκεκριμένο πρόσωπο έπαψε να είναι μέτοχος.

5. Οι μέτοχοι που είναι νομικά πρόσωπα μπορούν να διορθώνουν ελλιπείς ή ανακριβείς πληροφορίες σχετικά με την ταυτότητά τους ως επενδυτών.

6. Ο διαμεσολαβητής που γνωστοποιεί στοιχεία ταυτότητας μετόχου, σύμφωνα με τις διατάξεις του παρόντος, εξαιρείται από περιορισμούς που προβλέπονται σε διατάξεις νόμου ή περιλαμβάνονται σε συμβατικά κείμενα, σχετικά με τη γνωστοποίηση πληροφοριών.

## ΑΡΘΡΟ 28
### Διαβίβαση πληροφοριών

**(άρθρο 3β της Οδηγίας (ΕΕ) 2017/828)**

1. Οι διαμεσολαβητές καλούνται να διαβιβάζουν πληροφορίες από την εταιρεία στους μετόχους ή σε τρίτους που έχουν ορισθεί από μέτοχο, χωρίς καθυστέρηση. Ειδικότερα διαβιβάζουν:

α) τις πληροφορίες που απαιτείται να παρέχει η εταιρεία στον μέτοχο και οι οποίες απευθύνονται σε όλους τους μετόχους της συγκεκριμένης κατηγορίας, προκειμένου ο μέτοχος να είναι σε θέση να ασκεί τα δικαιώματα που απορρέουν από τις μετοχές του ή

β) ανακοίνωση που αναφέρει το συγκεκριμένο σημείο του ιστότοπου όπου υπάρχουν οι πληροφορίες αυτές, όταν οι πληροφορίες που αναφέρονται στην περ. α) είναι διαθέσιμες στους μετόχους από τον ιστότοπο της εταιρείας.

2. Οι εταιρείες παρέχουν στους διαμεσολαβητές τις πληροφορίες της περ. α) της παρ. 1 ή την ανακοίνωση της περ. β) της παρ. 1 σε τυποποιημένη μορφή και εγκαίρως.

3. Η παρ. 2 δεν εφαρμόζεται όταν οι εταιρείες αποστέλλουν τις πληροφορίες της περ. α) της παρ. 1 ή την ανακοίνωση της περ. β) της παρ. 1 κατευθείαν σε όλους τους μετόχους τους ή σε τρίτο μέρος που έχει ορισθεί από μέτοχο.

4. Οι διαμεσολαβητές διαβιβάζουν στην εταιρεία τις πληροφορίες που λαμβάνουν από τους μετόχους σχετικά με την άσκηση των δικαιωμάτων που απορρέουν από τις μετοχές τους, σύμφωνα με τις οδηγίες που έχουν λάβει από τους μετόχους και χωρίς καθυστέρηση.

5. Στην περίπτωση που υπάρχουν περισσότεροι του ενός διαμεσολαβητές σε μια αλυσίδα διαμεσολαβητών, οι αναφερόμενες στις παρ. 1 και 4 πληροφορίες διαβιβάζονται μεταξύ των διαμεσολαβητών χωρίς καθυστερήσεις, εκτός αν οι πληροφορίες μπορούν να διαβιβασθούν κατευθείαν από τον διαμεσολαβητή στην εταιρεία ή στον μέτοχο ή σε τρίτο μέρος που έχει οριστεί από μέτοχο ως πληρεξούσιος.

5. Shareholders who are legal persons may rectify incomplete or inaccurate information regarding their identity as investors.

6. An intermediary that discloses information regarding shareholder identity in accordance with the provisions hereof shall be exempt from restrictions on disclosure of information imposed by statutory provisions or contracts.

# ARTICLE 28

*Transmission of information*

**(Article 3b of Directive (EU) 2017/828)**

1. The intermediaries shall be required to transmit information without delay from the company to the shareholder or to a third party nominated by the shareholder. More specifically, they shall transmit:

a) the information which the company is required to provide to the shareholder, to enable the shareholder to exercise rights flowing from its shares, and which is directed to all shareholders in shares of that class; or

b) where the information referred to in point a) is available to shareholders on the website of the company, a notice indicating where on the website that information can be found.

2. Companies shall provide intermediaries in a standardised and timely manner with the information referred to in point a) of paragraph 1 or the notice referred to in point b) of that paragraph.

3. Paragraph 2 shall not apply where companies send the information referred to in point a) referred to in paragraph 1 or the notice referred to in point b) of that paragraph directly to all their shareholders or to a third party nominated by the shareholder.

4. Intermediaries shall transmit, without delay, to the company, in accordance with the instructions received from the shareholders, the information received from the shareholders related to the exercise of the rights flowing from their shares.

5. Where there is more than one intermediary in a chain of intermediaries, information referred to in paragraphs 1 and 4 shall be transmitted between intermediaries without delay, unless the information can be directly transmitted by the intermediary to the company or to the shareholder or to a third party nominated by the shareholder as a proxy.

# ΑΡΘΡΟ 29

## Διευκόλυνση της άσκησης των δικαιωμάτων των μετόχων

**(άρθρο 3γ της Οδηγίας (ΕΕ) 2017/828)**

1. Οι διαμεσολαβητές διευκολύνουν την άσκηση των δικαιωμάτων του μετόχου, συμπεριλαμβανομένου του δικαιώματος συμμετοχής και ψήφου στις γενικές συνελεύσεις, με έναν τουλάχιστον από τους ακόλουθους τρόπους, ως εξής:

α) ο διαμεσολαβητής προβαίνει στις αναγκαίες ρυθμίσεις, ώστε ο μέτοχος ή ο πληρεξούσιός του ν.α μπορεί να ασκήσει τα δικαιώματα αυτοπροσώπως,

β) ο διαμεσολαβητής ασκεί τα δικαιώματα που απορρέουν από τις μετοχές, έπειτα από ρητή εξουσιοδότηση και σύμφωνα με τις εντολές του μετόχου και προς όφελος του μετόχου.

2. Όταν η ψηφοφορία γίνεται ηλεκτρονικά, τα πρόσωπα που ψήφισαν λαμβάνουν από την εταιρεία ηλεκτρονική επιβεβαίωση ψήφου αμέσως μετά από τη γενική συνέλευση.

Σε κάθε περίπτωση, κατόπιν αιτήματος μετόχου ή του πληρεξουσίου του, το οποίο υποβάλλεται στην εταιρεία εντός τριών (3) μηνών από την ημερομηνία της ψηφοφορίας, η εταιρεία οφείλει να χορηγήσει βεβαίωση ότι η ψήφος του μετόχου ή του πληρεξουσίου του έχει καταγραφεί ως έγκυρη και έχει ληφθεί υπόψη από την εταιρεία, εκτός αν ο μέτοχος ή ο πληρεξούσιός του διαθέτει ήδη την πληροφορία αυτή.

Στην περίπτωση που ο διαμεσολαβητής λάβει την επιβεβαίωση, τη διαβιβάζει στον μέτοχο ή στον πληρεξούσιό του χωρίς καθυστέρηση. Στην περίπτωση που υφίστανται περισσότεροι του ενός διαμεσολαβητές σε μια αλυσίδα διαμεσολαβητών, η επιβεβαίωση διαβιβάζεται μεταξύ των διαμεσολαβητών χωρίς καθυστερήσεις, εκτός αν η επιβεβαίωση μπορεί να διαβιβασθεί κατευθείαν στον μέτοχο ή στον πληρεξούσιό του.

# ΑΡΘΡΟ 30

## Μη διακριτική μεταχείριση, αναλογικότητα και διαφάνεια κόστους

**(άρθρο 3δ της Οδηγίας (ΕΕ) 2017/828)**

1. Οι διαμεσολαβητές δημοσιοποιούν στον ιστότοπό τους τις χρεώσεις που επιβάλλουν για τις υπηρεσίες που παρέχουν, χωριστά για κάθε υπηρεσία, βάσει των άρθρων 27 ως και 31 του παρόντος και του Κεφαλαίου 1α της Οδηγίας 2007/36/ΕΚ του Ευρωπαϊκού Κοινοβουλίου και του Συμβουλίου, της 11ης Ιουλίου 2007, σχετικά με την άσκηση ορισμένων δικαιωμάτων από μετόχους εισηγμένων εταιρειών.

2. Οι χρεώσεις που επιβάλλονται από διαμεσολαβητές στους μετόχους, τις εταιρείες και άλλους διαμεσολαβητές δεν εισάγουν διακρίσεις και είναι ανάλογες με τις

# ARTICLE 29

*Facilitation of the exercise of shareholder rights*

**(Article 3c of Directive (EU) 2017/828)**

1. Intermediaries shall facilitate the exercise of the rights by the shareholder, including the right to participate and vote in general meetings, in at least one of the following ways:

a) the intermediary makes the necessary arrangements for the shareholder or their proxy to be able to exercise themselves the rights;

b) the intermediary exercises the rights flowing from the shares upon the explicit authorisation and instruction of the shareholder and for the shareholder's benefit.

2. When votes are cast electronically, the company shall send electronic confirmation of receipt of the votes to the person that casts the vote immediately after the general meeting.

In any event, on request of the shareholder or their proxy, submitted to the company within three (3) months of the date of the vote, the company shall provide confirmation that the vote cast by the shareholder or their proxy has been validly recorded and counted by the company, unless that information is already available to them.

Where the intermediary receives this confirmation, it shall transmit it without delay to the shareholder or their proxy. Where there is more than one intermediary in the chain of intermediaries, the confirmation shall be transmitted between intermediaries without delay, unless the confirmation can be directly transmitted to the shareholder or their proxy.

# ARTICLE 30

*Non-discrimination, proportionality and transparency of costs*

**(Article 3d of Directive (EU) 2017/828)**

1. Intermediaries shall disclose publicly on their website any applicable charges for the services they provide, separately for each service, under Articles 27 to 31 hereof and Chapter 1a of Directive 2007/36/EC of the European Parliament and of the Council of 11 July 2007 on the exercise of certain rights of shareholders in listed companies.

2. Any charges levied by an intermediary on shareholders, companies and other intermediaries shall be non-discriminatory and proportionate in relation to the actual

*πραγματικές δαπάνες που προκύπτουν για την παροχή των υπηρεσιών.*

*Διαφορές μεταξύ των χρεώσεων που επιβάλλονται σε περιπτώσεις εγχώριας και διασυνοριακής άσκησης δικαιωμάτων επιτρέπονται μόνον εφόσον είναι δεόντως αιτιολογημένες και αντιστοιχούν στις διαφορές των πραγματικών δαπανών που πραγματοποιήθηκαν για την παροχή των υπηρεσιών αυτών από τους διαμεσολαβητές.*

# ΑΡΘΡΟ 31

## *Διαμεσολαβητές τρίτης χώρας*

**(άρθρο 3ε της Οδηγίας (ΕΕ) 2017/828)**

*Τα άρθρα 27 ως 30 του παρόντος εφαρμόζονται και σε διαμεσολαβητές τρίτης χώρας, δηλαδή σε διαμεσολαβητές που δεν έχουν την καταστατική ή την πραγματική τους έδρα στην Ελλάδα ή σε άλλο κράτος της Ευρωπαϊκής Ένωσης, όταν παρέχουν τις υπηρεσίες που αναφέρονται στην παρ. 4 του άρθρου 25.*

# ΑΡΘΡΟ 32

## *Πολιτική ενεργού συμμετοχής*

**(άρθρο 3ζ της Οδηγίας (ΕΕ) 2017/828)**

*1. Οι θεσμικοί επενδυτές και οι διαχειριστές περιουσιακών στοιχείων αναπτύσσουν και δημοσιοποιούν πολιτική για την ενεργό συμμετοχή, η οποία περιγράφει τον τρόπο που ενσωματώνουν την ενεργό συμμετοχή των μετόχων στην επενδυτική στρατηγική τους. Η πολιτική περιγράφει τον τρόπο με τον οποίο παρακολουθούν τις εταιρείες στις οποίες γίνονται επενδύσεις όσον αφορά σημαντικά ζητήματα, στα οποία συμπεριλαμβάνεται η στρατηγική, η χρηματοοικονομική και μη χρηματοοικονομική απόδοση και κίνδυνος, η διάρθρωση του κεφαλαίου, ο κοινωνικός και περιβαλλοντικός αντίκτυπος και η εταιρική διακυβέρνηση, η διεξαγωγή διαλόγου με τις εταιρείες στις οποίες γίνονται επενδύσεις, η άσκηση δικαιωμάτων ψήφου και άλλων δικαιωμάτων που απορρέουν από τις μετοχές, η συνεργασία με άλλους μετόχους και η επικοινωνία με τους ενδιαφερομένους φορείς των εταιρειών στις οποίες γίνονται επενδύσεις, καθώς και η διαχείριση υφιστάμενων ή ενδεχόμενων περιπτώσεων σύγκρουσης συμφερόντων που σχετίζονται με τη συμμετοχή τους.*

*2. Οι θεσμικοί επενδυτές και οι διαχειριστές περιουσιακών στοιχείων δημοσιοποιούν σε ετήσια βάση τον τρόπο εφαρμογής της πολιτικής ενεργού συμμετοχής τους, συμπεριλαμβανομένων μιας γενικής επισκόπησης της συμπεριφοράς τους στις ψηφοφορίες, καθώς και επεξήγησης σχετικά με τις πιο σημαντικές ψηφοφορίες και τη χρήση υπηρεσιών πληρεξουσίων συμβούλων. Επίσης, γνωστοποιούν τον τρόπο με τον οποίο ψήφισαν στις γενικές συνελεύσεις των εταιρειών στο μετοχικό κεφάλαιο των οποίων συμμετέχουν. Από την υποχρέωση γνωστοποίησης μπορεί να εξαιρούνται ψήφοι ήσσονος σημασίας είτε λόγω του θέματος της ψηφοφορίας είτε λόγω του μεγέθους της συμμετοχής στην εταιρεία.*

costs incurred for delivering the services.

Any differences between the charges levied between domestic and cross-border exercise of rights shall be permitted only where duly justified and where they reflect the variation in actual costs incurred for the delivery of these services by the intermediaries.

# ARTICLE 31
*Third-country intermediaries*

### (Article 3e of Directive (EU) 2017/828)

Articles 27 to 30 hereof shall also apply to third-country intermediaries, i.e. intermediaries which have neither their registered office nor their head office in Greece or a different European Union Member State when they provide the services referred to in Article 25(4).

# ARTICLE 32
*Engagement policy*

### (Article 3g of Directive (EU) 2017/828)

1. Institutional investors and asset managers shall develop and publicly disclose an engagement policy that describes how they integrate shareholder engagement in their investment strategy. The policy shall describe how they monitor investee companies on relevant matters, including strategy, financial and non-financial performance and risk, capital structure, social and environmental impact and corporate governance, conduct dialogues with investee companies, exercise voting rights and other rights attached to shares, cooperate with other shareholders, communicate with relevant stakeholders of the investee companies and manage actual and potential conflicts of interests in relation to their engagement.

2. Institutional investors and asset managers shall, on an annual basis, publicly disclose how their engagement policy has been implemented, including a general description of voting behaviour, an explanation of the most significant votes and the use of the services of proxy advisors. Furthermore, they shall publicly disclose how they have cast votes in the general meetings of companies in which they hold shares. Such disclosure may exclude votes that are insignificant either due to the subject matter of the vote or due to the size of the holding in the company.

3. Οι θεσμικοί επενδυτές και οι διαχειριστές περιουσιακών στοιχείων δύναται να παρεκκλίνουν από τις υποχρεώσεις των παρ. 1 και 2, υπό την προϋπόθεση ότι έχουν δημοσιοποιήσει ακριβή αιτιολογία σχετικά με τους λόγους για τους οποίους επέλεξαν να μην συμμορφωθούν με μία ή περισσότερες από τις εν λόγω απαιτήσεις.

4. Οι αναφερόμενες πληροφορίες των παρ. 1 και 2 είναι διαθέσιμες χωρίς χρέωση στον δικτυακό τόπο του θεσμικού επενδυτή ή του διαχειριστή περιουσιακών στοιχείων. Στην περίπτωση που ένας διαχειριστής περιουσιακών στοιχείων εφαρμόζει την πολιτική ενεργού συμμετοχής, συμπεριλαμβανομένης της ψηφοφορίας, για λογαριασμό θεσμικού επενδυτή, ο θεσμικός επενδυτής αναφέρει τον τόπο δημοσίευσης των συγκεκριμένων πληροφοριών ψήφου από τον διαχειριστή περιουσιακών στοιχείων.

5. Οι κανόνες περί σύγκρουσης συμφερόντων που εφαρμόζονται για τους θεσμικούς επενδυτές και τους διαχειριστές περιουσιακών στοιχείων, όπως το άρθρο 14 του ν. 4209/2013, η περ. β΄ της παρ. 2 του άρθρο 14 και η περ. γ΄ της παρ. 3 του άρθρου 23 του ν. 4099/2012, οι σχετικοί κανόνες για την εφαρμογή τους, καθώς και το άρθρο 23 του ν. 4514/2018, εφαρμόζονται και για τις δραστηριότητες ενεργού συμμετοχής.

# ΑΡΘΡΟ 33

## Επενδυτική στρατηγική θεσμικών επενδυτών και συμφωνίες με τους διαχειριστές περιουσιακών στοιχείων

**(άρθρο 3η της Οδηγίας (ΕΕ) 2017/828)**

1. Οι θεσμικοί επενδυτές γνωστοποιούν στο κοινό την επενδυτική τους στρατηγική. Η επενδυτική στρατηγική περιλαμβάνει τον τρόπο, σύμφωνα με τον οποίο τα βασικά στοιχεία της στρατηγικής επενδύσεων σε μετοχές που οι θεσμικοί επενδυτές εφαρμόζουν, συνάδουν με το προφίλ και τη διάρκεια των υποχρεώσεών τους, και ιδίως των μακροπρόθεσμων από αυτές, καθώς και τον τρόπο με τον οποίο συμβάλλουν στη μεσομακροπρόθεσμη απόδοση των περιουσιακών στοιχείων τους.

2. Σε περίπτωση που ένας διαχειριστής περιουσιακών στοιχείων επενδύει εκ μέρους ενός θεσμικού επενδυτή, είτε υπό καθεστώς διακριτικής ευχέρειας για κάθε πελάτη είτε μέσω ενός οργανισμού συλλογικών επενδύσεων, ο θεσμικός επενδυτής γνωστοποιεί πληροφορίες σχετικά με τη συμφωνία του με τον διαχειριστή περιουσιακών στοιχείων ως εξής:

α) τον τρόπο με τον οποίο η συμφωνία παρέχει κίνητρα στον διαχειριστή των περιουσιακών στοιχείων να ευθυγραμμίζει την επενδυτική στρατηγική του και τις αποφάσεις του με το προφίλ και τη διάρκεια των υποχρεώσεων του θεσμικού επενδυτή, και ιδίως των μακροπρόθεσμων από αυτές,

β) τον τρόπο με τον οποίο η συμφωνία παρέχει κίνητρα στον διαχειριστή περιουσιακών στοιχείων να λαμβάνει επενδυτικές αποφάσεις, βάσει των αξιολογήσεων σχετικά με τη μεσομακροπρόθεσμη χρηματοοικονομική και μη χρηματοοικονομική απόδοση της εταιρείας στην οποία γίνονται επενδύσεις και να συμμετέχει ενεργά σε εταιρείες στις οποίες γίνονται επενδύσεις, με σκοπό τη βελτίωση των επιδόσεων τους

3. Institutional investors and asset managers may derogate from the obligations laid down in paragraphs 1 and 2, provided they have disclosed precise reasoning as to the grounds on which they chose not to comply with one or more of these requirements.

4. The information referred to in paragraphs 1 and 2 shall be available free of charge on the institutional investor's or asset manager's website. Where an asset manager implements the engagement policy, including voting, on behalf of an institutional investor, the institutional investor shall make a reference as to where such voting information has been published by the asset manager.

5. Conflicts of interests rules applicable to institutional investors and asset managers, including Article 14 of Law 4209/2013, Article 14(2)(b) and Article 23(3)(c) of Law 4099/2012 and the relevant implementing rules, and Article 23 of Law 4514/2018 shall also apply with regard to engagement activities.

# ARTICLE 33

*Investment strategy of institutional investors and arrangements with asset managers*

**(Article 3h of Directive (EU) 2017/828)**

1. Institutional investors shall publicly disclose their investment strategy, which includes how the main elements of the institutional investors' equity investment strategy are consistent with the profile and duration of their liabilities, in particular long-term liabilities, and how they contribute to the medium to long-term performance of their assets.

2. Where an asset manager invests on behalf of an institutional investor, whether on a discretionary client-by-client basis or through a collective investment undertaking, the institutional investor shall disclose information regarding its arrangement with the asset manager as follows:

a) how the arrangement incentivises the asset manager to align its investment strategy and decisions with the profile and duration of the liabilities of the institutional investor, in particular long-term liabilities;

b) how that arrangement incentivises the asset manager to make investment decisions based on assessments about medium to long-term financial and non-financial performance of the investee company and to engage with investee companies in order to improve their performance in the medium to long-term;

μεσομακροπρόθεσμα,

γ) τον τρόπο με τον οποίο η μέθοδος και ο χρονικός ορίζοντας για την αξιολόγηση της απόδοσης του διαχειριστή περιουσιακών στοιχείων και η αμοιβή για υπηρεσίες διαχείρισης περιουσιακών στοιχείων ευθυγραμμίζονται με το προφίλ και τη διάρκεια των υποχρεώσεων του θεσμικού επενδυτή, ιδίως των μακροπρόθεσμων από αυτές, και λαμβάνουν υπόψη την απόλυτη μακροπρόθεσμη απόδοση,

δ) τον τρόπο με τον οποίο ο θεσμικός επενδυτής παρακολουθεί τα έξοδα που προκύπτουν για τον διαχειριστή περιουσιακών στοιχείων από τη συχνότητα εναλλαγής του χαρτοφυλακίου και τον τρόπο με τον οποίο ορίζεται και παρακολουθείται μια στοχευμένη εναλλαγή του χαρτοφυλακίου ή το εύρος της συχνότητας εναλλαγής του χαρτοφυλακίου,

ε) τη διάρκεια της συμφωνίας με τον διαχειριστή περιουσιακών στοιχείων.

Στην περίπτωση που η συμφωνία με τον διαχειριστή περιουσιακών στοιχείων δεν περιλαμβάνει ένα ή περισσότερα από τα στοιχεία της παρούσας, ο θεσμικός επενδυτής εξηγεί πλήρως τον λόγο.

3. Οι πληροφορίες που αναφέρονται στις παρ. 1 και 2 είναι διαθέσιμες, χωρίς χρέωση, στον δικτυακό τόπο του θεσμικού επενδυτή και επικαιροποιούνται ετησίως, εκτός αν δεν υπάρξει ουσιώδης μεταβολή.

Οι θεσμικοί επενδυτές, η δραστηριότητα των οποίων ρυθμίζεται από τον ν. 4364/2016, επιτρέπεται να περιλαμβάνουν τις πληροφορίες των παρ. 1 και 2 του παρόντος στην έκθεση για τη φερεγγυότητα και τη χρηματοοικονομική κατάσταση του άρθρου 38 του ν. 4364/2016.

# ΑΡΘΡΟ 34
## Διαφάνεια των διαχειριστών περιουσιακών στοιχείων

**(άρθρο 3θ της Οδηγίας (ΕΕ) 2017/828)**

1. Σε ετήσια βάση, οι διαχειριστές περιουσιακών στοιχείων γνωστοποιούν στον θεσμικό επενδυτή, με τον οποίο έχουν συνάψει τη συμφωνία που προβλέπεται στο άρθρο 33, τον τρόπο με τον οποίο η επενδυτική στρατηγική τους και η εφαρμογή της συμμορφώνονται με τη συμφωνία και συμβάλλουν στη μεσομακροπρόθεσμη απόδοση των περιουσιακών στοιχείων του θεσμικού επενδυτή ή του κεφαλαίου. Στη γνωστοποίηση περιλαμβάνεται η υποβολή εκθέσεων σχετικά με τους βασικούς μεσομακροπρόθεσμους κινδύνους που συνδέονται με τις επενδύσεις, τη σύνθεση του χαρτοφυλακίου, τη συχνότητα εναλλαγής και τα έξοδα της συχνότητας εναλλαγής, τη χρήση υπηρεσιών πληρεξουσίων συμβούλων για τις δραστηριότητες ενεργού συμμετοχής και την πολιτική τους σχετικά με τον δανεισμό αξιών και τον τρόπο με τον οποίο εφαρμόζεται στις δραστηριότητες ενεργού συμμετοχής και, εφόσον συντρέχει λόγος, συγκεκριμένα κατά τη γενική συνέλευση των εταιρειών στις οποίες πραγματοποιούνται επενδύσεις. Στη γνωστοποίηση αυτή περιλαμβάνονται επίσης

c) how the method and time horizon of the evaluation of the asset manager's performance and the remuneration for asset management services are in line with the profile and duration of the liabilities of the institutional investor, in particular long-term liabilities, and take absolute long-term performance into account;

d) how the institutional investor monitors portfolio turnover costs incurred by the asset manager and how it defines and monitors a targeted portfolio turnover or turnover range;

e) the duration of the arrangement with the asset manager.

Where the arrangement with the asset manager does not contain one or more of such elements, the institutional investor shall fully explain why this is the case.

3. The information referred to in paragraphs 1 and 2 shall be available, free of charge, on the institutional investor's website and shall be updated annually unless there is no material change.

Institutional investors the activity of which is regulated by Law 4364/2016 shall be allowed to include the information under paragraphs 1 and 2 of this Article in their report on solvency and financial condition referred to in Article 38 of Law 4364/2016.

# ARTICLE 34

*Transparency of asset managers*

**(Article 3i of Directive (EU) 2017/828)**

1. Asset managers shall disclose, on an annual basis, to the institutional investor with which they have entered into the arrangement referred to in Article 33 how their investment strategy and implementation thereof complies with the arrangement and contributes to the medium to long-term performance of the assets of the institutional investor or of the fund. Such disclosure shall include reporting on the key material medium to long-term risks associated with the investments, on portfolio composition, turnover and turnover costs, on the use of proxy advisors for the purpose of engagement activities and their policy on securities lending and how it is applied to fulfil its engagement activities if applicable, particularly at the time of the general meeting of the investee companies. Such disclosure shall also include information on the investment decisions made based on evaluation of medium to long-term performance of the investee company, including non-financial performance, and on whether conflicts of interests have arisen in connection with engagements activities,

πληροφορίες σχετικά με τη λήψη επενδυτικών αποφάσεων βάσει της αξιολόγησης της μεσομακροπρόθεσμης απόδοσης της εταιρείας στην οποία γίνονται επενδύσεις, συμπεριλαμβανομένης της μη χρηματοοικονομικής της απόδοσης, και σχετικά με το εάν έχουν προκύψει συγκρούσεις συμφερόντων σε σχέση με τις δραστηριότητες ενεργού συμμετοχής, συμπεριλαμβανομένης της περιγραφής τους, καθώς και σχετικά με τον τρόπο με τον οποίο τις αντιμετώπισαν οι διαχειριστές περιουσιακών στοιχείων.

2. Οι πληροφορίες της παρ. 1 γνωστοποιούνται μαζί με την ετήσια έκθεση που προβλέπεται στο άρθρο 75 του ν. 4099/2012 ή στο άρθρο 22 του ν. 4209/2013, ή με τις περιοδικές ανακοινώσεις που προβλέπονται στην παρ. 6 του άρθρου 25 του ν. 4514/2018. Σε περίπτωση που οι πληροφορίες που γνωστοποιούνται σύμφωνα με την παρ. 1 είναι ήδη διαθέσιμες στο κοινό, δεν απαιτείται ο διαχειριστής περιουσιακών στοιχείων να ενημερώσει άμεσα τον θεσμικό επενδυτή.

3. Εάν ο διαχειριστής περιουσιακών στοιχείων δεν διαχειρίζεται τα περιουσιακά στοιχεία υπό καθεστώς διακριτικής ευχέρειας για κάθε πελάτη, οι πληροφορίες που γνωστοποιούνται, σύμφωνα με την παρ. 1, παρέχονται και σε άλλους επενδυτές του ίδιου θεσμικού επενδυτή, έπειτα από αίτηση.

# ΑΡΘΡΟ 35
## Διαφάνεια πληρεξούσιων συμβούλων

**(άρθρο 3ι της Οδηγίας (ΕΕ) 2017/828)**

1. Οι πληρεξούσιοι σύμβουλοι γνωστοποιούν στο κοινό τον κώδικα δεοντολογίας που εφαρμόζουν και υποβάλλουν έκθεση σχετικά με την εφαρμογή του εν λόγω κώδικα δεοντολογίας.

Οι πληρεξούσιοι σύμβουλοι μπορούν να μην εφαρμόζουν κώδικα δεοντολογίας, υπό την προϋπόθεση ότι εξηγούν πλήρως τους λόγους που δεν τον εφαρμόζουν. Επίσης, μπορούν να παρεκκλίνουν από τις συστάσεις του κώδικα δεοντολογίας, υπό την προϋπόθεση ότι δηλώνουν τα σημεία από τα οποία παρεκκλίνουν, ότι εξηγούν τους λόγους της παρέκκλισης και ότι αναφέρουν, εφόσον κρίνεται απαραίτητο, τα εναλλακτικά μέτρα που ενδεχομένως έχουν λάβει.

Οι πληροφορίες που αναφέρονται στην παρούσα παράγραφο καθίστανται διαθέσιμες στο κοινό, χωρίς χρέωση, στους δικτυακούς τόπους των πληρεξουσίων συμβούλων και επικαιροποιούνται σε ετήσια βάση.

2. Με σκοπό την ενημέρωση των πελατών τους όσον αφορά την ακρίβεια και την αξιοπιστία των δραστηριοτήτων τους, οι πληρεξούσιοι σύμβουλοι γνωστοποιούν δημοσίως πληροφορίες που αφορούν, ιδίως, τη διαμόρφωση των ερευνητικών και συμβουλευτικών δραστηριοτήτων τους και των σχετικών συστάσεων ψήφου. Οι πληροφορίες αυτές περιλαμβάνουν ενδεικτικά:

including a description thereof, and how the asset managers have dealt with them.

2. The information referred to in paragraph 1 shall be disclosed together with the annual report provided for in Article 75 of Law 4099/2012 or Article 22 of Law 4209/2013, or with the periodic communications provided for in Article 25(6) of Law 4514/2018. Where the information disclosed pursuant to paragraph 1 is already publicly available, the asset manager is not required to provide the information to the institutional investor directly.

3. Where the asset manager does not manage the assets on a discretionary client-by-client basis, the information disclosed pursuant to paragraph 1 shall also be provided to other investors of the same institutional investor, upon request.

# ARTICLE 35

*Transparency of proxy advisors*

**(Article 3j of Directive (EU) 2017/828)**

1. Proxy advisors shall publicly disclose the code of conduct which they apply and report on the application of that code of conduct.

Proxy advisors may opt not to apply a code of conduct, provided they fully explain why this is the case. Furthermore, they may depart from the recommendations of the code of conduct, provided they declare from which parts they depart, provide explanations for doing so and indicate, where appropriate, any alternative measures adopted.

Information referred to in this paragraph shall be made publicly available, free of charge, on the websites of proxy advisors and shall be updated on an annual basis.

2. In order to adequately inform their clients about the accuracy and reliability of their activities, proxy advisors shall publicly disclose information concerning, in particular, the preparation of their research, advice and voting recommendations. This information shall include but not be limited to the following:

α) τα απαραίτητα χαρακτηριστικά των μεθοδολογιών και των μοντέλων που εφαρμόζουν,

β) τις κύριες πηγές πληροφοριών που χρησιμοποιούν,

γ) τις διαδικασίες που εφαρμόζουν για να εξασφαλίσουν την ποιότητα των ερευνητικών και συμβουλευτικών δραστηριοτήτων τους και των σχετικών συστάσεων ψήφου τους, καθώς και τα προσόντα του εμπλεκόμενου ανθρώπινου δυναμικού,

δ) εάν και με ποιον τρόπο λαμβάνουν υπόψη την εθνική αγορά, τις νομικές, κανονιστικές και εταιρικές συνθήκες, καθώς και τη μεθοδολογία που ακολουθούν,

ε) τα βασικά χαρακτηριστικά των πολιτικών ψήφου που εφαρμόζουν για κάθε αγορά,

στ) εάν διαλέγονται με τις εταιρείες που αποτελούν αντικείμενο των ερευνητικών και συμβουλευτικών δραστηριοτήτων και των συστάσεων ψήφου τους και τους ενδιαφερόμενους φορείς των εταιρειών, καθώς και το εύρος και τη φύση του διαλόγου αυτού,

ζ) την πολιτική όσον αφορά την αποτροπή και τη διαχείριση ενδεχόμενων συγκρούσεων συμφερόντων.

3. Οι πληροφορίες που αναφέρονται στην παρ. 2 δημοσιεύονται στον δικτυακό τόπο των πληρεξουσίων συμβούλων και παραμένουν διαθέσιμες χωρίς χρέωση για τρία (3) τουλάχιστον χρόνια από την ημέρα δημοσίευσης. Οι πληροφορίες δεν χρειάζεται να γνωστοποιηθούν χωριστά σε περίπτωση που είναι διαθέσιμες στο πλαίσιο της γνωστοποίησης της παρ. 1.

4. Οι πληρεξούσιοι σύμβουλοι εντοπίζουν και γνωστοποιούν στους πελάτες τους χωρίς καθυστέρηση οποιαδήποτε υφιστάμενη ή ενδεχόμενη σύγκρουση συμφερόντων ή επιχειρηματική σχέση που ενδέχεται να επηρεάζει τη διαμόρφωση των ερευνητικών, των συμβουλευτικών δραστηριοτήτων τους ή των συστάσεων ψήφου τους, καθώς και τις ενέργειες στις οποίες έχουν προβεί για την εξάλειψη, την άμβλυνση ή τη διαχείριση της υφιστάμενης ή ενδεχόμενης σύγκρουσης συμφερόντων.

5. Το παρόν εφαρμόζεται και για πληρεξουσίους συμβούλους που δεν έχουν την καταστατική ή την πραγματική τους έδρα στην Ελλάδα ή σε άλλο κράτος της Ευρωπαϊκής Ένωσης και ασκούν τις δραστηριότητές τους μέσω παραρτήματος που βρίσκεται στην Ελλάδα.

## ΑΡΘΡΟ 36

### Αρμόδια Αρχή και κυρώσεις

**(άρθρο 14 β της Οδηγίας (ΕΕ) 2017/828)**

1. Η Επιτροπή Κεφαλαιαγοράς είναι αρμόδια για την τήρηση των διατάξεων των άρθρων 25 ως 35 του παρόντος και τη συμμόρφωση με τον Εκτελεστικό Κανονισμό (ΕΕ) 2018/1212 της Επιτροπής.

a) the essential features of the methodologies and models they apply;

b) the main information sources they use;

c) the procedures put in place to ensure quality of the research, advice and voting recommendations and qualifications of the staff involved;

d) whether and, if so, how they take national market, legal, regulatory and company-specific conditions into account, as well as the methodology followed;

e) the essential features of the voting policies they apply for each market;

f) whether they have dialogues with the companies which are the object of their research, advice or voting recommendations and with the stakeholders of the company, and the extent and nature thereof;

g) the policy regarding the prevention and management of potential conflicts of interests.

3. The information referred to in paragraph 2 shall be made publicly available on the websites of proxy advisors and shall remain available free of charge for at least three (3) years from the date of publication. The information does not need to be disclosed separately where it is available as part of the disclosure under paragraph 1.

4. Proxy advisors shall identify and disclose without delay to their clients any actual or potential conflicts of interests or business relationships that may influence the preparation of their research, advice or voting recommendations and the actions they have undertaken to eliminate, mitigate or manage the actual or potential conflicts of interests.

5. This Article also applies to proxy advisors that have neither their registered office nor their head office in Greece or a different European Union Member State and carry out their activities through an establishment located in Greece.

# ARTICLE 36

*Competent Authority and penalties*

**(Article 14b of Directive (EU) 2017/828)**

1. The Hellenic Capital Market Commission shall be competent for compliance with the provisions of Articles 25 to 35 hereof and with Commission Implementing Regulation (EU) 2018/1212.

2. Σε περίπτωση μη τήρησης των υποχρεώσεων που απορρέουν από τις διατάξεις των άρθρων 25 ως 35 του παρόντος ή του Εκτελεστικού Κανονισμού (ΕΕ) 2018/1212 της Επιτροπής, η Επιτροπή Κεφαλαιαγοράς επιβάλλει επίπληξη ή πρόστιμο μέχρι πέντε (5) εκατομμύρια ευρώ.

3. Κατά την επιμέτρηση του προστίμου λαμβάνονται ενδεικτικά υπόψη η βαρύτητα της παράβασης, η επίπτωση της παράβασης στην εύρυθμη λειτουργία της αγοράς, ο κίνδυνος πρόκλησης βλάβης στα συμφέροντα των επενδυτών και των μετόχων μειοψηφίας, ο βαθμός της υπαιτιότητας, η λήψη μέτρων από τον παραβάτη για την άρση της παράβασης στο μέλλον, ο βαθμός συνεργασίας με την Επιτροπή Κεφαλαιαγοράς κατά το στάδιο διερεύνησης και ελέγχου, οι ανάγκες της ειδικής και γενικής πρόληψης, καθώς και η καθ' υποτροπή τέλεση παραβάσεων των άρθρων 25 ως 35.

4. Η Επιτροπή Κεφαλαιαγοράς ενημερώνει την Ευρωπαϊκή Επιτροπή σχετικά με σημαντικές πρακτικές δυσκολίες στην εφαρμογή των διατάξεων των άρθρων 27 ως 31 ή σχετικά με τη μη συμμόρφωση των διαμεσολαβητών εντός της Ένωσης ή τρίτης χώρας με αυτές.

2. Where the obligations under the provisions of Articles 25 to 35 hereof or of Commission Implementing Regulation (EU) 2018/1212 are not complied with, the Hellenic Capital Market Commission shall impose a reprimand or fine of no more than five (5) million euros.

3. The fine shall be calculated with regard, by way of indication, to the gravity of the infringement, its impact on the seamless operation of the market, the risk of harming the interests of investors and minority shareholders, the degree of culpability, the steps taken by the infringer to remedy the infringement in the future, the degree of cooperation with the Hellenic Capital Market Commission during the stage of investigation and audit, the need for general and specific deterrence, as well as any repeated infringement of Articles 25 to 35.

4. The Hellenic Capital Market Commission shall inform the European Commission of substantial practical difficulties in enforcement of the provisions of Articles 27 to 31 or non-compliance therewith by Union or third-country intermediaries.

## ΚΕΦΑΛΑΙΟ Β΄
## ΟΡΓΑΝΙΣΜΟΙ ΕΝΑΛΛΑΚΤΙΚΩΝ ΕΠΕΝΔΥΣΕΩΝ (Ο.Ε.Ε.) ΜΕ ΜΟΡΦΗ ΑΜΟΙΒΑΙΟΥ ΚΕΦΑΛΑΙΟΥ

## ΑΡΘΡΟ 37
*Σύσταση και μορφή*

1. Με την επιφύλαξη του άρθρου 7 του ν. 2992/2002 (Α΄ 52) και των άρθρων 1 έως 20 του ν. 2778/1999 (Α΄ 295), ο Ο.Ε.Ε., όπως ορίζεται στην περ. α΄ της παρ. 1 του άρθρου 4 του ν. 4209/2013, με κράτος μέλος καταγωγής την Ελλάδα, συστήνεται με μορφή αμοιβαίου κεφαλαίου, σύμφωνα με τις διατάξεις των άρθρων 37 ως 56 του παρόντος. Όπου στα άρθρα 37 ως 56 γίνεται αναφορά σε Ο.Ε.Ε., νοείται ο Ο.Ε.Ε. που διέπεται από τις διατάξεις των άρθρων αυτών.

2. Ο Ο.Ε.Ε. είναι ομάδα περιουσίας που αποτελεί αντικείμενο διαχείρισης προς όφελος των μεριδιούχων και μπορεί να αποτελείται από κινητές αξίες, ενσώματες ή άυλες, όπως ορίζονται στην περ. ιε΄ του άρθρου 3 του ν. 4099/2012, εταιρικά μερίδια, χρηματοπιστωτικά μέσα, όπως ορίζονται στο Τμήμα Γ΄ του Παραρτήματος Ι του ν. 4514/2018 (Α΄ 14), μετρητά, ακίνητη περιουσία, όπως ορίζεται στην παρ. 2 του άρθρου 22 του ν. 2778/1999, καθώς και άλλα συναφή περιουσιακά στοιχεία. Τα περιουσιακά στοιχεία στα οποία επενδύει ο Ο.Ε.Ε. προβλέπονται στον κανονισμό του, είναι σύμφωνα με τον επενδυτικό του σκοπό, απαλλαγμένα από κάθε είδους επιβαρύνσεις, και πληρούν τις εξής προϋποθέσεις:

α) δεν ενεχυριάζονται, παρά μόνο στο πλαίσιο άσκησης της επενδυτικής πολιτικής του ΟΕΕ,

β) υπόκεινται σε αξιόπιστη και ακριβή αποτίμηση, η οποία διενεργείται σύμφωνα με την παρ. 9 του άρθρου 1 του ν. 4308/2014 (Α΄ 251),

γ) η ρευστότητά τους επιτρέπει στον ΟΕΕ να ανταποκριθεί στις υποχρεώσεις που απορρέουν από την πολιτική εξαγορών, σύμφωνα με τον κανονισμό του.

3. Τα περιουσιακά στοιχεία του ΟΕΕ ανήκουν εξ αδιαιρέτου στους μεριδιούχους του ή στους μεριδιούχους του οικείου επενδυτικού τμήματος, πάντοτε κατά το σύνολο των μεριδίων κάθε μεριδιούχου.

4. Η περιουσία του ΟΕΕ ή κάθε επενδυτικού τμήματός του, εφόσον συντρέχει περίπτωση, διαιρείται σε ίσης αξίας ονομαστικά μερίδια ή ονομαστικά κλάσματα μεριδίων.

5. Ο ΟΕΕ δεν αποτελεί νομικό πρόσωπο και οι μεριδιούχοι του εκπροσωπούνται δικαστικώς και εξωδίκως αποκλειστικά από τον διαχειριστή του, ως προς τις έννομες σχέσεις που προκύπτουν από τη διαχείρισή του και τα δικαιώματά τους επί του ενεργητικού του.

## CHAPTER II
## ALTERNATIVE INVESTMENT FUNDS (AIFs) IN THE FORM OF MUTUAL FUNDS

# ARTICLE 37
*Establishment and form*

1. Without prejudice to Article 7 of Law 2992/2002 (Government Gazette, Series I, Issue 52) and Articles 1 to 20 of Law 2778/1999 (Government Gazette, Series I, Issue 295), AIFs, as defined in Article 4(1)(a) of Law 4209/2013, with Greece as their home Member State, shall be established in the form of a mutual fund, in accordance with the provisions of Articles 37 to 56 hereof. References to AIFs in Articles 37 to 56 shall be understood as references to AIFs governed by the provisions of these Articles.

2. An AIF is a body of assets managed in favour of unit-holders, and may comprise securities, whether in certificated or book-entry form, as defined in Article 3(o) of Law 4099/2012, company shares, financial instruments, as defined in Part C of Annex I to Law 4514/2018 (Government Gazette, Series I, Issue 14), cash, real estate property, as defined in Article 22(2) of Law 2778/1999, as well as other related assets. The assets in which an AIF invests shall be set out in its regulations, shall be consistent with its investment purpose, shall be free of encumbrances of any kind, and shall meet the following requirements:

a) they shall not be pledged, save in the context of exercise of the AIF's investment policy;

b) they shall subject to reliable and accurate valuation, carried out in accordance with Article 1(9) of Law 4308/2014 (Government Gazette, Series I, Issue 251);

c) their liquidity permits the AIF to perform its obligations under the acquisition policy, in accordance with its regulations.

3. The AIF's assets shall be owned jointly by its unit-holders or the unit-holders of the investment compartment in question, always according to the total units held by each unit-holder.

4. The property of the AIF or each of its investment compartments, where applicable, shall be divided into registered units or registered fractions of units.

5. The AIF does not constitute a legal person, and its unit-holders shall be represented in and out of court exclusively by its manager, with respect to legal relationships arising from its management and their rights on its assets.

6. Οι μεριδιούχοι δεν ευθύνονται για υποχρεώσεις του ΟΕΕ πέραν της αξίας της συμμετοχής τους σε αυτόν. Οι μεριδιούχοι δεν ευθύνονται για πράξεις ή παραλείψεις του διαχειριστή και του θεματοφύλακα κατά την άσκηση των καθηκόντων τους.

7. Ο ΟΕΕ συστήνεται για ορισμένη ή αόριστη χρονική διάρκεια.

8. Ο ΟΕΕ μπορεί να συστήνεται:

α) ως ΟΕΕ ανοικτού τύπου, εφόσον τα μερίδιά του μπορεί να εξαγοράζονται πριν από την έναρξη της ρευστοποίησης ή της εκκαθάρισής του, άμεσα ή έμμεσα, σε βάρος των περιουσιακών του στοιχείων και σύμφωνα με τις διαδικασίες και τη συχνότητα που καθορίζονται στον κανονισμό του ΟΕΕ και σύμφωνα με το άρθρο 42, έπειτα από σχετική αίτηση οποιουδήποτε από τους μεριδιούχους του,

β) ως ΟΕΕ κλειστού τύπου, σε κάθε άλλη περίπτωση.

9. Η εγκατάσταση του ΟΕΕ βρίσκεται υποχρεωτικά στην Ελλάδα.

10. Η ονομασία του ΟΕΕ περιλαμβάνει τον προσδιοριστικό όρο «Οργανισμός Εναλλακτικών Επενδύσεων» ή «ΟΕΕ» και συνοδεύεται από τη μνεία ότι αυτός διέπεται από τις διατάξεις των άρθρων 37 ως 56 του παρόντος.

## ΑΡΘΡΟ 38

### Επενδυτικοί περιορισμοί

1. Απαγορεύεται η τοποθέτηση πάνω από είκοσι τοις εκατό (20%) του ενεργητικού του ΟΕΕ σε χρηματοπιστωτικά μέσα του ίδιου εκδότη. Στην περίπτωση επενδύσεων σε ακίνητη περιουσία, απαγορεύεται η τοποθέτηση πάνω από το είκοσι τοις εκατό (20%) του ενεργητικού του ΟΕΕ σε ακίνητα.

2. Με απόφαση του Υπουργού Οικονομικών, έπειτα από εισήγηση του Διοικητικού Συμβουλίου της Επιτροπής Κεφαλαιαγοράς, το οποίο λαμβάνει υπόψη τη γνώμη της Συμβουλευτικής της Επιτροπής, μπορεί οι ΟΕΕ να διακρίνονται σε κατηγορίες με βάση τον επενδυτικό τους σκοπό και τη διάρθρωση των επενδύσεών τους, καθώς και να προβλέπονται πρόσθετοι επενδυτικοί περιορισμοί για τους ΟΕΕ, ανάλογα με τη φύση των στοιχείων στα οποία επενδύουν και τους επενδυτές στους οποίους απευθύνονται.

## ΑΡΘΡΟ 39

### Επενδυτικά τμήματα

1. ΟΕΕ μπορεί να συσταθεί με περισσότερα από ένα επενδυτικά τμήματα, κάθε ένα από τα οποία αδειοδοτείται σύμφωνα με το άρθρο 41, θεωρείται αυτοτελής ΟΕΕ και αντιστοιχεί σε ξεχωριστό τμήμα των περιουσιακών στοιχείων του ΟΕΕ.

2. Κάθε επενδυτικό τμήμα του ΟΕΕ εκδίδει μερίδια που αντιστοιχούν στα περιουσιακά

6. Unit-holders shall not be liable for the AIF's obligations beyond the value of their participation therein. Unit-holders shall not be held liable for actions or omissions of the manager and depositary in the discharge of their duties.

7. The AIF shall be established for a fixed or indefinite term.

8. The AIF may be established:

a) as an open-ended AIF, if its units may, at the relevant request of any of its unit-holders, be repurchased prior to the commencement of its liquidation phase or winding up, directly or indirectly, out of its assets and in accordance with the procedures and frequency set out in the AIF's regulations and in accordance with Article 42;

b) as a closed-ended AIF, in all other cases.

9. The AIF must be established in Greece.

10. The name of the AIF must include the identifier "Alternative Investment Fund" or "AIF" and be accompanied by a reference to the fact that it is governed by the provisions of Articles 37 to 56 hereof.

# ARTICLE 38
## *Investment restrictions*

1. Placement of over twenty percent (20%) of the AIF's assets in financial instruments of a single issuer shall be prohibited. In cases of investments in real estate property, placement of over twenty percent (20%) of the AIF's assets in real estate shall be prohibited.

2. Pursuant to a decision of the Minister of Finance, made following a recommendation by the Board of Directors of the Hellenic Capital Market Commission, AIFs may be categorised based on their investment objective and the structure of their investments, and additional investment restrictions may be laid down regarding AIFs according to the nature of the assets in which they invest and the investors to which they are addressed.

# ARTICLE 39
## *Investment compartments*

1. An AIF may be established with more than one investment compartment, each of which shall be licensed in accordance with Article 41, be considered an independent AIF, and correspond to a separate section of the AIF's assets.

στοιχεία που συγκροτούν το συγκεκριμένο τμήμα. Η αξία των μεριδίων μπορεί να διαφέρει για κάθε επενδυτικό τμήμα.

3. Αν στον ΟΕΕ λειτουργούν περισσότερα επενδυτικά τμήματα, ο κανονισμός του ΟΕΕ περιλαμβάνει σχετική αναφορά. Το πληροφοριακό υλικό του άρθρου 41 περιλαμβάνει περιγραφή της επενδυτικής πολιτικής κάθε επενδυτικού τμήματος.

4. Τα δικαιώματα των μεριδιούχων κάθε επενδυτικού τμήματος περιορίζονται στα περιουσιακά στοιχεία αυτού του επενδυτικού τμήματος.

5. Κάθε επενδυτικό τμήμα ΟΕΕ μπορεί να επενδύει σε άλλο τμήμα του ίδιου ΟΕΕ, εφόσον πληρούνται σωρευτικά οι εξής προϋποθέσεις:

α) η δυνατότητα επένδυσης του συγκεκριμένου επενδυτικού τμήματος σε άλλο επενδυτικό τμήμα του ίδιου ΟΕΕ προβλέπεται ρητά από τον κανονισμό του ΟΕΕ,

β) το επενδυτικό τμήμα στο οποίο πραγματοποιείται η επένδυση δεν επενδύει στο επενδυτικό τμήμα που την πραγματοποιεί,

γ) η επένδυση σε άλλο επενδυτικό τμήμα του ίδιου ΟΕΕ δεν υπερβαίνει το δέκα πέντε τοις εκατό (15%) και η επένδυση σε περισσότερα επενδυτικά τμήματα του ίδιου ΟΕΕ δεν υπερβαίνει αθροιστικά το τριάντα τοις εκατό (30%) της περιουσίας του τμήματος που προβαίνει στην επένδυση,

δ) κάθε επένδυση σε άλλο επενδυτικό τμήμα του ίδιου ΟΕΕ αναγράφεται αναλυτικά στην ετήσια έκθεση του τμήματος του ΟΕΕ που πραγματοποίησε την επένδυση και

ε) η επένδυση ενός επενδυτικού τμήματος του ΟΕΕ σε άλλο επενδυτικό τμήμα του ίδιου ΟΕΕ δεν ζημιώνει τα συμφέροντα των μεριδιούχων των επενδυτικών τμημάτων αυτών.

6. Κάθε επενδυτικό τμήμα του ΟΕΕ μπορεί να λύεται και να ρευστοποιείται αυτοτελώς, χωρίς η λύση και η ρευστοποίησή του ν.α συνεπάγονται τη λύση και ρευστοποίηση άλλων τμημάτων του ΟΕΕ.

7. Η Επιτροπή Κεφαλαιαγοράς μπορεί να ανακαλεί την άδεια σύστασης ενός ή περισσότερων επενδυτικών τμημάτων του ΟΕΕ, χωρίς αυτό να συνεπάγεται την ανάκληση της άδειας σύστασης των υπόλοιπων τμημάτων του.

# ΑΡΘΡΟ 40

## Διαχείριση ΟΕΕ

1. Η διαχείριση ΟΕΕ ασκείται υποχρεωτικά από Ανώνυμη Εταιρεία Διαχείρισης Οργανισμών Εναλλακτικών Επενδύσεων (ΑΕΔΟΕΕ), η οποία έχει λάβει άδεια λειτουργίας σύμφωνα με τον ν. 4209/2013, ή από Διαχειριστή Οργανισμών Εναλλακτικών Επενδύσεων (ΔΟΕΕ), που έχει λάβει άδεια λειτουργίας σύμφωνα με τη νομοθεσία του κράτους μέλους της Ευρωπαϊκής Ένωσης (ΕΕ), όπου εδρεύει, με βάση την οποία ενσωματώνονται στο δίκαιο του εν λόγω κράτους έδρας διατάξεις

2. Each investment compartment of the AIF shall issue units which correspond to the assets making up the compartment in question. The value of units may differ for each investment compartment.

3. Where the AIF consists of more than one investment compartments, the regulations of the AIF shall contain a relevant reference. The information referred to in Article 41 shall include a description of each investment compartment's investment policy.

4. The rights of unit-holders of each investment compartment shall be limited to the assets of that investment compartment.

5. Each investment compartment of an AIF may invest in another investment compartment of the same AIF, provided all the following conditions are met:

a) the possibility of investment by the investment compartment in question in another investment compartment of the same AIF is expressly provided for in the AIF's regulations;

b) the investee compartment is not investing in the investor compartment;

c) the investment in another investment compartment of the same AIF does not exceed fifteen percent (15%) and the investment in more than one investment compartment of the same AIF does not cumulatively exceed thirty percent (30%) of the assets of the investor compartment;

d) each investment in another investment compartment of the same AIF is referred to in detail in the annual report of the AIF compartments that made the investment; and

e) the investment by an investment compartment of the AIF in another investment compartment of the same AIF does not harm the interests of the unit-holders of the said investment compartments.

6. Each investment compartment of the AIF may be wound up and liquidated independently, without its winding-up and liquidation entailing the winding-up and liquidation of other compartments of the AIF.

7. The Hellenic Capital Market Commission may revoke the authorisation of one or more investment compartments of the AIF without this entailing revocation of the authorisation of its remaining compartments.

# ARTICLE 40

## *Management of the AIF*

1. Management of the AIF must be exercised by an Alternative Investment Fund Management Company (AIFMC) that has obtained authorisation in accordance with Law 4209/2013, or by an Alternative Investment Fund Manager (AIFM) that has obtained authorisation in accordance with the legislation of the European Union (EU) Member State where it has its registered offices, whereby the provisions of Chapter

του Κεφαλαίου II της Οδηγίας 2011/61/ΕΕ του Ευρωπαϊκού Κοινοβουλίου και του Συμβουλίου της 8ης Ιουνίου 2011.

2. Η διαχείριση ΟΕΕ περιλαμβάνει όσα αναφέρονται στην περ. β΄ της παρ. 2 του άρθρου 6 του ν. 4209/2013.

3. Ο διαχειριστής δεν επιτρέπεται να παραιτηθεί από τη διαχείριση ΟΕΕ παρά μόνο αν εγκριθεί από την Επιτροπή Κεφαλαιαγοράς η ανάληψη της διαχείρισης του ΟΕΕ από άλλο διαχειριστή. Ο νέος διαχειριστής υποκαθίσταται στα δικαιώματα και τις υποχρεώσεις του παραιτηθέντος διαχειριστή. Παραιτηθείς και νέος διαχειριστής ευθύνονται εις ολόκληρον για τις υποχρεώσεις του παραιτηθέντος έναντι του ΟΕΕ, μέχρι τον χρόνο ανάληψης των καθηκόντων από τον νέο διαχειριστή.

# ΑΡΘΡΟ 41

## Αδειοδότηση ΟΕΕ

1. Για τη σύσταση ΟΕΕ ή επενδυτικού τμήματος ΟΕΕ απαιτείται άδεια της Επιτροπής Κεφαλαιαγοράς.

2. Για τη χορήγηση της άδειας της παρ. 1, ο διαχειριστής του ΟΕΕ υποβάλλει στην Επιτροπή Κεφαλαιαγοράς αίτηση στην ελληνική γλώσσα, η οποία συνοδεύεται από τα εξής:

α) τον κανονισμό του ΟΕΕ υπογεγραμμένο από τον διαχειριστή και τον θεματοφύλακα,

β) τα στοιχεία των φυσικών προσώπων τα οποία είναι υπεύθυνα για τη διαχείριση του ΟΕΕ από την πλευρά του διαχειριστή,

γ) δήλωση του διαχειριστή ότι αποδέχεται τη διαχείριση του ΟΕΕ,

δ) δήλωση πιστωτικού ιδρύματος ή επιχείρησης παροχής επενδυτικών υπηρεσιών (ΕΠΕΥ) ότι το συγκεκριμένο πιστωτικό ίδρυμα ή η ΕΠΕΥ δέχεται να κατατίθενται εκεί τα στοιχεία του ενεργητικού του ΟΕΕ και να ασκεί καθήκοντα θεματοφύλακα, σύμφωνα με το άρθρο 52,

ε) δήλωση για την ανάληψη υποχρέωσης καταβολής του αρχικού ενεργητικού του ΟΕΕ, το οποίο πρέπει να είναι συνολικής αξίας ύψους ενός τουλάχιστον εκατομμυρίου (1.000.000) ευρώ.

3. Ο διαχειριστής που προβλέπεται στο άρθρο 40 συμμορφώνεται προς τις διατάξεις του παρόντος, οι οποίες διέπουν τη σύσταση και την λειτουργία των ΟΕΕ με μορφή αμοιβαίου κεφαλαίου.

4. Η Επιτροπή Κεφαλαιαγοράς δεν χορηγεί άδεια σύστασης ΟΕΕ αν:

α) το περιεχόμενο του κανονισμού ή η λειτουργία του θεματοφύλακα ή του διαχειριστή είναι αντίθετες με τον νόμο,

β) δεν πληρούνται οι προϋποθέσεις των παρ. 1 και 2 του άρθρου 40,

II of Directive 2011/61/EU of the European Parliament and of the Council of 8 June 2011 are transposed into the law of the said Member State.

2. Management of the AIF shall include everything set forth in Article 6(2)(b) of Law 4209/2013.

3. The manager may resign from management of the AIF only where the Hellenic Capital Market Commission has approved the taking up of management of the AIF by a different manager. The new manager shall take up the rights and obligations of the manager which resigned. The manager which resigned and the new one shall remain jointly and severally liable for the obligations of the manager which resigned towards the AIF until such time as the new manager undertakes its duties.

# ARTICLE 41

*Granting of authorisation for the AIF*

1. The authorisation of the Hellenic Capital Market Commission is required in order to establish an AIF or an AIF investment compartment.

2. In order to obtain the authorisation referred to in paragraph 1, the AIF's manager shall file an application in the Greek language with the Hellenic Capital Market Commission, accompanied by the following:

a) the AIF's regulations, signed by the AIF's manager and depositary;

b) the particulars of the natural persons responsible for the management of the AIF by the manager;

c) a statement from the manager confirming that it agrees to manage the AIF;

d) a statement from a credit institution or investment firm (IF) confirming that the credit institution or IF in question will accept the deposit of the AIF's assets and agrees to carry out depositary tasks, in accordance with Article 52;

e) a statement undertaking the obligation to pay the initial assets of the AIF, which must have a total value of no less than one million (1,000,000) euros.

3. The manager provided for in Article 40 shall comply with the provisions hereof governing the establishment and operation of AIF in the form of a mutual fund.

4. The Hellenic Capital Market Commission shall not grant an AIF an authorisation if:

a) the content of the regulations or the operation of the depository or the manager contravene the law;

γ) ο θεματοφύλακας του ΟΕΕ δεν πληροί τις προϋποθέσεις των άρθρων 37 ως 56 του ν. 4209/2013 ή και του Κανονισμού (ΕΕ) 231/2013 της Επιτροπής της 19ης Δεκεμβρίου 2012 (L 83),

δ) ο διαχειριστής ή ο θεματοφύλακας ή τα φυσικά πρόσωπα που πραγματικά διεξάγουν τις εργασίες του διαχειριστή ή του θεματοφύλακα δεν διαθέτουν την απαιτούμενη αξιοπιστία και επαρκή επαγγελματική εμπειρία, μεταξύ άλλων και σε σχέση με τα περιουσιακά στοιχεία και τις επενδυτικές στρατηγικές του υπό σύσταση ΟΕΕ,

ε) ο κανονισμός του ΟΕΕ δεν επιτρέπει τη διάθεση των μεριδίων του στην Ελλάδα,

στ) ο κανονισμός του ΟΕΕ δεν περιλαμβάνει τα στοιχεία που προβλέπονται στο άρθρο 42.

5. Μέσα σε έξι (6) μήνες από τη χορήγηση της άδειας σύστασης του ΟΕΕ από την Επιτροπή Κεφαλαιαγοράς, ο διαχειριστής του υποβάλλει στην Επιτροπή Κεφαλαιαγοράς βεβαίωση του θεματοφύλακα σχετικά με την κατάθεση των στοιχείων του αρχικού ενεργητικού του αμοιβαίου κεφαλαίου. Αν δεν υποβληθεί η παραπάνω βεβαίωση του θεματοφύλακα ή απ΄ αυτήν προκύπτει ότι δεν έχει καλυφθεί το σύνολο του αρχικού ενεργητικού του ΟΕΕ, η Επιτροπή Κεφαλαιαγοράς ανακαλεί την άδεια σύστασης του ΟΕΕ.

6. Απαγορεύεται η διάθεση των μεριδίων ΟΕΕ πριν από τη χορήγηση της άδειας σύστασης του ΟΕΕ από την Επιτροπή Κεφαλαιαγοράς.

# ΑΡΘΡΟ 42

## Κανονισμός ΟΕΕ

1. Ο Κανονισμός του ΟΕΕ καταρτίζεται από τον διαχειριστή του με την σύμφωνη γνώμη του θεματοφύλακα του ΟΕΕ.

2. Ο Κανονισμός του ΟΕΕ περιέχει τουλάχιστον τα εξής:

α) την ονομασία και τη διάρκεια του ΟΕΕ, καθώς και την επωνυμία του διαχειριστή και του θεματοφύλακα,

β) αναλυτική περιγραφή του είδους των περιουσιακών στοιχείων στα οποία πρόκειται να επενδύσει, τον επενδυτικό σκοπό του ΟΕΕ, ανά επενδυτικό τμήμα, όπου προβλέπεται, την επενδυτική στρατηγική του ΟΕΕ, τους επενδυτικούς περιορισμούς και τις μεθόδους διαχείρισης του χαρτοφυλακίου του, τον βαθμό των επενδυτικών κινδύνων του χαρτοφυλακίου του, περιλαμβανομένου του κινδύνου ρευστότητας και τα χαρακτηριστικά του επενδυτή στον οποίο απευθύνεται, καθώς και την κατηγορία των επενδυτών προς τους οποίους απευθύνεται σύμφωνα με όσα ορίζονται στο άρθρο 41 του ν. 4209/2013,

b) the requirements laid down in Article 40(1) and (2) are not met;

c) the depositary of the AIF does not meet the requirements of Articles 37 to 56 of Law 4209/2013 and/or Commission Delegated Regulation (EU) No 231/2013 of 19 December 2012 (OJ L 83);

d) the manager or the depositary or the natural persons who effectively perform the tasks of manager or depository do not possess the necessary credibility and sufficient professional experience, inter alia, in relation to the assets and investment strategies of the AIF being established;

e) the AIF's regulations do not permit the sale of its units in Greece;

f) the AIF's regulations do not contain the information required under Article 42.

5. Within six (6) months of the issuance of the AIF's authorisation by the Hellenic Capital Market Commission, the AIF's manager shall submit a certificate to the Hellenic Capital Market Commission from the depository confirming the deposit of the initial assets of the mutual fund. If the aforesaid certificate from the depositary is not submitted or it arises from the said certificate that the total initial assets of the AIF have not been subscribed, the Hellenic Capital Market Commission shall revoke the AIF's authorisation.

6. The sale of the AIF's units prior to the issuance of the AIF's authorisation by the Hellenic Capital Market Commission shall be prohibited.

# ARTICLE 42

## *AIF regulations*

1. The AIF's regulations shall be drafted by its manager, with the assent of the AIF's depositary.

2. The AIF's regulations shall at least contain the following:

a) the name and duration of the AIF, as well as the corporate name of the manager and of the depositary;

b) a detailed description of the type of assets in which it intends to invest, the AIF's investment objective per investment compartment, where provided for, the AIF's investment strategy, its investment restrictions and portfolio management methods, the degree of investment risks involving its portfolio, including liquidity risk, and the features of the investor to whom it is addressed, as well as the category of investors to whom it is addressed, in accordance with the provisions of Article 41 of Law 4209/2013;

γ) τα κριτήρια διαφοροποίησης του κινδύνου που αναλαμβάνει, τα όρια μόχλευσης, τα όρια θέσεων των περιουσιακών στοιχείων που περιλαμβάνονται στο χαρτοφυλάκιο του, καθώς και τα όρια του κινδύνου αντισυμβαλλομένου,

δ) το αρχικό ενεργητικό του ΟΕΕ, την τιμή των μεριδίων κατά τον χρόνο δημιουργίας τους, τις αρχές και τον τρόπο αποτίμησης του ενεργητικού του, τους κανόνες υπολογισμού της καθαρής αξίας του ενεργητικού, της καθαρής αξίας του μεριδίου, της τιμής διάθεσης εξαγοράς και εξόφλησης των μεριδίων του, καθώς και τον τρόπο γνωστοποίησης των πληροφοριών αυτών στους επενδυτές,

ε) τους όρους έκδοσης, διάθεσης, εξαγοράς και αναστολής εξαγοράς των μεριδίων, καθώς και μνεία ότι η αναστολή εξαγοράς μπορεί να αποφασιστεί από την Επιτροπή Κεφαλαιαγοράς, τη συχνότητα αποτίμησης και δημοσίευσης της καθαρής αξίας του ενεργητικού του ΟΕΕ και της καθαρής τιμής του μεριδίου, τη συχνότητα υποβολής αιτημάτων διαθέσεων και εξαγορών, καθώς και το χρονικό διάστημα που μεσολαβεί μεταξύ της υποβολής αιτήματος διάθεσης ή εξαγοράς και της καταβολής ή είσπραξης του κεφαλαίου από ή προς τον μεριδιούχο,

στ) για ΟΕΕ κλειστού τύπου, τη δυνατότητα και τη διαδικασία μεταβολής του ενεργητικού του,

ζ) τον χρόνο και τη διαδικασία διανομής των κερδών του ΟΕΕ στους μεριδιούχους του,

η) την πολιτική αποδοχών και δαπανών του διαχειριστή και τη μέθοδο υπολογισμού τους,

θ) τις αμοιβές, τα έξοδα και τις προμήθειες του διαχειριστή του ΟΕΕ και του θεματοφύλακά του, καθώς και τον τρόπο υπολογισμού των εν λόγω αμοιβών, εξόδων και προμηθειών,

ι) τον τρόπο πληροφόρησης των επενδυτών, σύμφωνα με τις ειδικότερες προβλέψεις του άρθρου 23 του ν. 4209/2013,

ια) τη διαδικασία αντικατάστασης του διαχειριστή του,

ιβ) τους λόγους και τη διαδικασία λύσης του ΟΕΕ και τη συνακόλουθη διαδικασία διανομής του ενεργητικού του,

ιγ) τη διαδικασία τροποποίησης του Κανονισμού του ΟΕΕ,

ιδ) μνεία της υποχρέωσης του διαχειριστή για σύγκληση συνέλευσης των μεριδιούχων για τη λήψη αποφάσεων, αν το καταβεβλημένο κεφάλαιο του ΟΕΕ μειωθεί κατά πενήντα τοις εκατό (50%).

3. Για ΟΕΕ ανοικτού τύπου, η καθαρή αξία του ενεργητικού αποτιμάται και δημοσιεύεται κάθε έξι (6) τουλάχιστον μήνες. Εξαγορές μεριδίων από τους μεριδιούχους διενεργούνται κάθε έξι (6) τουλάχιστον μήνες. Το χρονικό διάστημα που μεσολαβεί μεταξύ της υποβολής της αίτησης διάθεσης ή εξαγοράς και της εγγραφής των μεριδίων στο όνομα του μεριδιούχου ή της καταβολής της αξίας των

c) the diversification criteria for the risk it undertakes, the leverage limits, the position limits for the assets included in its portfolio, as well as the counterparty risk limits;

d) the initial assets of the AIF, the price of units at the time of their creation, the principles and method of valuation of its assets, the rules for the calculation of its net asset value, the net unit value, the redemption price and repurchase price of its units, as well as the method used to communicate the information in question to investors;

e) the conditions for the issue, marketing, redemption and suspension of redemption of units, as well as reference that the Hellenic Capital Market Commission may decide on suspension of redemption, the frequency of valuation and publication of the net asset value of the AIF and the net unit price, the frequency of submission of marketing and redemption requests, as well as the period between the submission of a marketing or redemption request and the payment or collection of the capital by or to the unit-holder;

f) with regard to closed-ended AIFs, the possibility and procedure for changes to its assets;

g) the time and procedure of distribution of the AIF's profits to its unit-holders;

h) the manager's remuneration and expenditure policy, and the method for the calculation thereof;

i) the remuneration, costs and commission of the AIF's manager and depositary, as well as the method of calculation of the remuneration, costs and commission in question;

j) the manner of disclosure to investors, in accordance with the specific provisions of Article 23 of Law 4209/2013;

k) the procedure for replacement of the manager;

l) the grounds and procedure for winding up the AIF and the subsequent procedure for the distribution of its assets;

m) the procedure regarding amendments to the AIF's regulations;

n) reference to the manager's obligation to call a unit-holders' meeting to make decisions if the paid-up capital of the AIF is reduced by fifty percent (50%).

3. In cases of open-ended AIF, the net asset value shall be valued and published at least every six (6) months. Unit redemption by unit-holders shall take place at least every six (6) months. The period between the submission of the sale or redemption application and the registration of units in the name of the unit-holder or the payment of the value of the redeemed units to the said unit-holder may not exceed:

εξαγορασθέντων μεριδίων σε αυτόν, δεν μπορεί να υπερβαίνει:

α) τις δεκαπέντε (15) ημέρες, εφόσον η αξία του καθαρού ενεργητικού δημοσιεύεται καθημερινά,

β) τις εξήντα (60) ημέρες σε κάθε άλλη περίπτωση.

Σε ΟΕΕ κλειστού τύπου, η αποτίμηση διενεργείται μια φορά τον χρόνο τουλάχιστον, καθώς και σε περιπτώσεις μεταβολής του ενεργητικού του ΟΕΕ.

4. Κάθε τροποποίηση του Κανονισμού του ΟΕΕ εγκρίνεται από την Επιτροπή Κεφαλαιαγοράς, έπειτα από σχετική αίτηση του διαχειριστή.

5. Οποιαδήποτε τροποποίηση του Κανονισμού του ΟΕΕ γνωστοποιείται άμεσα στους μεριδιούχους με σταθερό μέσο, όπως αυτό ορίζεται στην παρ. 62 του άρθρου 4 του ν. 4514/2018. Η τροποποίηση δεσμεύει τους μεριδιούχους, οι οποίοι ωστόσο δικαιούνται, εφόσον δεν συμφωνούν με την τροποποίηση, να εξαγοράσουν τα μερίδια που κατέχουν, μέσα σε τρεις (3) μήνες από την ανωτέρω γνωστοποίηση, με βάση τους όρους εξαγοράς που ίσχυαν πριν από την τροποποίηση, χωρίς να λαμβάνεται υπόψη στην περίπτωση αυτή η καθορισμένη ημερομηνία εξαγοράς των μεριδίων Το δικαίωμα αυτό αναγράφεται στην γνωστοποίηση της παρούσας.

# ΑΡΘΡΟ 43
## Διάθεση μεριδίων ΟΕΕ

1. Διάθεση μεριδίων ΟΕΕ στην Ελλάδα θεωρείται κάθε στάδιο της διαδικασίας απόκτησης μεριδίων ΟΕΕ, καθώς και η ανακοίνωση, η διαφήμιση, η προβολή και η εμπορική προώθηση μεριδίων, καθώς και κάθε άλλη ενέργεια, συμπεριλαμβανομένης της παροχής επενδυτικών συμβουλών, που αποσκοπεί στην απόκτηση μεριδίων ΟΕΕ.

2. Στους διαχειριστές ΟΕΕ επιτρέπεται να διαθέτουν μερίδια του ΟΕΕ που διαχειρίζονται σε επαγγελματίες επενδυτές και σε ιδιώτες επενδυτές στην Ελλάδα, με τις προϋποθέσεις του άρθρου 41 του ν. 4209/2013.

3. Για τη διάθεση μεριδίων ΟΕΕ και την απόκτησή τους από υποψήφιο μεριδιούχο απαιτούνται:

α) υποβολή αίτησης συμμετοχής του υποψήφιου μεριδιούχου προς τον διαχειριστή του ΟΕΕ, με τρόπο που καθορίζεται από το διαχειριστή, ο οποίος διασφαλίζει την ταυτοποίηση των στοιχείων του υποψήφιου μεριδιούχου,

β) χορήγηση του Κανονισμού του ΟΕΕ, του πληροφοριακού υλικού και της τελευταίας ετήσιας έκθεσης του άρθρου 53 στον υποψήφιο μεριδιούχο, πριν από την υποβολή της αίτησης συμμετοχής στον ΟΕΕ. Η υποχρέωση παροχής στον υποψήφιο επενδυτή των στοιχείων της παρούσας πρέπει να αναγράφεται στο έντυπο που χορηγείται στον ενδιαφερόμενο, προκειμένου να υποβάλει αίτηση συμμετοχής,

a) fifteen (15) days, where the net asset value is published on a daily basis;

b) sixty (60) days in all other cases.

In cases of closed-ended AIFs, valuation shall take place at least once a year and in cases of changes to the AIF's assets.

4. Any and all amendments to the AIF's regulations shall be approved by the Hellenic Capital Market Commission, upon a relevant request from the manager.

5. Any amendment to the AIF's regulations shall be communicated forthwith to the unit-holders through a durable medium, as defined in Article 4(62) of Law 4514/2018. The amendment shall be binding upon the unit-holders, who shall be entitled, where they disagree with the amendment, to redeem the units they hold within three (3) months from the date of the foregoing communication on the basis of the redemption terms in effect prior to the amendment, regardless of the unit redemption date set in this case. This right shall be indicated in the aforesaid communication.

# ARTICLE 43

## Sale of AIF units

1. Sale of AIF units in Greece shall be regarded as every stage of the procedure for the acquisition of AIF units, as well as the communication, advertisement, promotion and marketing of shares, as well as any other action, including the provision of investment advice, aiming at the purchase of AIF units.

2. AIF managers shall be permitted to sell units of the AIF they manage to professional investors and to retail investors in Greece, under the conditions laid down in Article 41 of Law 4209/2013.

3. The sale of AIF units and the acquisition of AIF units by a prospective unit-holder shall require the following:

a) submission of an acquisition application by the prospective unit-holder to the AIF manager, in a manner that is set out by the manager and ensures the authentication of the prospective unit-holder's particulars;

b) provision of the AIF's regulations, information document and the latest annual report referred to in Article 53 to the prospective unit-holder prior to submission of the AIF acquisition application. The obligation to furnish prospective investors with the information referred to above must be indicated in the form provided to interested parties in order to submit an acquisition application;

γ) καταβολή στον θεματοφύλακα του συνόλου της αξίας των μεριδίων σε μετρητά ή, εφόσον το αποδέχεται ο διαχειριστής, και σε κινητές αξίες, σύμφωνα με την περ. ιε΄ του άρθρου 3 του ν. 4099/2012, οι οποίες αποτελούν αντικείμενο διαπραγμάτευσης σε ρυθμιζόμενη αγορά, σύμφωνα με την παρ. 21 του άρθρου 4 του ν. 4514/2018.

4. Η τιμή διάθεσης των μεριδίων συμμετοχής υπολογίζεται με βάση την αξία του μεριδίου την ημέρα υποβολής της αίτησης για την απόκτηση των μεριδίων, σύμφωνα με το άρθρο 47.

5. Η αποδοχή των αιτήσεων συμμετοχής στον ΟΕΕ αποφασίζεται από τον διαχειριστή του, σύμφωνα με τους όρους του Κανονισμού του ΟΕΕ.

6. Ο διαχειριστής ή τα πρόσωπα που διαθέτουν μερίδια ΟΕΕ διασφαλίζουν, ότι οι επενδυτές που υποβάλλουν αίτηση συμμετοχής πληρούν τα κριτήρια συμμετοχής στον ΟΕΕ, σύμφωνα με τα άρθρα 37 έως 56 και τον Κανονισμό του ΟΕΕ.

7. Κατά τη διαδικασία συμμετοχής στον ΟΕΕ, ο υποψήφιος επενδυτής αποδέχεται εγγράφως ότι έχει ενημερωθεί σχετικά με το είδος επενδυτή στον οποίο απευθύνεται ο συγκεκριμένος ΟΕΕ.

8. Το διαφημιστικό υλικό του ΟΕΕ πρέπει να αναγράφει σε εμφανές σημείο το είδος επενδυτών στους οποίους απευθύνεται.

9. Τα μερίδια του ΟΕΕ μπορεί να διατίθενται άμεσα, από τον διαχειριστή του ΟΕΕ, ή έμμεσα, από πρόσωπα στα οποία ο διαχειριστής έχει αναθέσει με σύμβαση ανάθεσης σε τρίτο τη διάθεση των μεριδίων. Πρόσωπα στα οποία ο διαχειριστής μπορεί να αναθέσει τη διάθεση μεριδίων ΟΕΕ είναι μόνο Ανώνυμες Εταιρείες Παροχής Επενδυτικών Υπηρεσιών (ΑΕΠΕΥ) ή ΕΠΕΥ με υποκατάστημα στην Ελλάδα, πιστωτικά ιδρύματα, Ανώνυμες Εταιρείες Εναλλακτικής Διαχείρισης (ΑΕΕΔ) και ΑΕΔΟΕΕ ή ΔΟΕΕ, που δραστηριοποιούνται στην Ελλάδα με διαβατήριο, σύμφωνα με τα άρθρα 1-53 του ν. 4209/2013.

10. Με απόφαση της Επιτροπής Κεφαλαιαγοράς μπορεί να ρυθμίζονται ζητήματα που αφορούν την εμπορική προώθηση των μεριδίων του ΟΕΕ, τη λειτουργία του δικτύου διάθεσης, καθώς και άλλα ειδικότερα θέματα σχετικά με την εφαρμογή του παρόντος.

# ΑΡΘΡΟ 44

## Εξαγορά και αναστολή εξαγοράς μεριδίων ΟΕΕ

1. Για την εξαγορά μεριδίων ΟΕΕ ανοικτού τύπου, ο μεριδιούχος υποβάλλει σχετική αίτησή του προς τον διαχειριστή, ο οποίος διασφαλίζει την ταυτοποίηση των στοιχείων του μεριδιούχου.

2. Για ΟΕΕ ανοικτού τύπου, τα μερίδια ΟΕΕ εξαγοράζονται στην τιμή εξαγοράς των μεριδίων της επόμενης προγραμματισμένης ημερομηνίας εξαγοράς, μετά από την ημέρα υποβολής της αίτησης εξαγοράς. Η αξία των μεριδίων του ΟΕΕ καταβάλλεται

c) payment of the total value of the units in cash to the depositary or, if acceptable to the manager, in securities, in accordance with Article 3(o) of Law 4099/2012, which are traded on a regulated market, in accordance with Article 4(21) of Law 4514/2018.

4. The sale price of the units shall be calculated on the basis of the value of the unit on the date of submission of the application to acquire units, in accordance with Article 47.

5. The manager of the AIF shall decide on accepting the applications for join the AIF in accordance with the terms of the AIF's regulations.

6. The AIF manager or unit-holders shall ensure that investors who submit participation applications satisfy the AIF subscription criteria, in accordance with Articles 37 to 56 and the AIF's regulations.

7. During the AIF subscription procedure, prospective investors shall confirm in writing that they have been informed as to the type of investor to whom the specific AIF is addressed.

8. The AIF's advertising material must prominently indicate the type of investors to whom it is addressed.

9. AIF units may be sold directly by the AIF's manager or indirectly by persons to whom the manager has assigned the sale of units by means of an assignment agreement. The manager may assign the sale of AIF units solely to IFSAs or IFs with a branch in Greece, credit institutions, Alternative Management Firms and Alternative Investment Fund Management Companies (AIFMCs) or Alternative Investment Fund Managers (AIFMs) engaging in activities in Greece with a passport, in accordance with Articles 1 to 53 of Law 4209/2013.

10. Issues concerning the marketing of AIF units, the operation of the marketing network and other specific issues on the application hereof may be set out in a decision issued by the Hellenic Capital Market Commission.

# ARTICLE 44

## *Redemption and suspension of redemption of AIF units*

1. In order to redeem units in an open-ended AIF, unit-holders shall submit a relevant application to the manager, who shall ensure the authentication of their particulars.

2. In cases of open-ended AIFs, the units shall be redeemed at the redemption price on the next scheduled redemption date after the submission of the redemption application. The value of the AIF units shall be paid in cash within the period set out in the AIF's regulations.

σε μετρητά μέσα στο χρονικό διάστημα που προβλέπεται στον Κανονισμό του ΟΕΕ.

3. Σε εξαιρετικές περιπτώσεις, όταν το επιβάλλουν οι περιστάσεις ή δικαιολογείται από το συμφέρον των μεριδιούχων, ή σε περίπτωση συνδρομής περίπτωσης που προβλέπεται από τον Κανονισμό του ΟΕΕ, επιτρέπεται, ύστερα από αίτηση του διαχειριστή του ΟΕΕ και σχετική άδεια της Επιτροπής Κεφαλαιαγοράς, η αναστολή εξαγοράς μεριδίων ΟΕΕ για χρονικό διάστημα που προσδιορίζεται στη σχετική άδεια της Επιτροπής Κεφαλαιαγοράς. Με την ίδια διαδικασία μπορεί επίσης να παρατείνεται το χρονικό διάστημα ισχύος της αναστολής εξαγοράς. Η αναστολή εξαγοράς, το χρονικό σημείο λήξης της, καθώς και η λήξη ή η ανάκλησή της αναρτώνται στην ιστοσελίδα του διαχειριστή του ΟΕΕ.

4. Όταν δεν τηρούνται οι διατάξεις της κείμενης νομοθεσίας ή του Κανονισμού του ΟΕΕ, η Επιτροπή Κεφαλαιαγοράς μπορεί και αυτεπάγγελτα, με απόφαση, να επιβάλει την αναστολή εξαγοράς μεριδίων ΟΕΕ, καθώς και την παράταση του χρονικού διαστήματος ισχύος της αναστολής, εφόσον κρίνει ότι τα μέτρα αυτά είναι αναγκαία για να προστατευθεί το συμφέρον των μεριδιούχων του ΟΕΕ ή του επενδυτικού κοινού ή για να διαφυλαχθεί η εύρυθμη λειτουργία της αγοράς. Με όμοια απόφαση η Επιτροπή Κεφαλαιαγοράς μπορεί αυτεπαγγέλτως να παρατείνει το χρονικό διάστημα ισχύος της αναστολής εξαγοράς ή να ανακαλεί την αναστολή εξαγοράς που είχε επιτρέψει, σύμφωνα με την παρ. 3, ή να την επιβάλει, σύμφωνα με την παρούσα, αν κρίνει ότι πριν από την πάροδο της αναστολής έπαψαν να ισχύουν οι προϋποθέσεις επιβολής της.

5. Η αναστολή εξαγοράς, το χρονικό σημείο λήξης της, καθώς και η λήξη ή η ανάκλησή της, σύμφωνα με τις παρ. 3 και 4, γνωστοποιούνται από την Επιτροπή Κεφαλαιαγοράς και στις αρμόδιες αρχές άλλων κρατών, στην επικράτεια των οποίων διατίθενται τα μερίδια του ΟΕΕ.

# ΑΡΘΡΟ 45

## Δέσμευση απόκτησης μεριδίων ΟΕΕ

1. Στην περίπτωση ΟΕΕ κλειστού τύπου, μπορεί να προβλέπεται στον Κανονισμό του ΟΕΕ, ότι οι επενδυτές δεν αποκτούν εξαρχής τα μερίδια, ούτε καταβάλλουν εξαρχής την τιμή διάθεσης των μεριδίων, αλλά δεσμεύονται συμβατικά να αποκτούν τα μερίδια και να καταβάλλουν την τιμή διάθεσής τους σταδιακά, όποτε τους ζητείται από το διαχειριστή του ΟΕΕ, σύμφωνα με τους όρους του κανονισμού του ΟΕΕ, κατά παρέκκλιση της περ. γ΄ της παρ. 3 του άρθρου 43. Σε κάθε περίπτωση, το αρχικό ενεργητικό του ΟΕΕ δεν μπορεί να υπολείπεται του ποσού της περ. ε΄ της παρ. 2 του άρθρου 41, με την επιφύλαξη και της παρ. 5 του άρθρου 41.

2. Οι συνέπειες της αθέτησης από επενδυτή της υποχρέωσής του ν.α αποκτήσει μερίδια και να καταβάλει το αντίστοιχο τίμημα προβλέπονται στον κανονισμό του ΟΕΕ.

3. Για την εφαρμογή του παρόντος, οι επενδυτικοί περιορισμοί του άρθρου 38

3. In exceptional cases, where circumstances so require or it is justified by the interest of the unit-holders or where a case provided for in the AIF's regulations occurs, it shall be permitted, upon request by the AIF manager and with the relevant permission of the Hellenic Capital Market Commission, to suspend to redemption of AIF units for a period set forth in the relevant permission issued by the Hellenic Capital Market Commission. The duration of the redemption suspension may be extended using the same procedure. The redemption suspension, the time at which it expires, as well as its expiry or withdrawal thereof shall be posted to the AIF manager's website.

4. When the provisions of the applicable legislation or of the AIF's regulations are not being complied with, the Hellenic Capital Market Commission may ex officio issue a decision suspending the redemption of AIF units and extending the duration of the suspension where it finds that these measures are necessary in order to protect the interest of the AIF unit-holders or investors in general or in order to safeguard the seamless operation of the market. By virtue of a similar decision, the Hellenic Capital Market Commission may ex officio extend the duration of the redemption suspension or withdraw the redemption suspension it had permitted under paragraph 3 or impose such suspension hereunder, where it finds that the reasons necessitating its imposition ceased to apply before the suspension had elapsed.

5. The redemption suspension, the time at which it expires and its expiry or withdrawal, in accordance with paragraphs 3 and 4, shall be notified by the Hellenic Capital Market Commission to the competent authorities of other states in the territory of which the AIF units are being sold.

# ARTICLE 45

## *Commitment to acquire AIF units*

1. In cases of a closed-ended AIF, its regulations may stipulate that investors shall not acquire units from the outset nor pay the subscription price of units from the outset, but contractually commit themselves to acquire the units and pay the subscription price gradually whenever requested to do so by the AIF manager, in accordance with the terms of the AIF's regulations, by way of derogation to Article 43(3)(c). In any event, the initial assets of the AIF shall not be less than the amount provided for in Article 41(2)(e), without prejudice to Article 41(5).

2. The consequences of an investor's failure to comply with their obligation to acquire units and pay the corresponding consideration shall be set out in the AIF's regulations.

3. For the purposes hereof, the investment restrictions laid down in Article 38 shall be calculated on the sum of the AIF's assets plus the amount investors shall be required

υπολογίζονται επί του αθροίσματος του ενεργητικού του ΟΕΕ και του ποσού που υποχρεούνται να καταβάλλουν οι επενδυτές, εφόσον τους ζητηθεί.

## ΑΡΘΡΟ 46

*Μητρώο μεριδιούχων ΟΕΕ, βεβαιώσεις, μεταβίβαση, ενεχυρίαση*

1. Η συμμετοχή στον ΟΕΕ αποδεικνύεται με την καταχώριση των αντίστοιχων μεριδίων και των δικαιούχων τους σε ειδικό ηλεκτρονικό μητρώο μεριδιούχων που τηρεί ο διαχειριστής. Κάθε συμμετοχή του μεριδιούχου ή των συνδικαιούχων μεριδίων καταχωρίζεται αυτοτελώς στο μητρώο μεριδιούχων.

2. Το μητρώο μεριδιούχων περιέχει κατ' ελάχιστο τα εξής:

α) το ονοματεπώνυμο του μεριδιούχου ή, εφόσον πρόκειται για νομικό πρόσωπο, την επωνυμία του,

β) τη διεύθυνση του μεριδιούχου ή, εφόσον πρόκειται για νομικό πρόσωπο, την έδρα του,

γ) τον αριθμό ταυτότητας του μεριδιούχου ή κάθε άλλο στοιχείο προσδιοριστικό αυτής ή, εφόσον πρόκειται για νομικό πρόσωπο, τον αναγνωριστικό κωδικό νομικής οντότητας «LEI» («Legal Entity Identifier») ή άλλα στοιχεία από τα οποία προκύπτει πλήρης ταυτοποίηση του ν.ομικού προσώπου,

δ) τον αριθμό των μεριδίων συμμετοχής του.

3. Ο διαχειριστής ΟΕΕ εκδίδει, ύστερα από αίτηση μεριδιούχου ή συνδικαιούχου μεριδίων, βεβαίωση συμμετοχής ή εξαγοράς στον ΟΕΕ, η οποία περιλαμβάνει:

α) την ονομασία του ΟΕΕ,

β) τις επωνυμίες του διαχειριστή και του θεματοφύλακα,

γ) τον αριθμό των μεριδίων συμμετοχής ή εξαγοράς,

δ) το ονοματεπώνυμο ή επωνυμία και τη διεύθυνση κατοικίας ή έδρας του μεριδιούχου.

Έκδοση βεβαίωσης μπορεί να ζητήσει ο μεριδιούχος και ο ενεχυρούχος δανειστής για την καταχώριση ενεχυρίασης μεριδίων στο ειδικό ηλεκτρονικό μητρώο μεριδιούχων της παρ. 5.

4. Η μεταβίβαση εν ζωή μεριδίων ΟΕΕ επιτρέπεται μόνο μεταξύ συζύγων ή συμβιούντων, με σύμφωνο συμβίωσης, και συγγενών πρώτου και δεύτερου βαθμού και καταχωρίζεται στο ειδικό ηλεκτρονικό μητρώο μεριδιούχων.

5. Η σύσταση ενεχύρου επί μεριδίων ΟΕΕ προϋποθέτει σχετική καταχώριση της πράξης στο ειδικό ηλεκτρονικό μητρώο μεριδιούχων. Η ικανοποίηση του ενεχυρούχου δανειστή διενεργείται με αίτησή του προς τον διαχειριστή για εξαγορά των μεριδίων, οπότε εφαρμόζονται τα άρθρα 1244 επ του Αστικού Κώδικα. Η ενεχυρίαση ισχύει

to pay upon request.

# ARTICLE 46

*Register of AIF unit-holders, certificates, transfer, pledging*

1. Subscription to the AIF shall be proven through the registration of the corresponding units and the beneficiaries thereof in a special electronic register of unit-holders kept by the manager. Each participation of a unit-holder or co-unit-holders shall be registered separately in the unit-holder register.

2. The unit-holder register shall contain at least the following:

a) the full name of the unit-holder or, in cases of a legal person, its corporate name;

b) the address name of the unit-holder or, in cases of a legal person, its registered offices;

c) the identity number of the unit-holder, or any other identifier or, in cases of a legal person, the Legal Entity Identifier ('LEI'), or other information allowing for the full identification of the legal person;

d) the number of units acquired.

3. At the request of a unit-holder or co-unit-holder, the AIF manger shall issue an AIF subscription or redemption certificate, which shall include:

a) the AIF's name;

b) the names of the manager and of the depositary;

c) the number of units acquired or redeemed;

d) the full name or corporate name, and the residential address or registered offices of the unit-holder.

The unit-holder and the pledgee may request that a certificate that the pledge on units has been registered in the special electronic unit-holder register referred to in paragraph 5 be issued.

4. The transfer of AIF units *inter vivos* shall be permitted solely between spouses or civil partners and relatives to the first and second degree, and shall be entered in the special electronic unit-holder register.

5. Pledges on AIF units require relevant registration of the deed [of pledge] in the special electronic unit-holder register. The pledgee may obtain satisfaction by submitting a unit redemption request to the manager, in which case Articles 1244 et seq. of the Greek Civil Code shall apply. The pledge shall take effect vis-à-vis the manager as of its notification thereto.

έναντι του διαχειριστή από τη στιγμή της γνωστοποίησής της σε αυτόν.

6. Οι διατάξεις του ν. 5638/1932 (Α΄ 307) εφαρμόζονται αναλόγως και για τα μερίδια ΟΕΕ.

## ΑΡΘΡΟ 47

*Αποτίμηση*

Η αποτίμηση των στοιχείων του ενεργητικού του ΟΕΕ γίνεται σύμφωνα με την παρ. 9 του άρθρου 1 του ν. 4308/2014 και το άρθρο 19 του ν. 4209/2013.

## ΑΡΘΡΟ 48

*Λύση ΟΕΕ*

1. Ο ΟΕΕ λύεται:

α) αν ανακληθεί η άδεια σύστασης του ΟΕΕ από την Επιτροπή Κεφαλαιαγοράς,

β) μετά το πέρας της διάρκειάς του, εφόσον ο Κανονισμός του προβλέπει καθορισμένη διάρκεια, εκτός αν αυτός τροποποιηθεί, ώστε να παραταθεί η διάρκεια του ΟΕΕ ή να καταστεί αόριστης διάρκειας,

γ) αν επέλθει καθορισμένο στον Κανονισμό γεγονός, το οποίο επιφέρει τη λύση του,

δ) με την εξαγορά του συνόλου των μεριδίων του,

ε) ύστερα από απόφαση της συνέλευσης των μεριδιούχων ΟΕΕ, εφόσον αυτό προβλέπεται στον Κανονισμό,

στ) με τη λύση, την παραίτηση, την πτώχευση, τη θέση σε αναγκαστική διαχείριση ή την ανάκληση της άδειας λειτουργίας του διαχειριστή του ή του θεματοφύλακα, αν δεν καταστεί δυνατή η αντικατάστασή τους μέσα σε προθεσμία δύο (2) μηνών.

2. Τη λύση ΟΕΕ ακολουθεί η διανομή του καθαρού ενεργητικού του με τη διαδικασία που προβλέπεται στον Κανονισμό του.

3. Η λύση ΟΕΕ και ο λόγος αυτής γνωστοποιούνται άμεσα στους μεριδιούχους από τον διαχειριστή.

6. The provisions of Law 5638/1932 (Government Gazette, Series I, Issue 307) shall apply mutatis mutandis to AIF units.


# ARTICLE 47

*Valuation*

AIF assets shall be valued in accordance with Article 1(9) of Law 4308/2014 and Article 19 of Law 4209/2013.


# ARTICLE 48

*Winding up of AIFs*

1. The AIF shall be wound up:

a) if the AIF authorisation is withdrawn by the Hellenic Capital Market Commission;

b) upon the expiry of its term, where its regulations provide for a fixed term, save where the regulations are amended, allowing for an extension to the term of the AIF or rendering the term indefinite;

c) if an event provided for in the regulations as giving rise to winding up occurs;

d) in case of redemption of all its units;

e) following a decision of the AIF unit-holders' meeting, where provided for in the regulations;

f) upon the winding up, resignation, bankruptcy, receivership or withdrawal of the authorisation of its manager or depositary, if they cannot be replaced within a 2-month deadline.

2. The winding up of the AIF shall be followed by the distribution of its net assets according to the procedure laid down in its regulations.

3. The winding up of the AIF and the reasons for it shall be communicated forthwith by the manager to the unit-holders.

# ΑΡΘΡΟ 49

## Ανάκληση άδειας σύστασης ΟΕΕ

1. Η Επιτροπή Κεφαλαιαγοράς ανακαλεί την άδεια σύστασης ΟΕΕ αν:

α) διαπιστωθεί ότι δεν έχει καλυφθεί το σύνολο του αρχικού ενεργητικού του ΟΕΕ, σύμφωνα με την παρ. 5 του άρθρου 41,

β) διαπιστωθεί ότι η άδεια σύστασης χορηγήθηκε με βάση ψευδή ή παραπλανητικά στοιχεία ή ότι χρησιμοποιήθηκαν τέτοια στοιχεία, προκειμένου να αποτραπεί ανάκληση της άδειας σύστασης,

γ) δεν πληρούνται πλέον οι προϋποθέσεις βάσει των οποίων χορηγήθηκε η άδεια σύστασης,

δ) ο διαχειριστής του δεν πληροί τις υποχρεώσεις που απορρέουν από τα άρθρα 37 έως 56, του ν. 4209/2013 ή τη νομοθεσία του κράτους - μέλους της ΕΕ, όπου εδρεύει ο διαχειριστής, με την οποία ενσωματώθηκε στο δίκαιο του κράτους αυτού η Οδηγία 2011/61/ΕΕ, ή του Κανονισμού (ΕΕ) 231/2013, κατά περίπτωση.

2. Πριν ανακληθεί η άδεια σύστασης του ΟΕΕ, η Επιτροπή Κεφαλαιαγοράς γνωστοποιεί στον διαχειριστή του τις διαπιστωθείσες ελλείψεις ή παραβάσεις, τάσσοντας ταυτόχρονα προθεσμία που δεν μπορεί να είναι μικρότερη από δέκα (10) ημέρες από τη γνωστοποίηση, μέσα στην οποία ο διαχειριστής καλείται να διατυπώσει τις απόψεις του και να λάβει, όταν συντρέχει περίπτωση, τα κατάλληλα μέτρα για την παύση των παραβάσεων ή την άρση των συνεπειών τους. Μετά από την πάροδο της προθεσμίας και αφού λάβει υπόψη της τις απόψεις του διαχειριστή, η Επιτροπή Κεφαλαιαγοράς αποφασίζει οριστικά και κοινοποιεί την απόφασή της στον διαχειριστή.

3. Με την κοινοποίηση της απόφασης ανάκλησης στο διαχειριστή του ΟΕΕ, εφαρμόζεται η παρ. 2 του άρθρου 48.

4. Η Επιτροπή Κεφαλαιαγοράς γνωστοποιεί την απόφαση ανάκλησης της άδειας σύστασης του ΟΕΕ και στις αρμόδιες αρχές των κρατών στα οποία διατίθενται τα μερίδια του ΟΕΕ.

# ΑΡΘΡΟ 50

## Διαχείριση κινδύνου και ρευστότητας

1. Ο διαχειριστής του ΟΕΕ λαμβάνει τα κατάλληλα μέτρα για την αναγνώριση, τη μέτρηση, τη διαχείριση και την παρακολούθηση όλων των κινδύνων που είναι σχετικοί με την επενδυτική στρατηγική του ΟΕΕ, σύμφωνα με τα προβλεπόμενα στο άρθρο 15 του ν. 4209/2013 και στον Κανονισμό (ΕΕ) 231/2013. Ο διαχειριστής ορίζει ανώτατο επίπεδο μόχλευσης για κάθε ΟΕΕ που διαχειρίζεται, το οποίο δεν μπορεί να υπερβαίνει το εκατόν πενήντα τοις εκατό (150%) της καθαρής αξίας του ενεργητικού

# ARTICLE 49

## *Withdrawal of AIF authorisation*

1. The Hellenic Capital Market Commission shall withdraw the authorisation of an AIF if:

a) it is found that the total initial assets of the AIF have not been subscribed, in accordance with Article 41(5);

b) it is found that the authorisation was issued on the basis of false or misleading statements or that such information was used to prevent the withdrawal of the authorisation;

c) the conditions under which the authorisation was granted are no longer met;

d) its manager does not meet the obligations deriving from Articles 37 to 56 of Law 4209/2013 or the legislation of the EU Member State where the manager has its registered offices, whereby Directive 2011/61/EU or Regulation (EU) No 231/2013, as applicable, was transposed into the law of the said Member State.

2. Before withdrawing an AIF's authorisation, the Hellenic Capital Market Commission shall notify its manager of the shortcomings or infringements ascertained and set a deadline of no fewer than ten (10) days from the date of notification within which the manager must express its views and, where applicable, take the steps necessary to terminate the infringements or remedy their consequences. After the deadline has elapsed and having taken the manager's views into consideration, the Hellenic Capital Market Commission shall issue a final decision and communicate it to the manager.

3. Upon communication of the withdrawal decision to the AIF's manager, Article 48(2) shall apply.

4. The Hellenic Capital Market Commission shall notify the decision to withdraw the AIF's authorisation to the competent authorities of the states where the AIF's units are being sold.

# ARTICLE 50

## *Risk and liquidity management*

1. The AIF's manager shall take appropriate steps to recognise, measure, manage and monitor all risks relating to the AIF's investment strategy, in accordance with the provisions of Article 15 of Law 4209/2013 and Regulation (EU) No 231/2013. The manager shall set a maximum level of leverage for each AIF it manages; this level may not exceed one hundred and fifty percent (150%) of the net asset value of the AIF.

του ΟΕΕ.

2. Ο διαχειριστής του ΟΕΕ εφαρμόζει κατάλληλο σύστημα διαχείρισης ρευστότητας και διασφαλίζει τη συνέπεια μεταξύ της επενδυτικής στρατηγικής, των χαρακτηριστικών ρευστότητας και της πολιτικής εξαγορών, σύμφωνα με το άρθρο 16 του ν. 4209/2013 και τον Κανονισμό (ΕΕ) 231/2013.

## ΑΡΘΡΟ 51
### Σύγκρουση συμφερόντων μεταξύ διαχειριστή και ΟΕΕ

Ο διαχειριστής του ΟΕΕ λαμβάνει κατάλληλα μέτρα, σύμφωνα με τα οριζόμενα στο άρθρο 14 του ν. 4209/2013 και τον Κανονισμό (ΕΕ) 231/2013, για τον εντοπισμό και την αποφυγή σύγκρουσης συμφερόντων μεταξύ του ιδίου, συμπεριλαμβανομένων των υπαλλήλων του ή οποιουδήποτε προσώπου συνδέεται άμεσα ή έμμεσα με αυτόν με σχέση ελέγχου, και του ΟΕΕ, τον οποίο διαχειρίζεται αυτός, ή των επενδυτών του ΟΕΕ.

## ΑΡΘΡΟ 52
### Θεματοφύλακας

1. Η φύλαξη των στοιχείων ενεργητικού ΟΕΕ πρέπει να ανατίθεται σε θεματοφύλακα, σύμφωνα με τα οριζόμενα στις παρ. 1 και 2 του άρθρου 21 του ν. 4209/2013 και τις οικείες διατάξεις του Κανονισμού (ΕΕ) 231/2013. Ο θεματοφύλακας έχει υποχρεωτικά έδρα ή υποκατάστημα στην Ελλάδα.

2. Ο θεματοφύλακας είναι:

α) πιστωτικό ίδρυμα που εδρεύει στην Ελλάδα και έχει λάβει άδεια λειτουργίας σύμφωνα με τον ν. 4261/2014 (Α΄ 107) ή εδρεύει σε άλλο κράτος - μέλος και έχει λάβει άδεια λειτουργίας σύμφωνα με την νομοθεσία του κράτους-μέλους της ΕΕ, όπου εδρεύει, με βάση την οποία ενσωματώνονται στο δίκαιο του εν λόγω κράτους έδρας οι διατάξεις της Οδηγίας 2013/36/ΕΕ του Ευρωπαϊκού Κοινοβουλίου και του Συμβουλίου της 26ης Ιουνίου 2013 (L 176), ταυτόχρονα δε ασκεί δραστηριότητες στην Ελλάδα μέσω υποκαταστήματος,

β) ΑΕΠΕΥ που εδρεύει στην Ελλάδα και έχει λάβει άδεια λειτουργίας, σύμφωνα με τον ν. 4514/2018 (Α΄ 14) ή ΕΠΕΥ που εδρεύει σε άλλο κράτος - μέλος και έχει λάβει άδεια λειτουργίας, σύμφωνα με την νομοθεσία του κράτους-μέλους της ΕΕ, όπου εδρεύει, με βάση την οποία ενσωματώνονται στο δίκαιο του εν λόγω κράτους καταγωγής οι διατάξεις της Οδηγίας 2014/65/ΕΕ του Ευρωπαϊκού Κοινοβουλίου και του Συμβουλίου της 15ης Μαΐου 2014 (L 173), ταυτόχρονα δε:

βα) ασκεί δραστηριότητες στην Ελλάδα μέσω υποκαταστήματος,

2. The AIF's manager shall employ an appropriate liquidity management system and ensure consistency between the investment strategy, the liquidity characteristics and the redemption policy, in accordance with Article 16 of Law 4209/2013 and Regulation (EU) No 231/2013.

# ARTICLE 51

## *Conflicts of interest between the manager and the AIF*

The AIF's manager shall take appropriate steps, in accordance with the provisions of Article 14 of Law 4209/2013 and Regulation (EU) No 231/2013, to identify and prevent conflicts of interest between itself, including its employees or any person directly or indirectly linked to it by a relationship of control, and the AIF managed by the manager or the investors in that AIF.

# ARTICLE 52

## *Depositary*

1. The safekeeping of the assets of an AIF must be assigned to a depositary, in accordance with the provisions of Article 21(1) and (2) of Law 4209/2013 and the relevant provisions of Regulation (EU) No 231/2013. The depositary must have its registered office or a branch in Greece.

2. The depositary shall be:

a) a credit institution that has its registered offices in Greece and has obtained authorisation in accordance with Law 4261/2014 (Government Gazette, Series I, Issue 107) or in a different Member State and has obtained an authorisation in accordance with the legislation of the Member State wherein it has its registered offices, whereby the provisions of Directive 2013/36/EU of the European Parliament and of the Council of 26 June 2013 (OJ L 176) are transposed into the law of the said Member State, and concurrently engages in activities in Greece through a branch;

b) An IFSA that has registered offices in Greece and has obtained authorisation in accordance with Law 4514/2018 (Government Gazette, Series I, Issue 14) or an Investment Firm with registered offices in a different Member State which has obtained authorisation in accordance with the legislation of the EU Member State wherein it has its registered offices, whereby the provisions of Directive 2014/65/EU of the European Parliament and of the Council of 15 May 2014 (OJ L 173) are transposed into the law of the said Member State; and which at the same time :

ba) engages in activities in Greece via a branch;

ββ) έχει λάβει άδεια να ασκεί καθήκοντα θεματοφύλακα, η οποία υπόκειται σε απαιτήσεις κεφαλαιακής επάρκειας που δεν υπολείπονται των απαιτήσεων που υπολογίζονται ανάλογα με την επιλεγείσα προσέγγιση, σύμφωνα με τα άρθρα 315 ή 317 του Κανονισμού (ΕΕ) 575/2013 και

γ) διαθέτει ίδια κεφάλαια όχι κατώτερα από το ύψος του αρχικού κεφαλαίου, σύμφωνα με την παρ. 2 του άρθρου 29 του ν. 4261/2014.

3. Οι διατάξεις περί θεματοφυλακής των παρ. 4 και 7 έως 18 του άρθρου 21 του ν. 4209/2013 και οι διατάξεις του Κανονισμού (ΕΕ) 231/2013 εφαρμόζονται και για τους ΟΕΕ.

4. Ο θεματοφύλακας αντικαθίσταται εφόσον:

α) γνωστοποιήσει στον διαχειριστή του ΟΕΕ την πρόθεσή του ν.α παραιτηθεί τρεις (3) τουλάχιστον μήνες πριν από την υποβολή της παραίτησης,

β) η Επιτροπή Κεφαλαιαγοράς κάνει δεκτό αίτημα του διαχειριστή για αντικατάσταση του θεματοφύλακα, και

γ) η αντικατάσταση απαιτηθεί από την Επιτροπή Κεφαλαιαγοράς, επειδή ο θεματοφύλακας δεν εκπληρώνει τις νόμιμες υποχρεώσεις του.

5. Σε κάθε περίπτωση, ο νέος θεματοφύλακας ορίζεται από τον διαχειριστή, εγκρίνεται από την Επιτροπή Κεφαλαιαγοράς, εφόσον πληροί τις οικείες προϋποθέσεις, και παραλαμβάνει τα στοιχεία του ενεργητικού του ΟΕΕ από τον απελθόντα, βάσει σχετικού πρωτοκόλλου. Μέχρι την παράδοση αυτή, τα αντίστοιχα καθήκοντα εξακολουθεί υποχρεωτικά να ασκεί ο απελθών θεματοφύλακας. Για την αντικατάσταση του απελθόντος και την ανάληψη καθηκόντων από το νέο θεματοφύλακα ο διαχειριστής ενημερώνει τους μεριδιούχους του ΟΕΕ αμελλητί.

# ΑΡΘΡΟ 53

## Απαιτήσεις διαφάνειας

1. Ο διαχειριστής του ΟΕΕ καταρτίζει πληροφοριακό υλικό του ΟΕΕ και ετήσια έκθεση του ΟΕΕ για κάθε οικονομικό έτος.

2. Η ετήσια έκθεση του ΟΕΕ της παρ. 1 καταρτίζεται, ελέγχεται, και δημοσιοποιείται, σύμφωνα με τα προβλεπόμενα στις διατάξεις του ν. 4308/2014 και στα άρθρα 22 και 29 του ν. 4209/2013, εφόσον συντρέχει περίπτωση και παρέχεται στους επενδυτές, ύστερα από αίτησή τους σύμφωνα με τα προβλεπόμενα στο άρθρο 22 του ν. 4209/2013. Η ετήσια έκθεση υποβάλλεται στην Επιτροπή Κεφαλαιαγοράς.

3. Το πληροφοριακό υλικό του ΟΕΕ περιέχει τα στοιχεία που αναφέρονται στο άρθρο 23 του ν. 4209/2013.

bb) has obtained authorisation to perform depositary tasks subject to capital adequacy requirements that do not fall short of the requirements calculated according to the approach chosen, in accordance with Article 315 or 317 of Regulation (EU) No 575/2013; and

c) holds own funds exceeding the amount of the initial capital, in accordance with Article 29(2) of Law 4261/2014.

3. The custody provisions of Article 21(4) and (7) to (18) of Law 4209/2013 and the provisions of Regulation (EU) No 231/2013 shall also apply to AIFs.

4. The depositary shall be replaced if:

a) it notifies the AIF manager of its intention to resign at least three (3) months before tendering its resignation;

b) the Hellenic Capital Market Commission accepts a request from the manager to replace the depositary; and

c) the replacement is demanded by the Hellenic Capital Market Commission due to failure on the part of the depositary to perform its obligations laid down by law.

5. In all cases, the new depositary shall be appointed by the manager, approved by the Hellenic Capital Market Commission, provided it meets the relevant requirements, and shall receive the AIF's assets from the departing depositary on the basis of a relevant report. Until such handover, the departing depositary must continue to perform the corresponding duties. The manager shall notify the AIF unit-holders forthwith of the replacement of the departing depositary and the undertaking of tasks by the new depositary.

# ARTICLE 53

## *Transparency requirements*

1. The AIF manager shall prepare an information memorandum concerning the AIF and an annual report of the AIF for each financial year.

2. The annual AIF report referred to in paragraph 1 shall be drafted, checked and made public in accordance with the provisions of Law 4308/2014 and Articles 22 and 29 of Law 4209/2013, where applicable, and made available to investors, upon request, in accordance with the provisions of the Article 22 of Law 4209/2013. The annual report shall be submitted to the Hellenic Capital Market Commission.

3. The AIF information memorandum shall contain the information set out in Article 23 of Law 4209/2013.

# ΑΡΘΡΟ 54

*Αρμόδια αρχή*

1. Η Επιτροπή Κεφαλαιαγοράς είναι η αρμόδια αρχή για την εποπτεία της εφαρμογής των διατάξεων των άρθρων 37 ως 56.

2. Στην Επιτροπή Κεφαλαιαγοράς παρέχονται όλες οι εξουσίες εποπτείας και ελέγχου που είναι απαραίτητες για την άσκηση των καθηκόντων της. Οι εν λόγω εξουσίες ασκούνται με τους εξής τρόπους:

α) άμεσα,

β) σε συνεργασία με άλλες αρχές,

γ) κατόπιν αιτήσεως στις αρμόδιες δικαστικές αρχές.

3. Η Επιτροπή Κεφαλαιαγοράς μπορεί να:

α) έχει πρόσβαση σε οποιοδήποτε σχετικό έγγραφο με οποιαδήποτε μορφή και μπορεί να λαμβάνει αντίγραφό του,

β) ζητά και να λαμβάνει πληροφορίες από οποιοδήποτε πρόσωπο σε σχέση με τις δραστηριότητες του ΟΕΕ ή του διαχειριστή του και, αν κρίνεται απαραίτητο, να καλεί και να προβαίνει στη λήψη καταθέσεων για τη συγκέντρωση πληροφοριών,

γ) διενεργεί επιτόπιους ελέγχους με ή χωρίς προηγούμενη ειδοποίηση,

δ) ζητά τις σχετικές υπάρχουσες καταγεγραμμένες τηλεφωνικές συνδιαλέξεις ή αρχεία ανταλλαγής δεδομένων,

ε) απαιτεί τη διακοπή κάθε πρακτικής που είναι αντίθετη με τις διατάξεις που θεσπίζονται για την εφαρμογή των άρθρων 37 έως 56,

στ) ζητά τη δέσμευση ή την κατάσχεση περιουσιακών στοιχείων,

ζ) επιβάλει την προσωρινή απαγόρευση άσκησης κάθε σχετικής επαγγελματικής δραστηριότητας,

η) απαιτεί την παροχή πληροφοριών από τους διαχειριστές ΟΕΕ, τους θεματοφύλακες ή τους νόμιμους ελεγκτές,

θ) λαμβάνει κάθε μέτρο που μπορεί να εξασφαλίσει ότι ο ΟΕΕ, ο διαχειριστής του ή ο θεματοφύλακάς του συνεχίζουν να συμμορφώνονται με τις απαιτήσεις των άρθρων 37 έως 56 που εφαρμόζονται σ´ αυτούς,

ι) απαιτεί την αναστολή της έκδοσης, της εξαγοράς ή της εξόφλησης των μεριδίων προς το συμφέρον των μεριδιούχων ή του κοινού,

ια) ανακαλεί την άδεια σύστασης του ΟΕΕ των άρθρων 37 έως 56,

# ARTICLE 54

## *Competent authority*

1. The Hellenic Capital Market Commission shall be the authority competent to oversee the implementation of the provisions of Articles 37 to 56.

2. The Hellenic Capital Market Commission shall be given all supervisory and control powers that are necessary for the exercise of its functions. Such powers shall be exercised in the following ways:

a) directly;

b) in collaboration with other authorities;

c) by application to the competent judicial authorities.

3. The Hellenic Capital Market Commission may:

a) have access to any relevant document in any format and to receive a copy of it;

b) request and receive information from any person related to the activities of the AIF or its manager and if necessary summon persons and take testimony from them with a view to obtaining information;

c) carry out on-site inspections with or without giving prior notice;

d) request the relevant existing recordings of telephone conversations or data traffic records;

e) require the cessation of any practice that is contrary to the provisions adopted in the implementation of Articles 37 to 56;

f) request the freezing or the sequestration of assets;

g) impose a temporary prohibition on the exercise of any relevant professional activity;

h) require AIF managers, depositaries or statutory auditors to provide information;

i) adopt any type of measure to ensure that the AIF, its manager or its depositary continue to comply with the requirements in Articles 37 to 56 applicable to them;

j) require the suspension of the issue, repurchase or redemption of units in the interest of the unit-holders or of the public;

k) withdraw the AIF authorisation under Articles 37 to 56;

ιβ) ζητά την άσκηση ποινικής δίωξης,

ιγ) επιτρέπει σε νόμιμους ελεγκτές ή εμπειρογνώμονες να διενεργούν ελέγχους.

## ΑΡΘΡΟ 55
### Διοικητικές κυρώσεις

Η Επιτροπή Κεφαλαιαγοράς μπορεί να επιβάλλει σε οποιοδήποτε φυσικό ή νομικό πρόσωπο παραβιάζει τις διατάξεις των άρθρων 37 έως 54, επίπληξη ή πρόστιμο ύψους από χίλια (1.000) μέχρι τρία εκατομμύρια (3.000.000) ευρώ ή ίσο με το διπλάσιο του οφέλους που απεκόμισε ο παραβάτης. Κατά την επιμέτρηση των κυρώσεων λαμβάνονται υπόψη ιδίως η επίπτωση της παράβασης στην εύρυθμη λειτουργία της αγοράς, ο κίνδυνος πρόκλησης βλάβης στα συμφέροντα των επενδυτών, το ύψος της προκληθείσας ζημίας σε επενδυτές και της αποκατάστασής της, η λήψη μέτρων συμμόρφωσης για το μέλλον, ο βαθμός συνεργασίας με την Επιτροπή Κεφαλαιαγοράς κατά το στάδιο διερεύνησης και ελέγχου, οι ανάγκες της ειδικής και γενικής πρόληψης και η καθ' υποτροπή τέλεση παραβάσεων των άρθρων 37 ως 56 ή της λοιπής νομοθεσίας για την κεφαλαιαγορά.

## ΑΡΘΡΟ 56
### Φορολογικές διατάξεις

Στους ΟΕΕ των άρθρων 37 ως 56 εφαρμόζονται οι παρ. 21 έως 23 του άρθρου 7 του ν. 2992/2002. Στους ΟΕΕ της ΕΕ, όπως ορίζονται στην περ. ΙΑ΄ της παρ. 1 του άρθρου 4 του ν. 4209/2013 εφαρμόζεται το πρώτο εδάφιο της παρ. 21 και οι παρ. 22 και 23 του άρθρου 7 του ν. 2992/2002.

Η διαχείριση των ΟΕΕ της ΕΕ και μόνο δεν συνιστά άσκηση πραγματικής διοίκησης στην Ελλάδα, σύμφωνα με την παρ. 4 του άρθρου 4 του ν. 4172/2013 (Α΄ 167). Δεν εφαρμόζονται οι παρ. 3 και 4 του άρθρου 4 του ν. 4172/2013 αποκλειστικά και μόνο για τις δραστηριότητές τους ως ΟΕΕ.

l) refer matters for criminal prosecution;

m) permit statutory auditors or experts to conduct audits.

# ARTICLE 55

*Administrative penalties*

The Hellenic Capital Market Commission may impose, upon any natural or legal person infringing the provisions of Articles 37 to 54, a reprimand or fine between one thousand (1,000) and three million (3,000,000) euros or equal to double the benefit received by the infringer. The fine shall be calculated with particular regard to the impact of the infringement on the seamless operation of the market, the risk of harming the interests of investors, the amount of losses incurred by investors and compensation thereof, the measures taken for future compliance, the degree of cooperation with the Hellenic Capital Market Commission during the stage of investigation and audit, the need for general and specific deterrence and any repeated infringement of Articles 37 to 56 or of other capital market legislation.

# ARTICLE 56

*Tax provisions*

Article 7(21) to (23) of Law 2992/2002 shall apply to AIFs of Articles 37 to 56. Article 7(21)(1) and (22) and (23) of Law 2992/2002 shall apply to EU AIFs, as defined in Article 4(1)(k) of Law 4209/2013.

The management of EU AIFs shall not, taken on its own, constitute effective management thereof in Greece, in accordance with Article 4(4) of Law 4172/2013 (Government Gazette, Series I, Issue 167). Article 4(3) and (4) of Law 4172/2013 shall not apply solely and exclusively regarding their activities as AIFs.

## ΚΕΦΑΛΑΙΟ Γ΄

**ΑΠΑΙΤΗΣΕΙΣ ΔΗΜΟΣΙΕΥΣΗΣ ΚΑΤΑ ΤΗ ΔΗΜΟΣΙΑ ΠΡΟΣΦΟΡΑ ΚΙΝΗΤΩΝ ΑΞΙΩΝ Ή ΚΑΤΑ ΤΗΝ ΕΙΣΑΓΩΓΗ ΚΙΝΗΤΩΝ ΑΞΙΩΝ ΠΡΟΣ ΔΙΑΠΡΑΓΜΑΤΕΥΣΗ ΣΕ ΡΥΘΜΙΖΟΜΕΝΗ ΑΓΟΡΑ ΚΑΙ ΜΕΤΡΑ ΕΦΑΡΜΟΓΗΣ ΤΟΥ ΚΑΝΟΝΙΣΜΟΥ (ΕΕ) 2017/1129**

## ΑΡΘΡΟ 57

### Σκοπός

Σκοπός των άρθρων 57 έως 68 είναι η αναμόρφωση της νομοθεσίας σχετικά με τις απαιτήσεις δημοσίευσης κατά τη δημόσια προσφορά κινητών αξιών ή κατά την εισαγωγή κινητών αξιών προς διαπραγμάτευση σε ρυθμιζόμενη αγορά, καθώς και η θέσπιση μέτρων εφαρμογής του Κανονισμού (ΕΕ) 2017/1129, σχετικά με το ενημερωτικό δελτίο που δημοσιεύεται κατά τη δημόσια προσφορά κινητών αξιών ή κατά την εισαγωγή κινητών αξιών προς διαπραγμάτευση σε ρυθμιζόμενη αγορά.

## ΑΡΘΡΟ 58

### Πεδίο εφαρμογής

1. Για δημόσια προσφορά κινητών αξιών, με συνολική ανταλλακτική αξία στην Ένωση μικρότερη των πέντε εκατομμυρίων (5.000.000) ευρώ, όριο που υπολογίζεται σε περίοδο δώδεκα (12) μηνών, δεν απαιτείται η δημοσίευση ενημερωτικού δελτίου, σύμφωνα με τις ειδικότερες προβλέψεις του Κανονισμού (ΕΕ) 2017/1129.

2. Για δημόσια προσφορά κινητών αξιών, με συνολική ανταλλακτική αξία μεγαλύτερη των πεντακοσίων χιλιάδων (500.000) ευρώ και έως πέντε εκατομμύρια (5.000.000) ευρώ, όριο που υπολογίζεται σε περίοδο δώδεκα (12) μηνών, απαιτείται η δημοσίευση πληροφοριακού δελτίου.

3. Με απόφαση του Υπουργού Οικονομικών, έπειτα από εισήγηση της Επιτροπής Κεφαλαιαγοράς, μπορεί να μεταβάλλονται τα χρηματικά όρια των παρ. 1 και 2.

## ΑΡΘΡΟ 59

### Πληροφοριακό δελτίο

1. Με απόφαση της Επιτροπής Κεφαλαιαγοράς καθορίζεται το περιεχόμενο του πληροφορικού δελτίου της παρ. 2 του άρθρου 58, η διαδικασία έγκρισης και δημοσίευσής του, περιορισμοί σχετικά με την περαιτέρω διάθεση ή και την εισαγωγή των σχετικών κινητών αξιών σε ρυθμιζόμενη αγορά, καθώς και κάθε ειδικότερο θέμα για την εφαρμογή του παρόντος.

# CHAPTER III

## REQUIREMENTS FOR PUBLICATION WHEN SECURITIES ARE OFFERED TO THE PUBLIC OR ADMITTED TO TRADING ON A REGULATED MARKET, AND MEASURES FOR THE IMPLEMENTATION OF REGULATION (EU) No 2017/1129

# ARTICLE 57

*Purpose*

The purpose of Articles 57 to 68 is to overhaul legislation on the requirements for publication when securities are offered to the public or admitted to trading on a regulated market, as well as to enact measures for the implementation of Regulation (EU) No 2017/1129 on the prospectus to be published when securities are offered to the public or admitted to trading on a regulated market.

# ARTICLE 58

*Scope*

1. Publication of a prospectus shall not be required for the offer of securities to the public with a total consideration in the Union of less than five million (5,000,000) euros, said monetary threshold calculated over a period of twelve (12) months, in accordance with the specific provisions of Regulation (EU) No 2017/1129.

2. Publication of a prospectus shall be required for the offer of securities to the public with a total consideration of no less than five hundred thousand (500,000) euros and no more than five million (5,000,000) euros, said monetary threshold calculated over a period of twelve (12) months.

3. The monetary thresholds referred to paragraphs 1 and 2 may be amended by decision of the Minister of Finance, following a recommendation from the Hellenic Capital Market Commission.

# ARTICLE 59

*Prospectus*

1. The content of the prospectus referred to in Article 58(2), the process for its approval and publication, restrictions on the further marketing or admittance of the relevant securities to trading on a regulated market, as well as all specific issues concerning the application hereof shall be set out in a decision of the Hellenic Capital Market Commission.

2. Το πληροφοριακό δελτίο της παρ. 2 του άρθρου 58 εγκρίνεται από την Επιτροπή Κεφαλαιαγοράς, εκτός από τις περιπτώσεις που οι κινητές αξίες εισάγονται προς διαπραγμάτευση σε ρυθμιζόμενη αγορά ή εντάσσονται σε πολυμερή μηχανισμό διαπραγμάτευσης, που λειτουργούν στην Ελλάδα, περιπτώσεις στις οποίες το πληροφοριακό δελτίο εγκρίνεται από τον διαχειριστή της ρυθμιζόμενης αγοράς ή του πολυμερούς μηχανισμού διαπραγμάτευσης, κατά περίπτωση.

3. Κατ' εξαίρεση, μπορεί να διενεργείται δημόσια προσφορά χωρίς να απαιτείται η κατάρτιση και δημοσιοποίηση του προβλεπόμενου πληροφοριακού δελτίου, σύμφωνα με την παρ. 2 του άρθρου 58, εφόσον συντρέχουν σωρευτικά οι ακόλουθες προϋποθέσεις:

α) Η προσφορά διενεργείται αποκλειστικά μέσω ηλεκτρονικού συστήματος, το οποίο διαχειρίζεται ΑΕΠΕΥ, η οποία έχει λάβει άδεια να παρέχει τουλάχιστον την επενδυτική υπηρεσία του αριθμού 1 του Τμήματος Α΄ του Παραρτήματος Ι και την παρεπόμενη υπηρεσία του αριθμού 1 του Τμήματος Β΄ του Παραρτήματος Ι του ν. 4514/2018 (Α΄ 14), ΑΕΔΟΕΕ, που έχει λάβει άδεια να παρέχει τις παρεπόμενες υπηρεσίες της περ. β΄ της παρ. 4 του άρθρου 6 του ν. 4209/2013 (Α΄ 253), ή πιστωτικό ίδρυμα, στο πλαίσιο της επενδυτικής υπηρεσίας που αφορά τη λήψη και διαβίβαση εντολών. Ως ηλεκτρονικό σύστημα νοείται η ηλεκτρονική πλατφόρμα που παρουσιάζει μέσω διαδικτύου τις επενδυτικές προτάσεις των εκδοτών και δέχεται με τον ίδιο τρόπο εντολές επενδυτών για απόκτηση κινητών αξιών.

β) Προσφέρονται κινητές αξίες με συνολική αξία μικρότερη από ένα εκατομμύριο (1.000.000) ευρώ, όριο το οποίο υπολογίζεται ανά εκδότη σε περίοδο δώδεκα (12) μηνών.

γ) Η συμμετοχή του ιδιώτη πελάτη, όπως ορίζεται στην παρ. 11 του άρθρου 4 του ν. 4514/2018, δεν μπορεί να υπερβαίνει το ποσό των δέκα χιλιάδων (10.000) ευρώ και, σε κάθε περίπτωση, το δέκα τοις εκατό (10%) του μέσου όρου των δηλωθέντων με την φορολογική δήλωση εισοδημάτων της προηγούμενης τριετίας ανά εκδότη και των πενήντα χιλιάδων (50.000) ευρώ κατ' έτος, ανά ΑΕΠΕΥ ή ΑΕΔΟΕΕ της περ. α΄ της παρούσας ή πιστωτικό ίδρυμα. Με απόφαση του Υπουργού Οικονομικών, μετά από εισήγηση της Επιτροπής Κεφαλαιαγοράς, μπορεί να μεταβάλλονται τα χρηματικά όρια της παρούσας.

# ΑΡΘΡΟ 60

*Ευθύνη για το ενημερωτικό δελτίο*

**(άρθρο 11 του Κανονισμού (ΕΕ) 2017/1129)**

1. Την ευθύνη για τις πληροφορίες που περιέχονται στο ενημερωτικό δελτίο και σε κάθε συμπλήρωμά του φέρουν:

(α) ο εκδότης, ο προσφέρων ή το πρόσωπο που ζητά την εισαγωγή των κινητών αξιών για διαπραγμάτευση σε ρυθμιζόμενη αγορά ή ο εγγυητής, ή και οι δύο, ανάλογα με την περίπτωση,

2. The prospectus referred to in Article 58(2) shall be approved by the Hellenic Capital Market Commission, save in cases where the securities are admitted to trading on a regulated market or are listed on a multilateral trading facility operating in Greece, in which cases the prospectus shall be approved by the regulated market or multilateral trading facility operator, as applicable.

3. By way of exception, a public offer may take place without the drafting and publication of the prospectus required under Article 58(2), if all the following conditions are met:

a) The offer is carried out exclusively via an electronic system managed by an IFSA that has obtained authorisation to provide at least the investment service referred to in point 1 of Section A of Annex I and the ancillary service referred to point 1 of Section B of Annex I of Law 4514/2018 (Government Gazette, Series I, Issue 14), an AIFMC that has obtained authorisation to provide the ancillary services referred to in Article 6(4)(b) of Law 4209/2013 (Government Gazette, Series I, Issue 253), or a credit institution, in the context of an investment service involving the reception and transmission of orders. An electronic system is defined as an electronic platform presenting the investment proposals of issuers online and accepting investors' orders to purchase securities in the same manner.

b) Securities with a total value of no more than one million (1,000,000) euros are being offered, said monetary amount calculated per issuer over a period of twelve (12) months.

c) The participation of a retail client, as defined in Article 4(11) of Law 4514/2018, may not exceed the amount of the ten thousand (10,000) euros and, in all cases, ten percent (10%) of the average income declared in tax returns for the previous three years per issuer and fifty thousand (50,000) euros per year per IFSA or AIFMC referred to in subparagraph a of this paragraph, or credit institution. The monetary thresholds referred to in this paragraph may be amended by decision of the Minister of Finance, following a recommendation from the Hellenic Capital Market Commission.

# ARTICLE 60

*Responsibility attaching to the prospectus*

**(Article 11 of Regulation (EU) No 2017/1129)**

1. Responsibility for the information given in a prospectus and any supplement thereto shall attach to:

(a) the issuer, the offeror or the person asking for admission of securities to trading on a regulated market or the guarantor, or both, as the case may be;

*(β) τα μέλη των διοικητικών συμβουλίων των παραπάνω προσώπων, καθώς και*

*(γ) το πιστωτικό ίδρυμα ή η ΕΠΕΥ που αναφέρεται στο ενημερωτικό δελτίο ότι παρέχει την επενδυτική υπηρεσία της αναδοχής χρηματοπιστωτικών μέσων ή της τοποθέτησης χρηματοπιστωτικών μέσων με δέσμευση ανάληψης ή της τοποθέτησης χρηματοπιστωτικών μέσων χωρίς δέσμευση ανάληψης σύμφωνα με τους αριθμούς 6 και 7, αντιστοίχως, του Τμήματος Α΄ του Παραρτήματος I του ν. 4514/2018, καθώς και το πρόσωπο που αναφέρεται στο ενημερωτικό δελτίο με την ιδιότητα του συμβούλου, συμβούλου έκδοσης, συντονιστή έκδοσης ή άλλη παρεμφερή ιδιότητα.*

*2. Άλλα πρόσωπα, πλην αυτών της παρ. 1, φέρουν ευθύνη για τις πληροφορίες που περιέχονται σε επιμέρους διακριτά τμήματα του ενημερωτικού δελτίου, εφόσον προσδιορίζεται ρητά σε αυτό για ποια επιμέρους τμήματά του ευθύνονται τα πρόσωπα αυτά.*

*3. Το ενημερωτικό δελτίο που εκδίδεται για την εισαγωγή κινητών αξιών για διαπραγμάτευση σε ρυθμιζόμενη αγορά για πρώτη φορά ή για τη δημόσια προφορά κινητών αξιών χωρίς εισαγωγή σε ρυθμιζόμενη αγορά, υπογράφεται υποχρεωτικά από πιστωτικό ίδρυμα ή ΕΠΕΥ που διαθέτει άδεια για την παροχή της επενδυτικής υπηρεσίας της αναδοχής χρηματοπιστωτικών μέσων ή της τοποθέτησης χρηματοπιστωτικών μέσων με δέσμευση ανάληψης ή χωρίς δέσμευση ανάληψης, σύμφωνα με τους αριθμούς 6 ή 7, αντιστοίχως, του Τμήματος Α του Παραρτήματος I του ν. 4514/2018.*

*4. Τα πρόσωπα που φέρουν την ευθύνη για το ενημερωτικό δελτίο ή για επιμέρους τμήματά του, προσδιορίζονται σαφώς σε αυτό με το όνομα και την ιδιότητά τους ή, στην περίπτωση των νομικών προσώπων, με την επωνυμία και την καταστατική τους έδρα. Στο ενημερωτικό δελτίο περιλαμβάνονται δηλώσεις των εν λόγω προσώπων, με τις οποίες βεβαιώνεται ότι οι πληροφορίες που περιέχονται στο ενημερωτικό δελτίο είναι αληθείς και ότι δεν υπάρχουν παραλείψεις που αλλοιώνουν το περιεχόμενό του.*

*5. Η ευθύνη για τις πληροφορίες που παρέχονται στο έγγραφο αναφοράς ή στο γενικό έγγραφο αναφοράς ανήκει στα πρόσωπα που αναφέρονται στην παρ. 1, μόνο στις περιπτώσεις που το έγγραφο αναφοράς ή το γενικό έγγραφο αναφοράς χρησιμοποιείται ως συστατικό μέρος εγκεκριμένου ενημερωτικού δελτίου.*

# ΑΡΘΡΟ 61
## *Αστική ευθύνη από το ενημερωτικό δελτίο*

### (άρθρο 11 του Κανονισμού (ΕΕ) 2017/1129)

*1. Τα πρόσωπα που φέρουν ευθύνη για το ενημερωτικό δελτίο, σύμφωνα με το άρθρο 60, ευθύνονται για κάθε θετική ζημία που προκλήθηκε από υπαιτιότητά τους και που σχετίζεται με την ακρίβεια και την πληρότητα του ενημερωτικού δελτίου, έναντι όσων απέκτησαν κινητές αξίες μέσα στους πρώτους δώδεκα (12) μήνες από τη δημοσίευσή του.*

(b) the directors of the foregoing; and

(c) the credit institution or the investment firm indicated in the prospectus as the provider of the investment service of underwriting of financial instruments or placing of financial instruments on a firm-commitment basis, or placing of financial instruments without a firm-commitment basis, in accordance with points 6 and 7, respectively, of Section A of Annex I to Law 4514/2018, as well as the person indicated in the prospectus in the capacity of advisor, issue advisor, issue arranger or other similar capacity.

2. Responsibility for the information given in separate, discrete sections of the prospects shall attach to persons other than those referred to in paragraph 1, where it is expressly indicated in the prospectus for which separate sections thereof responsibility attaches to the said persons.

3. The prospectus issued for securities admitted to trading on a regulated market for the first time or offered to the public without being admitted to trading on a regulated market must be signed by a credit institution or investment firm with authorisation to provide the investment service of underwriting of financial instruments or placing of financial instruments on a firm-commitment basis or without a firm-commitment basis, in accordance with points 6 and 7, respectively, of Section A of Annex I to Law 4514/2018.

4. The persons responsible for the prospectus or separate sections thereof shall be clearly identified in the prospectus by their names and functions or, in the case of legal persons, their corporate names and registered offices, as well as declarations by them that the information contained in the prospectus is true and that the prospectus makes no omission likely to affect its import.

5. The responsibility for the information given in a registration document or in a universal registration document shall attach to the persons referred to in paragraph 1 only in cases where the registration document or the universal registration document is in use as a constituent part of an approved prospectus.

# ARTICLE 61

*Civil liability arising from the prospectus*

**(Article 11 of Regulation (EU) No 2017/1129)**

1. The persons bearing responsibility for the prospectus under Article 60 shall be held liable for any actual losses caused due to their fault and relating to the accuracy and completeness of the prospectus vis-à-vis persons who purchased securities within the first twelve (12) months of its publication.

2. Ο ζημιωθείς φέρει το βάρος απόδειξης της ζημίας που υπέστη και της αιτιώδους συνάφειας μεταξύ της υπαιτιότητας των προσώπων που φέρουν ευθύνη για το ενημερωτικό δελτίο, σύμφωνα με το άρθρο 60, και της ζημίας.

3. Τα πρόσωπα που φέρουν ευθύνη για το ενημερωτικό δελτίο, σύμφωνα με το άρθρο 60, φέρουν το βάρος απόδειξης της έλλειψης υπαιτιότητας.

4. Αξιώσεις για αποζημίωση κατά των προσώπων που φέρουν ευθύνη για το ενημερωτικό δελτίο, σύμφωνα με το άρθρο 60, παραγράφονται έπειτα από την πάροδο τριών (3) ετών από τη δημοσίευση του ενημερωτικού δελτίου.

5. Οι διατάξεις του παρόντος δεν περιορίζουν ούτε επηρεάζουν την ευθύνη των προσώπων του άρθρου 60 έναντι των επενδυτών για κάθε πταίσμα που σχετίζεται με την ακρίβεια και πληρότητα του ενημερωτικού δελτίου με βάση τις γενικές διατάξεις.

6. Κάθε ρήτρα ή συμφωνία για τον περιορισμό της ευθύνης ή την απαλλαγή των προσώπων του άρθρου 60 είναι άκυρη έναντι των επενδυτών.

7. Αστική ευθύνη δεν μπορεί να αποδοθεί σε οποιοδήποτε πρόσωπο αποκλειστικά και μόνο βάσει του περιληπτικού σημειώματος, όπως προβλέπεται στο άρθρο 7 του Κανονισμού (ΕΕ) 2017/1129, ή βάσει του ειδικού περιληπτικού σημειώματος ενημερωτικού δελτίου ανάπτυξης ΕΕ, όπως προβλέπεται στο δεύτερο εδάφιο της παρ. 1 του άρθρου 15 του Κανονισμού (ΕΕ) 2017/1129, συμπεριλαμβανομένης και της μετάφρασής του, εκτός εάν κάποιο από τα σημειώματα της παρούσης, σε συνδυασμό με τα άλλα μέρη του ενημερωτικού δελτίου:

α) είναι παραπλανητικό, ανακριβές ή ασυνεπές ή

β) δεν παρέχει βασικές πληροφορίες που διευκολύνουν τους επενδυτές, οι οποίοι εξετάζουν εάν θα επενδύσουν στις κινητές αξίες.

# ΑΡΘΡΟ 62
## Χρησιμοποιούμενη γλώσσα σύνταξης του ενημερωτικού δελτίου

### (άρθρο 27 του Κανονισμού (ΕΕ) 2017/1129)

1. Με απόφαση της Επιτροπής Κεφαλαιαγοράς ορίζονται οι αποδεκτές γλώσσες σύνταξης του ενημερωτικού δελτίου κατά περίπτωση, όταν η Ελλάδα είναι κράτος - μέλος καταγωγής ή κράτος - μέλος υποδοχής.

2. Σε κάθε περίπτωση, το περιληπτικό σημείωμα του άρθρου 7 του Κανονισμού (ΕΕ) 2017/1129 διατίθεται τουλάχιστον στην ελληνική γλώσσα.

2. The injured party shall bear the burden of proving the loss incurred and the causal link between the fault of the persons responsible for the prospectus under Article 60 and the loss.

3. The persons bearing responsibility for the prospectus under Article 60 shall bear the burden of proving the absence of fault.

4. Claims for compensation brought against the persons bearing responsibility for the prospectus under Article 60 shall be subject to a limitation period of three (3) years have elapsed from publication of the prospectus.

5. The provisions hereof shall neither limit nor affect the liability of the persons referred to in Article 60 vis-à-vis investors for any fault relating to the accuracy and completeness of the prospectus on the basis of the general provisions.

6. Any clause or agreement limiting liability or releasing the persons referred to in Article 60 from liability shall be null vis-à-vis the investors.

7. Civil liability may not be attached to any person solely on the basis of the summary, as provided for in Article 7 of Regulation (EU) No 2017/1129 or on the basis of the specific summary of an EU growth prospectus, as provided for in the second subparagraph of Article 15(1) of Regulation (EU) No 2017/1129, including any translation thereof, unless any of the prospectuses referred to herein, together with the other parts of the prospectus:

a) is misleading, inaccurate or inconsistent; or

b) does not provide key information in order to aid investors when considering whether to invest in such securities.

# ARTICLE 62

*Use of language when drawing up the prospectus*

**(Article 27 of Regulation (EU) No 2017/1129)**

1. The languages acceptable for drawing up the prospectus, as applicable, when Greece is the home Member State or host Member State shall be set forth in a decision of the Hellenic Capital Market Commission.

2. In all cases, the summary referred to in Article 7 of Regulation (EU) No 2017/1129 shall be made available at least in Greek.

# ΑΡΘΡΟ 63

*Διαφημίσεις*

**(άρθρο 22 του Κανονισμού (ΕΕ) 2017/1129)**

*Η διενέργεια διαφημίσεων, γνωστοποιήσεων, δηλώσεων ή ανακοινώσεων από φυσικά ή νομικά πρόσωπα, με οποιονδήποτε τρόπο και με σκοπό την προσέλκυση επενδύσεων σε κινητές αξίες, σύμφωνα με τον ορισμό της περ. Α΄ του άρθρου 2 του Κανονισμού 2017/1129, επιτρέπεται υπό τις ακόλουθες προϋποθέσεις:*

*α) στις περιπτώσεις που οι δημόσιες προσφορές για κινητές αξίες υπάγονται στο πεδίο εφαρμογής του Κανονισμού (ΕΕ) 2017/1129, εφόσον έχει χορηγηθεί έγκριση ενημερωτικού δελτίου από την Επιτροπή Κεφαλαιαγοράς, όπου απαιτείται,*

*β) σε κάθε άλλη περίπτωση, με την επιφύλαξη της παρ. 3 του άρθρου 59, εφόσον έχει καταρτισθεί και δημοσιοποιηθεί πληροφοριακό δελτίο, σύμφωνα με τις διατάξεις των άρθρων 57 ως 68.*

# ΑΡΘΡΟ 64

*Αρμόδια Αρχή*

**(παρ. 9 του άρθρου 20 και άρθρο 31 του Κανονισμού (ΕΕ) 2017/1129)**

*1. Αρμόδια αρχή για την εποπτεία και τον έλεγχο της εκπλήρωσης των υποχρεώσεων που προβλέπονται στα άρθρα 57 έως και 68 και για την διασφάλιση της εφαρμογής των διατάξεων του Κανονισμού 2017/1129 ορίζεται η Επιτροπή Κεφαλαιαγοράς.*

*2. Με απόφαση της Επιτροπής Κεφαλαιαγοράς μπορεί να καθορίζονται η διαδικασία και τα δικαιολογητικά που απαιτούνται για την έγκριση του ενημερωτικού δελτίου, ζητήματα που αφορούν τις υποχρεώσεις και την συμπεριφορά των διαμεσολαβητών, καθώς και των προσώπων της περ. Α΄ της παρ. 1 του άρθρου 60, ιδίως κατά την προπαρασκευή, διενέργεια, διεκπεραίωση, προβολή και διαφήμιση των διαδικασιών δημόσιας προσφοράς ή εισαγωγής για διαπραγμάτευση κινητών αξιών, καθώς και κάθε άλλο ειδικότερο θέμα σχετικό με τα ζητήματα αυτά.*

# ΑΡΘΡΟ 65

*Αρμοδιότητες εποπτείας και διερεύνησης*

**(άρθρο 32 του Κανονισμού (ΕΕ) 2017/1129)**

*1. Για την εποπτεία της τήρησης των διατάξεων των άρθρων 57 έως 63 και του Κανονισμού (ΕΕ) 2017/1129, η Επιτροπή Κεφαλαιαγοράς διαθέτει αρμοδιότητες ως εξής:*

*α) απαιτεί από τους εκδότες, προσφέροντες ή πρόσωπα που ζητούν την εισαγωγή*

# ARTICLE 63

*Advertisements*

### (Article 22 of Regulation (EU) No 2017/1129)

Advertisements, notices, statements or communications from natural or legal persons in any manner for the purpose of attracting investments in securities, according to the definition laid down in Article 2(a) of Regulation (EU) No 2017/1129, shall be permitted under the following conditions:

a) in cases where offers for securities to the public fall within the scope of Regulation (EU) No 2017/1129, provided the Hellenic Capital Market Commission has approved the prospectus, where applicable;

b) in all other cases, without prejudice to the provisions of Article 59(3), provided a prospectus has been drawn up and made public, in accordance with the provisions of Articles 57 to 68.

# ARTICLE 64

*Competent Authority*

### (Article 20(9) and Article 31 of Regulation (EU) No 2017/1129)

1. The Hellenic Capital Market Commission is designated as the authority competent for oversight and control of performance of the obligations laid down in Articles 57 to 68 and for ensuring implementation of the provisions of Regulation (EU) No 2017/1129.

2. The procedure and documentation required for approval of the prospectus, issues relating to the obligations and conduct of intermediaries, as well as the persons referred to in Article 60(1)(A), particularly during the preparation, processing, promotion and advertisement of public offering procedures or admittance of securities to trading, as well as any other more specific matter relating to these issues, may be set out in a decision of the Hellenic Capital Market Commission.

# ARTICLE 65

*Supervisory and investigatory powers*

### (Article 32 of Regulation (EU) No 2017/1129)

1. In order to supervise compliance with the provisions of Articles 57 to 63 and of Regulation (EU) No 2017/1129, the Hellenic Capital Market Commission shall have the following powers:

a) to require issuers, offerors or persons asking for admission to trading on a regulated

προς διαπραγμάτευση σε ρυθμιζόμενη αγορά, να συμπεριλαμβάνουν στο ενημερωτικό δελτίο συμπληρωματικές πληροφορίες, εφόσον αυτό απαιτείται για την προστασία των επενδυτών,

β) απαιτεί από τους εκδότες, προσφέροντες ή πρόσωπα που ζητούν την εισαγωγή προς διαπραγμάτευση σε ρυθμιζόμενη αγορά, καθώς και από τα πρόσωπα που τους ελέγχουν ή ελέγχονται από αυτούς, να διαβιβάζουν πληροφορίες και έγγραφα,

γ) απαιτεί από τους εξωτερικούς ελεγκτές και τα διευθυντικά στελέχη του εκδότη, του προσφέροντος ή του προσώπου που ζητά την εισαγωγή προς διαπραγμάτευση σε ρυθμιζόμενη αγορά, καθώς και από τους χρηματοπιστωτικούς διαμεσολαβητές, στους οποίους έχει ανατεθεί η διενέργεια της δημόσιας προσφοράς κινητών αξιών ή η επιδίωξη της εισαγωγής προς διαπραγμάτευση σε ρυθμιζόμενη αγορά, την παροχή πληροφοριών,

δ) αναστέλλει δημόσια προσφορά κινητών αξιών ή εισαγωγή προς διαπραγμάτευση σε ρυθμιζόμενη αγορά για δέκα (10) εργάσιμες ημέρες εφάπαξ, εφόσον υπάρχουν βάσιμες υποψίες παραβίασης του παρόντος νόμου ή του Κανονισμού (ΕΕ) 2017/1129,

ε) απαγορεύει ή αναστέλλει κατευθείαν τις διαφημίσεις ή απαιτεί από τους εκδότες, τους προσφέροντες ή τα πρόσωπα που ζητούν την εισαγωγή προς διαπραγμάτευση σε ρυθμιζόμενη αγορά ή τους οικείους χρηματοπιστωτικούς διαμεσολαβητές να διακόψουν ή να αναστείλουν τις διαφημίσεις για δέκα (10) εργάσιμες ημέρες εφάπαξ, εφόσον υπάρχουν βάσιμοι λόγοι παραβίασης του παρόντος νόμου ή του Κανονισμού (ΕΕ) 2017/1129,

στ) απαγορεύει δημόσια προσφορά κινητών αξιών ή εισαγωγή προς διαπραγμάτευση σε ρυθμιζόμενη αγορά, όταν διαπιστώνει παράβαση ή έχει βάσιμες υποψίες παράβασης του παρόντος νόμου ή του Κανονισμού (ΕΕ) 2017/1129,

ζ) αναστέλλει κατευθείαν ή ζητά από τις σχετικές ρυθμιζόμενες αγορές, τους Πολυμερείς Μηχανισμούς Διαπραγμάτευσης (ΠΜΔ) ή τους Μηχανισμούς Οργανωμένης Διαπραγμάτευσης (ΜΟΔ) να αναστείλουν τη διαπραγμάτευση σε ρυθμιζόμενη αγορά ή σε ΠΜΔ ή ΜΟΔ για δέκα (10) εργάσιμες ημέρες εφάπαξ, εφόσον υπάρχουν βάσιμοι λόγοι παραβίασης του παρόντος νόμου ή του Κανονισμού (ΕΕ) 2017/1129,

η) απαγορεύει τη διαπραγμάτευση σε ρυθμιζόμενη αγορά, σε ΠΜΔ ή ΜΟΔ, εφόσον διαπιστώνει παραβίαση του παρόντος νόμου ή του Κανονισμού (ΕΕ) 2017/1129,

θ) γνωστοποιεί ότι συγκεκριμένος εκδότης, προσφέρων ή πρόσωπο, που ζητά την εισαγωγή προς διαπραγμάτευση σε ρυθμιζόμενη αγορά, αδυνατεί να συμμορφωθεί προς τις υποχρεώσεις του,

ι) αναστέλλει τον έλεγχο ενημερωτικού δελτίου που υποβάλλεται για έγκριση ή αναστέλλει ή περιορίζει τη δημόσια προσφορά κινητών αξιών ή την εισαγωγή προς διαπραγμάτευση σε ρυθμιζόμενη αγορά, εφόσον η αρμόδια αρχή επιβάλλει απαγόρευση ή περιορισμό, σύμφωνα με το άρθρο 42 του Κανονισμού (ΕΕ) 600/2014 του Ευρωπαϊκού Κοινοβουλίου και του Συμβουλίου, μέχρις ότου αρθεί η εν λόγω απαγόρευση ή ο εν λόγω περιορισμός,

market to include in the prospectus supplementary information, where necessary for investor protection;

b) to require issuers, offerors or persons asking for admission to trading on a regulated market, and the persons that control them or are controlled by them, to provide information and documents;

c) to require external auditors and managers of the issuer, offeror or person asking for admission to trading on a regulated market, as well as financial intermediaries commissioned to carry out the offer of securities to the public or ask for admission to trading on a regulated market, to provide information;

d) to suspend an offer of securities to the public or admission to trading on a regulated market for ten (10) working days on any single occasion where there are reasonable grounds for suspecting that this law or Regulation (EU) No 2017/1129 has been infringed;

e) to prohibit or directly suspend advertisements or require issuers, offerors or persons asking for admission to trading on a regulated market, or relevant financial intermediaries to cease or suspend advertisements for ten (10) working days on any single occasion where there are reasonable grounds for believing that this law or Regulation (EU) No 2017/1129 has been infringed;

f) to prohibit an offer of securities to the public or admission to trading on a regulated market where it ascertains or reasonably suspects that this law or Regulation (EU) No 2017/1129 has been infringed;

g) to directly suspend or require the relevant regulated markets, Multilateral Trading Facilities (MTFs) or Organised Trading Facilities (OTFs) to suspend trading on a regulated market, an MTF or an OTF for ten (10) working days on any single occasion where there are reasonable grounds for believing that this law or Regulation (EU) No 2017/1129 has been infringed;

h) to prohibit trading on a regulated market, an MTF or an OTF where its finds that that this law or Regulation (EU) 2017/1129 has been infringed;

i) to make public the fact that an issuer, an offeror or a person asking for admission to trading on a regulated market is failing to comply with its obligations;

j) to suspend scrutiny of a prospectus submitted for approval or suspend or restrict an offer of securities to the public or admission to trading on a regulated market where the competent authority imposes a prohibition or restriction pursuant to Article 42 of Regulation (EU) No 600/2014 of the European Parliament and of the Council, until such prohibition or restriction has ceased;

ια) αρνείται να εγκρίνει ενημερωτικά δελτία που έχουν καταρτισθεί από συγκεκριμένο εκδότη, προσφέροντα ή πρόσωπο που ζητά την εισαγωγή προς διαπραγμάτευση σε ρυθμιζόμενη αγορά, για διάστημα έως πέντε (5) έτη, εάν ο εκδότης, ο προσφέρων ή το πρόσωπο της παρούσης είναι υπότροπος σοβαρών παραβάσεων σχετικών με τις διατάξεις των άρθρων 57 ως 68 του παρόντος νόμου ή του Κανονισμού (ΕΕ) 2017/1129,

ιβ) γνωστοποιεί κατευθείαν ή απαιτεί από τον εκδότη να γνωστοποιήσει κάθε ουσιώδη πληροφορία που ενδέχεται να επηρεάζει την εκτίμηση των κινητών αξιών που αποτελούν αντικείμενο δημόσιας προσφοράς ή εισαγωγής προς διαπραγμάτευση σε ρυθμιζόμενη αγορά, προκειμένου να διασφαλίζει την προστασία των επενδυτών ή την ομαλή λειτουργία της αγοράς,

ιγ) αναστέλλει κατευθείαν ή ζητά από τις σχετικές ρυθμιζόμενες αγορές, τους ΠΜΔ ή τους ΜΟΔ, όπως αυτοί ορίζονται στις περ. κα΄ και κβ΄ του άρθρου 2 του Κανονισμού (ΕΕ) 2017/1129, να αναστέλλουν τη διαπραγμάτευση των κινητών αξιών, εφόσον εκτιμάται ότι η κατάσταση του εκδότη είναι τέτοια, ώστε να υφίσταται ενδεχόμενο η διαπραγμάτευση να αποβεί επιζήμια για τα συμφέροντα των επενδυτών,

ιδ) διενεργεί επιτόπιες επιθεωρήσεις ή έρευνες σε εγκαταστάσεις, με σκοπό να αποκτά πρόσβαση σε έγγραφα και λοιπά δεδομένα, οποιασδήποτε μορφής, εφόσον υφίστανται εύλογες υπόνοιες ότι τα έγγραφα και τα δεδομένα αυτά είναι σχετικά με το αντικείμενο της επιθεώρησης ή της έρευνας και μπορούν να χρησιμοποιηθούν για να αποδειχθεί παράβαση των άρθρων 57 ως 68 του παρόντος νόμου ή του Κανονισμού (ΕΕ) 2017/1129.

2. Η Επιτροπή Κεφαλαιαγοράς ασκεί τις αρμοδιότητες που αναφέρονται στην παρ. 1:

α) άμεσα ή

β) σε συνεργασία με άλλες αρχές ή

γ) υπό την ευθύνη άλλων αρχών, έπειτα από ανάθεση των σχετικών καθηκόντων σε αυτές ή

δ) έπειτα από υποβολή αίτησης στις αρμόδιες δικαστικές αρχές.

# ΑΡΘΡΟ 66
## Διοικητικές κυρώσεις και μέτρα
### (άρθρα 38, 39 και 40 του Κανονισμού (ΕΕ) 2017/1129)

1. Η Επιτροπή Κεφαλαιαγοράς μπορεί να επιβάλει σε φυσικό ή νομικό πρόσωπο που παραβιάζει τις διατάξεις των άρθρων 57 ως 68 του παρόντος και τις διατάξεις του Κανονισμού (ΕΕ) 2017/1129, καθώς και των κατ' εξουσιοδότηση του Κανονισμού αυτού εκδιδόμενων πράξεων, μεταξύ άλλων, τις ακόλουθες διοικητικές κυρώσεις και διοικητικά μέτρα:

k) to refuse approval of any prospectus drawn up by a certain issuer, offeror or person asking for admission to trading on a regulated market for a maximum of five (5) years, where that issuer, offeror or person in question has repeatedly and severely infringed the provisions of Articles 57 to 68 of this law or of Regulation (EU) No 2017/1129;

l) to directly disclose, or to require the issuer to disclose, all material information which may have an effect on the assessment of the securities offered to the public or admitted to trading on a regulated market in order to ensure investor protection or the seamless operation of the market;

m) to directly suspend or require the relevant regulated markets, MTFs or OTFs, as defined in Article 2(u) and (v) of Regulation (EU) No 2017/1129, to suspend the securities from trading where it considers that the issuer's situation is such that trading would be detrimental to investors' interests;

n) to carry out on-site inspections or investigations at premises in order to access documents and other data in any form, where a reasonable suspicion exists that documents and other data related to the subject-matter of the inspection or investigation may be relevant to prove an infringement of Articles 57 to 68 of this law or of Regulation (EU) No 2017/1129.

2. The Hellenic Capital Market Commission shall exercise the powers referred to in paragraph 1:

a) directly; or

b) in collaboration with other authorities; or

c) under the responsibility of other authorities, following delegation of the relevant functions to such authorities; or

d) following an application to the competent judicial authorities.

# ARTICLE 66

## *Administrative penalties and measures*

### (Articles 38, 39 and 40 of Regulation (EU) No 2017/1129)

1. The Hellenic Capital Market Commission may impose, inter alia, the following administrative penalties and administrative measures on a natural or legal person that infringes the provisions of Articles 57 to 68 hereof and the provisions of Regulation (EU) No 2017/1129 as well as delegated acts adopted pursuant thereto:

α) δημόσια ανακοίνωση, η οποία αναφέρει το υπαίτιο φυσικό ή νομικό πρόσωπο, καθώς και τη φύση της παράβασης, σύμφωνα με το άρθρο 42 του Κανονισμού(ΕΕ) 2017/1129,

β) εντολή που υποχρεώνει το υπαίτιο φυσικό ή νομικό πρόσωπο να παύσει την παράβαση και να μην την επαναλάβει στο μέλλον,

γ) αναστολή ή ανάκληση της άδειας λειτουργίας σύμφωνα με τις διατάξεις της κείμενης νομοθεσίας,

δ) προσωρινή ή, σε περίπτωση επανειλημμένων παραβάσεων, οριστική απαγόρευση στο υπεύθυνο για την παράβαση φυσικό πρόσωπο συμμετοχής σε Διοικητικό Συμβούλιο ή άσκησης διευθυντικών καθηκόντων στις οντότητες που εντάσσονται στο πεδίο εφαρμογής του Κανονισμού (ΕΕ) 2017/1129, σύμφωνα με το άρθρο 1 του Κανονισμού αυτού,

ε) επιβολή προστίμου, το ύψος του οποίου ανέρχεται τουλάχιστον στο διπλάσιο του ποσού των κερδών που αποκτήθηκαν ή των ζημιών που αποφεύχθηκαν λόγω της παράβασης, εφόσον το ποσό αυτό μπορεί να προσδιορισθεί,

στ) επιβολή προστίμου ύψους έως πέντε (5) εκατομμυρίων ευρώ ή τρία τοις εκατό (3%) του συνολικού ετήσιου κύκλου εργασιών σε περίπτωση νομικού προσώπου, σύμφωνα με τις τελευταίες διαθέσιμες οικονομικές καταστάσεις που έχουν εγκριθεί από το Διοικητικό του Συμβούλιο. Εφόσον το νομικό πρόσωπο είναι μητρική επιχείρηση ή θυγατρική της μητρικής επιχείρησης, με υποχρέωση κατάρτισης ενοποιημένων λογαριασμών χρηματοοικονομικών λογαριασμών σύμφωνα με τον ν. 4308/2014, ο σχετικός συνολικός ετήσιος κύκλος εργασιών είναι ο συνολικός ετήσιος κύκλος εργασιών ή το αντίστοιχο είδος εισοδήματος, σύμφωνα με το ενωσιακό δίκαιο περί λογιστικής, με βάση τους τελευταίους διαθέσιμους ενοποιημένους λογαριασμούς που έχουν εγκριθεί από το Διοικητικό Συμβούλιο της τελικής μητρικής επιχείρησης,

ζ) επιβολή προστίμου ύψους έως ένα εκατομμύριο (1.000.000) ευρώ σε φυσικά πρόσωπα.

2. Για τον καθορισμό των διοικητικών κυρώσεων και των διοικητικών μέτρων της παρ. 1, η Επιτροπή Κεφαλαιαγοράς λαμβάνει υπόψη τις ειδικότερες περιστάσεις στις οποίες περιλαμβάνονται ιδίως:

α) η βαρύτητα και η διάρκεια της παράβασης,

β) ο βαθμός ευθύνης του προσώπου που είναι υπεύθυνο για την παράβαση,

γ) η χρηματοοικονομική ισχύς του προσώπου που είναι υπεύθυνο για την παράβαση, όπως προκύπτει από τον συνολικό κύκλο εργασιών του ή το ετήσιο εισόδημα και τα καθαρά περιουσιακά στοιχεία του,

δ) ο αντίκτυπος της παράβασης στα συμφέροντα των επενδυτών λιανικής,

ε) η σημασία των κερδών που αποκτήθηκαν, των ζημιών που αποφεύχθηκαν από το πρόσωπο που είναι υπεύθυνο για την παράβαση ή των ζημιών για τρίτους που

a) a public communication indicating the natural or legal person responsible and the nature of the infringement in accordance with Article 42 of Regulation (EU) No 2017/1129;

b) an order requiring the natural or legal person responsible to cease the infringement and to desist from repeating it in the future;

c) suspension or withdrawal of authorisation, in accordance with the provisions of the applicable legislation;

d) temporary or, in the case of repeated infringements, permanent prohibition of the natural person responsible for the infringement from a directorship or exercise of managerial functions at entities falling within the scope of Regulation (EU) No 2017/1129, in accordance with Article 1 thereof;

e) imposition of a fine of at least twice the amount of the profits gained or losses avoided because of the infringement, where those can be determined;

f) imposition of a fine of no more than five (5) million euros or three percent (3%) of the total annual turnover, in the case of a legal person, according to the last available financial statements approved by its Board of Directors. Where the legal person is a parent undertaking or a subsidiary of a parent undertaking which is required to prepare consolidated financial accounts in accordance with Law 4308/2014, the relevant total annual turnover shall be the total annual turnover or the corresponding type of income in accordance with the Union law in the area of accounting according to the last available consolidated accounts approved by the Board of Directors of the ultimate parent undertaking;

h) in the case of a natural person, imposition of a fine of no more than one million (1,000,000) euros.

2. When determining the administrative penalties and the administrative measures referred to in paragraph 1, the Hellenic Capital Market Commission shall take into account the specific circumstances including, in particular:

a) the gravity and the duration of the infringement;

b) the degree of responsibility of the person responsible for the infringement;

c) the financial strength of the person responsible for the infringement, as indicated by its total turnover or their annual income and net assets;

d) the impact of the infringement on retail investors' interests;

e) the importance of the profits gained, losses avoided by the person responsible for the infringement or the losses for third parties derived from the infringement, insofar as they can be determined;

*προκύπτουν από την παράβαση, στον βαθμό που μπορούν να προσδιοριστούν,*

*στ) το επίπεδο συνεργασίας του προσώπου που είναι υπεύθυνο για την παράβαση με την αρμόδια αρχή, με την επιφύλαξη της ανάγκης αποστέρησης των αποκτηθέντων κερδών ή αποφευχθεισών ζημιών από το εν λόγω πρόσωπο,*

*ζ) προηγούμενες παραβάσεις του προσώπου που είναι υπεύθυνο για την παράβαση,*

*η) τα μέτρα που ελήφθησαν από το πρόσωπο που είναι υπεύθυνο για την παράβαση για την αποτροπή επανάληψής της.*

*3. Οι αποφάσεις για τις διοικητικές κυρώσεις και τα μέτρα που λαμβάνονται από την Επιτροπή Κεφαλαιαγοράς, κατ' εφαρμογή του Κανονισμού (ΕΕ) 2017/1129, και τις πράξεις που εκδίδονται κατ' εξουσιοδότησή του και κατ' εξουσιοδότηση των άρθρων 57 ως 68 του παρόντος νόμου, είναι επαρκώς αιτιολογημένες και υπόκεινται σε ένδικα βοηθήματα σύμφωνα με το άρθρο 25 του ν. 3371/2005 (Α΄ 178).*

# ΑΡΘΡΟ 67

*Αναφορά παραβάσεων*

**(άρθρο 41 του Κανονισμού (ΕΕ) 2017/1129)**

*1. Οι παραβάσεις των άρθρων 57 έως 68 του παρόντος νόμου και του Κανονισμού (ΕΕ) 1129/2017, καθώς και των πράξεων που εκδίδονται κατ΄ εξουσιοδότηση αυτών μπορεί να καταγγέλλονται στην Επιτροπή Κεφαλαιαγοράς.*

*2. Με απόφαση της Επιτροπής Κεφαλαιαγοράς καθορίζονται:*

*α) η διαδικασία υποβολής των καταγγελιών,*

*β) η διαδικασία παρακολούθησης των καταγγελιών, συμπεριλαμβανομένης της σύστασης ασφαλούς διαύλου επικοινωνίας με τους καταγγέλλοντες για αυτές,*

*γ) ο τρόπος προστασίας των εργαζομένων που απασχολούνται δυνάμει σύμβασης εργασίας σε πρόσωπα τις παραβάσεις των οποίων καταγγέλλουν, ιδίως όσον αφορά τη σχέση τους με τον εργοδότη τους ή τρίτους,*

*δ) η προστασία της ταυτότητας και των προσωπικών δεδομένων, τόσο του προσώπου που καταγγέλλει τις παραβάσεις, όσο και του φυσικού προσώπου που εικάζεται ότι είναι υπεύθυνο για παράβαση, σε όλα τα στάδια της διαδικασίας, εκτός αν η γνωστοποίηση αυτή απαιτείται βάσει του εθνικού δικαίου, στο πλαίσιο περαιτέρω έρευνας ή μεταγενέστερης δικαστικής διαδικασίας,*

*ε) κάθε ειδικότερο θέμα για την εφαρμογής της παρούσας.*

*3. Οι εργοδότες που αναλαμβάνουν δραστηριότητες που υπάγονται σε συγκεκριμένες ρυθμίσεις στο πλαίσιο των χρηματοπιστωτικών υπηρεσιών, θεσπίζουν κατάλληλες εσωτερικές διαδικασίες, προκειμένου οι εργαζόμενοί τους να μπορούν να καταγγέλλουν, σύμφωνα με αυτές, παραβάσεις ή ενδεχόμενες παραβάσεις, μέσω ειδικού, ανεξάρτητου και αυτόνομου διαύλου.*

f) the level of cooperation of the person responsible for the infringement with the competent authority, without prejudice to the need to ensure disgorgement of profits gained or losses avoided by that person;

g) previous infringements by the person responsible for the infringement;

h) measures taken by the person responsible for the infringement to prevent its re-occurrence.

3. The decisions taken by the Hellenic Capital Market Commission on administrative penalties and measures pursuant to Regulation (EU) No 2017/1129 and the delegated acts adopted pursuant thereto and pursuant to Articles 57 and 68 hereof shall be sufficiently reasoned and subject to legal remedies, in accordance with Article 25 of Law 3371/2005 (Government Gazette, Series I, Issue 178).

# ARTICLE 67

*Reporting of infringements*

**(Article 41 of Regulation (EU) No 2017/1129)**

1. Infringements of Articles 57 to 68 hereof and of Regulation (EU) No 1129/2017, as well as delegated acts adopted pursuant thereto, may be reported to the Hellenic Capital Market Commission.

2. The Hellenic Capital Market Commission shall issue a decision setting out:

a) the procedure for submitting reports;

b) the procedure for following up on reports, including the establishment of a secure channel of communication with persons reporting an infringement;

c) the manner of protection for employees working under a contract of employment who report infringements at persons whose infringements they report, with particular regard to their relationship with their employer or third parties;

d) protection of the identity and personal data of both the person who reports the infringements and the natural person who is allegedly responsible for an infringement, at all stages of the procedure unless such disclosure is required by national law in the context of further investigation or subsequent judicial proceedings;

e) any more specific issues concerning the implementation hereof.

3. Employers engaged in activities that are regulated for financial services purposes shall put in place appropriate internal procedures enabling their employees to report actual or potential infringements according to such procedures through a specific, independent and autonomous channel.

# ΑΡΘΡΟ 68

*Δημοσίευση κυρώσεων και μέτρων*

**(άρθρο 42 του Κανονισμού (ΕΕ) 2017/1129)**

1. Οι αποφάσεις επιβολής διοικητικών κυρώσεων ή άλλων διοικητικών μέτρων αναρτώνται στον επίσημο διαδικτυακό τόπο της Επιτροπής Κεφαλαιαγοράς και παραμένουν αναρτημένες για πέντε (5) τουλάχιστον έτη.

2. Σε περίπτωση απόφασης επιβολής μέτρων στο πλαίσιο έρευνας, η ανάρτηση της παρ. 1 δεν πραγματοποιείται.

3. Εάν η δημοσιοποίηση της ταυτότητας των νομικών οντοτήτων ή της ταυτότητας ή των προσωπικών δεδομένων των φυσικών προσώπων θεωρηθεί δυσανάλογη ή εάν η δημοσίευση θέτει σε κίνδυνο τη σταθερότητα των χρηματοπιστωτικών αγορών ή τη διεξαγωγή τρέχουσας έρευνας, η Επιτροπή Κεφαλαιαγοράς μπορεί να προβεί στις ακόλουθες ενέργειες:

α) αναβάλλει τη δημοσιοποίηση της απόφασης για την επιβολή κύρωσης ή μέτρου, μέχρι να παύσουν οι λόγοι μη δημοσίευσης, ή

β) δημοσιοποιεί την απόφαση επιβολής κύρωσης ή μέτρου, χωρίς τα στοιχεία του προσώπου σε βάρος του οποίου διαπιστώνεται η παράβαση, και επιβάλλει τις κυρώσεις ή τα μέτρα, εφόσον η δημοσίευση αυτή διασφαλίζει την αποτελεσματική προστασία των δεδομένων προσωπικού χαρακτήρα των εμπλεκομένων, ή

γ) δεν δημοσιοποιεί την απόφαση επιβολής κύρωσης ή μέτρου, στην περίπτωση που θεωρείται ότι οι επιλογές των περ. α΄ και β΄ δεν επαρκούν για να διασφαλισθεί:

γα) η σταθερότητα των χρηματοπιστωτικών αγορών,

γβ) η αναλογικότητα της δημοσιοποίησης σε σχέση με μέτρα που θεωρούνται ήσσονος σημασίας.

Σε περίπτωση έκδοσης απόφασης επιβολής κύρωσης ή μέτρου, χωρίς τα στοιχεία του προσώπου σε βάρος του οποίου διαπιστώνεται η παράβαση, με την οποία επιβάλλονται οι κυρώσεις ή τα μέτρα, σύμφωνα με την περ. β), η δημοσίευση των σχετικών δεδομένων μπορεί να προβλεφθεί για συγκεκριμένο χρονικό διάστημα, μετά το πέρας του οποίου οι λόγοι προστασίας μπορεί να εκλείπουν.

# ARTICLE 68

*Publication of penalties and measures*

**(Article 42 of Regulation (EU) No 2017/1129)**

1. Decisions imposing administrative penalties or other administrative measures shall be published on the official website of the Hellenic Capital Market Commission and remain posted for at least five (5) years.

2. In cases of a decision imposing measures that are of an investigatory nature, the publication referred to in paragraph 1 shall not take place.

3. Where the publication of the identity of the legal entities or identity or personal data of natural persons is considered to be disproportionate, or where such publication would jeopardise the stability of financial markets or an on-going investigation, the Hellenic Capital Market Commission may take the following actions:

a) defer the publication of the decision to impose a penalty or a measure until the reasons for non-publication cease to exist;

b) publish the decision to impose a penalty or a measure without making public the identity of the person against whom the infringement is ascertained, and impose the penalties or measures, where such publication ensures effective protection of the personal data of the persons concerned; or

c) not publish the decision to impose a penalty or measure in the event that the options laid down in points (a) and (b) are considered to be insufficient to ensure:

ca) the stability of financial markets;

cb) the proportionality of the publication with regard to measures which are deemed to be of a minor nature.

In the case of where a decision is issued imposing a penalty or measure without making public the identity of the person against whom the infringement is ascertained, and imposing the penalties or measures in accordance with point (b), the publication of the relevant data may be stipulated for a specific period, following the lapse of which the reasons for protection may cease to exist.

## ΚΕΦΑΛΑΙΟ Δ΄

### ΕΦΑΡΜΟΣΤΙΚΕΣ ΔΙΑΤΑΞΕΙΣ

**ΤΟΥ ΚΑΝΟΝΙΣΜΟΥ (ΕΕ) 2017/2402 ΤΟΥ ΕΥΡΩΠΑΪΚΟΥ ΚΟΙΝΟΒΟΥΛΙΟΥ ΚΑΙ ΤΟΥ ΣΥΜΒΟΥΛΙΟΥ ΤΗΣ 12ΗΣ ΔΕΚΕΜΒΡΙΟΥ 2017 ΣΧΕΤΙΚΑ ΜΕ ΤΗ ΘΕΣΠΙΣΗ ΓΕΝΙΚΟΥ ΠΛΑΙΣΙΟΥ ΓΙΑ ΤΗΝ ΤΙΤΛΟΠΟΙΗΣΗ, ΤΗ ΔΗΜΙΟΥΡΓΙΑ ΕΙΔΙΚΟΥ ΠΛΑΙΣΙΟΥ ΓΙΑ ΑΠΛΗ, ΔΙΑΦΑΝΗ ΚΑΙ ΤΥΠΟΠΟΙΗΜΕΝΗ ΤΙΤΛΟΠΟΙΗΣΗ ΚΑΙ ΤΗΝ ΤΡΟΠΟΠΟΙΗΣΗ ΤΩΝ ΟΔΗΓΙΩΝ 2009/65/ΕΚ, 2009/138/ΕΚ ΚΑΙ 2011/61/ΕΕ ΚΑΙ ΤΩΝ ΚΑΝΟΝΙΣΜΩΝ (ΕΚ) 1060/2009 ΚΑΙ (ΕΕ) 648/2012**

## ΑΡΘΡΟ 69

*Αρμόδιες αρχές για την εφαρμογή του Κανονισμού (ΕΕ) 2017/2402*

**(άρθρο 29 παρ. 4 και 5 του Κανονισμού)**

1. Αρμόδια αρχή για την εποπτεία της συμμόρφωσης των μεταβιβαζουσών οντοτήτων, των αρχικών δανειοδοτών και των οντοτήτων ειδικού σκοπού για τιτλοποίηση (ΟΕΣΤ), ως προς τις υποχρεώσεις που ορίζονται στα άρθρα 18 έως 27 του Κανονισμού (ΕΕ) 2017/2402, ορίζεται κατά περίπτωση:

α) η Τράπεζα της Ελλάδος, όταν οι μεταβιβάζουσες οντότητες ή οι αρχικοί δανειοδότες ή οι οντότητες ειδικού σκοπού για τιτλοποίηση (ΟΕΣΤ) εμπίπτουν στις περ. 1, 16 και 22 της παρ. 1 του άρθρου 3 του ν. 4261/2014, στις παρ. 1 και 4 του άρθρου 3 του ν. 4364/2016, καθώς και στις παρ. 3 και 6 του άρθρου 3 του ν. 4364/2016,

β) η Επιτροπή Κεφαλαιαγοράς, όταν οι μεταβιβάζουσες οντότητες ή οι αρχικοί δανειοδότες ή οι οντότητες ειδικού σκοπού για τιτλοποίηση (ΟΕΣΤ) εμπίπτουν στις περ. α΄ και β΄ της παρ. 1 του άρθρου 4 του ν. 4209/2013, στις περ. α΄, β΄, γ΄ της παρ. 1 του άρθρου 3 του ν. 4099/2012, καθώς και στις περιπτώσεις του άρθρου 7 του ν. 3029/2002,

γ) η Επιτροπή Κεφαλαιαγοράς, όταν οι μεταβιβάζουσες οντότητες ή οι αρχικοί δανειοδότες ή οι οντότητες ειδικού σκοπού για τιτλοποίηση (ΟΕΣΤ) έχουν την έδρα τους στην ΕΕ, δεν εμπίπτουν στις περ. α΄ και β΄ της παρ. 1 και η ανάδοχη οντότητα είναι επιχείρηση επενδύσεων,

δ) η Τράπεζα της Ελλάδος, όταν οι μεταβιβάζουσες οντότητες ή οι αρχικοί δανειοδότες ή οι οντότητες ειδικού σκοπού για τιτλοποίηση (ΟΕΣΤ) έχουν την έδρα τους στην ΕΕ, δεν εμπίπτουν στις περ. α΄ και β΄ της παρ. 1 και η ανάδοχη οντότητα είναι πιστωτικό ίδρυμα.

2. Αρμόδια αρχή για την εποπτεία της συμμόρφωσης των μεταβιβαζουσών οντοτήτων,

# CHAPTER IV

## IMPLEMENTING PROVISIONS

## FOR REGULATION (EU) No 2017/2402 OF THE EUROPEAN PARLIAMENT AND OF THE COUNCIL OF 12 DECEMBER 2017 LAYING DOWN A GENERAL FRAMEWORK FOR SECURITISATION AND CREATING A SPECIFIC FRAMEWORK FOR SIMPLE, TRANSPARENT AND STANDARDISED SECURITISATION, AND AMENDING DIRECTIVES 2009/65/EC, 2009/138/EC AND 2011/61/ EU AND REGULATIONS (EC) No 1060/2009 AND (EU) No 648/2012

# ARTICLE 69

*Authorities competent for the implementation of Regulation (EU) No 2017/2402*

**(Article 29(4) and (5) of the Regulation)**

1. The authority competent to supervise the compliance of originators, original lenders and securitisation special purpose entities (SSPEs) with the obligations laid down in Articles 18 to 27 of Regulation (EU) No 2017/2402 is designated, in each case, as follows:

a) the Bank of Greece, where the originators or original lenders or securitisation special purpose entities (SSPEs) fall under Article 3(1)(1), (16) and (22) of Law 4261/2014, Article 3(1) and (4) of Law 4364/2016, as well as Article 3(3) and (6) of Law 4364/2016;

b) the Hellenic Capital Market Commission, where the originators or original lenders or securitisation special purpose entities (SSPEs) fall under Article 4(1)(a) and (b) of Law 4209/2013, Article 3(1)(a), (b) and (c) of Law 4099/2012, as well as the cases of Article 7 of Law 3029/2002;

c) the Hellenic Capital Market Commission, where the originators or original lenders or securitisation special purpose entities (SSPEs) are established in the European Union, do not fall under points (a) and (b) referred to in paragraph 1, and the sponsor is an investment firm;

d) the Bank of Greece, where the originators or original lenders or securitisation special purpose entities (SSPEs) are established in the European Union, do not fall under points (a) and (b) referred to in paragraph 1, and the sponsor is a credit institution.

2. Insofar as they have competence under paragraph 1(c) and (d), the Hellenic Capital Market Commission or the Bank of Greece is designated as the authority competent

των αρχικών δανειοδοτών και των οντοτήτων ειδικού σκοπού για τιτλοποίηση (ΟΕΣΤ) ως προς τις υποχρεώσεις που καθορίζονται στα άρθρα 6, 7, 8 και 9 του Κανονισμού (ΕΕ). 2017/2402 ορίζεται η Επιτροπή Κεφαλαιαγοράς ή η Τράπεζα της Ελλάδος, όταν αυτές έχουν την έδρα τους στην ΕΕ και δεν εμπίπτουν στις περ. α΄ και β΄ της παρ. 1, κατά τον λόγο της αρμοδιότητας τους, σύμφωνα με τις περ. γ΄ και δ΄ της παρ. 1.

3. Η Επιτροπή Κεφαλαιαγοράς ορίζεται αρμόδια αρχή για την αδειοδότηση των τρίτων μερών που προβλέπονται στην παρ. 2 του άρθρου 27 του Κανονισμού (ΕΕ) 2017/2402, καθώς και για την εποπτεία τους ως προς τις υποχρεώσεις του άρθρου 28 του Κανονισμού αυτού.

4. Για την εφαρμογή των περ. γ΄ και δ΄ της παρ. 1 και της παρ. 2, η Επιτροπή Κεφαλαιαγοράς ή η Τράπεζα της Ελλάδος, μπορούν να ζητούν την προσκόμιση Ειδική Έκθεση Ορκωτού - Ελεγκτή, στην οποία πιστοποιείται η συμμόρφωση προς τις υποχρεώσεις που καθορίζονται στα άρθρα 5 έως 9 και 18 έως 27 του Κανονισμού (ΕΕ) 2017/2402.

5. Οι αρμόδιες αρχές των παρ. 1 έως 4 καταβάλλουν κάθε δυνατή προσπάθεια, ώστε να συμμορφώνονται με τις κατευθυντήριες γραμμές, τις συστάσεις και τα πρότυπα που εκδίδονται από τις Ευρωπαϊκές Εποπτικές Αρχές μέσω της Μεικτής Επιτροπής, σύμφωνα με τους Κανονισμούς (ΕΕ) 1093/2010, 1094/2010 και 1095/2010 και μπορούν να εκδίδουν σχετικές αποφάσεις που δημοσιεύονται στην Εφημερίδα της Κυβερνήσεως και, σε περίπτωση μη συμμόρφωσης, μπορούν να παρέχουν κάθε σχετική διευκρίνιση προς τις Ευρωπαϊκές Εποπτικές Αρχές.

# ΑΡΘΡΟ 70

## Διοικητικές κυρώσεις και άλλα μέτρα για παραβάσεις του Κανονισμού (ΕΕ) υπ' αρ. 2017/2402

### (άρθρο 32 του Κανονισμού)

1. Οι αρμόδιες αρχές, σύμφωνα με το άρθρο 69 και με την επιφύλαξη του άρθρου αυτού, μπορούν να επιβάλλουν σε κάθε φυσικό ή νομικό πρόσωπο διοικητικές κυρώσεις και άλλα μέτρα σχετικά με τις παραβάσεις που ορίζονται στην παρ. 1 του άρθρου 32 του Κανονισμού (ΕΕ) 2017/2402, συμπεριλαμβανομένων των κατ' εξουσιοδότησή του εκδοθέντων Κανονισμών και εκτελεστικών κανονισμών για τον καθορισμό τεχνικών προτύπων και των κατ' εξουσιοδότηση εκδοθεισών κανονιστικών πράξεων, όπως και τα ειδικότερα μέτρα της παρ. 2 του άρθρου 32 του Κανονισμού (ΕΕ) 2017/2402, καθώς και πρόστιμο μέχρι πέντε (5) εκατομμύρια ευρώ ή μέχρι το διπλάσιο του οφέλους που απέφερε η παράβαση, όταν το ποσό αυτό μπορεί να προσδιορισθεί.

2. Οι αποφάσεις της Τράπεζας της Ελλάδος, με τις οποίες επιβάλλονται τα πρόστιμα της παρ. 1, καθώς και οποιοδήποτε μέτρο ή κύρωση στο πλαίσιο της άσκησης των αρμοδιοτήτων που προβλέπονται στον Κανονισμό (ΕΕ) υπ' αρ. 2017/2402, προσβάλλονται με αίτηση ακύρωσης ενώπιον του Συμβουλίου της Επικρατείας.

to supervise the compliance of originators, original lenders and securitisation special purpose entities (SSPEs) with the obligations laid down in Articles 6, 7, 8 and 9 of Regulation (EU) No 2017/2402, where the foregoing are established in the European Union and do not fall under paragraph 1(a) and (b).

3. The Hellenic Capital Market Commission is designated as the authority competent for granting to third parties the authorisation provided for in Article 27(2) of Regulation (EU) No 2017/2402, as well as their supervision with regard to their obligations under Article 28 of the said Regulation.

4. In order to implement points c and d referred to in paragraphs 1 and 2, the Hellenic Capital Market Commission or the Bank of Greece may request that a special certified public accountant report be produced, certifying compliance with the obligations laid down in Articles 5 to 9 and 18 to 27 of Regulation (EU) No 2017/2402.

5. The competent authorities referred to in paragraphs 1 to 4 shall make every effort to comply with the guidelines, recommendations and standards issued by the European Supervisory Authorities via the Joint Committee, in accordance with Regulations (EU) Nos 1093/2010, 1094/2010 and 1095/2010, may issue relevant decisions published in the Government Gazette, and, in cases of non-compliance, may provide any relevant clarification to the European Supervisory Authorities.

# ARTICLE 70

*Administrative penalties and other measures in relation to infringements of Regulation (EU) No 2017/2402*

**(Article 32 of the Regulation)**

1. The competent authorities, in accordance with and without prejudice to Article 69, may impose administrative penalties and other measures on any natural or legal person in relation to the infringements set forth in Article 32(1) of Regulation (EU) No 2017/2402, including delegated Regulations and implementing regulations laying down technical standards and delegated acts adopted, as well as the specific measures set forth in Article 32(2) of Regulation (EU) No 2017/2402, and a fine of no more than five (5) million euros or twice the amount of the benefit derived from the infringement, where that benefit can be determined.

2. Decisions issued by the Bank of Greece and imposing the fines referred to in paragraph 1, as well as any measure or penalty in the framework of exercise of the powers provided for in Regulation (EU) No 2017/2402 may be contested by means of an application for annulment brought before the Council of State.

3. Οι αποφάσεις της Επιτροπής Κεφαλαιαγοράς, που εκδίδονται στο πλαίσιο της άσκησης των αρμοδιοτήτων που προβλέπονται στον Κανονισμό (ΕΕ) 2017/2402, υπόκεινται, σύμφωνα με τις διατάξεις του άρθρου 25 του ν. 3371/2005 (Α΄ 178), σε προσφυγή ουσίας ενώπιον του Διοικητικού Εφετείου Αθηνών, όταν με αυτές επιβάλλονται τα πρόστιμα της παρ. 1 του παρόντος, ή σε αίτηση ακυρώσεως ενώπιον του Διοικητικού Εφετείου Αθηνών, όταν με αυτές επιβάλλεται οποιοδήποτε άλλο μέτρο ή κύρωση.

3. Decisions issued by the Hellenic Capital Market Commission in the framework of exercise of the powers provided for in Regulation (EU) No 2017/2402 shall be subject, in accordance with the provisions of Article 25 of Law 3371/2005 (Government Gazette, Series I, Issue 178) to administrative recourse going to the merits of the matter brought before the Athens Administrative Court of Appeal, where they impose the fines referred to in paragraph 1 of this Article, or to an application for annulment brought before the Athens Administrative Court of Appeal, where they impose any other measure or penalty.

## ΚΕΦΑΛΑΙΟ Ε΄

## ΜΕΤΡΑ ΓΙΑ ΤΗΝ ΕΦΑΡΜΟΓΗ ΤΟΥ ΚΑΝΟΝΙΣΜΟΥ (ΕΕ) 2017/1131 ΓΙΑ ΤΑ ΑΜΟΙΒΑΙΑ ΚΕΦΑΛΑΙΑ ΤΗΣ ΧΡΗΜΑΤΑΓΟΡΑΣ (ΑΚΧΑ), ΤΡΟΠΟΠΟΙΗΣΕΙΣ ΤΟΥ Ν. 4099/2012 (Α΄ 250), ΤΟΥ Ν. 4209/2013 (Α΄ 253), ΤΟΥ Ν. 2533/1997 (Α΄ 228) ΚΑΙ ΤΟΥ Ν. 4449/2017 (Α΄ 7)

## ΑΡΘΡΟ 71

*Τροποποιήσεις του ν. 4099/2012 για ΑΕΔΑΚ και ΑΕΕΜΚ*

Στον ν. 4099/2012 επέρχονται τροποποιήσεις ως εξής:

1. Η παρ. 4 του άρθρου 12 αντικαθίσταται ως εξής:

«4. Η Ανώνυμη Εταιρεία Διαχείρισης Αμοιβαίων Κεφαλαίων (ΑΕΔΑΚ) εφαρμόζει την παρ. 2 του άρθρου 3, τις παρ. 5, 6 και 7 του άρθρου 5 και τα άρθρα 14, 16, 24, 25, 29 και 93 του ν. 4514/2018 κατά την παροχή των υπηρεσιών της παρ. 2 του παρόντος. Με απόφαση της Επιτροπής Κεφαλαιαγοράς μπορεί να ρυθμίζεται κάθε ειδικότερο ζήτημα, καθώς και τεχνικά θέματα, που αφορούν την εφαρμογή της παρούσας.»

2. Εισάγεται άρθρο 13Α ως εξής:

«Άρθρο 13Α

Οικονομικές καταστάσεις, τακτικός και ενδιάμεσος έλεγχος ΑΕΔΑΚ και ΑΕΕΜΚ

1. Οι ΑΕΔΑΚ και ΑΕΕΜΚ συντάσσουν οικονομικές καταστάσεις σύμφωνα με τα Διεθνή Λογιστικά Πρότυπα που υιοθετούνται από την Ευρωπαϊκή Ένωση, όπως προβλέπεται από τον Κανονισμό (ΕΕ) 1606/2002 (ΕΕ L 243).

2. Οι ετήσιες οικονομικές καταστάσεις ελέγχονται από Ορκωτό Ελεγκτή - Λογιστή και υποβάλλονται στην Επιτροπή Κεφαλαιαγοράς εντός δύο (2) μηνών από τη λήξη κάθε διαχειριστικής περιόδου.

3. Οι ΑΕΔΑΚ και ΑΕΕΜΚ συντάσσουν εξαμηνιαίες οικονομικές καταστάσεις, οι οποίες ελέγχονται από Ορκωτό Ελεγκτή - Λογιστή και υποβάλλονται στην Επιτροπή Κεφαλαιαγοράς εντός διμήνου από τη λήξη κάθε διαχειριστικής περιόδου.»

3. Η παρ. 8 του άρθρου 59 αντικαθίσταται ως εξής:

«8. Σε περίπτωση που οι εταιρίες διαχείρισης ΟΣΕΚΑ ή οι ΟΣΕΚΑ που υπόκεινται σε εσωτερική διαχείριση (ΑΕΕΜΚ) εκτίθενται σε τιτλοποίηση, η οποία δεν πληροί πλέον τις απαιτήσεις που προβλέπονται στον Κανονισμό (ΕΕ) 2017/2402 του Ευρωπαϊκού Κοινοβουλίου και του Συμβουλίου, ενεργούν προς το συμφέρον των επενδυτών του σχετικού ΟΣΕΚΑ και λαμβάνουν διορθωτικά μέτρα, εφόσον απαιτείται.»

4. Εισάγεται άρθρο 93Β ως εξής:

## CHAPTER V

## MEASURES FOR THE IMPLEMENTATION OF REGULATION (EU) No 2017/1131 ON MONEY MARKET FUNDS (MMFs), AMEND-MENTS TO LAW 4099/2012 (Government Gazette, Series I, Issue 250), LAW 4209/2013 (Government Gazette, Series I, Issue 253), LAW 2533/1997 (Government Gazette, Series I, Issue 228) AND LAW 4449/2017 (Government Gazette, Series I, Issue 7)

# ARTICLE 71

*Amendments to Law 4099/2012 on MFMCs and SICAVs*

Law 4099/2012 is amended as follows:

1. Article 12(4) is replaced as follows:

"4. Mutual Fund Management Companies (MFMCs) shall apply Article 3(2), Article 5(5), (6) and (7) and Articles 14, 16, 24, 25, 29 and 93 of Law 4514/2018 when providing the services referred to in paragraph 2 of this Article. The Hellenic Capital Market Commission may issue a decision regulating all specific issues and technical matters pertaining to the implementation hereof."

2. Article 13A is inserted as follows:

"Article 13A

Financial statements, ordinary and interim audit of MFMCs and SICAVs

1. MFMCs and SICAVs shall prepare financial statements in accordance with the International Accounting Standards adopted by the European Union, as envisaged in Regulation (EU) No 1606/2002 (OJ L 243).

2. The annual financial statements shall be audited by a certified public accountant and submitted to the Hellenic Capital Market Commission within two (2) months of the end of each accounting period.

3. MFMCs and SICAVs shall prepare half-yearly financial statements, which shall be audited by a certified public accountant and submitted to the Hellenic Capital Market Commission within two (2) months of the end of each accounting period."

3. Article 59(8) is replaced as follows:

"8. Where UCITS management companies or internally managed UCITS (SICAVs) are exposed to a securitisation that no longer meets the requirements laid down in Regulation (EU) No 2017/2402 of the European Parliament and of the Council, they shall, in the best interest of the investors in the relevant UCITS, act and take corrective action, if appropriate."

4. Article 93B is inserted as follows:

«Άρθρο 93Β

Περιπτώσεις παραβάσεων ΟΣΕΚΑ που έχουν λάβει άδεια ως ΑΚΧΑ από την Επιτροπή Κεφαλαιαγοράς

1. Με την επιφύλαξη των διατάξεων του άρθρου 93Α, η Επιτροπή Κεφαλαιαγοράς δύναται να λάβει τα μέτρα που αναφέρονται στην παρ. 2, ιδίως όταν το ΑΚΧΑ ή η ΑΕΔΑΚ που διαχειρίζεται το ΑΚΧΑ:

α) δεν συμμορφώνεται με οποιαδήποτε από τις απαιτήσεις που αφορούν στη σύνθεση των περιουσιακών στοιχείων, κατά παράβαση των άρθρων 9 έως 16 του Κανονισμού (ΕΕ) 2017/1131 του Ευρωπαϊκού Κοινοβουλίου και του Συμβουλίου της 14ης Ιουνίου 2017, για τα αμοιβαία κεφάλαια της χρηματαγοράς,

β) δεν συμμορφώνεται με οποιαδήποτε από τις απαιτήσεις χαρτοφυλακίου, κατά παράβαση των άρθρων 17, 18, 24 και 25 του Κανονισμού (ΕΕ) 2017/1131,

γ) έχει αποκτήσει την άδεια λειτουργίας με ψευδείς δηλώσεις ή με οποιονδήποτε άλλο αντικανονικό τρόπο, κατά παράβαση του άρθρου 4 του Κανονισμού (ΕΕ) 2017/1131,

δ) χρησιμοποιεί την ονομασία «αμοιβαίο κεφάλαιο της χρηματαγοράς», «ΑΚΧΑ» ή άλλη ονομασία που υποδηλώνει ότι ένας ΟΣΕΚΑ ή ένας ΟΕΕ είναι ΑΚΧΑ, κατά παράβαση του άρθρου 6 του Κανονισμού (ΕΕ) 2017/1131,

ε) δεν συμμορφώνεται με τις απαιτήσεις που αφορούν στην εσωτερική αξιολόγηση της πιστοληπτικής ποιότητας, κατά παράβαση των άρθρων 19 και 20 του Κανονισμού (ΕΕ) 2017/1131,

στ) δεν συμμορφώνεται με τις απαιτήσεις οργάνωσης, τεκμηρίωσης ή διαφάνειας, κατά παράβαση των άρθρων 21, 23, 26, 27, 28 και 36 του Κανονισμού (ΕΕ) 2017/1131,

ζ) δεν συμμορφώνεται με τις απαιτήσεις που αφορούν την αποτίμηση, κατά παράβαση των άρθρων 29, 30, 31, 32, 33 και 34 του Κανονισμού (ΕΕ) 2017/1131.

2. Στις περιπτώσεις που αναφέρονται στην παρ. 1, η Επιτροπή Κεφαλαιαγοράς, κατά περίπτωση:

α) επιβάλει τις κυρώσεις που προβλέπονται στο άρθρο 94 του παρόντος,

β) ανακαλεί την άδεια που χορηγήθηκε σύμφωνα με το άρθρο 4 του Κανονισμού (ΕΕ) 2017/1131.»

# ΑΡΘΡΟ 72

## Τροποποιήσεις του ν. 4209/2013 για ΑΕΔΟΕΕ, ΑΕΕΑΠ και ΑΚΧΑ

Στον ν. 4209/2013 (Α΄ 253) επέρχονται τροποποιήσεις ως εξής:

1. Η παρ. 6 του άρθρου 6 αντικαθίσταται ως εξής:

"Article 93B

Cases of infringements by UCITS authorised as MMFs by the Hellenic Capital Market Commission

1. Without prejudice to the provisions of Article 93A, the Hellenic Capital Market Commission may take the steps set forth in paragraph 2, particularly when the MMF or the MFMC managing the MMF:

a) fails to comply with any of the requirements regarding asset composition, in infringement of Articles 9 to 16 of Regulation (EU) 2017/1131 of the European Parliament and of the Council of 14 June 2017 on money market funds;

b) fails to comply with any of the portfolio requirements, in infringement of Articles 17, 18, 24 and 25 of Regulation (EU) 2017/1131;

c) has obtained authorisation through false statements or any other irregular means, in infringement of Article 4 of Regulation (EU) 2017/1131;

d) uses the designation 'money market fund', 'MMF' or of another designation that suggests that a UCITS or AIF is an MMF, in infringement of Article 6 of Regulation (EU) 2017/1131;

e) fails to comply with the requirements regarding the internal credit quality assessment, in infringement of Articles 19 and 20 of Regulation (EU) 2017/1131;

f) fails to comply with the governance, documentation or transparency requirements, in infringement of Articles 21, 23, 26, 27, 28 and 36 of Regulation (EU) 2017/1131;

g) fails to comply with the requirements regarding valuation, in infringement of Articles 29, 30, 31, 32, 33 and 34 of Regulation (EU) 2017/1131;

2. In the cases referred to in paragraph 1, the Hellenic Capital Market Commission shall, as appropriate:

a) impose the penalties envisaged in Article 94 hereof;

b) withdraw the authorisation granted in accordance with Article 4 of Regulation (EU) 2017/1131."

# ARTICLE 72

## *Amendments to Law 4209/2013 on AIFMCs, REICs and MMFs*

Law 4209/2013 (Government Gazette, Series I, Issue 253) is amended as follows:

1. Article 6(6) is replaced as follows:

«6. Η ΑΕΔΟΕΕ εφαρμόζει την παρ. 2 του άρθρου 3, τις παρ. 5, 6 και 7 του άρθρου 5 και τα άρθρα 14, 16, 24, 25, 29 και 93 του ν. 4514/2018 κατά την παροχή των υπηρεσιών της παρ. 4 του παρόντος. Με απόφαση της Επιτροπής Κεφαλαιαγοράς μπορεί να ρυθμίζεται κάθε ειδικότερο ζήτημα, καθώς και τεχνικά θέματα που αφορούν την εφαρμογή της παρούσης.»

2. Εισάγεται νέο άρθρο 9Α ως εξής:

«Άρθρο 9Α

Οικονομικές καταστάσεις, τακτικός και ενδιάμεσος έλεγχος ΑΕΔΟΕΕ

1. Οι ΑΕΔΟΕΕ συντάσσουν οικονομικές καταστάσεις σύμφωνα με τα Διεθνή Λογιστικά Πρότυπα που υιοθετούνται από την Ευρωπαϊκή Ένωση, όπως προβλέπεται από τον Κανονισμό (ΕΕ) 1606/2002 (ΕΕ L 243).

2. Οι ετήσιες οικονομικές καταστάσεις ελέγχονται από Ορκωτό Ελεγκτή - Λογιστή και υποβάλλονται στην Επιτροπή Κεφαλαιαγοράς εντός διμήνου από τη λήξη κάθε διαχειριστικής περιόδου.

3. Οι ΑΕΔΟΕΕ συντάσσουν εξαμηνιαίες οικονομικές καταστάσεις, οι οποίες ελέγχονται από Ορκωτό Ελεγκτή - Λογιστή και υποβάλλονται στην Επιτροπή Κεφαλαιαγοράς εντός διμήνου από τη λήξη κάθε διαχειριστικής περιόδου.

4. Οι ΑΕΕΑΠ, πριν από την εισαγωγή τους στο Χρηματιστήριο Αθηνών, υποβάλλουν στην Επιτροπή Κεφαλαιαγοράς ετήσιες οικονομικές καταστάσεις, ελεγμένες από Ορκωτό Ελεγκτή - Λογιστή, τέσσερις (4) το αργότερο μήνες μετά τη λήξη κάθε οικονομικού έτους.

5. Οι ΑΕΕΑΠ, πριν από την εισαγωγή τους στο Χρηματιστήριο Αθηνών, υποβάλλουν στην Επιτροπή Κεφαλαιαγοράς εξαμηνιαίες οικονομικές καταστάσεις, ελεγμένες από Ορκωτό Ελεγκτή - Λογιστή, εντός τριών (3) μηνών από τη λήξη κάθε ημερολογιακού εξαμήνου.»

3. Το άρθρο 17 του ν. 4209/2013 αντικαθίσταται ως εξής:

«Οι ΑΕΔΟΕΕ που εκτίθενται σε τιτλοποίηση, η οποία δεν πληροί πλέον τις απαιτήσεις που προβλέπονται στον Κανονισμό (ΕΕ) 2017/2402, ενεργούν και λαμβάνουν διορθωτικά μέτρα προς το συμφέρον των επενδυτών του σχετικού ΟΕΕ, εφόσον κριθεί απαραίτητο.»

4. Εισάγεται νέο άρθρο 45Α ως εξής:

«Άρθρο 45Α

Διοικητικές κυρώσεις ΟΕΕ που έχουν λάβει άδεια ως ΑΚΧΑ από την Επιτροπή Κεφαλαιαγοράς

1. Με την επιφύλαξη των διατάξεων του άρθρου 45 η Επιτροπή Κεφαλαιαγοράς μπορεί να λάβει τα μέτρα που αναφέρονται στην παρ. 2, όταν το ΑΚΧΑ ή η ΑΕΔΟΕΕ που διαχειρίζεται το ΑΚΧΑ:

"6. The AIFMC shall apply Article 3(2), Article 5(5), (6) and (7) and Articles 14, 16, 24, 25, 29 and 93 of Law 4514/2018 when providing the services referred to in paragraph 4 of this Article. The Hellenic Capital Market Commission may issue a decision regulating all specific issues and technical matters pertaining to the implementation hereof."

2. A new Article 9A is inserted as follows:

"Article 9A

Financial statements, ordinary and interim audit of AIFMCs

1. AIFMCs shall prepare financial statements in accordance with the International Accounting Standards adopted by the European Union, as envisaged in Regulation (EU) No 1606/2002 (OJ L 243).

2. The annual financial statements shall be audited by a certified public accountant and submitted to the Hellenic Capital Market Commission within two (2) months of the end of each accounting period.

3. AIFMCs shall prepare half-yearly financial statements, which shall be audited by a certified public accountant and submitted to the Hellenic Capital Market Commission within two (2) months of the end of each accounting period.

4. Prior to being listed in the Athens Stock Exchange, REICs shall submit annual financial statements to the Hellenic Capital Market Commission that have been audited by a certified public accountant no later than four (4) months after the end of each financial year.

5. Prior to being listed on the Athens Stock Exchange, REICs shall submit half-yearly financial statements to the Hellenic Capital Market Commission that have been audited by a certified public accountant within three (3) months after the end of each half calendar year."

3. Article 17 of Law 4209/2013 is replaced as follows:

"Where AIFMCs are exposed to a securitisation that no longer meets the requirements provided for in Regulation (EU) 2017/2402, they shall, in the best interest of the investors in the relevant AIFs, act and take corrective action, if deemed necessary."

4. A new Article 45A is inserted as follows:

"Article 45A

Administrative penalties on AIFs authorised as MMFs by the Hellenic Capital Market Commission

1. Without prejudice to the provisions of Article 45, the Hellenic Capital Market Commission may take the steps set forth in paragraph 2 when the MMF or the AIFMC managing the MMF:

*α) δεν συμμορφώνεται με οποιαδήποτε από τις απαιτήσεις που αφορούν στη σύνθεση των περιουσιακών στοιχείων, κατά παράβαση των άρθρων 9 ως 16 του Κανονισμού (ΕΕ) 2017/1131 του Ευρωπαϊκού Κοινοβουλίου και του Συμβουλίου, της 14ης Ιουνίου 2017, για τα αμοιβαία κεφάλαια της χρηματαγοράς,*

*β) δεν συμμορφώνεται με οποιαδήποτε από τις απαιτήσεις χαρτοφυλακίου, κατά παράβαση των άρθρων 17, 18, 24 ή και 25 του Κανονισμού (ΕΕ) 2017/1131,*

*γ) έχει αποκτήσει την άδεια λειτουργίας με ψευδείς δηλώσεις ή με οποιονδήποτε άλλο αντικανονικό τρόπο, κατά παράβαση του άρθρου 5 του Κανονισμού (ΕΕ) 2017/1131,*

*δ) χρησιμοποιεί την ονομασία «αμοιβαίο κεφάλαιο της χρηματαγοράς», «ΑΚΧΑ» ή άλλη ονομασία που υποδηλώνει ότι ένας ΟΕΕ είναι ΑΚΧΑ, κατά παράβαση του άρθρου 6 του Κανονισμού (ΕΕ) 2017/1131,*

*ε) δεν συμμορφώνεται με οποιαδήποτε από τις απαιτήσεις που αφορούν στην εσωτερική αξιολόγηση της πιστοληπτικής ποιότητας, κατά παράβαση των άρθρων 19 ή και 20 του Κανονισμού (ΕΕ) 2017/1131,*

*στ) δεν συμμορφώνεται με οποιαδήποτε από τις απαιτήσεις οργάνωσης, τεκμηρίωσης ή διαφάνειας, κατά παράβαση των άρθρων 21, 23, 26, 27, 28 ή και 36 του Κανονισμού (ΕΕ) 2017/1131,*

*ζ) δεν συμμορφώνεται με οποιαδήποτε από τις απαιτήσεις που αφορούν την αποτίμηση, κατά παράβαση των άρθρων 29, 30, 31, 32, 33 ή και 34 του Κανονισμού (ΕΕ) 2017/1131.*

*2. Στις περιπτώσεις που αναφέρονται στην παρ. 1, η Επιτροπή Κεφαλαιαγοράς, κατά περίπτωση:*

*α) επιβάλει τις κυρώσεις που προβλέπονται στο άρθρο 45 του παρόντος,*

*β) ανακαλεί την άδεια που χορηγήθηκε σύμφωνα με το άρθρο 5 του Κανονισμού (ΕΕ) 2017/1131.».*

## ΑΡΘΡΟ 73

*Τροποποίηση του ν. 2533/1997 ως προς τις εισφορές των ΑΑΕΔ στο κεφάλαιο του Συνεγγυητικού*

*Στην παρ. 2 του άρθρου 71 του ν. 2533/1997 (Α΄ 228) προστίθεται περ. δ΄ ως εξής:*

*«δ) Σε δέκα χιλιάδες (10.000) ευρώ για τις Ανώνυμες Εταιρείες Επενδυτικής Διαμεσολάβησης (ΑΕΕΔ), που, κατά τα οριζόμενα στην παρ. 9 του άρθρου 87 του ν. 4514/2018, υπόκεινται στις διατάξεις των άρθρων 61 ως 78 του παρόντος.».*

a) fails to comply with any of the requirements regarding asset composition, in infringement of Articles 9 to 16 of Regulation (EU) 2017/1131 of the European Parliament and of the Council of 14 June 2017 on money market funds;

b) fails to comply with any of the portfolio requirements, in infringement of Articles 17, 18, 24 and 25 of Regulation (EU) 2017/1131;

c) has obtained authorisation through false statements or any other irregular means, in infringement of Article 5 of Regulation (EU) 2017/1131;

d) uses the designation 'money market fund', 'MMF' another designation that suggests that an AIF is an MMF, in infringement of Article 6 of Regulation (EU) 2017/1131;

e) fails to comply with any of the requirements regarding the internal credit quality assessment, in infringement of Articles 19 and 20 of Regulation (EU) 2017/1131;

f) fails to comply with any of the governance, documentation or transparency requirements, in infringement of Articles 21, 23, 26, 27, 28 and 36 of Regulation (EU) 2017/1131;

g) fails to comply with any of the requirements regarding valuation, in infringement of Articles 29, 30, 31, 32, 33 and 34 of Regulation (EU) 2017/1131;

2. In the cases referred to in paragraph 1, the Hellenic Capital Market Commission shall, as appropriate:

a) impose the penalties envisaged in Article 45 hereof;

b) withdraw the authorisation granted in accordance with Article 5 of Regulation (EU) 2017/1131."

# ARTICLE 73

*Amendment to Law 2533/1997 regarding the contributions of Investment Intermediation Firms to the capital of the Guarantee Fund*

Point d is added to Article 71(2) of Law 2533/1997 (Government Gazette, Series I, Issue 228) as follows:

"d) At ten thousand (10,000) euros for Investment Intermediation Firms (IIFs) which, in accordance with Article 87(9) of Law 4514/2018, are subject to the provisions of Articles 61 to 78 hereof."

# ΑΡΘΡΟ 74

## Τροποποίηση του ν. 4449/2017 για τους ελεγκτές και τις Επιτροπές Ελέγχου

Στον ν. 4449/2017 (Α΄ 7) επέρχονται τροποποιήσεις ως εξής:

1. Στο δεύτερο εδάφιο της παρ. 10 του άρθρου 35 η περ. ε αντικαθίσταται ως εξής:

«ε) χρηματικό πρόστιμο έως ένα εκατομμύριο (1.000.000) ευρώ».

2. Στο δεύτερο εδάφιο της παρ. 10 του άρθρου 35 προστίθεται περ. η΄ ως εξής:

«η) προσωρινή απαγόρευση, μέχρι τρία (3) χρόνια, σε μέλος ελεγκτικής εταιρείας ή σε μέλος διοικητικού ή διαχειριστικού οργάνου οντότητας δημόσιου συμφέροντος να ασκεί καθήκοντα σε ελεγκτικά γραφεία ή οντότητες δημόσιου συμφέροντος.»

3. Στο τρίτο εδάφιο της παρ. 10 του άρθρου 35 προστίθεται περ. η΄ ως εξής:

«η) η επίπτωση της παράβασης στην εύρυθμη λειτουργία της αγοράς και στην προστασία των επενδυτών».

4. Η παρ. 1 του άρθρου 44 αντικαθίσταται ως εξής:

«1. α) Κάθε οντότητα δημοσίου συμφέροντος διαθέτει επιτροπή ελέγχου η οποία αποτελείται από τρία (3) τουλάχιστον μέλη. Η επιτροπή ελέγχου αποτελεί:

αα) επιτροπή του Διοικητικού Συμβουλίου της ελεγχόμενης οντότητας, η οποία αποτελείται από μη εκτελεστικά μέλη του, είτε

αβ) ανεξάρτητη επιτροπή, η οποία αποτελείται από μη εκτελεστικά μέλη του Διοικητικού Συμβουλίου και τρίτους, είτε

αγ) ανεξάρτητη επιτροπή, η οποία αποτελείται μόνο από τρίτους.

β) Το είδος της επιτροπής ελέγχου, η θητεία, ο αριθμός και οι ιδιότητες των μελών της αποφασίζονται από τη γενική συνέλευση ή από ισοδύναμο αυτής όργανο.

γ) Τα μέλη της επιτροπής ελέγχου ορίζονται από το Διοικητικό Συμβούλιο, όταν αποτελεί επιτροπή του, ή από τη γενική συνέλευση της ελεγχόμενης οντότητας ή, στην περίπτωση οντοτήτων χωρίς μετόχους, από ισοδύναμο αυτής όργανο, όταν αποτελεί ανεξάρτητη επιτροπή.

δ) Τα μέλη της επιτροπής ελέγχου είναι στην πλειοψηφία τους ανεξάρτητα από την ελεγχόμενη οντότητα.

ε) Ο Πρόεδρος ορίζεται από τα μέλη και είναι ανεξάρτητος από την ελεγχόμενη οντότητα.

# ARTICLE 74

## *Amendment to Law 4449/2017 on Auditors and Audit Committees*

Law 4449/2017 (Government Gazette, Series I, Issue 7) is amended as follows:

1. Point e of the second subparagraph of paragraph (10) of Article 35 is replaced as follows:

"e) pecuniary fine of no more than one million (1,000,000) euros".

2. Point h is inserted under the second subparagraph of paragraph (10) of Article 35 as follows:

"h) a temporary prohibition, of up to three (3) years' duration, banning a member of an audit firm or a member of an administrative or management body of a public-interest entity from exercising functions in audit firms or public-interest entities."

3. Point h is inserted under the third subparagraph of paragraph (10) of Article 35 as follows:

"h) the impact of the infringement on the seamless operation of the market and investor protection".

4. Article 44(1) is replaced as follows:

"1. a) Every public-interest entity shall have an audit committee consisting of no fewer than three (3) members. The audit committee shall constitute:

aa) a committee of the Board of Directors of the audited entity, comprised of non-executive directors; or

ab) an independent committee, comprised of non-executive directors and third parties; or

ac) an independent committee, solely comprised of third parties.

b) The type of audit committee, the term, number and capacities of its members shall be decided upon by the General Meeting or its equivalent body.

c) The members of the audit committee shall be appointed by the Board of Directors, where it constitutes a committee of the Board, or by the General Meeting of the audited entity, or, in cases of entities without shareholders, by an equivalent body, where it constitutes an independent committee.

d) A majority of the members of the audit committee shall be independent of the audited entity.

e) The Chairperson shall be appointed by the members and shall be independent of the audited entity.

στ) Σε περίπτωση παραίτησης, θανάτου ή απώλειας της ιδιότητας του μέλους, το Διοικητικό Συμβούλιο ορίζει από τα υφιστάμενα μέλη του, νέο μέλος σε αντικατάσταση αυτού που εξέλιπε, για το χρονικό διάστημα μέχρι τη λήξη της θητείας του, τηρουμένων, εφόσον συντρέχει περίπτωση, των παρ. 1 και 2 του άρθρου 82 του ν. 4548/2018 (Α΄ 104), το οποίο εφαρμόζεται αναλόγως. Όταν το μέλος του προηγούμενου εδαφίου είναι τρίτο πρόσωπο, μη μέλος Διοικητικού Συμβουλίου, το διοικητικό συμβούλιο ορίζει τρίτο πρόσωπο, μη μέλος Διοικητικού Συμβουλίου, ως προσωρινό αντικαταστάτη, και η επόμενη γενική συνέλευση προβαίνει είτε στον ορισμό του ίδιου μέλους είτε στην εκλογή άλλου, για το χρονικό διάστημα μέχρι τη λήξη της θητείας του στην επιτροπή ελέγχου.

ζ) Τα μέλη της επιτροπής ελέγχου διαθέτουν επαρκή γνώση του τομέα στον οποίο δραστηριοποιείται η ελεγχόμενη οντότητα. Ένα τουλάχιστον μέλος της επιτροπής ελέγχου, που είναι ανεξάρτητο από την ελεγχόμενη οντότητα, με επαρκή γνώση και εμπειρία στην ελεγκτική ή λογιστική, παρίσταται υποχρεωτικώς στις συνεδριάσεις της επιτροπής ελέγχου που αφορούν στην έγκριση των οικονομικών καταστάσεων.

η) Η επιτροπή ελέγχου καταρτίζει κανονισμό λειτουργίας που αναρτάται στην ιστοσελίδα της ελεγχόμενης οντότητας και συνεδριάζει στην έδρα της ελεγχόμενης οντότητας ή όπου προβλέπει το Καταστατικό της, σύμφωνα με το άρθρο 90 του ν. 4548/2018. Οι συζητήσεις και αποφάσεις της επιτροπής ελέγχου καταχωρίζονται σε πρακτικά, τα οποία υπογράφονται από τα παρόντα μέλη, σύμφωνα με το άρθρο 93 του ν. 4548/2018.

θ) Η επιτροπή ελέγχου υποβάλλει ετήσια έκθεση πεπραγμένων προς την τακτική γενική συνέλευση της ελεγχόμενης οντότητας ή, στην περίπτωση οντοτήτων χωρίς μετόχους, στο ισοδύναμο όργανο. Στην έκθεση αυτή περιλαμβάνεται η περιγραφή της πολιτικής βιώσιμης ανάπτυξης που ακολουθεί η ελεγχόμενη οντότητα.»

5. Η περ. α΄ της παρ. 2 του άρθρου 44 τροποποιείται ως εξής:

«α) οντότητα δημοσίου συμφέροντος που αποτελεί θυγατρική κατά την έννοια του ν. 4308/2014, εφόσον πληροί τις απαιτήσεις της παρ. 1 του παρόντος, καθώς και των παρ. 1 και 2 του άρθρου 11 και της παρ. 5 του άρθρου 16 του Κανονισμού (ΕΕ) υπ' αρ. 537/2014, σε επίπεδο ομίλου, με εξαίρεση τις θυγατρικές που εμπίπτουν στις περ. α΄ και γ΄ της παρ. 12 του άρθρου 2 και τις θυγατρικές οντοτήτων που εμπίπτουν στις περ. β΄ και γ΄ της παρ. 12 του άρθρου 2 του ιδίου.»

6. Η παρ. 4 του άρθρου 44 αντικαθίσταται ως εξής:

«4. α) Η Επιτροπή Κεφαλαιαγοράς εποπτεύει και μπορεί να διενεργεί ελέγχους σχετικά με την τήρηση της παρ. 1 και των περ. α΄, β΄ και γ΄ της παρ. 3 από τα εποπτευόμενα από αυτήν πρόσωπα, εξαιρουμένων των πιστωτικών ιδρυμάτων και των ασφαλιστικών εταιρειών. Σε περίπτωση διαπίστωσης παράβασης των διατάξεων αυτών μπορεί να επιβάλει στην ελεγχόμενη οντότητα, στα μέλη του Δ.Σ και στα μέλη της επιτροπής ελέγχου τις κυρώσεις που προβλέπονται στο άρθρο 24 του παρόντος.

β) Η ελεγχόμενη οντότητα υποχρεούται να αναρτήσει αμελλητί στον ιστότοπο της οργανωμένης αγοράς και πάντως εντός προθεσμίας είκοσι (20) ημερών από τη

f) In the event of resignation, death or loss of directorship, the Board of Directors shall appoint from among its own directors a new member [of the audit committee] to replace the former member, for the period until the expiry of the term of the former member, subject, where applicable, to Article 82(1) and (2) of Law 4548/2018 (Government Gazette, Series I, Issue 104), which shall apply mutatis mutandis. Where the member referred to in the preceding subparagraph is a third party who is not a director, the Board of Directors shall appoint a third party who is not a director as a temporary replacement, and the next General Meeting shall either appoint the same member or elect a different member for the period until the expiry of their term on the audit committee.

g) Audit committee members shall have sufficient knowledge of the sector in which the audited entity is operating. At least one member of the audit committee who is independent of the audited entity and has sufficient knowledge and experience in auditing or accounting must attend the meetings of the audit committee concerning approval of the financial statements.

h) The audit committee shall draft rules of procedure and post them to the website of the audited entity. Furthermore, the audit committee shall hold meetings at the registered offices of the audited entity or wheresoever provided for in its Articles of Association, in accordance with Article 90 of Law 4548/2018. The discussions and decisions of the audit committee shall be recorded in minutes, which shall be signed by all the members in attendance, in accordance with Article 93 of Law 4548/2018.

i) The Audit Committee shall submit an annual activity report to the ordinary General Meeting of the audited entity or, in the case of entities without shareholders, to the equivalent body. This report shall include a description of the sustainable development policy followed by the audited entity."

5. Article 44(2)(a) is amended as follows:

"a) a public-interest entity which is a subsidiary undertaking within the meaning of Law 4308/2014, if it meets the requirements set out in paragraph 1 of this Article, as well as Article 11(1) and (2) and Article 16(5) of Regulation (EU) No 537/2014 at group level, save subsidiaries falling under Article 2(12)(a) and (c) and the subsidiaries of entities falling under Article 2(12)(b) and (c) of the said Regulation."

6. Article 44(4) is replaced as follows:

"4. a) The Hellenic Capital Market Commission shall supervise and may conduct audits on compliance with paragraph 1 and paragraph 3(a), (b) and (c) by the persons it supervises, save credit institutions and insurance companies. Where it ascertains an infringement of these provisions, it may impose the penalties provided for in Article 24 hereof on the audited entity, its directors and the members of its audit committee.

b) The audited entity must post copies of the minutes of the meetings referred to above on the composition, staffing and, more specifically, the appointment, election or replacement and term of audit committee members on the website of the regulated

συνεδρίαση του Διοικητικού Συμβουλίου ή της γενικής συνέλευσης και να υποβάλλει στην Επιτροπή Κεφαλαιαγοράς αντίγραφα των πρακτικών των συνεδριάσεων της παρούσας, αναφορικά με τη σύνθεση, τη στελέχωση, και ειδικότερα τον ορισμό, την εκλογή ή την αντικατάσταση, καθώς και τη θητεία των μελών της επιτροπής ελέγχου.

γ) Η Τράπεζα της Ελλάδος μπορεί να διενεργεί ελέγχους για την τήρηση των παρ. 1 και 3 από τα εποπτευόμενα από αυτήν πρόσωπα και, σε περίπτωση διαπίστωσης παράβασης, μπορεί να επιβάλει τις κυρώσεις που προβλέπονται στο άρθρο 55Α του Καταστατικού της, στην παρ. 2 του άρθρου 59 του ν. 4261/2014 (Α΄ 107) και στο άρθρο 256 του ν. 4364/2016 (Α΄ 13).»

7. Το δεύτερο εδάφιο της παρ. 5 του άρθρου 44 τροποποιείται ως εξής:

«Η ΕΛΤΕ εποπτεύει και μπορεί να διενεργεί ελέγχους για την τήρηση των διατάξεων των περ. δ΄, ε΄ και στ΄ της παρ. 3 του παρόντος και διαβιβάζει τα ευρήματα των ελέγχων στην Επιτροπή Κεφαλαιαγοράς, η οποία αποφασίζει για την επιβολή κυρώσεων σύμφωνα με το άρθρο 24».

## ΑΡΘΡΟ 75

### Τροποποίηση του ν. 4514/2018 για τα βήματα τιμής και τους κοινούς επενδυτικούς λογαριασμούς

Ο ν. 4514/2018 (Α΄ 14) τροποποιείται ως εξής:

1. Η παρ. 1 του άρθρου 49 αντικαθίσταται ως εξής:

«1. Η ρυθμιζόμενη αγορά θεσπίζει πλαίσιο βήματος τιμής σε μετοχές, αποθετήρια έγγραφα, διαπραγματεύσιμα αμοιβαία κεφάλαια, πιστοποιητικά και λοιπά παρόμοια χρηματοπιστωτικά μέσα, καθώς και σε οποιαδήποτε άλλα χρηματοπιστωτικά μέσα, σύμφωνα με τα ρυθμιστικά τεχνικά πρότυπα της παρ. 4 του άρθρου 49 της Οδηγίας 2014/65/ΕΕ. Η εφαρμογή των βημάτων τιμής δεν εμποδίζει την ρυθμιζόμενη αγορά να ταυτίζει εντολές μεγάλου μεγέθους στο ενδιάμεσο των τρεχουσών τιμών αγοράς και πώλησης.»

2. Προστίθεται νέο άρθρο 95Α ως εξής:

«Άρθρο 95Α

Στα χρηματοπιστωτικά μέσα που έχουν εκδοθεί στην αλλοδαπή και έχουν καταχωριστεί σε λογαριασμό που τηρείται σε πιστωτικό ίδρυμα ή ΑΕΠΕΥ με έδρα ή εγκατάσταση στην Ελλάδα, εφαρμόζονται οι διατάξεις του ν. 5638/1932 (Α΄ 307), εφόσον υπάρχει σχετική συμφωνία με τους πελάτες.».

market immediately and, in any event, within a deadline of twenty (20) days from the date of the Board meeting or of the General Meeting, and submit said copies to the Hellenic Capital Market Commission.

c) The Bank of Greece may conduct audits on compliance with paragraphs 1 and 3 by the persons it supervises. Where it ascertains an infringement, it may impose the penalties provided for in Article 55A of its Statute, Article 59(2) of Law 4261/2014 (Government Gazette, Series I, Issue 107) and Article 256 of Law 4364/2016 (Government Gazette, Series I, 13)."

7. The second subparagraph of Article 44(5) is amended as follows:

"The Hellenic Accounting and Auditing Standards Oversight Board (HAASOB) shall supervise and may conduct audits on compliance with the provisions of paragraph 3(d), (e) and (f) of this Article, and shall forward audit findings to the Hellenic Capital Market Commission, which shall decide on the imposition of penalties in accordance with Article 24".

# ARTICLE 75

*Amendment to Law 4514/2018 on tick sizes and joint investment accounts*

Law 4514/2018 (Government Gazette, Series I, Issue 14) is amended as follows:

1. Article 49(1) is replaced as follows:

"1. The regulated market shall establish a tick-size framework for shares, depository receipts, exchange-traded funds, certificates and other similar financial instruments, as well as any other financial instruments, in accordance with the regulatory technical standards of Article 49(4) of Directive 2014/65/EU. Application of tick sizes shall not prevent the regulated market from matching orders large in scale at mid-point within the current bid and offer prices."

2. A new Article 95A is inserted as follows:

"Article 95A

The provisions of Law 5638/1932 (Government Gazette, Series I, Issue 307) shall apply to financial instruments issued abroad and registered in an account kept at a credit institution or IFSA with registered offices or place of establishment in Greece, insofar as a relevant agreement has been concluded with the clients".

# ΜΕΡΟΣ Γ΄

## ΘΕΜΑΤΑ ΟΡΓΑΝΩΣΗΣ, ΔΙΟΙΚΗΣΗΣ ΚΑΙ ΛΕΙΤΟΥΡΓΙΑΣ ΤΗΣ ΕΠΙΤΡΟΠΗΣ ΚΕΦΑΛΑΙΑΓΟΡΑΣ

## ΑΡΘΡΟ 76

### *Επιλογή Προϊσταμένων*

1. Με απόφαση του Διοικητικού Συμβουλίου της Επιτροπής Κεφαλαιαγοράς συστήνεται πενταμελής Επιτροπή Επιλογής Προϊσταμένων (Ε.Ε.Π), η οποία είναι αρμόδια κατόπιν εσωτερικής προκήρυξης:

α) για την επιλογή των υπαλλήλων της Επιτροπής Κεφαλαιαγοράς ως προϊσταμένων των Διευθύνσεων της Επιτροπής Κεφαλαιαγοράς και

β) για τη διεξαγωγή των δομημένων συνεντεύξεων του άρθρου 85 του ν. 3528/2007 (Α΄ 26) για την επιλογή προϊσταμένων Τμήματος ή αντίστοιχου επιπέδου οργανικής μονάδας.

Δύο (2) μέλη της Επιτροπής προέρχονται από το Ανώτατο Συμβούλιο Επιλογής Προσωπικού (ΑΣΕΠ) και υποδεικνύονται από τον Πρόεδρό του. Ένα (1) εξ αυτών επιλέγεται μεταξύ των Αντιπροέδρων του ΑΣΕΠ και ορίζεται Πρόεδρος της Επιτροπής. Δύο (2) μέλη προέρχονται από το Διοικητικό Συμβούλιο της Επιτροπής Κεφαλαιαγοράς, εκ των οποίων το ένα (1) είναι ο Πρόεδρος και το άλλο ορίζεται από το ΔΣ της. Ένα (1) μέλος της Επιτροπής είναι μέλος ΔΕΠ, με γνωστικό αντικείμενο συναφές με το αντικείμενο της Επιτροπής Κεφαλαιαγοράς και ορίζεται από το αρμόδιο όργανο του ΑΕΙ, κατόπιν αιτήματος του Διοικητικού Συμβουλίου της Επιτροπής Κεφαλαιαγοράς. Τα μέλη της Επιτροπής ορίζονται με ισάριθμους αναπληρωτές, οι οποίοι πρέπει να έχουν την ίδια ιδιότητα με τα τακτικά μέλη. Η θητεία των μελών της Επιτροπής είναι τριετής.

2. Η επιλογή των υπαλλήλων ως Προϊσταμένων Τμημάτων, Γραφείων και υπηρεσιακών μονάδων της Επιτροπής Κεφαλαιαγοράς γίνεται από το Υπηρεσιακό Συμβούλιο της Επιτροπής Κεφαλαιαγοράς της παρ. 15 του άρθρου 35 του ν. 2324/1995 (Α΄ 146) κατόπιν εσωτερικής προκήρυξης. Αν η επιλογή των Προϊσταμένων του ανωτέρω εδαφίου γίνεται με συμμετοχή μόνιμων υπαλλήλων και υπαλλήλων ΙΔΑΧ, ως αιρετοί εκπρόσωποι στο Υπηρεσιακό Συμβούλιο μετέχουν ένας (1) εκλεγμένος μόνιμος υπάλληλος και ένας (1) εκλεγμένος υπάλληλος ΙΔΑΧ.

3. Όπου στις κείμενες διατάξεις αναφέρεται το Συμβούλιο Επιλογής Προϊσταμένων (Σ.Ε.Π), νοείται για τη διαδικασία επιλογής προϊσταμένων οργανικών μονάδων της Επιτροπής Κεφαλαιαγοράς, η Επιτροπή της παρ. 1.

# PART III

## ISSUES CONCERNING THE ORGANISATION, ADMINISTRATION AND OPERATION OF THE HELLENIC CAPITAL MARKET COMMISSION

## ARTICLE 76

*Selection of Heads [of Units]*

1. A five-member Head [of Unit] Selection Committee shall be appointed, pursuant to a decision of the Board of Directors of the Hellenic Capital Market Commission, which shall be competent, following an internal [job] notice:

a) for selecting Hellenic Capital Market Commission employees as heads of the Directorates of the Hellenic Capital Market Commission; and

b) for conducting the structured interviews referred to in Article 85 of Law 3528/2007 (Government Gazette, Series I, Issue 26) for the selection of heads of Department or corresponding organisational unit.

Two (2) members of the Committee shall be from the Supreme Council for Civil Personnel Selection and be nominated by its President. One (1) member shall be selected from among the Vice Presidents of ASEP and appointed as Chairperson of the Committee. Two (2) members shall be from the Board of Directors of the Hellenic Capital Market Commission, of whom one (1) shall be the Chairperson and the other shall be appointed by its Board of Directors. One (1) member of the Committee shall be a University Teaching and Research Staff member specialising in a discipline relevant to the ambit of the Hellenic Capital Market Commission and appointed by the competent body of the University, at the request of the Board of Directors of the Hellenic Capital Market Commission. An equal number of substitutes for Committee members shall be appointed who must have the same capacities as the ordinary members. Committee members shall serve three-year terms.

2. Employees shall be selected to serve as Heads of Departments, Offices and Units of the Hellenic Capital Market Commission by the Service Council of the Hellenic Capital Market Commission referred to in Article 35(15) of Law 2324/1995 (Government Gazette, Series I, Issue 146), following an internal notice. Where the selection of Heads [of Units] under the preceding subparagraph takes place with the participation of officials and employees with private-law open-ended contracts, one (1) elected official and one (1) elected employee with a private-law open-ended contract shall participate in the Service Council as elected representatives.

3. References to the Head [of Unit] Selection Council in the provisions in force shall

4. Από την έναρξη ισχύος του παρόντος:

α) Έως την επιλογή προϊσταμένων οργανικών μονάδων, σύμφωνα με τις διατάξεις του παρόντος, καθήκοντα προϊσταμένων εξακολουθούν να ασκούν οι κατά τη δημοσίευση του παρόντος προϊστάμενοι.

β) Η θητεία των προϊσταμένων της περ. α) λήγει αυτοδικαίως με την επιλογή και τοποθέτηση προϊσταμένων, σύμφωνα με τις διατάξεις του παρόντος.

5. Μέσα σε προθεσμία έξι (6) μηνών από την έναρξη ισχύος του παρόντος ολοκληρώνεται η επιλογή και η τοποθέτηση των προϊσταμένων, σύμφωνα με τις διατάξεις του παρόντος.

6. Κατά τα λοιπά ισχύουν οι διατάξεις του ν. 3528/2007.


# ΑΡΘΡΟ 77

*Σύσταση νέων οργανικών θέσεων στην Επιτροπή Κεφαλαιαγοράς και κατάργηση υφισταμένων*

1. Στην Επιτροπή Κεφαλαιαγοράς συστήνονται τριάντα (30) θέσεις προσωπικού, οι οποίες κατατάσσονται στις ακόλουθες κατηγορίες:

α) Μόνιμοι υπάλληλοι:

αα) Κατηγορία Πανεπιστημιακής Εκπαίδευσης του κλάδου Διοικητικού - Οικονομικού, 1 (μία) θέση, για την οποία απαιτούνται προσόντα αντίστοιχα με τα προβλεπόμενα στο άρθρο 4 του πδ. 50/2001 (Α΄ 39) και επιπλέον καλή γνώση της αγγλικής γλώσσας.

αβ) Κατηγορία Πανεπιστημιακής Εκπαίδευσης Μεταφραστών - Διερμηνέων, 1 (μία) θέση, με προσόντα αντίστοιχα με τα προβλεπόμενα στο άρθρο 9 του πδ. 50/2001.

β) Προσωπικό με σχέση εργασίας ιδιωτικού δικαίου:

βα) Επτά (7) θέσεις ειδικού επιστημονικού προσωπικού, για τις οποίες απαιτούνται προσόντα αντίστοιχα με τα προβλεπόμενα στην παρ. 5 του άρθρου 35 του ν. 2324/1995 και με επιπλέον εξειδίκευση στο αντικείμενο της πληροφορικής.

ββ) Δεκαεπτά (17) θέσεις ειδικού επιστημονικού προσωπικού, με ειδικότητα ελεγκτή, για τις οποίες απαιτούνται προσόντα αντίστοιχα με τα προβλεπόμενα στις παρ. 6 και 7 του άρθρου 35 του ν. 2324/1995.

βγ) Τρεις (3) θέσεις ειδικού επιστημονικού προσωπικού, με ειδικότητα οικονομολόγου, για τις οποίες απαιτούνται προσόντα αντίστοιχα με τα προβλεπόμενα στο άρθρο 2 του πδ. 50/2001.

be understood to mean the Committee referred to in paragraph 1 for the procedure of selecting heads of organisational units of the Hellenic Capital Market Commission.

4. Upon the entry hereof into force:

a) Until the heads of organisational units are selected pursuant hereto, the heads [of those units] at the time of publication hereof shall continue to perform their duties as heads;

b) The term of the heads [of units] referred to in point a shall automatically expire upon the selection and placement of heads [of units] in accordance with the provisions hereof.

5. The selection and placement of heads [of units] in accordance with the provisions hereof shall be completed within six (6) months of the date of entry hereof into force.

6. In all other respects, the provisions of Law 3528/2007 shall remain in force.

# ARTICLE 77

## *Establishment of new posts at the Hellenic Capital Market Commission and abolition of existing posts*

1. Thirty (30) posts are established at the Hellenic Capital Market Commission, classified into the following categories:

a) Officials:

aa) one (1) post in the University Education category in the Administration - Finance sector, requiring qualifications corresponding to those laid down in Article 4 of Presidential Decree 50/2001 (Government Gazette, Series I, Issue 39), as well as good command of the English language.

ab) one (1) post in the University Education category in the Translation - Interpretation sector, with qualifications corresponding to those laid down in Article 9 of Presidential Decree 50/2001.

b) Staff under private-law contracts:

ba) Seven (7) posts for special scientific staff, requiring qualifications corresponding to those laid down in Article 35(5) of Law 2324/1995, as well as specialisation in the discipline of information technology.

bb) Seventeen (17) posts for special scientific staff, specialising in auditing, requiring qualifications corresponding to those laid down in Article 35(6) and (7) of Law 2324/1995.

bc) Three (3) posts for special scientific staff, specialising in economics, requiring qualifications corresponding to those laid down in Article 2 of Presidential Decree 50/2001.

βδ) Μία (1) θέση ειδικού επιστημονικού προσωπικού, με ειδικότητα στη διαχείριση κινδύνου, για την οποία απαιτούνται προσόντα αντίστοιχα με τα προβλεπόμενα στο άρθρο 2 του πδ. 50/2001 που αποδεικνύονται από συναφείς τίτλους σπουδών ή από σχετική εμπειρία ή από τον συνδυασμό των δύο.

2. Στην Επιτροπή Κεφαλαιαγοράς καταργούνται οι ακόλουθες δέκα (10) κενές οργανικές θέσεις μονίμων υπαλλήλων:

α) Μία (1) θέση ΔΕ Διοικητικών - Γραμματέων.

β) Επτά (7) θέσεις ΥΕ Επιμελητών.

γ) Δύο (2) θέσεις Οδηγών.

# ΑΡΘΡΟ 78

*Θέματα σύνθεσης Διοικητικού Συμβουλίου και Συμβουλευτικής Επιτροπής της Επιτροπής Κεφαλαιαγοράς - Τροποποιήσεις του ν. 1969/1991*

Στον ν. 1969/1991 (Α΄ 167) επέρχονται τροποποιήσεις ως εξής:

1. Η παρ. 3 του άρθρου 77 αντικαθίσταται ως εξής:

«3. Για τον διορισμό του Προέδρου εφαρμόζονται οι διατάξεις του άρθρου 49Α του Κανονισμού της Βουλής. Δύο (2) μέλη του Διοικητικού Συμβουλίου διορίζονται από καταλόγους τριών υποψηφίων ο καθένας, που συντάσσονται αντιστοίχως από την Τράπεζα της Ελλάδος και την Επιτροπή Λογιστικής Τυποποίησης και Ελέγχων.»

2. Το τρίτο εδάφιο της παρ. 1 του άρθρου 78Α αντικαθίσταται και η παρ. 1 διαμορφώνεται ως εξής:

«1. Συστήνεται Συμβουλευτική Επιτροπή στην Επιτροπή Κεφαλαιαγοράς, έργο της οποίας είναι η διατύπωση απόψεων σχετικά με κανονιστικές ρυθμίσεις της τελευταίας. Μπορεί επίσης να υποβάλει στην Επιτροπή Κεφαλαιαγοράς προτάσεις για τη βελτίωση της λειτουργίας της αγοράς. Σε περίπτωση που η Επιτροπή Κεφαλαιαγοράς εισηγείται προς τον Υπουργό Οικονομικών την υιοθέτηση νομοθετικών και κανονιστικών ρυθμίσεων σχετικά με θέματα που αφορούν τη λειτουργία των εποπτευόμενων φορέων και εν γένει της αγοράς κεφαλαίων, η διατύπωση γνώμης της Συμβουλευτικής Επιτροπής είναι υποχρεωτική.»

3. Η παρ. 2 του άρθρου 78Α του ν. 1969/1991 αντικαθίσταται ως εξής:

«2. Η Συμβουλευτική Επιτροπή αποτελείται από εννέα (9) μέλη. Τα μέλη της Συμβουλευτικής Επιτροπής εκπροσωπούν το Χρηματιστήριο Αθηνών, την Ένωση Εισηγμένων Εταιριών (ΕΝΕΙΣΕΤ), τον Σύνδεσμο Μελών του Χρηματιστηρίου Αθηνών (ΣΜΕΧΑ), την Ελληνική Ένωση Τραπεζών (ΕΕΤ), την Ένωση Θεσμικών Επενδυτών (ΕΘΕ), τον Σύνδεσμο Εταιριών Διαμεσολαβητικών Υπηρεσιών Κινητών Αξιών

bd) One (1) post for special scientific staff, specialising in risk management, requiring qualifications corresponding to those laid down in Article 2 of Presidential Decree 50/2001, proven by relevant formal qualifications or relevant experience or a combination of the two.

2. The following ten (10) vacant posts for officials at the Hellenic Capital Market Commission are abolished:

a) One (1) Secondary Education post in the Administration - Secretarial Work category;

b) Seven (7) Compulsory Education posts for Clerks;

c) Two (2) posts for Drivers.

# ARTICLE 78

*Issues concerning the composition of the Board of Directors and of the Advisory Committee of the Hellenic Capital Market Commission - Amendments to Law 1969/1991*

Law 1969/1991 (Government Gazette, Series I, Issue 167) is amended as follows:

1. Article 77(3) is replaced as follows:

"3. The provisions of Article 49A of the Standing Orders of the Hellenic Parliament shall apply to the appointment of the Chairperson. Two (2) members of the Board of Directors shall be appointed from lists of three candidates each compiled by the Bank of Greece and the Hellenic Accounting and Auditing Standards Oversight Board, respectively."

2. The third subparagraph of paragraph 1 of Article 78A is replaced and paragraph 1 shall read as follows:

"1. An Advisory Committee shall be established at the Hellenic Capital Market Commission, tasked with expressing opinions on the regulations of the latter; the Committee may also submit proposals to improve the operation of the market to the Hellenic Capital Market Commission. Where the Hellenic Capital Market Commission recommends the adoption of legislative and regulatory provisions on issues concerning the operation of supervised bodies and the capital market, in general, to the Minister of Finance, the Advisory Committee must necessarily express an opinion."

3. Article 78A(2) of Law 1969/1991 is replaced as follows:

"2. The Advisory Committee shall be comprised of nine (9) members. The members of the Advisory Committee shall represent the Athens Stock Exchange, the Union of Listed Companies (ENEISET), the Association of Members of the Athens Exchanges (SMECHA), the Hellenic Bank Association (EET), the Hellenic Fund and

(ΣΕΔΥΚΑ), τον Σύνδεσμο Επενδυτών και Διαδικτύου (ΣΕΔ) και την Ένωση Ελληνικών Εταιρειών Επιχειρηματικών Κεφαλαίων. Κάθε φορέας προτείνει τον εκπρόσωπο και τον αναπληρωτή του, οι οποίοι ορίζονται με απόφαση του Υπουργού Οικονομικών. Με όμοια απόφαση ορίζεται ανώτερο στέλεχος της Επιτροπής Κεφαλαιαγοράς, ως Πρόεδρος της Επιτροπής, χωρίς δικαίωμα ψήφου.».

## ΑΡΘΡΟ 79

*Προϋπολογισμός και Απολογισμός της Επιτροπής Κεφαλαιαγοράς Τροποποίηση του ν. 2324/1995*

Ο ν. 2324/1995 (Α΄ 146) τροποποιείται ως εξής:

1. Το δεύτερο εδάφιο της παρ. 1 του άρθρου 31 αντικαθίσταται και η παρ. 1 διαμορφώνεται ως εξής:

«1. Το οικονομικό έτος αρχίζει την 1η Ιανουαρίου και λήγει την 31η Δεκεμβρίου κάθε έτους. Δύο (2) μήνες πριν από την έναρξη κάθε έτους συντάσσεται ο προϋπολογισμός του επόμενου οικονομικού έτους και εντός τεσσάρων (4) μηνών από την έναρξη του συντάσσεται ο απολογισμός του προηγούμενου οικονομικού έτους. Ο προϋπολογισμός και ο απολογισμός συντάσσονται από την Εκτελεστική Επιτροπή, εγκρίνονται από το Διοικητικό Συμβούλιο και υποβάλλονται προς έγκριση στον Υπουργό.»

2. Στην παρ. 2 του άρθρου 31 προστίθεται εδάφιο και η παρ. 2 διαμορφώνεται ως εξής:

«2. Για κάθε πίστωση που δεν προβλέπεται στον αρχικό προϋπολογισμό, καθώς και για κάθε τροποποίηση του αρχικού προϋπολογισμού, απαιτείται απόφαση του Διοικητικού Συμβουλίου της Επιτροπής Κεφαλαιαγοράς και έγκριση του Υπουργού. Με απόφαση του Διοικητικού Συμβουλίου της Επιτροπής Κεφαλαιαγοράς επιτρέπεται η μεταφορά κονδυλίων, από έναν κωδικό σε άλλον, ανάλογα με τις ανάγκες εκτέλεσης του προϋπολογισμού της Επιτροπής Κεφαλαιαγοράς, εφόσον δεν τροποποιείται το ύψος του προϋπολογισμού που έχει αρχικώς εγκριθεί.».

## ΑΡΘΡΟ 80

*Κανονισμός Εσωτερικής Λειτουργίας της Επιτροπής Κεφαλαιαγοράς Τροποποίηση του ν. 2324/1995*

4. Η παρ. 13 του άρθρου 35 του ν. 2324/1995 αντικαθίσταται ως εξής:

«13. Με απόφαση του Διοικητικού Συμβουλίου της Επιτροπής Κεφαλαιαγοράς καταρτίζεται Κανονισμός Εσωτερικής Λειτουργίας της Επιτροπής Κεφαλαιαγοράς, εντός τριών (3) μηνών από την έναρξη ισχύος του παρόντος, ο οποίος εγκρίνεται από τον Υπουργό Οικονομικών. Στον Κανονισμό Εσωτερικής Λειτουργίας της Επιτροπής

Asset Management Association (ETHE), the Association of Transferable Securities Intermediaries (SEDYKA), the Hellenic Investors Association (SED) and the Hellenic Venture Capital Association. Each body shall nominate a representative and substitute, who shall be appointed by decision of the Minister of Finance. A senior officer of the Hellenic Capital Market Commission shall be appointed by similar decision as Chairperson of the Committee without voting rights."

# ARTICLE 79

*Budget and Report of the Hellenic Capital Market Commission - Amendment to Law 2324/1995*

Law 2324/1995 (Government Gazette, Series I, Issue 146) is amended as follows:

1. The second subparagraph of paragraph 1 of Article 31 is replaced and paragraph 1 shall read as follows:

"1. The financial year shall begin on 1 January and end of 31 December of every year. Two (2) months prior to the start of each year, the budget for the upcoming financial year shall be drawn up. Four (4) months prior to the start of each year, the report on the preceding financial year shall be drawn up. The budget and the report shall be drawn up by the Executive Committee, approved by the Board of Directors and submitted for approval to the Minister."

2. A [new] subparagraph is inserted into Article 31(2), and paragraph 2 shall read as follows:

"2. Each appropriation not provided for in the initial budget and each amendment to the initial budget shall require a decision of the Board of Directors of the Hellenic Capital Market Commission and approval by the Minister. Budgetary transfers from one code to another shall be permitted by decision of the Board of Directors of the Hellenic Capital Market Commission, depending on the implementation requirements of the Commission's budget, provided the amount of the budget initially approved is not altered."

# ARTICLE 80

*Rules of Procedure of the Hellenic Capital Market Commission - Amendment to Law 2324/1995*

4. Article 35(13) of Law 2324/1995 is replaced as follows:

"13. The Board of Directors of the Hellenic Capital Market Commission shall issue a decision ordering the preparation of the Rules of Procedure of the Commission, within three (3) months of the entry hereof into force, which rules shall be approved by the Minister of Finance. The matters regulated by the Rules of Procedure of the

Κεφαλαιαγοράς καθορίζονται ενδεικτικά τα εξής:

(α) τα θέματα εσωτερικής λειτουργίας της Επιτροπής Κεφαλαιαγοράς και ιδίως οι εσωτερικές διαδικασίες που διέπουν κάθε αντικείμενο εργασίας, καθώς και θέματα σχέσεων και συνεργασίας των Διευθύνσεων και Μονάδων μεταξύ τους και με τη Διοίκηση,

(β) οι πολιτικές και οι κανόνες δεοντολογίας που διέπουν τη Διοίκηση και το προσωπικό της Επιτροπής Κεφαλαιαγοράς,

γ) ο χειρισμός των καταγγελιών, τα κριτήρια εξέτασής τους και τα κριτήρια καθορισμού του απώτερου χρόνου στον οποίο μπορεί να αναφέρονται οι εικαζόμενες παραβάσεις, καθώς και του απώτερου χρόνου εξέτασης. Για τον καθορισμό των κριτηρίων του προηγούμενου εδαφίου λαμβάνονται υπόψη ιδίως το δημόσιο συμφέρον, ως ειδικότερο συμφέρον του επενδυτικού κοινού, καθώς και οι πιθανές επιπτώσεις της εικαζόμενης παράβασης στην ομαλή λειτουργία της αγοράς. Τα κριτήρια της κατά προτεραιότητα εξέτασης των καταγγελιών ποσοτικοποιούνται κατ' εφαρμογή συστήματος μοριοδότησης και καθορίζονται οι λεπτομέρειες εφαρμογής αυτού. Το σύστημα μοριοδότησης χρησιμοποιείται αποκλειστικά για τον εσωτερικό χειρισμό των καταγγελιών από την Επιτροπή Κεφαλαιαγοράς και τα αποτελέσματα της κατάταξης δεν δημοσιοποιούνται και δεν κοινοποιούνται στον καταγγέλλοντα ή σε τρίτο.

Με όμοια απόφαση μπορούν να επαναπροσδιορίζονται, να εξειδικεύονται ή να επεκτείνονται οι αρμοδιότητες των διοικητικών μονάδων της Επιτροπής Κεφαλαιαγοράς, που προκύπτουν από την τροποποίηση της εθνικής νομοθεσίας, καθώς και από την προσαρμογή της στην ευρωπαϊκή νομοθεσία.».

Hellenic Capital Market Commission shall include but not be limited to the following:

(a) issues concerning the internal functioning of the Hellenic Capital Market Commission and, in particular, internal procedures covering all fields of activity, as well as issues of relationships and cooperation between Directorates and Units and between the foregoing and Management Team;

(b) the policies and codes of conduct governing the Management Team and staff of the Hellenic Capital Market Commission;

(c) the handling of complaints, the criteria for examining complaints and the criteria for setting the maximum time within which alleged infringements may be reported, as well as the maximum time for examination. In determining the criteria referred to in the previous subparagraph, regard shall be had in particular to the public interest, and in particular the specific interest of the investing public, and the potential impact of the alleged infringement on the seamless operation of the market. The criteria for the examination of complaints by order of priority shall be quantified by implementing a points system, and the details of its implementation shall be laid down. The points system shall be used exclusively for the internal handling of complaints by the Hellenic Capital Market Commission; the ranking results shall not be made public and shall not be communicated to the party lodging the complaint or third parties.

The powers of the administrative units of the Hellenic Capital Market Commission deriving from amendments to national legislation and transposition of European legislation may be redefined, specified or extended by means of a similar decision."

# ΜΕΡΟΣ Δ΄

## *ΛΟΙΠΕΣ ΔΙΑΤΑΞΕΙΣ*

*(Οι διατάξεις των άρθρων 81 έως 90 αφορούν μη συναφή ζητήματα)*

# PART IV

## OTHER PROVISIONS

(Articles 81 to 90 are on matters unrelated to the core provisions of this law and have been omitted from this translation)

# ΜΕΡΟΣ Ε΄

## ΚΑΤΑΡΓΟΥΜΕΝΕΣ, ΜΕΤΑΒΑΤΙΚΕΣ ΔΙΑΤΑΞΕΙΣ ΚΑΙ ΕΝΑΡΞΗ ΙΣΧΥΟΣ

## ΑΡΘΡΟ 91

### Καταργούμενες διατάξεις

1. Από τη θέση σε εφαρμογή των άρθρων 1 έως 24 του παρόντος καταργούνται οι διατάξεις των άρθρων 1 έως 11 του ν. 3016/2002 (Α΄ 110), καθώς και κάθε άλλη διάταξη νόμου ή κανονιστικής πράξεως που αντίκειται στις διατάξεις του παρόντος νόμου, με την επιφύλαξη της εφαρμογής τους για πράξεις και παραλείψεις που έχουν τελεσθεί μέχρι την έναρξη ισχύος του παρόντος, καθώς και για τις σχετικές εκκρεμείς διαδικασίες.

2. Από την έναρξη ισχύος του παρόντος καταργούνται τα άρθρα 1 έως και 26 του ν. 3401/2005, καθώς και κάθε άλλη διάταξη νόμου ή κανονιστικής πράξεως που αντίκειται στις διατάξεις του παρόντος νόμου, με την επιφύλαξη της εφαρμογής τους για πράξεις και παραλείψεις που έχουν τελεσθεί μέχρι την έναρξη ισχύος του παρόντος, καθώς και για τις σχετικές εκκρεμείς διαδικασίες.

## ΑΡΘΡΟ 92

### Μεταβατικές διατάξεις

1. Με την επιφύλαξη της παρ. 2 του άρθρου 91, οι κανονιστικές αποφάσεις της Επιτροπής Κεφαλαιαγοράς που έχουν εκδοθεί κατ' εξουσιοδότηση του ν. 3401/ 2005 εξακολουθούν να εφαρμόζονται μέχρι την τροποποίηση ή την κατάργησή τους.

2. Όπου στην κείμενη νομοθεσία περί κεφαλαιαγοράς γίνεται αναφορά στα άρθρα 1 έως και 26 του ν. 3401/ 2005, νοούνται οι, κατά περίπτωση, αντίστοιχες διατάξεις του παρόντος και του Κανονισμού (ΕΕ) 2017/1129.

3. Οι διατάξεις των άρθρων 1 έως και 24 τίθενται σε ισχύ δώδεκα (12) μήνες μετά τη δημοσίευση του παρόντος νόμου στην Εφημερίδα της Κυβερνήσεως, εκτός αν ορίζεται διαφορετικά στις επιμέρους διατάξεις.

4. Με την έναρξη ισχύος του παρόντος, το μέλος του Διοικητικού Συμβουλίου της Επιτροπής Κεφαλαιαγοράς που προέρχεται από το Χρηματιστήριο Αθηνών, καθίσταται αυτοδικαίως μέλος της Συμβουλευτικής Επιτροπής, χωρίς την έκδοση απόφασης διορισμού, για το υπόλοιπο της θητείας των μελών της Συμβουλευτικής

# PART V

## REPEALED AND TRANSITIONAL PROVISIONS AND ENTRY INTO FORCE

## ARTICLE 91

*Repealed provisions*

1. Upon the entry of Articles 1 to 24 hereof into force, the provisions of Articles 1 to 11 of Law 3016/2002 (Government Gazette, Series I, Issue 110) and all other legal provisions or regulatory acts contrary to the provisions hereof shall be repealed, without prejudice to their application to acts and omissions which occurred prior to the entry hereof into force, as well as the relevant pending procedures/proceedings.

2. Upon the entry hereof into force, the provisions of Articles 1 to 26 of Law 3401/2005 and all other legal provisions or regulatory acts contrary to the provisions hereof shall be repealed, without prejudice to their application to acts and omissions which occurred prior to the entry hereof into force, as well as the relevant pending procedures/proceedings.

## ARTICLE 92

*Transitional provisions*

1. Without prejudice to Article 91(2), the regulatory decisions of the Hellenic Capital Market Commission issued pursuant to Law 3401/2005 shall continue to apply until they are amended or repealed.

2. References to Articles 1 to 26 of Law 3401/2005 in the capital market legislation in force shall be understood as references to the provisions hereof and of Regulation (EU) No 2017/1129.

3. The provisions of Articles 1 to 24 shall enter into force twelve (12) months after the publication hereof in the Government Gazette, save where otherwise provided for in the individual provisions.

4. Upon the entry hereof into force, the director on the Board of the Hellenic Capital Market Commission from the Athens Stock Exchange shall automatically, and without a decision appointment him/her to that role being required, become a member of the Advisory Committee for the remainder of the term of Advisory Committee members

Επιτροπής, που διορίστηκαν με την υπ' αρ 115294 ΕΞ2019 (ΥΟΔΔ 876) απόφαση του Υπουργού Οικονομικών. Το μέλος που προέρχεται από την Επιτροπή Λογιστικής Τυποποίησης και Ελέγχων προτείνεται στον Υπουργό Οικονομικών και διορίζεται σύμφωνα με τη διαδικασία της παρ. 3 του άρθρου 77 του ν. 1969/1997. Η θητεία του ορίζεται έως τη λήξη της θητείας του Διοικητικού Συμβουλίου της Επιτροπής Κεφαλαιαγοράς, που διορίστηκε με την υπ' αρ 96090ΕΞ 2019 (ΥΟΔΔ 697) απόφαση του Υπουργού Οικονομικών.

5. Η παρ. 1 του άρθρου 9 του παρόντος εφαρμόζεται και για τον Πρόεδρο και την πλειονότητα των μελών της επιτροπής ελέγχου του άρθρου 44 του ν. 4449/2017.

6. Η Επιτροπή Κεφαλαιαγοράς συντάσσει έκθεση για την πορεία εφαρμογής του πλαισίου εταιρικής διακυβέρνησης των άρθρων 1 έως 24 ανά δύο (2) έτη, στην οποία αξιολογείται, μεταξύ άλλων, το νομοθετικό πλαίσιο και προτείνονται τροποποιήσεις βελτίωσής του. Η έκθεση της παρούσας αναρτάται στον διαδικτυακό τόπο της Επιτροπής Κεφαλαιαγοράς.

# ΑΡΘΡΟ 93

## Έναρξη ισχύος

1. Ο παρών νόμος ισχύει από τη δημοσίευσή του στην Εφημερίδα της Κυβερνήσεως.

2. Τα άρθρα 64 έως 66 ισχύουν από τις 21 Ιουλίου 2019.

Παραγγέλλομε τη δημοσίευση του παρόντος στην Εφημερίδα της Κυβερνήσεως και την εκτέλεσή του ως νόμου του Κράτους.

Αθήνα, 16 Ιουλίου 2020

appointed pursuant to decision No 115294 E?2019 (Government Gazette, Special Officials and Management Positions of Public Sector and Wider Public Sector Bodies Bulletin, Issue 876) of the Minister of Finance. The director on the Board from the Hellenic Accounting and Auditing Standards Oversight Board shall be nominated to the Minister of Finance and appointed in accordance with the procedure laid down in Article 77(3) of Law 1969/1997 to serve a term until the expiry of the term of the Board of Directors of the Hellenic Capital Market Commission appointed pursuant to decision No?Ξ2019 (Government Gazette, Special Officials and Management Positions of Public Sector and Wider Public Sector Bodies Bulletin, Issue 876) of the Minister of Finance. The director on the Board from the Hellenic Accounting and Auditing Standards Oversight Board shall be nominated to the Minister of Finance and appointed in accordance with the procedure laid down in Article 77(3) of Law 1969/1997 to serve a term until the expiry of the term of the Board of Directors of the Hellenic Capital Market Commission appointed pursuant to decision No 96090 EΞ 2019 (Government Gazette, Special Officials and Management Positions of Public Sector and Wider Public Sector Bodies Bulletin, Issue 697) of the Minister of Finance.

5. Article 9(1) hereof shall also apply to the Chairperson and the majority of members of the audit committee referred to in Article 44 of Law 4449/2017.

6. The Hellenic Capital Market Commission shall prepare a report on the progress of implementation of the corporate governance framework referred to in Articles 1 to 24 every two (2) years, assessing, inter alia, the legislative framework and proposing amendments to improve it. This report shall be posted to the website of the Hellenic Capital Market Commission.

# ARTICLE 93

## *Entry into force*

1. This law shall enter into force upon its publication in the Government Gazette.

2. Articles 64 to 66 shall enter into force on 21 July 2019.

This Law is to be published in the Government Gazette and enforced as a law of the State.

Athens, 16 July 2020

# ΚΑΝΟΝΙΣΤΙΚΕΣ ΠΡΑΞΕΙΣ

Εγκύκλιος αρ. 60/18.9.2020

Απόφαση ΔΣ 1Α/890/18.9.2020

Απόφαση ΔΣ 1/891/30.9.2020

Απόφαση ΔΣ 1/893/16.10.2020

# REGULATORY ACTS

HCMC Circular No 60/18.9.2020

HCMC BoD Decision No 1A/890/18.9.2020

HCMC BoD Decision No 1/891/30.9.2020

HCMC BoD Decision No 1/893/16.10.2020

# ΕΛΛΗΝΙΚΗ ΔΗΜΟΚΡΑΤΙΑ

## ΕΠΙΤΡΟΠΗ ΚΕΦΑΛΑΙΑΓΟΡΑΣ

## Ν.Π.Δ.Δ.

### Αθήνα, 18 Σεπτεμβρίου 2020

## ΕΓΚΥΚΛΙΟΣ ΑΡ. 60

*Θέμα: Κατευθυντήριες γραμμές για την Πολιτική Καταλληλόητας του άρθρου 3 του ν. 4706/2020.*

### Ι. Σκοπός

Σκοπός της παρούσας εγκυκλίου είναι ο προσδιορισμός των κατευθυντήριων γραμμών, λαμβάνοντας υπόψη τις παραγράφους 1 και 1α του άρθρου 3 του ν.όμου 4706/2020 (ΦΕΚ 136/Α/17-7-2020) για την «Εταιρική διακυβέρνηση ανωνύμων εταιρειών, σύγχρονη αγορά κεφαλαίου, ενσωμάτωση στην ελληνική νομοθεσία της Οδηγίας (ΕΕ) 2017/828 του Ευρωπαϊκού Κοινοβουλίου και του Συμβουλίου, μέτρα προς εφαρμογή του Κανονισμού (ΕΕ) 2017/1131 και άλλες διατάξεις» σχετικά με:

α)     τις αρχές που αφορούν στην επιλογή ή την αντικατάσταση των μελών του Διοικητικού Συμβουλίου (εφεξής «Δ.Σ.») καθώς και την ανανέωση της θητείας των υφιστάμενων μελών του,

β)     τα κριτήρια για την αξιολόγηση της καταλληλότητας των μελών του Δ.Σ., και

γ)     τα κριτήρια πολυμορφίας για την επιλογή των μελών του Δ.Σ.

που διέπουν το περιεχόμενο της Πολιτικής Καταλληλότητας των μελών του Δ.Σ. σύμφωνα με το άρθρο 3 του ν.όμου 4706/2020.

### ΙΙ. Γενικά - Ορισμοί

Οι εταιρείες (εφεξής «Εταιρεία» ή «Εταιρείες») που εμπίπτουν στο πεδίο εφαρμογής των άρθρων 1-24 του ν. 4706/2020 οφείλουν να έχουν Πολιτική Καταλληλότητας των μελών του Δ.Σ. τους.

Η καταλληλότητα διακρίνεται σε ατομική και συλλογική.

Ο βαθμός στον οποίο ένα πρόσωπο θεωρείται ότι έχει ως μέλος Δ.Σ. επαρκείς γνώσεις, δεξιότητες, εμπειρία, ανεξαρτησία κρίσης, εχέγγυα ήθους και καλή φήμη για την εκτέλεση των καθηκόντων του ως μέλος του Δ.Σ. της Εταιρείας, σύμφωνα με τα κριτήρια καταλληλότητας που θέτει η Πολιτική Καταλληλότητας της Εταιρείας αποτελεί την ατομική καταλληλότητα. Η καταλληλότητα των μελών του Δ.Σ. στο σύνολό τους αποτελεί τη συλλογική καταλληλότητα.

# HELLENIC REPUBLIC

## HELLENIC CAPITAL MARKET COMMISSION
## BODY GOVERNED BY PUBLIC LAW
### Athens, 18 September 2020

## CIRCULAR NO 60

*Subject: Guidelines regarding the Fit-and-Proper Policy of Article 3 of Law 4706/2020.*

### I. Purpose

The purpose of this circular is to lay down guidelines, having regard to Article 3(1) and (1a) of Law 4706/2020 (Government Gazette, Series I, Issue 136/17-7-2020) on 'Corporate governance of sociétés anonymes, modern capital market, transposition of Directive (EU) No 2017/828 of the European Parliament and of the Council into Greek law, measures implementing Regulation (EU) No 2017/1131, and other provisions', on:

a)      the principles for the selection or replacement of directors and the renewal of the terms in office of existing directors;

b)      director fit-and-proper assessment criteria; and

c)      diversity criteria for the selection of directors

governing the content of the Fit-and-Proper Policy for directors, in accordance with Article 3 of Law 4706/2020.

### II. General information - Definitions

Companies falling within the scope of Articles 1 to 24 of Law 4706/2020 (hereinafter the "Company" or "Companies") shall have a Fit-and-Proper Policy for their directors.

Fitness and propriety ("suitability") may be either individual or collective.

"Individual suitability" shall mean the degree to which a person is considered, as a director, to have sufficient knowledge, experience, independence of judgement, character requirements, and good reputation to perform their duties as director of the Company, in accordance with the fit-and-proper criteria laid down in the Company's Fit-and-Proper Policy. "Collective suitability" shall mean the suitability of directors taken as a whole.

Ως Πολιτική Καταλληλότητας ορίζεται το σύνολο των αρχών και κριτηρίων που εφαρμόζονται τουλάχιστον κατά την επιλογή, αντικατάσταση και ανανέωση της θητείας των μελών του Δ.Σ., στο πλαίσιο της αξιολόγησης της ατομικής και συλλογικής καταλληλότητας.

Η Πολιτική Καταλληλότητας αποσκοπεί στη διασφάλιση της ποιοτικής στελέχωσης, αποτελεσματικής λειτουργίας και εκπλήρωσης του ρόλου του ΔΣ με βάση τη γενικότερη στρατηγική και τις μεσομακροπρόθεσμες επιχειρηματικές επιδιώξεις της Εταιρείας με στόχο την προαγωγή του εταιρικού συμφέροντος.

Η Πολιτική Καταλληλότητας εγκρίνεται από το Δ.Σ., σύμφωνα με το άρθρο 3 παρ. 1 του ν. 4706/2020 και υποβάλλεται προς έγκριση στην Γενική Συνέλευση, σύμφωνα με το άρθρο 3 παρ. 3 του ν. 4706/2020. Τροποποιήσεις της Πολιτικής Καταλληλότητας εγκρίνονται από το Δ.Σ. και εφόσον είναι ουσιώδεις υποβάλλονται προς έγκριση στην Γενική Συνέλευση σύμφωνα με το άρθρο 3 παρ. 3 του ν. 4706/2020. Η Πολιτική Καταλληλότητας και κάθε ουσιώδης τροποποίησή της ισχύει από την έγκρισή της από τη Γενική Συνέλευση. Ως ουσιώδεις νοούνται οι τροποποιήσεις που εισάγουν παρεκκλίσεις ή που μεταβάλλουν σημαντικά το περιεχόμενο της Πολιτικής Καταλληλότητας, ιδίως ως προς τις εφαρμοζόμενες γενικές αρχές και κριτήρια.

Η κάθε φορά ισχύουσα Πολιτική Καταλληλότητας, αναρτάται, επικαιροποιημένη, στον ιστότοπο της Εταιρείας.

### III. Αρχές της Πολιτικής Καταλληλότητας

Η Πολιτική Καταλληλότητας είναι σαφής, επαρκώς τεκμηριωμένη και διέπεται από την αρχή της διαφάνειας και της αναλογικότητας.

Η Πολιτική Καταλληλότητας είναι σύμφωνη με τα όσα προβλέπονται στον Κανονισμό Λειτουργίας της Εταιρείας και στον Κώδικα Εταιρικής Διακυβέρνησης που εφαρμόζει η Εταιρεία.

Οι Εταιρείες λαμβάνουν υπόψη το μέγεθος, την εσωτερική οργάνωση, τη διάθεση ανάληψης κινδύνου, τη φύση, την κλίμακα και την πολυπλοκότητα των δραστηριοτήτων τους κατά την διαμόρφωση της Πολιτικής Καταλληλότητας, καθώς και κάθε άλλο στοιχείο ειδικό ως προς τη συγκεκριμένη Εταιρεία.

Η Επιτροπή Υποψηφιοτήτων, η μονάδα Εσωτερικού Ελέγχου, καθώς και οι οργανωτικές μονάδες με συναφές αντικείμενο (όπως του Ανθρώπινου Δυναμικού ή/και της Κανονιστικής Συμμόρφωσης ή/και η Νομική Υπηρεσία), δύναται να παρέχουν αποτελεσματική συμβολή κατά τη διαμόρφωση και παρακολούθηση της εφαρμογής της Πολιτικής Καταλληλότητας.

Η Πολιτική Καταλληλότητας λαμβάνει υπόψη την ειδικότερη περιγραφή των αρμοδιοτήτων κάθε μέλους Δ.Σ. ή την συμμετοχή του ή μη σε επιτροπές, την φύση των καθηκόντων του (εκτελεστικό ή μη εκτελεστικό μέλος Δ.Σ.) και τον χαρακτηρισμό του ως ανεξάρτητου ή μη μέλους του Δ.Σ., καθώς και ειδικότερα ασυμβίβαστα ή χαρακτηριστικά ή συμβατικές δεσμεύσεις που συνδέονται με τη φύση της δραστηριότητας της Εταιρείας ή τον Κώδικα Εταιρικής Διακυβέρνησης που εφαρμόζει.

"Fit-and-Proper Policy" shall mean all the principles and criteria applying, as a minimum, to the selection, replacement and renewal of the term in office of directors, in the context of assessing individual and collective suitability.

The Fit-and-Proper Policy aims at safeguarding the high-quality staffing, effective functioning and fulfilment of the role of the Board of Directors based on the Company's general strategy and business pursuits in the medium to long term, with a view to promoting the Company's interests.

The Fit-and-Proper Policy shall be approved by the Board of Directors, in accordance with Article 3(1) of Law 4706/2020, and submitted to the General Meeting for approval, in accordance with Article 3(3) of Law 4706/2020. Amendments to the Fit-and-Proper Policy shall be approved by the Board of Directors and, if material, shall be submitted to the General Meeting for approval, in accordance with Article 3(3) of Law 4706/2020. The Fit-and-Proper Policy and any material amendment thereto shall take effect upon its approval by the General Meeting. Material amendments shall be understood to mean amendments introducing deviations to or significantly altering the content of the Fit-and-Proper Policy, particularly with regard to the general principles and criteria applied.

The updated Fit-and-Proper Policy in effect from time to time shall be posted on the Company website.

## III. Principles of the Fit-and-Proper Policy

The Fit-and-Proper Policy shall be clear, sufficiently documented and governed by the principles of transparency and proportionality.

The Fit-and-Proper Policy shall be consistent with the provisions of the Company's rules of procedure and the corporate governance code implemented by the Company.

When preparing the Fit-and-Proper Policy, Companies shall take into account the scale, internal organisation, risk appetite [associated with], nature, scale and complexity of their activities, as well as all other information peculiar to each specific Company.

The nominations committee, the Internal Audit department, as well as organisational departments with a relevant function (e.g. Human Resources and/or Regulatory Compliance and/or Legal Service) may contribute effectively to the preparation of the Fit-and-Proper Policy and monitoring of its implementation.

The Fit-and-Proper Policy shall take into account the specific description of the functions of each director or their involvement or non-involvement in committees, the nature of their duties (executive or non-executive director) and their characterisation as an independent or non-independent director, as well as any specific incompatibilities or characteristics or contractual commitments relating to the nature of the Company's activities or the corporate governance code it implements.

Οι Εταιρείες παρακολουθούν την αποτελεσματικότητα της Πολιτικής Καταλληλότητας και προβαίνουν σε περιοδική αξιολόγησή της ανά τακτά χρονικά διαστήματα ή όταν λαμβάνουν χώρα σημαντικά γεγονότα ή αλλαγές. Οι Εταιρείες τροποποιούν την Πολιτική και επανεξετάζουν το σχεδιασμό και την εφαρμογή της, όπου ενδείκνυται, λαμβάνοντας υπόψη μεταξύ άλλων τις συστάσεις της Επιτροπής Υποψηφιοτήτων και της μονάδας Εσωτερικού Ελέγχου και τυχόν άλλων εξωτερικών φορέων.

## IV. Αρχές που αφορούν στην επιλογή, αντικατάσταση ή ανανέωση της θητείας των μελών του Δ.Σ.

Η Πολιτική Καταλληλότητας προβλέπει ότι το Δ.Σ. διαθέτει επαρκή αριθμό μελών και κατάλληλη σύνθεση.

Η Εταιρεία επιδιώκει την στελέχωση του ΔΣ με πρόσωπα ήθους και φήμης.

Τα μέλη ΔΣ διαθέτουν τις δεξιότητες και την εμπειρία που απαιτείται με βάση τα καθήκοντα που αναλαμβάνουν και το ρόλο τους στο Δ.Σ., ενώ παράλληλα διαθέτουν ικανό χρόνο για την άσκηση των καθηκόντων τους.

Κατά την επιλογή, την ανανέωση της θητείας και την αντικατάσταση μέλους λαμβάνεται υπόψη η αξιολόγηση της ατομικής και συλλογικής καταλληλότητας.

Η Πολιτική Καταλληλότητας προβλέπει ότι τα υποψήφια μέλη του Δ.Σ. γνωρίζουν μεταξύ άλλων, κατά το δυνατό, πριν από την ανάληψη της θέσης, την κουλτούρα, τις αξίες και τη γενική στρατηγική της Εταιρείας.

Οι Εταιρείες παρακολουθούν σε διαρκή βάση την καταλληλότητα των μελών του Δ.Σ. ιδίως για να εντοπίζουν, υπό το πρίσμα οποιουδήποτε σχετικού νέου γεγονότος, περιπτώσεις στις οποίες κρίνεται απαραίτητη η επαναξιολόγηση της καταλληλότητάς τους. Συγκεκριμένα, επαναξιολόγηση της καταλληλότητας συνιστάται να πραγματοποιείται στις ακόλουθες περιπτώσεις:

α) όταν προκύπτουν αμφιβολίες σχετικά με την ατομική καταλληλότητα των μελών του Δ.Σ ή την καταλληλότητα της σύνθεσης του οργάνου,

β) σε περίπτωση σημαντικής επίδρασης στη φήμη ενός μέλους του Δ.Σ.,

γ) σε κάθε περίπτωση επέλευσης γεγονότος που δύναται να επηρεάσει σημαντικά την καταλληλότητα του μέλους του Δ.Σ, συμπεριλαμβανομένων των περιπτώσεων στις οποίες τα μέλη δεν συμμορφώνονται με την Πολιτική Σύγκρουσης Συμφερόντων της Εταιρείας.

Το Δ.Σ. διασφαλίζει για την Εταιρεία το κατάλληλο πλάνο διαδοχής, για την ομαλή συνέχεια της διαχείρισης των υποθέσεων της Εταιρείας και της λήψης αποφάσεων μετά από αποχωρήσεις μελών του Δ.Σ., ιδίως εκτελεστικών και μελών επιτροπών.

V.      Κριτήρια αξιολόγησης Καταλληλότητας

Α.      Ατομική Καταλληλότητα

Η ατομική καταλληλότητα των μελών του Δ.Σ. αξιολογείται ιδίως με βάση τα κριτήρια

Companies shall monitor the effectiveness of the Fit-and-Proper Policy and shall periodically evaluate it at regular intervals or when significant events or changes occur. Companies shall amend the Policy and review its design and implementation, where appropriate, taking into account, inter alia, the recommendations of the nominations committee, the internal audit department and any other external bodies.

## IV. Principles concerning the selection, replacement or renewal of the term of directors

The Fit-and-Proper Policy shall stipulate that the Board will have a sufficient number of members and an appropriate composition.

The Company shall aim to staff the Board with persons of integrity and good reputation.

Directors shall have the skills and experience required on the basis of the duties they undertake and their role on the Board, and shall have sufficient time to perform their duties.

During the selection, renewal of the term and replacement of directors, the evaluation of individual and collective suitability shall be taken into account.

The Fit-and-Proper Policy shall stipulate that prospective directors are familiar — inter alia and, to the extent possible, prior to taking up their post — with the Company's culture, values and general strategy.

Companies shall continuously monitor the suitability of directors, particularly in order to identify, in light of any relevant new event, cases where the re-assessment of their suitability is deemed necessary. More specifically, it is recommended that suitability be re-assessed in the following cases:

a) when doubts arise regarding the individual suitability of directors or the suitability of the Board's composition overall;

b) when an event significantly impacts the reputation of a director;

c) when an event occurs that could significantly affect the suitability of a director, including cases where directors fail to comply with the Company's Conflict of Interest Policy.

The Board shall put a suitable succession plan in place for the Company to ensure the seamless continuity of the management of Company affairs and decision-making following the resignation of directors, particularly executive directors and committee members.

V.      Suitability assessment criteria

A.      Individual Suitability

The individual suitability of directors shall be assessed, in particular, on the basis of the criteria set out below. The criteria are general and shall apply to all directors,

που αναφέρονται παρακάτω. Τα κριτήρια είναι γενικά και εφαρμόζονται για όλα τα μέλη του Δ.Σ., ανεξάρτητα από την ιδιότητά τους, ως εκτελεστικά, μη εκτελεστικά ή ανεξάρτητα μη εκτελεστικά μέλη.

Ειδικά κωλύματα, υποχρεώσεις και προϋποθέσεις (όπως του αρ. 3 παρ. 4, 5 και 6 και του αρ. 9 παρ. 1 και 2 του ν. 4706/2020 και αρ. 44 παρ. 1 του ν. 4449/2017) εφαρμόζονται ανεξάρτητα από τα κριτήρια καταλληλότητας.

## 1.    Επάρκεια γνώσεων και δεξιοτήτων

Τα μέλη του Δ.Σ. διαθέτουν τις απαιτούμενες γνώσεις, δεξιότητες και εμπειρία για την εκτέλεση των καθηκόντων τους εν όψει του ρόλου, της θέσης και των προαπαιτούμενων από την Εταιρεία ικανοτήτων που απαιτεί η θέση. Η εμπειρία καλύπτει τόσο την πρακτική και επαγγελματική εμπειρία, όσο και τις θεωρητικές γνώσεις που έχουν αποκτηθεί.

Για τους σκοπούς της αξιολόγησης των θεωρητικών γνώσεων ενός μέλους μπορεί να λαμβάνεται υπόψη το επίπεδο και το είδος της εκπαίδευσης (τομέας σπουδών και εξειδίκευσης), ιδίως εφόσον σχετίζεται με τις σχετικές με την Εταιρεία δραστηριότητες ή άλλους συναφείς τομείς.

Η πρακτική εμπειρία καλύπτει τις προηγούμενες θέσεις και το είδος απασχόλησης που κατείχε το μέλος, λαμβανομένων υπόψη της διάρκειας παραμονής του στην εκάστοτε θέση, του μεγέθους της εκάστοτε οντότητας στην οποία εργαζόταν, της κλίμακας και της πολυπλοκότητας της επιχειρηματικής δραστηριότητας, των αρμοδιοτήτων που ασκούσε σε αυτή, του αριθμού υφισταμένων του, της φύσης των δραστηριοτήτων της οντότητας, κ.λπ.

Εν προκειμένω, στο πλαίσιο της αξιολόγησης των επαρκών γνώσεων και δεξιοτήτων δύναται να εξετάζονται τα ακόλουθα:

- ο ρόλος και τα καθήκοντα της θέσης και οι απαιτούμενες ικανότητες,
- οι γνώσεις και οι δεξιότητες που έχουν αποκτηθεί μέσω της εκπαίδευσης και κατάρτισης,
- η πρακτική και επαγγελματική εμπειρία που έχει προηγουμένως αποκτηθεί, και
- οι γνώσεις και οι δεξιότητες που έχουν αποκτηθεί και καταδεικνύονται από την επαγγελματική συμπεριφορά και εξέλιξη του μέλους του Δ.Σ.

Η αξιολόγηση δεν περιορίζεται στους ακαδημαϊκούς τίτλους σπουδών του μέλους ή στην απόδειξη συγκεκριμένου χρόνου προϋπηρεσίας. Αντιθέτως, συστήνεται να διενεργείται διεξοδική ανάλυση της εμπειρίας του μέλους και της κατάρτισής του, καθώς οι γνώσεις και οι δεξιότητες που αποκτώνται από προηγούμενη απασχόληση εξαρτώνται από τη φύση, την κλίμακα και την πολυπλοκότητα της επιχειρηματικής δραστηριότητας, καθώς και από τα καθήκοντα που ασκούσε το μέλος στο πλαίσιο αυτής και το βαθμό ευθύνης του.

Τα εκτελεστικά μέλη του Δ.Σ. μπορεί να έχουν αποκτήσει επαρκή πρακτική και επαγγελματική εμπειρία, είτε κατέχοντας θέση ευθύνης, είτε μέσω άσκησης επιχειρηματικής δραστηριότητας, για ικανό χρονικό διάστημα.

irrespective of their capacity as executive, non-executive or independent non-executive directors.

Special impediments, obligations and requirements (such as those laid down in Article 3(4), (5) and (6) and Articles 9(1) and (2) of Law 4706/2020 and Article 44(1) of Law 4449/2017) shall apply irrespective of the suitability criteria.

## 1.    Competence and skills

Directors shall have the competence, skills and experience required to perform their duties in view of the role, position and skills the post demands, set by the Company as prerequisites. Experience covers both practical and professional experience, as well as any theoretical experience obtained.

For the purposes of assessing the theoretical experience of a director, account may be taken of the level and kind of education (discipline studied and specialisation), particularly when pertaining to the activities relating to the Company or other relevant areas.

Practical experience covers the director's previous posts and type of employment, including the duration of their stay in each post, the size of the entity that employed them, the scale and complexity of the business activity, the functions they performed at the said entity, the number of subordinates below them, the nature of the entity's activities, etc.

In this case, in the context of assessing adequate knowledge and skills, the following may be examined:

• the role and duties of the post and the skills required;
• the knowledge and experience obtained through education and training;
• practical and professional experience obtained in the past; and
• knowledge and experience obtained and demonstrated by the director's professional conduct and development.

The assessment shall not be limited to the director's academic qualifications or proof of a specific length of service in the past. On the contrary, it is recommended that the director's experience and training be comprehensively analysed, as the knowledge and skills obtained from previous employment depend on the nature, scale and complexity of the business activity, as well as the duties performed by the director in the context of this activity and their degree of responsibility.

Executive directors may have obtained adequate practical and professional experience either by holding a position of responsibility or by engaging in business activities for a sufficient period of time.

Τα μέλη του Δ.Σ. συστήνεται να γνωρίζουν και να κατανοούν σαφώς τις ρυθμίσεις εταιρικής διακυβέρνησης της Εταιρείας, όπως αυτές προκύπτουν από τον Νόμο και τον Κώδικα Εταιρικής Διακυβέρνησης που αυτή εφαρμόζει, τον αντίστοιχο ρόλο και τις ευθύνες τους, τόσο ως μέλη του Δ.Σ. όσο και ως μέλη επιτροπών αυτού, και κατά περίπτωση, εφόσον υπάρχει όμιλος, τη δομή του και πιθανές συγκρούσεις συμφερόντων.

## 2.    Εχέγγυα Ήθους και Φήμη

Τα μέλη του Δ.Σ. διακρίνονται για την καλή τους φήμη και το ήθος τους, το οποίο προσδιορίζεται κυρίως από την εντιμότητα και την ακεραιότητα.

Ένα μέλος του Δ.Σ. θεωρείται κατά τεκμήριο ότι διαθέτει καλή φήμη, εντιμότητα και ακεραιότητα, εάν δεν υπάρχουν αντικειμενικοί και αποδεδειγμένοι λόγοι που να υποδηλώνουν διαφορετικά.

Για την αξιολόγηση της φήμης, της εντιμότητας και της ακεραιότητας ενός υποψήφιου ή υφιστάμενου μέλους Δ.Σ., η Εταιρεία δύναται να διεξάγει έρευνα και, με την επιφύλαξη της νομοθεσίας για την προστασία των προσωπικών δεδομένων, να ζητά στοιχεία και σχετικά δικαιολογητικά για τυχόν τελεσίδικες διοικητικές και δικαστικές αποφάσεις εις βάρος του, ιδίως για παραβάσεις και αδικήματα που συνδέονται με την ιδιότητά του ως μέλος του Δ.Σ. ή με μη συμμόρφωση με διατάξεις της νομοθεσίας της Επιτροπής Κεφαλαιαγοράς ή εν γένει με οικονομικά εγκλήματα. Με την επιφύλαξη των διατάξεων του άρθρου 3 παρ. 4 και 5 του ν. 4706/2020, για την εν λόγω αξιολόγηση μπορεί να λαμβάνονται ιδίως υπόψη η συνάφεια του αδικήματος ή του μέτρου με τον ρόλο του μέλους, η σοβαρότητα του αδικήματος ή μέτρου, οι γενικότερες συνθήκες, συμπεριλαμβανομένων των ελαφρυντικών παραγόντων, ο ρόλος του εμπλεκόμενου προσώπου, η ποινή που επιβλήθηκε, το στάδιο στο οποίο έφτασε η ένδικη διαδικασία και τυχόν μέτρα αποκατάστασης που τέθηκαν σε εφαρμογή. Χρήσιμο είναι να εξετάζονται ο χρόνος που έχει παρέλθει και η συμπεριφορά του προσώπου μετά την παράβαση ή το αδίκημα.

Η Εταιρεία μπορεί να λαμβάνει επίσης υπόψη κατά την αξιολόγηση τυχόν απόφαση αποκλεισμού του υποψήφιου μέλους του Δ.Σ. από το να ενεργεί ως μέλος Δ.Σ., η οποία έχει εκδοθεί από οποιαδήποτε αρμόδια αρχή.

## 3.    Σύγκρουση συμφερόντων

Οι Εταιρείες διαθέτουν, υιοθετούν και εφαρμόζουν Πολιτική Σύγκρουσης Συμφερόντων, σύμφωνα με την παρ. 3 (ζ) του αρ. 14 του ν. 4706/2020. Πριν την υιοθέτηση των κριτηρίων καταλληλότητας, συστήνεται να διασφαλίζεται ότι στην Πολιτική Σύγκρουσης Συμφερόντων περιλαμβάνονται, τουλάχιστον για τα μέλη του Δ.Σ., διαδικασίες πρόληψης σύγκρουσης συμφερόντων, μέτρα για την αποκάλυψη και διαχείριση της σύγκρουσης συμφερόντων και τυχόν περιπτώσεις και προϋποθέσεις που, κατ' εξαίρεση, θα ήταν αποδεκτό για ένα μέλος του Δ.Σ. να έχει συγκρουόμενα συμφέροντα, εφόσον τα εν λόγω συμφέροντα του μέλους περιορίζονται σημαντικά ή αποτελούν αντικείμενο κατάλληλης διαχείρισης.

Όλες οι πραγματικές και δυνητικές συγκρούσεις συμφερόντων σε επίπεδο Δ.Σ.

It is recommended that directors be cognisant of and clearly comprehend the Company's corporate governance provisions, based on the law and the corporate governance code it implements, their corresponding role and their responsibilities, both as directors and as Board committee members and, where applicable, in the case of a group, its structure and possible conflicts of interest.

## 2.    Character requirements and reputation

Directors shall stand out for their good reputation and character, which shall be primarily determined by their honesty and integrity.

A director shall be presumed to have a good reputation, and a name for honesty and integrity if there are no objective and demonstrable grounds indicating otherwise.

In order to assess the reputation, honesty and integrity of a prospective or current director, the Company may conduct an inquiry and, without prejudice to personal data protection legislation, may request information and relevant supporting documents regarding any administrative decisions and court judgments with res judicata effect against them, particularly with regard to infringements and offences associated with their capacity as directors or non-compliance with the provisions of Hellenic Capital Market Commission legislation or financial crimes in general. Without prejudice to the provisions of Article 3(4) and (5) of Law 4706/2020, with regard to the assessment in question, particular account may be taken of the relevance of the offence or the measure to the role of the director, the severity of the offence or the measure, the general circumstances, including mitigating factors, the role of the person involved, the penalty imposed, the stage the proceedings reached and any remedial measures implemented. It is also useful to examine the time that has elapsed and the person's conduct after the infringement or offence.

During the assessment, the Company may also take into account any decision issued by any competent authority to bar the prospective director from serving as a director.

## 3.    Conflicts of interest

Companies shall have, adopt and implement a Conflict of Interest Policy, in accordance with Article 14(3)(g) of Law 4706/2020. It is recommended, prior to adopting suitability criteria, to ensure that the Conflict of Interest Policy includes, at least with regard to directors, procedures for preventing conflicts of interest, measures for the disclosure and handling of conflicts of interest, as well as any cases and conditions where, by way of exception, it would be acceptable for a director to have a conflict of interest, provided the interests of the director in question are significantly restricted or are suitably managed.

αποτελούν αντικείμενο επαρκούς κοινοποίησης, συζήτησης, τεκμηρίωσης, λήψης απόφασης και δέουσας διαχείρισης (δηλαδή λαμβάνονται τα απαραίτητα μέτρα περιορισμού των συγκρούσεων συμφερόντων).

## 4.     Ανεξαρτησία κρίσης

Κάθε μέλος του Δ.Σ. είναι σημαντικό να διασφαλίζεται ότι ενεργεί με ανεξάρτητη κρίση. Η απουσία σύγκρουσης συμφερόντων δεν σημαίνει όμως κατ' ανάγκην ότι το μέλος ενεργεί με ανεξάρτητη κρίση. Η «ανεξαρτησία του ν.ου» ή «ανεξαρτησία κρίσης» είναι πρότυπο συμπεριφοράς κατά τη διάρκεια συζητήσεων και λήψης αποφάσεων εντός του Δ.Σ. και απαιτείται για κάθε μέλος του, ανεξάρτητα από το εάν το μέλος είναι «ανεξάρτητο» σύμφωνα με το άρθρο 9 του ν. 4706/2020. Όλα τα μέλη του Δ.Σ. συμμετέχουν ενεργά στις συνεδριάσεις και λαμβάνουν τις δικές τους ορθές, αντικειμενικές και ανεξάρτητες αποφάσεις και κρίσεις κατά την εκτέλεση των καθηκόντων τους.

Ως αντικειμενικότητα ορίζεται η αμερόληπτη στάση και νοοτροπία, η οποία επιτρέπει στο μέλος του Δ.Σ. να εκτελεί το έργο του, όπως πιστεύει το ίδιο και να μη δέχεται συμβιβασμούς ως προς την ποιότητά του. Ως ανεξαρτησία νοείται η απαλλαγή από συνθήκες που εμποδίζουν το μέλος του Δ.Σ. να ασκήσει τα καθήκοντά του με αμερόληπτο τρόπο.

Κατά την αξιολόγηση της ανεξαρτησίας της κρίσης, οι Εταιρείες συστήνεται να λαμβάνουν υπόψη αν όλα τα μέλη του Δ.Σ. έχουν τις απαραίτητες δεξιότητες συμπεριφοράς, που περιλαμβάνουν μεταξύ άλλων:

* θάρρος, πεποίθηση και σθένος για να προβαίνουν σε ουσιαστική αξιολόγηση και αμφισβήτηση των προτάσεων ή απόψεων άλλων μελών του Δ.Σ.,
* την ικανότητα να θέτουν εύλογες ερωτήσεις στα μέλη του Δ.Σ. και ειδικότερα στα εκτελεστικά μέλη του και να ασκούν κριτική, και
* την ικανότητα να αντιστέκονται στο φαινόμενο της αγελαίας σκέψης (groupthink).

## 5.     Διάθεση επαρκούς χρόνου

Όλα τα μέλη του Δ.Σ. διαθέτουν για την εκτέλεση των καθηκόντων τους το χρόνο που απαιτείται με βάση την περιγραφή της θέσης, το ρόλο και τα καθήκοντά τους. Για τον προσδιορισμό της επάρκειας του χρόνου, λαμβάνονται υπόψη η ιδιότητα και οι αρμοδιότητες που έχουν ανατεθεί στο μέλος Δ.Σ., ο αριθμός των θέσεών του ως μέλος σε άλλα Δ.Σ. και οι απορρέουσες ιδιότητες που κατέχει το εν λόγω μέλος ταυτόχρονα, καθώς και λοιπές επαγγελματικές ή προσωπικές δεσμεύσεις και συνθήκες.

Η Εταιρεία ενημερώνει κάθε υποψήφιο μέλος του Δ.Σ. για τον αναμενόμενο χρόνο που απαιτείται να αφιερώνει στα καθήκοντά του και στις συνεδριάσεις του Δ.Σ. και τυχόν άλλων επιτροπών στις οποίες συμμετέχει ως μέλος.

## Β.     Συλλογική Καταλληλότητα

## 1.     Γενικά

Το Δ.Σ. είναι κατάλληλο για την άσκηση των αρμοδιοτήτων του και η σύνθεσή του

All actual and potential conflicts of interest at Board level shall be subject to sufficient disclosure, discussion, documentation, decision-making and proper management (i.e. the steps necessary to limit conflicts of interest shall be taken).

## 4. Independence of judgement

It is important to ensure that every director acts according to their own independent judgement. However, the absence of a conflict of interest does not necessarily mean the director is acting according to their own independent judgement. "Independence of mind" or "independence of judgement" is a standard of conduct during Board discussions and decision-making, and is required for every director, irrespective of whether or not they are "independent" [directors] under Article 9 of Law 4706/2020. All directors shall actively participate in meetings and make their own proper, objective and independent decisions and judgements in the performance of their duties.

Objectivity is defined as an impartial approach and mindset that allows directors to carry out their work as they see fit and to not accept compromises when it comes to the quality of their work. Independence is defined as freedom from conditions that impede directors from performing their duties impartially.

It is recommended that, when assessing independence of judgement, companies take into account whether all directors have the necessary behavioural skills that include, inter alia:

- the courage, conviction and fortitude to meaningfully evaluate and challenge the proposals or views of other directors;
- the ability to pose legitimate questions to directors and executive directors, in particular, and to express criticisms; and
- the ability to withstand the 'groupthink' phenomenon.

## 5. Time commitment

All directors must be able to commit the time required to perform their duties on the basis of their job description, role and duties. In determining the sufficiency of time, account shall be taken of the capacity and functions assigned to the director, the number of positions held as directors on other Boards, and the resulting capacities simultaneously held by the director in question, as well as other professional or personal commitments and circumstances.

The Company shall notify every prospective director of the time they will be expected to commit to their duties and meetings of the Board and other committees of which they are members.

## B. Collective Suitability

## 1. General information

The Board shall be suitable in order to carry out its responsibilities and shall be composed in a way that contributes to the effective management of the Company and to balanced decision-making.

συμβάλλει στην αποτελεσματική διοίκηση της Εταιρείας και την ισορροπημένη λήψη αποφάσεων.

Τα μέλη του Δ.Σ. συλλογικά είναι σε θέση να λαμβάνουν κατάλληλες αποφάσεις συνεκτιμώντας το επιχειρηματικό μοντέλο, τη διάθεση ανάληψης κινδύνου, τη στρατηγική και τις αγορές στις οποίες δραστηριοποιείται η Εταιρεία. Επίσης, τα μέλη του Δ.Σ. συλλογικά είναι σε θέση να προβαίνουν σε ουσιαστική παρακολούθηση και κριτική των αποφάσεων των ανώτατων διοικητικών στελεχών.

Όλοι οι τομείς γνώσεων που απαιτούνται για τις επιχειρηματικές δραστηριότητες της Εταιρείας συστήνεται να καλύπτονται από το Δ.Σ. συλλογικά με επαρκή εμπειρογνωσία μεταξύ των μελών του. Συστήνεται να υπάρχει επαρκής αριθμός μελών με γνώσεις σε κάθε τομέα, ώστε να καθίσταται δυνατή η διεξαγωγή συζήτησης για τις αποφάσεις που πρέπει να ληφθούν. Τα μέλη του Δ.Σ. συλλογικά διαθέτουν τις απαραίτητες δεξιότητες για να παρουσιάζουν τις απόψεις τους.

Η σύνθεση του Δ.Σ. αντικατοπτρίζει τις γνώσεις, τις δεξιότητες και την εμπειρία που απαιτούνται για την άσκηση των αρμοδιοτήτων του. Στο πλαίσιο αυτό περιλαμβάνεται η απαίτηση το Δ.Σ. ως σύνολο να κατανοεί επαρκώς τους τομείς για τους οποίους τα μέλη είναι συλλογικά υπεύθυνα, και να διαθέτει τις απαραίτητες δεξιότητες για να ασκεί την πραγματική διαχείριση και επίβλεψη της Εταιρείας, μεταξύ άλλων και όσον αφορά:

- την επιχειρηματική της δραστηριότητα και τους βασικούς κινδύνους που συνδέονται με αυτή,
- τον στρατηγικό σχεδιασμό,
- τις χρηματοοικονομικές αναφορές,
- την συμμόρφωση με το νομοθετικό και ρυθμιστικό πλαίσιο,
- την κατανόηση θεμάτων εταιρικής διακυβέρνησης,
- την ικανότητα αναγνώρισης και διαχείρισης κινδύνων,
- την επίδραση της τεχνολογίας στη δραστηριότητά της,
- την επαρκή εκπροσώπηση ανά φύλο.

Η Εταιρεία έχει την πρωταρχική ευθύνη εντοπισμού κενών σε ό,τι αφορά τη συλλογική καταλληλότητα. Για τον σκοπό αυτόν, το Δ.Σ. προβαίνει σε αυτοαξιολόγησή του ετησίως. Η αξιολόγηση του Δ.Σ. από τρίτους συμβούλους είναι επίσης επιθυμητή.

## 2.    Ειδικά, η επαρκής εκπροσώπηση ανά φύλο

Οι Εταιρείες οφείλουν να έχουν επαρκή εκπροσώπηση ανά φύλο τουλάχιστον είκοσι πέντε τοις εκατό (25%) επί του συνόλου των μελών του Δ.Σ. Η Επιτροπή Υποψηφιοτήτων λαμβάνει υπόψη της το κριτήριο αυτό κατά την υποβολή προτάσεων για ορισμό μελών ΔΣ.

Οι εταιρείες διασφαλίζουν γενικότερα την ίση μεταχείριση και τις ίσες ευκαιρίες μεταξύ των φύλων.

Σημειώνεται ότι η πτυχή αυτή επεκτείνεται πέραν της επιλογής μελών ΔΣ και στην παροχή επιμόρφωσης στα μέλη του Δ.Σ.

Directors shall be collectively able to make appropriate decisions, taking into account the business model, risk appetite, strategy and markets in which the Company is active. Moreover, directors shall be collectively able to meaningfully monitor and criticise the decisions of senior management.

It is recommended that all fields of knowledge required for the Company's business activities be collectively covered by the Board through sufficient know-how held by the directors. It is recommended that there be a sufficient number of directors with knowledge in every field, so as to enable discussions on the decisions that must be made. Directors shall collectively possess the skills necessary to present their views.

The composition of the Board shall reflect the knowledge, skills and experience required for the performance of its functions. This framework includes the requirement for the Board, as a whole, to sufficiently comprehend the fields for which directors are collectively responsible and to possess the skills necessary to engage in the effective management and oversight of the Company regarding, inter alia:

- its business activities and the key risks associated with such activities;
- strategic planning;
- financial reporting;
- compliance with the statutory and regulatory framework;
- comprehension of corporate governance issues;
- the ability to identify and manage risks;
- the impact of technology on its activities;
- adequate representation of each gender.

It is the Company itself which is primarily responsible for identifying collective suitability gaps. To this end, the Board shall conduct annual self-assessments. The assessment of the Board by third-party consultants would also be desirable.

## 2.    With regard to adequate representation of each gender, in particular

Companies must ensure each gender is adequately represented; adequate representation means at least twenty five percent (25%) of the total number of Directors. The nominations committee shall take this criterion into account when submitting proposals for the appointment of directors.

Generally, companies shall ensure equal treatment and equal opportunities for men and women.

It should be noted that this aspect extends, beyond the selection of directors, to the provision of training to directors.

## VI.     Κριτήρια πολυμορφίας (diversity)

Οι Εταιρείες διαθέτουν και εφαρμόζουν πολιτική πολυμορφίας με σκοπό την προώθηση ενός κατάλληλου επιπέδου διαφοροποίησης στο Δ.Σ. και μιας πολυσυλλεκτικής ομάδας μελών. Διαμέσου της συγκέντρωσης ευρέος φάσματος προσόντων και δεξιοτήτων κατά την επιλογή μελών του Δ.Σ., εξασφαλίζεται η ποικιλία απόψεων και εμπειριών, με σκοπό την λήψη ορθών αποφάσεων. Η Πολιτική Καταλληλότητας περιλαμβάνει την πολιτική πολυμορφίας ή αναφέρεται σε αυτή, ώστε να διασφαλίζεται ότι έχει ληφθεί υπόψη κατά τον ορισμό νέων μελών του Δ.Σ. Ειδικώς, συστήνεται να προβλέπεται ρητώς η επαρκής εκπροσώπηση ανά φύλο τουλάχιστον είκοσι πέντε τοις εκατό (25%) επί του συνόλου των μελών του Δ.Σ. και να μην γίνεται αποκλεισμός εξαιτίας διάκρισης λόγω φύλου, φυλής, χρώματος, εθνοτικής ή κοινωνικής προέλευσης, θρησκείας ή πεποιθήσεων, περιουσίας, γέννησης, αναπηρίας, ηλικίας ή σεξουαλικού προσανατολισμού.

## VII.     Εφαρμογή, παρακολούθηση και τροποποίηση της Πολιτικής Καταλληλότητας.

Συστήνεται στις Εταιρείες να εναρμονίζουν την Πολιτική Καταλληλότητάς τους με το γενικό πλαίσιο εταιρικής διακυβέρνησης, την εταιρική κουλτούρα και τη διάθεση ανάληψης κινδύνων που έχουν ορίσει και να προβλέπουν και να ακολουθούν τις απαραίτητες διαδικασίες για την εφαρμογή της Πολιτικής.

Η παρακολούθηση της εφαρμογής της Πολιτικής Καταλληλότητας αποτελεί ευθύνη του Δ.Σ. και συστήνεται η συνδρομή της μονάδας Εσωτερικού Ελέγχου ή/και της Κανονιστικής Συμμόρφωσης, της Επιτροπής Υποψηφιοτήτων και του Γραμματέα Διοικητικού Συμβουλίου, όπου κρίνεται σκόπιμο. Η ετήσια Δήλωση Εταιρικής Διακυβέρνησης της Εταιρείας περιλαμβάνει σχετική αναφορά.

Η τεκμηρίωση όσον αφορά την έγκριση της Πολιτικής και τυχόν τροποποιήσεις της συστήνεται να τηρούνται σε αρχείο, το οποίο μπορεί να είναι ηλεκτρονικό. Η Εταιρεία καταγράφει τα αποτελέσματα της αξιολόγησης της καταλληλότητας, και ιδίως τυχόν αδυναμίες που εντοπίζονται μεταξύ της προβλεπόμενης και της πραγματικής ατομικής και συλλογικής καταλληλότητας, και μέτρα που πρέπει να ληφθούν για την αντιμετώπιση αυτών των ελλείψεων.

## VI.    Diversity criteria

Companies shall have and implement a diversity policy, aiming at promoting a suitable level of diversity within the Board and achieving an inclusive set of directors. Bringing together a wide range of qualifications and skills when selecting directors ensures a variety of opinions and experiences, with a view towards proper decision-making. The Fit-and-Proper Policy shall include or refer to the diversity policy, to ensure that it is taken into account when appointing new directors. More specifically, it is recommended that express provisions are in place to ensure adequate representation of at least twenty five percent (25%) of the other gender among the total number of directors, and that there be no exclusion due to discrimination for reasons of gender, race, colour, ethnic origin or social background, religion or convictions, personal wealth, birth, disability, age or sexual orientation.

## VII.    Implementation, monitoring and amendment of the Fit-and-Proper Policy.

It is recommended that Companies align their Fit-and-Proper Policies with their general corporate governance framework, corporate culture and risk appetite they have put in place, and provide for and follow the procedures necessary to implement the Policy.

The Board shall be responsible for monitoring the implementation of the Fit-and-Proper Policy and assistance by the Internal Audit department and/or the regulatory compliance department, the nominations committee and the Secretary of the Board of Directors, where deemed appropriate, is recommended. The company's annual corporate governance statement shall include a reference to this effect.

It is recommended that the documentation regarding the approval of the Policy and any amendments thereto be kept in records, which may be electronic in form. The company shall record the suitability assessment results and, in particular, any weaknesses identified between the required and actual individual and collective suitability, as well as steps to be taken in order to address these shortcomings.

# ΕΛΛΗΝΙΚΗ ΔΗΜΟΚΡΑΤΙΑ

## ΕΠΙΤΡΟΠΗ ΚΕΦΑΛΑΙΑΓΟΡΑΣ
## Ν.Π.Δ.Δ.
## ΑΠΟΦΑΣΗ

## ΑΠΟΦΑΣΗ 1Α/890/18.9.2020
*του Διοικητικού Συμβουλίου*

*Θέμα: Εξειδίκευση του συστήματος προσδιορισμού, υπολογισμού και επιμέτρησης του ύψους των κυρώσεων ανά παράβαση που επιβάλλονται δυνάμει του άρθρου 24 του ν. 4706/2020.*

**ΤΟ ΔΙΟΙΚΗΤΙΚΟ ΣΥΜΒΟΥΛΙΟ**

**ΤΗΣ ΕΠΙΤΡΟΠΗΣ ΚΕΦΑΛΑΙΑΓΟΡΑΣ**

Αφού έλαβε υπόψη:

1.      Τις παραγράφους 1 και 4 του άρθρου 24 του ν. 4706/2020 (ΦΕΚ 136/Α/17-7-2020) για την «Εταιρική διακυβέρνηση ανωνύμων εταιρειών, σύγχρονη αγορά κεφαλαίου, ενσωμάτωση στην ελληνική νομοθεσία της Οδηγίας (ΕΕ) 2017/828 του Ευρωπαϊκού Κοινοβουλίου και του Συμβουλίου, μέτρα προς εφαρμογή του Κανονισμού (ΕΕ) 2017/1131 και άλλες διατάξεις».

2.      Την παράγραφο 4 του άρθρου 44 του ν. 4449/2017 σε συνδυασμό με το άρθρο 74, την παράγραφο 3 του άρθρου 92 και την παράγραφο 1 του άρθρου 93 του ν. 4706/2020.

3.      Το άρθρο 90 του Π.Δ. 63/2005 «Κωδικοποίηση της νομοθεσίας για την Κυβέρνηση και τα κυβερνητικά όργανα» (Α'98).

**ΑΠΟΦΑΣΙΖΕΙ ΟΜΟΦΩΝΑ**

I.      Γενικά / Πεδίο εφαρμογής

1.      Η παρούσα Απόφαση εξειδικεύει το σύστημα προσδιορισμού, υπολογισμού και επιμέτρησης του ύψους των κυρώσεων ανά παράβαση («Σύστημα Επιβολής Κυρώσεων» ή «Σύστημα»).

2.      Στο πεδίο εφαρμογής της Απόφασης εμπίπτουν οι παραβάσεις που προκύπτουν από τα άρθρα 1- 23 του ν. 4706/2020 και 44 παρ. 1 και 3 περ. α', β' και γ'του ν. 4449/2017, που διαπιστώνονται σε βάρος φυσικών ή νομικών προσώπων που εμπίπτουν στο πεδίο εφαρμογής των άρθρων 24 του ν. 4706/2020 και 44 παρ.

# HELLENIC REPUBLIC

## HELLENIC CAPITAL MARKET COMMISSION
## BODY GOVERNED BY PUBLIC LAW
## DECISION

## DECISION 1A/890/18.9.2020

*of the Board of Directors*

*Subject: Specification of the system for determining, calculating and measuring the level of sanctions per infringement imposed pursuant to Article 24 of Law 4706/2020.*

**THE BOARD OF DIRECTORS**

**OF THE HELLENIC CAPITAL MARKET COMMISSION**

Having regard to:

1.　　Article 24(1) and (4) of Law 4706/2020 (Government Gazette, Series I, Issue 136/17-7-2020) on 'Corporate governance of sociétés anonymes, modern capital market, transposition of Directive (EU) No 2017/828 of the European Parliament and of the Council into Greek law, measures implementing Regulation (EU) No 2017/1131, and other provisions;

2.　　Article 44(4) of Law 4449/2017, read in conjunction with Article 74, Article 92(3) and Article 93(1) of Law 4706/2020.

3.　　Article 90 of Presidential Decree 63/2005 'Codification of the legislation on Government and Governmental Agencies' (Government Gazette, Series I, Issue 98).

**UNANIMOUSLY DECIDES**

I.　　General information/Scope

1.　　This Decision specifies the system for determining, calculating and measuring the level of sanctions per infringement ("Sanction Imposition System" or "System").

2.　　Infringements arising under Articles 1 to 23 of Law 4706/2020 and Article 44(1) and 3(a), (b) and (c) of Law 4449/2017 and found to have been committed by natural or legal persons falling within the scope of Article 24 of Law 4706/2020 and Article 44(4) of Law 4449/2017 shall fall within the scope of this Decision.

4 του ν. 4449/2017.

## II.      Ορισμοί

*Πρόσωπα:     Τα εποπτευόμενα από την Επιτροπή Κεφαλαιαγοράς φυσικά ή νομικά πρόσωπα, τα οποία εμπίπτουν στο πεδίο εφαρμογής των άρθρων 1-23 του ν. 4706/2020 και των άρθρων 44 παράγραφος 1 και 4 του ν. 4449/2017, όπως, ενδεικτικά, οι Εταιρείες κατά την έννοια της περίπτωσης 3 του άρθρου 2 του ν. 4706/2020, τα μέλη του Διοικητικού τους Συμβουλίου, τα μέλη της Επιτροπής Ελέγχου της περίπτωσης 17 του άρθρου 2 του ν. 4706/2020.*

*Παράβαση:     Η διαπιστωθείσα με απόφαση του Διοικητικού Συμβουλίου της Επιτροπής Κεφαλαιαγοράς παράβαση των διατάξεων των άρθρων 1-23 του ν. 4706/2020 και του άρθρου 44 παρ.1 και 3 περ. α,β,γ του ν. 4449/2017 όπως ισχύει.*

*Παραβάτης:     Το Πρόσωπο το οποίο διαπιστώθηκε ότι προέβη στην Παράβαση.*

*Κύρωση:     Η διοικητική ποινή που επιβάλλεται με απόφαση του Διοικητικού Συμβουλίου της Επιτροπής Κεφαλαιαγοράς για Παραβάσεις.*

*Σύστημα Επιβολής Κυρώσεων ή Σύστημα:  Το σύνολο αρχών και κανόνων που εφαρμόζει η Επιτροπή Κεφαλαιαγοράς για την επιβολή Κυρώσεων.*

## III.      Γενικές Αρχές

## 1.      Σκοπός του συστήματος επιβολής κυρώσεων

*Ο κύριος σκοπός της επιβολής κυρώσεων είναι η προώθηση υψηλών προδιαγραφών συμπεριφοράς από τα Πρόσωπα, αποτρέποντάς τα από τη διάπραξη παρόμοιων ή περαιτέρω παραβάσεων, καθώς και η εμπέδωση του οφέλους της αγοράς από τη συμμορφούμενη συμπεριφορά.*

## 2.      Απλότητα, αντικειμενικότητα και διαφάνεια

*Το Σύστημα επιδιώκει τον προσδιορισμό των κυρώσεων με απλότητα, σαφήνεια, έλλειψη αντιφάσεων, αντικειμενικότητα και άμβλυνση, κατά το δυνατόν, των υποκειμενικών κριτηρίων.*

## 3.      Αποτελεσματική προστασία της αγοράς και των επενδυτών και αναλογικότητα

*Κάθε Κύρωση κρίνεται κάθε φορά ως η κατάλληλη, αναγκαία και εύλογη (σχέση μέσου και σκοπού). Ειδικότερα, η Κύρωση πρέπει να συντελεί στην αποτροπή των Προσώπων, από την επανάληψη παρόμοιων συμπεριφορών στο μέλλον, αλλά και κάθε άλλου προσώπου από παρόμοια συμπεριφορά, προς το σκοπό της εύρυθμης λειτουργίας της αγοράς, αλλά και να λαμβάνει υπ' όψιν, κατά περίπτωση, ποιο είναι το κατάλληλο μέσο για την επίτευξη του επιδιωκόμενου σκοπού.*

*Κάθε Παράβαση για την οποία επιβάλλεται χρηματικό πρόστιμο αντιστοιχίζεται με συγκεκριμένο ποσοτικό εύρος, ανάλογο με τη διαπιστωθείσα παράβαση, όπως συναρτάται από την επίπτωσή της στην εύρυθμη λειτουργία της αγοράς, τον βαθμό*

## II.    Definitions

Persons:        The natural or legal persons supervised by the Hellenic Capital Market Commission and falling within the scope of Articles 1 to 23 of Law 4706/2020 and Article 44(1) and (4) of Law 4449/2017, including but not limited to Companies within the meaning of Article 2(3) of Law 4706/2020, their directors and the members of the Audit Committee referred to in Article 2(17) of Law 4706/2020.

Infringement:   The infringement of the provisions of Articles 1 to 23 of Law 4706/2020 and Article 44(1) and (3)(a), (b) and (c) of Law 4449/2017, as in force, ascertained by decision of the Board of Directors of the Hellenic Capital Market Commission.

Infringer:      The Person found to have committed the Infringement.

Sanction:       The administrative penalty imposed by a decision of the Board of Directors of the Hellenic Capital Market Commission.

Sanction Imposition System or System:      The set of principles and rules applied by the Hellenic Capital Market Commission to impose Sanctions.

## III.    General Principles

### 1.    Purpose of the sanction imposition system

The main purpose of imposing sanctions is to promote high standards of conduct by the Persons, deterring them from committing similar or further infringements, and to establish that the market benefits from compliant conduct.

### 2.    Simplicity, objectivity and transparency

The System seeks to identify sanctions in a simple, clear, unequivocal, objective manner and to reduce subjective criteria to the extent possible.

### 3.    Effective protection of the market and investors and proportionality

Each Sanction imposed shall be the one appropriate, necessary and reasonable in each case (means-ends proportionality). More specifically, the Sanction must contribute towards deterring Persons from repeating similar conduct in the future and any other person from engaging in similar conduct, with a view to the seamless operation of the market, taking into account what the suitable means are in order to achieve the intended end in each case.

Where a pecuniary fine is imposed each Sanction shall correspond to a specific quantitative range proportionate to the infringement ascertained, reflecting its impact on the seamless operation of the market, the degree of culpability of the Person and any specific circumstances.

*υπαιτιότητας του Προσώπου και τις τυχόν ειδικές συνθήκες.*

## IV. Παράγοντες/Κριτήρια υπολογισμού και επιμέτρησης του ύψους των κυρώσεων

*Σύμφωνα με την παράγραφο 2 του άρθρου 24 του ν. 4706/2020, κατά την επιμέτρηση του προστίμου λαμβάνονται ιδίως υπόψη η βαρύτητα της παράβασης, η επίπτωση της παράβασης στην εύρυθμη λειτουργία της αγοράς, ο κίνδυνος πρόκλησης βλάβης στα συμφέροντα των επενδυτών και των μετόχων μειοψηφίας της Εταιρείας, ο βαθμός της υπαιτιότητας, η λήψη μέτρων από τον παραβάτη για την άρση της παράβασης στο μέλλον, ο βαθμός συνεργασίας με την Επιτροπή Κεφαλαιαγοράς κατά το στάδιο διερεύνησης και ελέγχου, οι ανάγκες της ειδικής και γενικής πρόληψης και η τυχόν καθ' υποτροπή τέλεση παραβάσεων των άρθρων 1 ως 23 του ν.όμου αυτού.*

*Τα παραπάνω κριτήρια συνεκτιμώνται και εξειδικεύονται ως εξής:*

## 1. Βαρύτητα της Παράβασης

*Για την βαρύτητα της Παράβασης εξετάζεται:*

*η σοβαρότητα της παράβασης με βάση την επίπτωσή της στη λειτουργία της εταιρείας, με βάση το γενικότερο πλαίσιο εταιρικής διακυβέρνησης,*

*το γεγονός ότι μία συγκεκριμένη παραβατική συμπεριφορά παραβιάζει περισσότερες διατάξεις εταιρικής διακυβέρνησης,*

*το γεγονός ότι η παράβαση είναι διαδικαστική ή ουσιαστική.*

## 2. Επίπτωση της παράβασης στην εύρυθμη λειτουργία της αγοράς

*Προκειμένου να αξιολογηθεί η επίπτωση της Παράβασης στην εύρυθμη λειτουργία της αγοράς, η Επιτροπή Κεφαλαιαγοράς λαμβάνει υπόψη της ιδίως τα αποτελέσματα που προκλήθηκαν ή απειλήθηκε να προκληθούν στην αγορά, λαμβάνοντας ιδίως υπ' όψιν την επίδραση στην αγορά, τη συμμετοχή σε δείκτες αναφοράς όπως ενδεικτικά τον FTSE/ASE Large Cap, τον MSCI Greece, την κεφαλαιοποίηση εταιρείας ως ποσοστό της συνολικής κεφαλαιοποίησης του ΧΑ, το ύψος δανεισμού σε επενδυτές μέσω ομολόγων, τη διαπραγμάτευση παραγώγων με υποκείμενη αξία τη μετοχή ή τα ομόλογα της εταιρείας και το ύψος των εν λόγω ανοιχτών θέσεων.*

*Επίσης, λαμβάνονται υπόψη:*

*η διάρκεια της Παράβασης, ήτοι το χρονικό διάστημα κατά το οποίο η παραβατική συμπεριφορά λαμβάνει χώρα και*

*η συχνότητα της Παράβασης, ήτοι εάν η παράβαση τελούνταν κατ' εξακολούθηση.*

## IV.     Factors/Criteria for calculating and measuring the level of sanctions

In accordance with Article 24(2) of Law 4706/2020, the fine shall be calculated with particular regard to the gravity of the infringement, its impact on the seamless operation of the market, the risk of harming the interests of the company's investors and minority shareholders, the degree of culpability, the steps taken by the infringer to prevent reoccurrence of the infringement in the future, the degree of cooperation with the Hellenic Capital Market Commission during the stage of investigation and audit, the need for general and specific deterrence, as well as any repeated infringement of Articles 1 to 23 of the said law.

The above criteria shall be taken into account and specified as follows:

## 1.     Gravity of the Infringement

The following shall be examined with respect to the gravity of the Infringement:

the severity of the infringement in light of its impact on the company's operation on the basis of the general corporate governance framework;

whether a specific infringing conduct infringes numerous corporate governance provisions;

whether an infringement is one of form or substance.

## 2.     Impact of the infringement on the seamless operation of the market

In order to evaluate the impact of the Infringement on the seamless operation of the market, the Hellenic Capital Market Commission shall take particular account of the repercussions caused or threatened to be caused to the market, having particular regard to the effect on the market, participation in benchmarks, including the FTSE/ASE Large Cap, the MSCI Greece, the company's capitalisation as a percentage of the total capitalisation of the Athens Stock Exchange, the amount of lending to investors via bonds, the trading of derivatives where the underlying [security] is the company's share or bonds and the level of open positions in question.

Account shall also be taken of:

the duration of the Infringement, i.e. the period when the infringing conduct occurred; and

the frequency of the Infringement, i.e. whether the infringement was committed repeatedly.

## 3.      Κίνδυνος πρόκλησης βλάβης στα συμφέροντα των επενδυτών και των μετόχων μειοψηφίας της Εταιρείας

Ως κίνδυνος πρόκλησης βλάβης νοείται ο βαθμός πιθανότητας πρόκλησης βλάβης στα συλλογικά συμφέροντα των επενδυτών και των μετόχων μειοψηφίας της εταιρείας.

## 4.      Κριτήρια υπαιτιότητας

Ως υπαιτιότητα νοείται η ευθύνη των Προσώπων για την τέλεση της Παράβασης.

### 4.1.     Υπαιτιότητα νομικού προσώπου, όταν η παράβαση τελείται από νομικό πρόσωπο

Η υπαιτιότητα του νομικού προσώπου κρίνεται με βάση τη συμπεριφορά των προσώπων που, ενεργώντας συλλογικά ή ατομικά, το δεσμεύουν με τις αποφάσεις τους σύμφωνα με το εταιρικό δίκαιο και τον ν. 4706/2020, το καταστατικό του και τις οικείες αποφάσεις των καταστατικών οργάνων.

### 4.2.     Υπαιτιότητα φυσικού προσώπου

Η υπαιτιότητα φυσικών προσώπων, εξετάζεται με βάση ιδίως:

- την ιδιότητα, θέση και αρμοδιότητα/καθήκοντα των φυσικών προσώπων
- το είδος και το βαθμό συμμετοχής τους στην παραβατική συμπεριφορά,
- τη δυνατότητα πρόληψης ή αποτροπής της Παράβασης, σύμφωνα με τις περιστάσεις και τα μέτρα πρόληψης που έλαβαν ή που αντικειμενικά, με βάση την ιδιότητά τους και τον ρόλο που είχαν στην Παράβαση, μπορούσαν να λάβουν,
- την κατάχρηση εξουσίας της θέσης την οποία κατέχουν οι Παραβάτες ή ενδεχόμενη υπέρβαση καθηκόντων,
- την παράβαση των εφαρμοζόμενων πολιτικών και κωδίκων,
- την προτροπή ή ενθάρρυνση άλλων προσώπων να διαπράξουν παραβατική συμπεριφορά,
- τις ελαφρυντικές περιστάσεις που επικαλείται και αποδεικνύει ο Παραβάτης.

## 5.      Λήψη μέτρων από τον παραβάτη για την άρση της παράβασης στο μέλλον.

Ως λήψη μέτρων νοούνται τα μέτρα τα οποία τα Πρόσωπα έχουν λάβει για την παύση της Παράβασης ή την άρση της Παράβασης στο μέλλον, παρέχοντας παράλληλα τα σχετικά αποδεικτικά στοιχεία. Επιπρόσθετα θα εξετάζεται η πρόθεση επανόρθωσης της παράβασης ή παράλειψής της στο μέλλον και θα λαμβάνεται υπόψη η αποδεικνυόμενη από τον Παραβάτη τυχόν αποζημίωση επενδυτών ή μετόχων μειοψηφίας.

## 6.      Βαθμός συνεργασίας με την Επιτροπή Κεφαλαιαγοράς κατά το στάδιο διερεύνησης και ελέγχου.

Ως βαθμός συνεργασίας νοείται ο βαθμός κατά το οποίο το εμπλεκόμενο Πρόσωπο συνεργάστηκε αποτελεσματικά με την Επιτροπή Κεφαλαιαγοράς κατά την διεξαγωγή έρευνας της συγκεκριμένης υπόθεσης. Συγκεκριμένα, συνεκτιμάται η

## 3.    Risk of harming the interests of the company's investors and minority shareholders

This risk is defined as the degree of likelihood of harming the collective interests of the company's investors and minority shareholders.

## 4.    Culpability criteria

Culpability is defined as the Persons' responsibility for the commission of the Infringement.

4.1.    Culpability of legal persons, where the infringement is committed by legal persons

The culpability of the legal person shall be determined on the basis of the conduct of persons who, whether acting collectively or individually, are empowered to bind the legal person through their decisions in accordance with corporate law and Law 4706/2020, its articles of association and the pertinent decisions of the company's corporate bodies.

4.2.    Culpability of natural persons

The culpability of natural persons shall be examined particularly on the basis of:

- the capacity, position and functions/duties of the natural persons;
- the type and extent of their participation in the infringing conduct;
- the possibility of prevention or deterrence of the Infringement, according to the circumstances and prevention steps they took or that, objectively speaking, they could have taken based on their capacity and role in the Infringement;
- abuse of power of the position held by the Infringers or potential *ultra vires*;
- infringement of the policies and codes implemented;
- exhortation or encouragement of other persons to engage in infringing conduct;
- the mitigating circumstances invoked and evinced by the Infringer.

## 5.    Steps taken by the infringer to prevent reccurrence of infringement in the future.

"Steps taken" shall mean the steps taken by the Persons to cease the Infringement or preventing reccurrence of the Infringement in the future, while providing evidence of such. Additionally, the intention to remedy the infringement or abstain from it in the future shall be examined, and any compensation which the Infringer is proven to have paid to investors or minority shareholders shall be taken into consideration.

## 6.    Degree of cooperation with the Hellenic Capital Market Commission during the investigation and control stage.

"Degree of cooperation" shall mean the degree to which the involved Person effectively cooperated with the Hellenic Capital Market Commission during the inquiry into the specific case. More specifically, the speed, effectiveness and completeness of cooperation with the Hellenic Capital Market Commission shall be taken into

ταχύτητα, η αποτελεσματικότητα και η πληρότητα της συνεργασίας με την Επιτροπή Κεφαλαιαγοράς.

Η άρνηση του ελεγχόμενου να συνεργαστεί ή η απόπειρα παρεμπόδισης του έργου της Επιτροπής Κεφαλαιαγοράς, κατά τη διεξαγωγή έρευνας επί της συγκεκριμένης υπόθεσης, θα προσμετράται επιβαρυντικά κατά την επιμέτρηση του προστίμου.

## 7.    Ανάγκες της ειδικής και γενικής πρόληψης

Ως ειδική και γενική πρόληψη νοείται η ανάγκη αποτροπής τέλεσης παρομοίων παραβάσεων τόσο από το ίδιο τον παραβάτη (ειδική πρόληψη) όσο και από τρίτους (γενική πρόληψη) στο μέλλον, ιδίως, εάν η παράβαση έχει μεγάλη επίπτωση στην εύρυθμη λειτουργία της αγοράς και μεγάλο κίνδυνο πρόκλησης βλάβης στα συμφέροντα των επενδυτών και των μετόχων μειοψηφίας της εταιρείας.

## 8.    Καθ' υποτροπή τέλεση παραβάσεων

Ως καθ' υποτροπή τέλεση παραβάσεων νοείται η επιβολή κυρώσεων για παραβάσεις των άρθρων 1 έως 23 του ν. 4706/2020 και του άρθρου 44 του ν. 4449/2017 όπως ισχύει, που τελέστηκαν κατά την τελευταία πενταετία πριν από την ημερομηνία τέλεσης της Παράβασης.

## V.    Κατηγορίες Κυρώσεων

Οι Κυρώσεις διακρίνονται σε :

- Επίπληξη
- Χρηματικό πρόστιμο.

## VI.    Διαδικασία υπολογισμού του ύψους του προστίμου

Η διαδικασία υπολογισμού του ύψους του προστίμου για τα νομικά και φυσικά πρόσωπα διακρίνεται σε τέσσερα στάδια.

## 1ο Στάδιο: Προσδιορισμός της παράβασης

Αρχικά προσδιορίζεται η παράβαση συγκεκριμένης διάταξης και υπάγεται στο εφαρμοζόμενο εδάφιο του άρθρου 24 ως εξής:

(i)    Παράβαση της Εταιρείας σύμφωνα με την περίπτωση (α) της παρ. 1 του άρθρου 24

- Παράβαση της Εταιρείας είναι η παράβαση που αποδίδεται στο νομικό πρόσωπο της εποπτευόμενης εταιρείας και για την οποία επιβάλλονται οι κυρώσεις του άρθρου 24 παρ. 1 περ. α του ν. 4706/2020.

(ii)    Παράβαση των μελών του Διοικητικού Συμβουλίου, των μελών της Επιτροπής Ελέγχου, ή άλλων φυσικών ή νομικών προσώπων σύμφωνα με την περίπτωση (β) της παρ. 1 του άρθρου 24

- Παράβαση των μελών του Διοικητικού Συμβουλίου είναι η παράβαση που αποδίδεται στα φυσικά πρόσωπα, λόγω της ιδιότητάς τους ως μελών του

account.

Refusal by the party being investigated to cooperate or attempt to obstruct the work of the Hellenic Capital Market Commission during the inquiry into the specific case shall be treated as an aggravating factor when calculating the fine.

### 7.    Need for general and specific deterrence

"General and specific deterrence" shall mean the need to prevent similar infringements being committed both by the infringers themselves (specific deterrence) and by third parties (general deterrence) in the future, particularly if the infringement had a major impact on the seamless operation of the market and engendered a high risk of the interests of the company's investors and minority shareholders being harmed.

### 8.    Repeated infringements

"Repeated infringements" shall mean the imposition of sanctions for infringements of Articles 1 to 23 of Law 4706/2020 and Article 44 of Law 4449/2017, as in force, committed in the last five years prior to the date of commission of the Infringement.

### V.    Categories of Sanctions

Sanctions shall be distinguished into [the following categories]:

- Reprimands
- Pecuniary fines.

### VI.    Process of calculating the fine

The process of calculating the fines imposed on natural and legal persons consists of four stages.

### Stage 1: Determining the infringement

First, the infringement of a specific provision shall be determined and brought within the scope of the applicable subparagraph of Article 24 as follows:

(i)    Infringement by the company under Article 24(1)(a)

- An infringement by the company is an infringement attributable to the supervised company as a legal person attracting the sanctions referred to in Article 24(1)(a) of Law 4706/2020.

(ii)    Infringement by the directors, audit committee members or other natural or legal persons under Article 24(1)(b)

- An infringement by the directors is an infringement attributable to those natural persons due to their capacity as directors of the supervised company in regard to infringements of Articles 1 to 23 of Law 4706/2020.
- An infringement by the members of the audit committee is an infringement attributable to those natural persons due to their capacity as members of the audit committee of the supervised company in regard to infringements of Article 44(1)

Διοικητικού Συμβουλίου της εποπτευόμενης εταιρείας για παραβάσεις των άρθρων 1-23 του ν. 4706/2020.

• Παράβαση των μελών της Επιτροπής Ελέγχου είναι η παράβαση που αποδίδεται στα φυσικά πρόσωπα, λόγω της ιδιότητάς τους ως μελών της Επιτροπής Ελέγχου της εποπτευόμενης εταιρείας για παραβάσεις της παρ. 1 και 3 του άρθρου 44 του ν. 4449/2017.

• Παράβαση λοιπών φυσικών ή νομικών προσώπων είναι η παράβαση που προκύπτει από μη συμμόρφωση με υποχρεώσεις που τα πρόσωπα αυτά έχουν, λόγω της ιδιότητας τους και λόγω των αρμοδιοτήτων που τους έχουν ειδικά ανατεθεί.

## 2ο Στάδιο: Επιμέτρηση των παραγόντων για τον προσδιορισμό του ύψους του προστίμου

Για τον υπολογισμό του ύψους του προστίμου, οι Παραβάσεις κατατάσσονται σε εννέα κατηγορίες, ανάλογα με τη σημαντικότητα της Παράβασης και σταθμίζονται με το βαθμό υπαιτιότητας του Παραβάτη.

Ειδικότερα η σημαντικότητα της Παράβασης περιλαμβάνει την βαρύτητα της Παράβασης, την επίπτωση της παράβασης στην εύρυθμη λειτουργία της αγοράς και τον κίνδυνο πρόκλησης βλάβης στα συμφέροντα των επενδυτών και των μετόχων μειοψηφίας της Εταιρείας. Οι Παραβάσεις διακρίνονται, ανάλογα με τη σημαντικότητά τους, σε:

• Λιγότερο Σημαντικές
• Σημαντικές
• Πολύ Σημαντικές

Συγκεκριμένα οι κατηγορίες είναι οι ακόλουθες:

and (3) of Law 4449/2017.

- An infringement by other natural or legal persons is an infringement arising due to non-compliance with obligations which those persons have, due to the position they hold and due to the competences which have been specifically assigned to them.

## Stage 2: Assessing those factors affecting the quantum of the fine

In computing the level of the fine, Infringements shall be classified into nine categories, according to the materiality of the Infringement, and shall be weighted according to the Infringer's degree of culpability.

More specifically, the materiality of the Infringement encompasses the gravity of the Infringement, its impact on the seamless operation of the market and the risk of harming the interests of the company's investors and minority shareholders. Infringements can be distinguished, according to their materiality, into:

- Less Material
- Material
- Highly Material

More specifically, the categories are as follows:

| Κατηγορία Παράβασης | Σημαντικότητα Παράβασης | Στάθμιση με βάση την υπαιτιότητα | Κύρωση/ Ύψος Προστίμου |
|---|---|---|---|
| 1 | Λιγότερο Σημαντική | Χαμηλή υπαιτιότητα της εταιρείας ή/και του εμπλεκομένου φυσικού ή νομικού προσώπου | Επίπληξη ή Χρηματικό πρόστιμο έως 5.000 ευρώ |
| 2 | Λιγότερο Σημαντική | Μέση υπαιτιότητα της εταιρείας ή/και του εμπλεκομένου φυσικού ή νομικού προσώπου | Επίπληξη ή Χρηματικό πρόστιμο έως 10.000 ευρώ |
| 3 | Λιγότερο Σημαντική | Υψηλή υπαιτιότητα της εταιρείας ή/και του εμπλεκομένου φυσικού ή νομικού προσώπου | Επίπληξη ή Χρηματικό πρόστιμο έως 20.000 ευρώ |
| 4 | Σημαντική | Χαμηλή υπαιτιότητα της εταιρείας ή/και του εμπλεκομένου φυσικού ή νομικού προσώπου | Χρηματικό πρόστιμο έως 30.000 ευρώ |
| 5 | Σημαντική | Μέση υπαιτιότητα της εταιρείας ή/και του εμπλεκομένου φυσικού ή νομικού προσώπου | Χρηματικό πρόστιμο έως 100.000 ευρώ |
| 6 | Σημαντική | Υψηλή υπαιτιότητα της εταιρείας ή/και του εμπλεκομένου φυσικού ή νομικού προσώπου | Χρηματικό πρόστιμο έως 200.000 ευρώ |
| 7 | Πολύ Σημαντική | Χαμηλή υπαιτιότητα της εταιρείας ή/και του εμπλεκομένου φυσικού ή νομικού προσώπου | Χρηματικό πρόστιμο έως 300.000 ευρώ |
| 8 | Πολύ Σημαντική | Μέση υπαιτιότητα της εταιρείας ή/και του εμπλεκομένου φυσικού ή νομικού προσώπου | Χρηματικό πρόστιμο έως 1.500.000 ευρώ |
| 9 | Πολύ Σημαντική | Υψηλή υπαιτιότητα της εταιρείας ή/και του εμπλεκομένου φυσικού ή νομικού προσώπου | Χρηματικό πρόστιμο έως 3.000.000 ευρώ |

| Category of Infringement | Materiality of Infringement | Weighting based on culpability | Sanction/Amount of Fine |
|---|---|---|---|
| 1 | Less Material | Low culpability of the company and/or natural or legal person involved | Reprimand or pecuniary fine of no more than 5,000 euros |
| 2 | Less Material | Average culpability of the company and/or natural or legal person involved | Reprimand or pecuniary fine of no more than 10,000 euros |
| 3 | Less Material | High culpability of the company and/or natural or legal person involved | Reprimand or pecuniary fine of no more than 20,000 euros |
| 4 | Material | Low culpability of the company and/or natural or legal person involved | Pecuniary fine of no more than 30,000 euros |
| 5 | Material | Average culpability of the company and/or natural or legal person involved | Pecuniary fine of no more than 100,000 euros |
| 6 | Material | High culpability of the company and/or natural or legal person involved | Pecuniary fine of no more than 200,000 euros |
| 7 | Highly Material | Low culpability of the company and/or natural or legal person involved | Pecuniary fine of no more than 300,000 euros |
| 8 | Highly Material | Average culpability of the company and/or natural or legal person involved | Pecuniary fine of no more than 1,500,000 euros |
| 9 | Highly Material | High culpability of the company and/or natural or legal person involved | Pecuniary fine of no more than 3,000,000 euros |

## 3ο Στάδιο: Επιμέτρηση παραγόντων για την επαύξηση ή τον μετριασμό του ύψους του προστίμου

Η Επιτροπή Κεφαλαιαγοράς μπορεί να αυξήσει ή να μειώσει το χρηματικό πρόστιμο που υπολογίστηκε στο Στάδιο 2, λαμβάνοντας υπόψη τους κάτωθι παράγοντες που επιδεινώνουν ή μετριάζουν την παραβατική συμπεριφορά. Συνεπώς, μπορεί να προσαυξάνεται ή μειώνεται το ποσό, ανάλογα με το εάν συντρέχουν αντίστοιχα επιβαρυντικές ή ελαφρυντικές περιστάσεις.

Οι παράγοντες που λαμβάνονται υπόψη είναι ιδίως οι εξής:

- Η λήψη ή μη μέτρων από τον παραβάτη για την άρση της παράβασης στο μέλλον.
- Η ειδική και γενική πρόληψη.
- Ο βαθμός συνεργασίας με την Επιτροπή Κεφαλαιαγοράς κατά το στάδιο διερεύνησης και ελέγχου.
- Η λήψη μέτρων για επανόρθωση.
- Το καθεστώς διαπραγμάτευσης της Εταιρείας (αναστολή ή επιτήρηση).
- Ο συνολικός κύκλος εργασιών της Εταιρείας, σύμφωνα με τις οικονομικές καταστάσεις κατά το έτος που αφορά η παράβαση και οι οποίες έχουν υπογραφεί από το Διοικητικό της Συμβούλιο.

Για την επαύξηση ή το μετριασμό του ύψους του προστίμου δύνανται να λαμβάνονται υπόψη πληροφορίες που προκύπτουν, ενδεικτικά, από:

- τη Δήλωση Εταιρικής Διακυβέρνησης,
- την Έκθεση Πεπραγμένων της Επιτροπής Ελέγχου,
- την Αξιολόγηση του Συστήματος Εσωτερικού Ελέγχου από ανεξάρτητο αξιολογητή,
- την Αξιολόγηση του Συστήματος Εταιρικής Διακυβέρνησης από το Διοικητικό Συμβούλιο,
- την Έκθεση Ελέγχου του Ορκωτού Ελεγκτή,
- την Επιβεβαίωση του Ορκωτού Ελεγκτή για τον Εσωτερικό Κανονισμό Λειτουργίας,
- τη Συμπληρωματική Έκθεση Ελέγχου του Ορκωτού Ελεγκτή.

Το ύψος του προστίμου, όπως υπολογίζεται στο 3ο Στάδιο δεν μπορεί να υπερβαίνει το ανώτατο ποσό όπως ορίζεται στο άρθρο 24 του ν. 4706/2020.

Με την επιφύλαξη του 4ου Σταδίου, για την προσαύξηση του ύψους του προστίμου για καθ' υποτροπήν παραβάσεις, σε περίπτωση Λιγότερο Σημαντικής Παράβασης και εφόσον η Εταιρεία ή/και το υπόχρεο πρόσωπο έχει συμμορφωθεί με τη διάταξη ή τις διατάξεις που παραβιάστηκαν, πριν την επιβολή κύρωσης, επιβάλλεται μόνο Επίπληξη.

Με την επιφύλαξη του 4ου Σταδίου, για την προσαύξηση του ύψους του προστίμου για καθ' υποτροπήν παραβάσεις, σε περίπτωση διάπραξης οποιασδήποτε άλλης Παράβασης, εξαιρουμένης της περίπτωσης Πολύ Σημαντικής με Υψηλή Υπαιτιότητα, εφόσον το υπόχρεο πρόσωπο έχει συμμορφωθεί με τη διάταξη ή τις διατάξεις που παραβιάστηκαν, πριν την επιβολή κύρωσης, το ανώτατο όριο του προβλεπόμενου για την αντίστοιχη κατηγορία Παράβασης Χρηματικού Προστίμου δύναται να μειώνεται έως ποσοστό πενήντα τοις εκατό (50%). Σε κάθε περίπτωση, για τον υπολογισμό του

## Stage 3: Assessing aggravating or mitigating factors that affect the level of the fine

The Hellenic Capital Market Commission may increase or decrease the amount of the pecuniary fine computed during Stage 2, taking into consideration the following aggravating or mitigating factors relevant to the infringing conduct: Consequently, the amount may be increased or decreased depending on whether aggravating or mitigating circumstances apply.

Particular consideration shall be given to the following factors:

- Whether or not steps were taken by the infringer to prevent recurrence of the infringement in the future;
- Specific and general deterrence;
- The degree of cooperation with the Hellenic Capital Market Commission during the investigation and control stage.
- Whether steps were taken to make good the infringement.
- The trading status of the company's shares (suspension or surveillance).
- The company's total turnover as shown in the financial statements signed by its Board of Directors for the year the infringement relates to.

In order to increase or decrease the level of the fine regard may be had to information from the following indicative sources:

- the corporate governance statement;
- the audit committee's activity report;
- the assessment of the internal audit system by an independent assessor;
- the assessment of the corporate governance system by the Board of Directors;
- the certified public accountant's audit report;
- the certified public accountant's confirmation regarding the rules of procedure;
- the certified public accountant's supplementary audit report.

The level of the fine computed during Stage 3 shall not exceed the maximum amount laid down in Article 24 of Law 4706/2020.

Without prejudice to Stage 4 on increasing the level of the fine for repeated infringements, only a Reprimand shall be imposed where in the case of a Less Material Infringement and prior to the imposition of a sanction, the company and/or person concerned complied with the provision(s) [of law] infringed.

Without prejudice Stage 4 on increasing the level of the fine for repeated infringements, where any other Infringement is committed, save a Highly Material Infringement, the maximum limit on the Pecuniary Fine applicable to the corresponding Infringement category may be reduced by fifty percent (50%) where prior to the imposition of a sanction the person concerned complied with the provision(s) [of law] infringed. In any event, the remaining calculation factors referred to in Stage 3, as indicated above, shall be taken into account when computing the final fine.

τελικού προστίμου, λαμβάνονται υπόψη και οι υπόλοιποι παράγοντες επιμέτρησης του Σταδίου 3, όπως αναφέρονται ανωτέρω.

## 4ο Στάδιο: Προσαύξηση του ύψους του προστίμου για καθ' υποτροπήν παραβάσεις

Σε περίπτωση υποτροπής, κατά την παράγραφο IV 8 της παρούσας, ανάλογα με την βαρύτητα της, το συνολικό ύψος του χρηματικού προστίμου προσαυξάνεται κατά 5% στις λιγότερο σημαντικές παραβάσεις, 10% στις σημαντικές και 20% στις πολύ σημαντικές παραβάσεις. Στο πλαίσιο αυτό συνεκτιμάται και η προηγούμενη επιβολή κυρώσεων για παραβάσεις της νομοθεσίας της κεφαλαιαγοράς.

## VII.    Το τελικό ύψος του χρηματικού προστίμου, που υπολογίζεται βάσει της ανωτέρω διαδικασίας, εναπόκειται στην κρίση και τη διακριτική ευχέρεια της Επιτροπής Κεφαλαιαγοράς.

Σε κάθε περίπτωση, το ύψος του χρηματικού προστίμου δεν μπορεί να υπερβαίνει το ανώτατο ύψος, όπως αυτό ορίζεται στο άρθρο 24, ήτοι, μέχρι τρία (3) εκατομμύρια ευρώ στην Εταιρεία και, σε κάθε περίπτωση έως πέντε τοις εκατό (5%) του συνολικού ετήσιου κύκλου εργασιών της, όπως αυτός ορίζεται στο άρθρο αυτό και μέχρι τρία (3) εκατομμύρια ευρώ σε μέλη του Διοικητικού Συμβουλίου ή άλλα φυσικά ή νομικά πρόσωπα που εμπίπτουν στην παρούσα.

## VIII.   Ισχύς

Η παρούσα ισχύει από την έναρξη ισχύος του άρθρου 24 του ν. 4706/2020 και για Παραβάσεις που τελούνται από την έναρξη ισχύος του.

Η παρούσα να δημοσιευθεί στην Εφημερίδα της Κυβερνήσεως (Τεύχος Β).

Από τις διατάξεις της παρούσας απόφασης δεν προκαλείται δαπάνη σε βάρος του Κρατικού Προϋπολογισμού.

Η Γραμματέας
Αλεξάνδρα Νινάσιου

Η Πρόεδρος            Ο Α' Αντιπρόεδρος          Η Β' Αντιπρόεδρος
Βασιλική Λαζαράκου     Νικόλαος Κονταρούδης        Αναστασία Στάμου

Τα μέλη
Αναστάσιος Βιρβιλιός                     Παναγιώτης Γιαννόπουλος

Χριστίνα                                Σπυρίδων Σπύρου
Παπακωνσταντίνου

## Stage 4: Increasing the level of the fine for repeated infringements

In the case of repeated infringements under paragraph IV 8 hereof, depending on the gravity of the repeated infringement, the total amount of the pecuniary fine shall be increased by 5% in cases of less material infringements, 10% in cases of material infringements and 20% in cases of highly material infringements. In this framework, the prior imposition of sanctions for infringements of capital market legislation shall also be taken into account.

**VII.      The final amount of the pecuniary fine, computed on the basis of the aforesaid process, shall be left to the judgement and discretion of the Hellenic Capital Market Commission.**

In any event, the level of the pecuniary fine may not exceed the maximum limit laid down in Article 24, i.e. no more than three (3) million euros on the company and, in any event, no more than five percent (5%) of its total annual turnover, as defined in the said Article, and no more than three (3) million euros on directors or other natural or legal persons falling within the scope hereof.

**VIII.      Entry into force**

This decision shall enter into force when Article 24 of Law 4706/2020 enters into force and shall apply to cases of Infringements committed from the date the said article enters into force.

This decision shall be published in the Government Gazette (Series II).

The provisions hereof entail no expenditure under the State Budget.


The Secretary
Alexandra Ninasiou

| The President | The 1st Vice-President | The 2nd Vice-President |
|---|---|---|
| Vasiliki Lazarakou | Nikolaos Kontaroudis | Anastasia Stamou |

The members

| Anastasios Virvilios | Panagiotis Giannopoulos |
|---|---|
| Christina Papakonstantinou | Spyridon Spyrou |

# ΕΛΛΗΝΙΚΗ ΔΗΜΟΚΡΑΤΙΑ

## ΕΠΙΤΡΟΠΗ ΚΕΦΑΛΑΙΑΓΟΡΑΣ

## Ν.Π.Δ.Δ.

## ΑΠΟΦΑΣΗ

## ΑΠΟΦΑΣΗ 1/891/30.9.2020

*του Διοικητικού Συμβουλίου*

*Θέμα: Εξειδικεύσεις άρθρου 14 παρ. 3 περ. ι και παρ. 4, Αξιολόγηση Συστήματος Εσωτερικού Ελέγχου (ΣΕΕ) και της Εφαρμογής των διατάξεων περί Εταιρικής Διακυβέρνησης (ΕΔ) του ν. 4706/2020.*

**ΤΟ ΔΙΟΙΚΗΤΙΚΟ ΣΥΜΒΟΥΛΙΟ**

**ΤΗΣ ΕΠΙΤΡΟΠΗΣ ΚΕΦΑΛΑΙΑΓΟΡΑΣ**

**Αφού έλαβε υπόψη:**

1.       Τις παρ. 3 και 4 του άρθρου 14 του ν. 4706/2020 (ΦΕΚ 136/Α/17.7.2020) για την «Εταιρική διακυβέρνηση ανωνύμων εταιρειών, σύγχρονη αγορά κεφαλαίου, ενσωμάτωση στην ελληνική νομοθεσία της Οδηγίας (ΕΕ) 2017/828 του Ευρωπαϊκού Κοινοβουλίου και του Συμβουλίου, μέτρα προς εφαρμογή του Κανονισμού (ΕΕ) 2017/1131 και άλλες διατάξεις».

2.       Το άρθρο 90 του Π.Δ. 63/2005 «Κωδικοποίηση της νομοθεσίας για την Κυβέρνηση και τα κυβερνητικά όργανα» (Α'98).

**ΑΠΟΦΑΣΙΖΕΙ ΟΜΟΦΩΝΑ**

i.       Εισαγωγή

Η παρούσα απόφαση καθορίζει, όπως προβλέπεται από την παρ. 4 του άρθρου 14 του ν. 4706/2020 το χρόνο, τη διαδικασία, την περιοδικότητα και κάθε ειδικότερο αναγκαίο ζήτημα για την εφαρμογή της αξιολόγησης του Συστήματος εσωτερικού ελέγχου, που προβλέπεται στην περ. ι της παρ. 3, καθώς και τα χαρακτηριστικά που αφορούν στα πρόσωπα που τη διενεργούν.

Περαιτέρω, σύμφωνα με την παρ. 3 του ίδιου άρθρου, προβλέπεται ότι ο Κανονισμός Λειτουργίας της Εταιρείας περιέχει, σύμφωνα με την περ. ι της παρ. 3 του άρθρου 14, την πολιτική και την διαδικασία για τη διενέργεια περιοδικής αξιολόγησης του Συστήματος Εσωτερικού Ελέγχου (στο εξής και «ΣΕΕ») καθώς και της εφαρμογής

# HELLENIC REPUBLIC

## HELLENIC CAPITAL MARKET COMMISSION
## BODY GOVERNED BY PUBLIC LAW
### DECISION

## DECISION 1/891/30.9.2020

*of the Board of Directors*

*Subject: Specification of [the rules contained in] Article 14(3) (j) and (4), Assessment of the Internal Audit System (IAS) and Implementation of the Corporate Governance provisions of Law 4706/2020.*

**THE BOARD OF DIRECTORS**

**OF THE HELLENIC CAPITAL MARKET COMMISSION**

**Having regard to:**

1.      Article 14(3) and (4) of Law 4706/2020 (Government Gazette, Series I, Issue 136/17.07.2020) on 'Corporate governance of sociétés anonymes, modern capital market, transposition of Directive (EU) No 2017/828 of the European Parliament and of the Council into Greek law, measures implementing Regulation (EU) No 2017/1131, and other provisions';

2.      Article 90 of Presidential Decree 63/2005 'Codification of the legislation on Government and Governmental Agencies' (Government Gazette, Series I, Issue 98).

**UNANIMOUSLY DECIDES**

i.      Introduction

This decisions sets forth the time, procedure, regularity and all specific and necessary issues concerning implementation of the assessment of the internal audit system provided for in par. 3(j) , as well as the characteristics concerning the persons conducting the assessment provided for in Article 14(4) of Law 4706/2020.

Furthermore, par. 3 of the same Article stipulates that the company's rules of procedure shall contain the policy and procedure for periodically assessing the Internal Audit System (hereinafter "IAS") and for implementation of the corporate governance provisions of Law 4706/2020.

των διατάξεων περί εταιρικής διακυβέρνησης του ν. 4706/2020.

Ειδικότερα και προκειμένου να εφαρμοστεί η αξιολόγηση του ΣΕΕ, ο Κανονισμός Λειτουργίας της Εταιρείας πρέπει κατ' ελάχιστο να περιέχει:

α)     Την πολιτική αξιολόγησης του ΣΕΕ η οποία περιλαμβάνει γενικές αρχές ως προς το αντικείμενο και την περιοδικότητα του ελέγχου, το εύρος αξιολόγησης, τις τυχόν σημαντικές θυγατρικές που θα περιλαμβάνονται στην αξιολόγηση, την ανάθεση και την παρακολούθηση των αποτελεσμάτων της αξιολόγησης.

β)     Την διαδικασία αξιολόγησης του ΣΕΕ η οποία περιλαμβάνει τα επιμέρους στάδια επιλογής των υποψήφιων που θα διενεργήσουν την αξιολόγηση, από το αρμόδιο όργανο που μπορεί να είναι η Επιτροπή Ελέγχου, την διαδικασία πρότασης, επιλογής και έγκρισης της ανάθεσης της αξιολόγησης από το αρμόδιο όργανο καθώς και το αρμόδιο πρόσωπο/όργανο παρακολούθησης και τήρησης του συμφωνηθέντος έργου.

Υπόχρεες εταιρείες είναι οι εταιρείες που προβλέπονται από το άρθρο 1 «Πεδίο Εφαρμογής» του ν. 4706/2020 (εφεξής «οι Εταιρείες»).

ii.    Διαδικασία Αξιολόγησης

*α.*    Γενικές Κατευθύνσεις

Η αξιολόγηση της επάρκειας του ΣΕΕ πραγματοποιείται με βάση τις βέλτιστες διεθνείς πρακτικές με στόχο να διασφαλίζονται τα σχετικά με το ΣΕΕ οριζόμενα στην παρούσα. Ως προς τις βέλτιστες διεθνείς πρακτικές, αναφέρονται ενδεικτικά τα Διεθνή Ελεγκτικά Πρότυπα (International Federation of Accountants: International Standards on Auditing), το Πλαίσιο των Διεθνών Επαγγελματικών Προτύπων για τον Εσωτερικό έλεγχο (Institute of Internal Auditors: The International Professional Practices Framework) και το Πλαίσιο Συστήματος Εσωτερικού Ελέγχου της Επιτροπής COSO (COSO: Internal Control Integrated Framework).

Σε περίπτωση Ομίλου, ιδίως όταν πρόκειται για εισηγμένη μητρική Εταιρεία συμμετοχών, πριν την έναρξη του έργου, πρέπει να προσδιορίζονται σύμφωνα με την πολιτική της Εταιρείας οι σημαντικές θυγατρικές που θα συμπεριληφθούν στο εύρος της αξιολόγησης, όπως αυτές προσδιορίζονται στο άρθρο 2 του ν. 4706/2020. Το εύρος του έργου αποφασίζεται από το Διοικητικό Συμβούλιο της εισηγμένης μητρικής Εταιρείας σύμφωνα με την καταγεγραμμένη πολιτική της.

*β.*    Αντικείμενα Αξιολόγησης

Τα ακόλουθα αποτελούν αντικείμενα της αξιολόγησης:

**1.     Περιβάλλον Ελέγχου (Control Environment)**

Το Περιβάλλον Ελέγχου αποτελείται από το σύνολο των δομών, των πολιτικών και των διαδικασιών που παρέχουν τη βάση για την ανάπτυξη ενός αποτελεσματικού ΣΕΕ καθώς παρέχει το πλαίσιο και τη δομή για την επίτευξη των θεμελιωδών αντικειμενικών σκοπών του ΣΕΕ.

More specifically, in order to implement the assessment of the IAS, the company's rules of procedure must contain the following as a minimum:

a)      The IAS assessment policy, which shall include general principles as regards the subject matter and regularity of the audit, the scope of the assessment, any material subsidiaries included in the assessment, and the assignment and monitoring of the assessment results;

b)      The IAS assessment process, which shall include the individual stages for the selection of candidates to conduct the assessment by the competent body, which may be the audit committee, the process for proposing, selecting and approving assignment of the assessment by the competent body, as well as the person/body competent for the monitoring and compliance of the task agreed upon.

The companies subject to the foregoing are the companies provided for in Article 1 of Law 4706/2020 ('Scope')(hereinafter "the companies").

ii.      Assessment Process

*a.      General Guidelines*

The adequacy of the IAS shall be assessed on the basis of best international practice, with a view to safeguarding the provisions hereof concerning the IAS. Best international practice includes but is not limited to the International Federation of Accountants' *International Standards on Auditing*, the Institute of Internal Auditors' *International Professional Practices Framework*, and COSO's *Internal Control Integrated Framework*.

In the case of a group and, in particular, in the case of a listed parent holding company, prior to the commencement of the task, the material subsidiaries to be included in the scope of the assessment, as identified in Article 2 of Law 4706/2020, must be determined as per the company's policy. The scope of the task shall be decided upon by the Board of Directors of the listed parent company as per its documented policy.

*b.      Subject matter of the Assessment*

The following shall be the subject matter of the assessment:

## 1.      Control Environment

The Control Environment describes the set of structures, policies and procedures that provide a basis for developing an effective IAS, as it provides the framework and structure for achieving the fundamental objectives of the IAS.

*Το Περιβάλλον Ελέγχου είναι ουσιαστικά το άθροισμα πολλών επιμέρους στοιχείων που καθορίζουν τη συνολική οργάνωση και τον τρόπο διοίκησης και λειτουργίας της Εταιρείας. Η επισκόπηση του Περιβάλλοντος Ελέγχου περιλαμβάνει ιδίως τα ακόλουθα:*

- **Ακεραιότητα, Ηθικές Αξίες & Συμπεριφορά Διοίκησης**: *Εξετάζεται κατά πόσο έχει αναπτυχθεί ένα σαφές πλαίσιο ακεραιότητας & ηθικών αξιών που διέπει τη λήψη αποφάσεων του Διοικητικού Συμβουλίου, και κατά πόσο υφίστανται διαδικασίες παρακολούθησης για την πιστή τήρησή τους, ώστε οποιεσδήποτε αποκλίσεις να εντοπίζονται εγκαίρως και να διορθώνονται καταλλήλως.*
- **Οργανωτική Δομή:** *Εξετάζεται κατά πόσο η οργανωτική δομή της Εταιρείας παρέχει το πλαίσιο για το σχεδιασμό, την εκτέλεση, τον έλεγχο και την εποπτεία των εταιρικών εργασιών μέσω οργανογράμματος για όλες τις επιχειρησιακές μονάδες και τις λειτουργικές δραστηριότητές της σύμφωνα με το οποίο οριοθετούνται οι βασικές περιοχές ευθύνης εντός της Εταιρίας και θεμελιώνονται οι κατάλληλες γραμμές αναφοράς, ανάλογα με το μέγεθος της Εταιρείας και τη φύση των εργασιών της.*
- **Διοικητικό Συμβούλιο:** *Εξετάζεται η δομή, η οργάνωση και ο τρόπος λειτουργίας του Διοικητικού Συμβουλίου και των επιτροπών του: ιδίως ως προς τα θέματα α) τη σχέση με την εκτελεστική διοίκηση β) των αρμοδιοτήτων εποπτείας της λειτουργίας και αποτελεσματικότητας του ΣΕΕ και γ) της σύνθεσης του ΔΣ (π.χ. μέγεθος, καταλληλότητα και ποικιλομορφία των μελών του Διοικητικού Συμβουλίου κ.α.).*
- **Εταιρική Ευθύνη:** *Εξετάζεται η λειτουργία της ανώτατης εκτελεστικής διοίκησης και ο τρόπος με τον οποίο εγκαθιστά, με την εποπτεία του Διοικητικού Συμβουλίου, τις κατάλληλες δομές, γραμμές αναφοράς, περιοχές ευθύνης και αρμοδιότητας προς την επίτευξη των στόχων της Εταιρείας.*
- **Ανθρώπινο Δυναμικό:** *Εξετάζονται ενδεικτικά οι πρακτικές πρόσληψης, αμοιβών, εκπαίδευσης και αξιολόγησης της απόδοσης του προσωπικού έτσι ώστε να καταδεικνύεται η αφοσίωση της Διοίκησης στις αρχές της ακεραιότητας, των ηθικών αξιών και της γνωστικής επάρκειας του προσωπικού).*

## 2.  **Διαχείριση Κινδύνων (Risk Management)**

*Συμπεριλαμβάνει, την επισκόπηση της διαδικασίας αναγνώρισης και αξιολόγησης των κινδύνων (risk assessment), τις διαδικασίες διαχείρισης και απόκρισης της Εταιρείας σε αυτούς (risk response) και τις διαδικασίες παρακολούθησης της εξέλιξης των κινδύνων (risk monitoring).*

*Ειδικότερα, επισκοπείται:*

- *ο ρόλος και η λειτουργία της Επιτροπής Διαχείρισης Κινδύνων (εφόσον υφίσταται) ή άλλου Οργάνου της Εταιρείας με αντίστοιχες αρμοδιότητες.*
- *το έργο και οι αρμοδιότητες της Μονάδας Διαχείρισης Κινδύνων, εφόσον υφίσταται και σε αντίθετη περίπτωση, της υπηρεσίας ή του προσωπικού στο οποίο έχουν ανατεθεί οι εν λόγω αρμοδιότητες.*
- *Η ύπαρξη κατάλληλων και αποτελεσματικών πολιτικών, διαδικασιών και εργαλείων (όπως για παράδειγμα η τήρηση αρχείων κινδύνου - «risk registers») προσδιορισμού, ανάλυσης, ελέγχου, διαχείρισης και παρακολούθησης κάθε μορφής κινδύνου που ενέχει η λειτουργία της Εταιρείας.*

In essence, the Control Environment is the sum of numerous individual components that determine the overall organisation of the company and the way in which it is managed and run. The review of the Control Environment shall consist of the following, in particular:

- **Integrity, Ethical Values & Management Behaviour**: Review of whether a clear framework of integrity & ethical values governing the Board's decision-making has been developed, and whether procedures for monitoring faithful compliance with them are in place, so that any deviations are identified in good time and appropriately corrected.
- **Organisational Structure**: Review of whether the company's organisational structure provides a framework for planning, conducting, controlling and supervising the company's business through an organisational chart for all its business units and operating activities that demarcates the key areas of responsibility within the company and establishes appropriate reporting lines, according to the size of the company and the nature of its business.
- **Board of Directors**: Review of the structure, organisation and practices of the Board of Directors and its committees: with particular regard to: a) the relationship to executive management; b) oversight of the operation and effectiveness of the IAS; and c) the composition of the Board (e.g. size, suitability and diversity of the directors etc.).
- **Corporate Responsibility**: Review of the operation of senior management and the way it establishes –with Board oversight– appropriate structures, reporting lines, areas of responsibility and competence to achieve the company's objectives.
- **Human Resources**: Review, *inter alia*, of practices relating to recruitment, fees, training and evaluation of staff performance in order to demonstrate Management's adherence to the principles of integrity, ethical values and [use of] sufficiently knowledgeable personnel.

## 2.     Risk Management

This includes a review of the process for identifying and assessing risks (risk assessment), processes for the company's management of and response to risks (risk response) and processes for monitoring how risks develop (risk monitoring).

More specifically, this involves a review of:

- the role and functioning of the risk management committee (where applicable) or any different company body with similar functions;
- the work and competences of the risk management unit, where applicable, otherwise the unit or staff tasked with such functions;
- the existence of suitable and effective policies, procedures and tools (e.g. the keeping of 'risk registers') for the identification, analysis, control, management and monitoring of any kind of risk engendered by the company's activities.

## 3.      Ελεγκτικοί Μηχανισμοί και Δικλείδες Ασφαλείας (Control Activities)

Συμπεριλαμβάνει την επισκόπηση των μηχανισμών ελέγχου των κρίσιμων δικλείδων ασφαλείας, με έμφαση στις δικλείδες ασφαλείας που σχετίζονται με θέματα σύγκρουσης συμφερόντων, διαχωρισμό καθηκόντων και τη διακυβέρνηση και ασφάλεια των Πληροφοριακών Συστημάτων.

## 4.      Σύστημα Πληροφόρησης και Επικοινωνίας (Information and Communication)

Αφορά την επισκόπηση της διαδικασίας ανάπτυξης της χρηματοοικονομικής, συμπεριλαμβανομένων των εκθέσεων ελεγκτικών μηχανισμών (π.χ. Εποπτικών, Ρυθμιστικών και Κανονιστικών Αρχών, Ορκωτών ελεγκτών κ.λπ.) και μη χρηματοοικονομικής πληροφόρησης (π.χ. την Πολιτική Βιώσιμης Ανάπτυξης, τα περιβαλλοντικά, κοινωνικά και εργασιακά θέματα, το σεβασμό των δικαιωμάτων του ανθρώπου, την καταπολέμηση της διαφθοράς, τα θέματα σχετικά με τη δωροδοκία, όπως προβλέπονται από το άρθρο 151 ν. 4548/2018) καθώς και την επισκόπηση των διαδικασιών κρίσιμης εσωτερικής και εξωτερικής επικοινωνίας της Εταιρείας.

Η Εταιρεία πρέπει να διαθέτει, σύμφωνα με τον κανονισμό λειτουργίας της, κατάλληλα κανάλια εσωτερικής και εξωτερικής επικοινωνίας, όπως επικοινωνίας με τα μέλη του ΔΣ, τους μετόχους και τους επενδυτές, επικοινωνίας με τις υφιστάμενες Επιτροπές της Εταιρείας, καταγγελίας πληροφοριών (whistleblowing), επικοινωνίας με τις Εποπτικές Αρχές κ.α.

## 5.      Παρακολούθηση του ΣΕΕ (Monitoring)

Αφορά την επισκόπηση δομών και μηχανισμών της Εταιρείας που έχουν επιφορτισθεί με την διαρκή αξιολόγηση στοιχείων του ΣΕΕ και την αναφορά ευρημάτων προς διόρθωση ή βελτίωση. Ειδικότερα, επισκοπούνται η λειτουργία των ακόλουθων δομών και μηχανισμών:

Επιτροπή Ελέγχου

Συμπεριλαμβάνει την επισκόπηση από τον Αξιολογητή, της διαδικασίας παρακολούθησης από την Επιτροπή Ελέγχου της αποτελεσματικότητας του ΣΕΕ.

Μονάδα εσωτερικού ελέγχου

Συμπεριλαμβάνει την επισκόπηση από τον Αξιολογητή, των ακόλουθων στοιχείων αναφορικά με την οργάνωση και λειτουργία της Μονάδας εσωτερικού ελέγχου και τη συμμόρφωση με τις διατάξεις των άρθρων 15 και 16 του ν. 4706/2020 και το ισχύον κανονιστικό πλαίσιο ήτοι πολιτικές, διαδικασίες, πρακτικές και ισχύουσες νομοθετικές και κανονιστικές απαιτήσεις και ιδίως:

- Την ύπαρξη και εφαρμογή εγκεκριμένου από το Διοικητικό Συμβούλιο της Εταιρείας Κανονισμού Λειτουργίας της Μονάδας εσωτερικού ελέγχου.
- Την ενσωμάτωση της λειτουργίας της Μονάδας εσωτερικού ελέγχου στο πλαίσιο διακυβέρνησης της Εταιρείας, την οργανωτική της ανεξαρτησία και την επάρκεια στελέχωσης.
- Την επισκόπηση εργαλείων και τεχνικών που χρησιμοποιούνται από τη Μονάδα εσωτερικού Ελέγχου.
- Την επισκόπηση συνδυασμού γνώσεων και δεξιοτήτων του απασχολούμενου προσωπικού

## 3.  Control Activities (Control Mechanisms and Safeguards)

This includes a review of the control mechanisms for critical safeguards, with emphasis placed on safeguards relating to issues of conflict of interest, separation of duties, and the governance and security of information systems.

## 4.  Information and Communication System

This concerns a review of the process for producing financial information, including reports by audit mechanisms (e.g. supervisory, regulatory and statutory authorities, certified public accountants, etc.), and non-financial information (e.g. the sustainable development policy, environmental, social and labour issues, respect for human rights, combating corruption, issues relating to bribery, provided for in Article 151 of Law 4548/2018), as well as a review of the company's critical internal and external communication procedures.

The company must have, in accordance with its rules of procedure, appropriate internal and external channels for communication, e.g. channels of communication with the directors, shareholders and investors, with the company's committees, for whistleblowing, and with the supervisory authorities, etc.

## 5.  IAS Monitoring

This concerns a review of the company structures and mechanisms charged with continually assessing components of the IAS and reporting findings in order for corrections and improvements to be made. More specifically, this involves a review of the functioning of the following structures and mechanisms:

*Audit committee*

This includes a review by the Assessor of the audit committee's procedure for monitoring the effectiveness of the IAS.

*Internal audit department*

This includes a review by the Assessor of the following information concerning the organisation and operation of the internal audit department and compliance with the provisions of Articles 15 and 16 of Law 4706/2020 and the regulatory framework in force, i.e. policies, procedures, practices and legislative and regulatory requirements in place, and, in particular:

- The existence and implementation of the internal audit department's rules of procedure, approved by the company's Board of Directors;
- Incorporation of the functioning of the internal audit department into the company's governance framework, organisational independence and adequate staffing;
- A review of the tools and techniques used by the internal audit department;
- A review of the combination of knowledge and skills of the staff employed at the internal audit department;
- A review, on a random basis, of the audit reports of the company's internal audit department and its subsidiaries with respect to their timely submission and their

στη Μονάδα εσωτερικού ελέγχου.

- Την επισκόπηση, δειγματοληπτικά, των εκθέσεων ελέγχου της Μονάδας εσωτερικού ελέγχου της Εταιρείας και των θυγατρικών της ως προς την έγκαιρη υποβολή τους καθώς και την καταλληλότητα και πληρότητα κατά τα προβλεπόμενα στο άρθρο 16 του ν. 4706/2020.
- Την αποτελεσματική λειτουργία των προβλεπόμενων, από το κανονιστικό πλαίσιο και τον Κανονισμό Λειτουργίας της Εταιρείας, εποπτικών οργάνων της Μονάδας Εσωτερικού Ελέγχου.

Κανονιστική Συμμόρφωση:

Συνίσταται στην επισκόπηση από τον Αξιολογητή, της διαδικασίας παρακολούθησης της συμμόρφωσης με το κανονιστικό και νομοθετικό πλαίσιο, καθώς και τους εσωτερικούς κανονισμούς που διέπουν τη λειτουργία της Εταιρείας. Στο ανωτέρω πλαίσιο εντάσσονται και οι διατάξεις περί εταιρικής διακυβέρνησης του ν. 4706/2020.

Ειδικότερα, επισκοπείται:

- η Μονάδα Κανονιστικής Συμμόρφωσης, εφόσον υφίσταται και σε αντίθετη περίπτωση, της υπηρεσίας ή του προσωπικού στο οποίο έχουν ανατεθεί οι εν λόγω αρμοδιότητες, ως προς την ανεξαρτησία της, τη δυνατότητα πρόσβασης σε όλες τις απαιτούμενες πηγές πληροφόρησης, την έγκαιρη και έγκυρη επικοινωνία των ευρημάτων της και την εκπαίδευση και ενημέρωσή της για την παρακολούθηση της αποτελεσματικής υιοθέτησης και απαρέγκλιτης εφαρμογής των αλλαγών που συντελούνται στο κανονιστικό πλαίσιο.
- η επάρκεια των διαδικασιών σχετικά με την πρόληψη και καταστολή της νομιμοποίησης εσόδων από εγκληματικές δραστηριότητες, όπου προβλέπεται.
- η επάρκεια στελέχωσης με προσωπικό που διαθέτει επαρκείς γνώσεις και εμπειρία, για την διεκπεραίωση των εν λόγω αρμοδιοτήτων.
- η ύπαρξη εγκεκριμένου από την Επιτροπή Ελέγχου, ετήσιου, σχεδίου δράσης και η παρακολούθηση εφαρμογής του.

*γ.*      Έκθεση αξιολόγησης και αποδέκτες

Ο Αξιολογητής του ΣΕΕ με το πέρας της αξιολόγησής του υποβάλει Έκθεση αποτελεσμάτων αξιολόγησης, η οποία συμπεριλαμβάνει τόσο σύνοψη των παρατηρήσεών του όσο και ανάλυση αυτών, το χρόνο σύνταξης αυτής, την ημερομηνία αναφοράς της αξιολόγησης και την περίοδο που καλύπτει η Έκθεση αξιολόγησης, η οποία εκκινεί από την επόμενη ημέρα της ημερομηνίας αναφοράς της προηγούμενης αξιολόγησης.

Η σύνοψη περιλαμβάνει το συμπέρασμα του Αξιολογητή, ανάλογα με τα Πρότυπα αξιολόγησης που επικαλείται, αναφορικά με την επάρκεια και την αποτελεσματικότητα του Συστήματος εσωτερικού ελέγχου. Επίσης περιλαμβάνει τα σημαντικότερα ευρήματα της αξιολόγησης, τους κινδύνους και τις συνέπειες που απορρέουν από αυτά καθώς και την απόκριση της Διοίκησης της Εταιρείας σε αυτά, συμπεριλαμβανομένων και των σχετικών σχεδίων δράσης με σαφή και ρεαλιστικά χρονοδιαγράμματα.

Η αναλυτική έκθεση περιλαμβάνει το σύνολο των ευρημάτων της αξιολόγησης με τις

suitability and completeness in accordance with the provisions of Article 16 of Law 4706/2020;

- The effective operation of the internal audit department's supervisory bodies, as provided for in the regulatory framework and the company's rules of procedure.

*Regulatory Compliance:*

This involves a review by the Assessor of the procedure for monitoring compliance with the statutory and legislative framework, as well as the internal regulations governing company operations. This framework also includes the corporate governance provisions of Law 4706/2020.

More specifically, this involves a review of:

- the regulatory compliance unit, where applicable, otherwise the unit or staff tasked with such functions, with regard to its independence, its ability to access all the necessary sources of information, the timely and valid communication of its findings, and its training and briefing in order to monitor the effective adoption and unwavering implementation of the changes effected to the regulatory framework;
- the adequacy of procedures for the prevention and suppression of money laundering, where applicable;
- the adequacy of staffing with sufficiently knowledgeable and experienced personnel to perform the functions in question;
- the existence of an annual action plan approved by the audit committee, and monitoring of its implementation.

**c.     *Assessment report and recipients***

Upon completing the IAS assessment, the assessor shall submit an assessment results report containing both a summary of their remarks and and analysis thereof, the time the report was prepared, the reference date of the assessment and the period the assessment report covers, starting on the day following the reference date of the previous assessment.

The summary shall contain the assessor's conclusions, according to the assessment standards employed, with regard to the adequacy and effectiveness of the internal audit system. It shall also contain the key findings of the assessment, the risks and consequences they entail, as well as the company Management team's response to them, including the relevant action plans with clear and realistic timeframes.

The detailed report shall contain all the assessment findings and the relevant analyses.

σχετικές αναλύσεις.

Ως αποδέκτες της Έκθεσης αξιολόγησης ορίζονται οι εντολείς της αξιολόγησης, σύμφωνα με τον Κανονισμό Λειτουργίας της Εταιρείας, και πάντως η Επιτροπή Ελέγχου και το Διοικητικό Συμβούλιο της Εταιρείας, αυτής. Η Εταιρεία υποβάλλει αμελλητί στην Επιτροπή Κεφαλαιαγοράς, και πάντως εντός τριών (3) μηνών από την ημερομηνία αναφοράς της Έκθεσης αξιολόγησης, τη σύνοψη της Έκθεσης και, εφόσον απαιτηθεί, το σύνολο αυτής.

Η ετήσια Δήλωση Εταιρικής Διακυβέρνησης περιλαμβάνει σχετική αναφορά για τα αποτελέσματα της Έκθεσης Αξιολόγησης.

iii.     Χαρακτηριστικά προσώπων που διενεργούν την αξιολόγηση.

Ο Αξιολογητής είναι νομικό ή φυσικό πρόσωπο ή ένωση προσώπων. Ο Αξιολογητής πρέπει να έχει τα ακόλουθα χαρακτηριστικά:

1.     **Θέματα ανεξαρτησίας και αντικειμενικότητας**

Κατά την επιλογή του Αξιολογητή του ΣΕΕ λαμβάνονται υπόψη θέματα ανεξαρτησίας και αντικειμενικότητας. Ο Αξιολογητής και τα μέλη της ομάδας έργου αξιολόγησης πρέπει να έχει ανεξαρτησία και να μην έχει σχέσεις εξάρτησης σύμφωνα με την παρ. 1 του άρθρου 9, όπως εξειδικεύεται με την παρ. 2, του ν. 4706/2020, καθώς και να έχει αντικειμενικότητα κατά την άσκηση των καθηκόντων του.

Ως αντικειμενικότητα ορίζεται ως η αμερόληπτη στάση και νοοτροπία, η οποία επιτρέπει στον Αξιολογητή να εκτελεί το έργο του όπως πιστεύει ο ίδιος και να μη δέχεται συμβιβασμούς ως προς την ποιότητά του. Η αντικειμενικότητα απαιτεί να μην επηρεάζεται η κρίση του Αξιολογητή από τρίτους ή από γεγονότα.

Στο πλαίσιο της διασφάλισης της ανεξαρτησίας και αντικειμενικότητας, η αξιολόγηση του ΣΕΕ δεν δύναται να πραγματοποιείται από τον ίδιο Αξιολογητή για 3η συνεχόμενη αξιολόγηση.

2.     **Αποδεδειγμένη σχετική επαγγελματική εμπειρία και κατάρτιση**

Κατά την επιλογή του Αξιολογητή του ΣΕΕ λαμβάνονται υπόψη θέματα που σχετίζονται με τις γνώσεις και την επαγγελματική του εμπειρία. Ειδικότερα, ο επικεφαλής της ομάδας έργου της αξιολόγησης του ΣΕΕ και σε κάθε περίπτωση ο υπογράφων την αξιολόγηση, πρέπει να διαθέτουν τις κατάλληλες επαγγελματικές πιστοποιήσεις (ανάλογα με τα επαγγελματικά πρότυπα που επικαλείται) καθώς και αποδεδειγμένη σχετική εμπειρία (όπως για παράδειγμα σε έργα αξιολόγησης ΣΕΕ και δομών εταιρικής διακυβέρνησης).

Ο Αξιολογητής λαμβάνει όλα τα απαραίτητα μέτρα ώστε κατά τη διενέργεια του έργου τα πρόσωπα τα οποία συμμετέχουν διαθέτουν κατάλληλες γνώσεις και πείρα ως προς τα καθήκοντα που τους ανατίθενται και ότι χρησιμοποιεί κατάλληλα συστήματα διασφάλισης ποιότητας, επαρκείς ανθρώπινους και υλικούς πόρους και διαδικασίες, προκειμένου να εξασφαλίζει τη συνέχεια, την κανονικότητα και την ποιότητα της εκτέλεσης των εργασιών.

The recipients of the assessment report shall be the parties who commissioned the assessment, as per the company's rules of procedure, and, in any event, the company's audit committee and Board of Directors. The company shall submit the report summary to the Hellenic Capital Market Commission without delay and, in any event, within three (3) months of the reference date of the assessment report and, if required, [shall submit] the entire report.

The annual corporate governance statement shall contain a relevant reference to the results of the assessment report.

iii.      Requirements for assessors

The assessor shall be a natural or legal person or association of persons. The assessor must meet the following requirements:

**1.      Issues of independence and objectivity**

In selecting the IAS assessor, account shall be taken of independence and objectivity issues. The assessor and the assessment team members must be independent and free of relationships of dependence, in accordance with Article 9(1), as specified in Article 9(2) of Law 4706/2020, and act with objectivity in performing their duties.

Objectivity is defined as an impartial approach and mindset that allows assessors to carry out their work as they see fit and to not accept compromises when it comes to the quality of their work. Objectivity requires that the assessor's judgement not be influenced by third parties or circumstances.

In the framework of ensuring independence and objectivity, the IAS shall not be assessed by the same assessor in more than two consecutive assessments.

**2.      Proven relevant professional experience and training**

In selecting the IAS assessor, account shall be taken of issues relating to their knowledge and professional experience. More specifically, the head of the IAS assessment team and, in any event, the signatory of the assessment, must hold suitable professional qualifications(depending on the professional standards employed) and proven relevant experience (e.g. in IAS and corporate governance structure assessments).

The assessor shall take all necessary steps to ensure that the persons participating in the assessment have suitable knowledge and experience with respect to the duties assigned to them and that the assessor uses suitable quality assurance systems and sufficient human and material resources and procedures to ensure the continuity, normality and quality of execution of assessment tasks.

iv.      Χρόνος - Περιοδικότητα

*Η αξιολόγηση του ΣΕΕ διενεργείται είτε περιοδικά είτε κατά περίπτωση.*

*Ως περιοδικότητα προσδιορίζεται η χρονική περίοδος που μεσολαβεί μεταξύ δύο διαδοχικών αξιολογήσεων και η οποία προσδιορίζεται στα τρία (3) έτη με αφετηρία την ημερομηνία αναφοράς της τελευταίας αξιολόγησης.*

*Ως χρόνος προσδιορίζεται η χρονική στιγμή κατά την οποία απαιτείται να διενεργηθεί είτε η περιοδική αξιολόγηση είτε η κατά περίπτωση αξιολόγηση. Η Επιτροπής Κεφαλαιαγοράς με απόφασης της, δύναται να απαιτήσει την κατά περίπτωση διενέργεια αξιολόγησης του ΣΕΕ της Εταιρείας, εφόσον δεν έχει προηγηθεί ανάλογη αξιολόγηση κατά τους τελευταίους δώδεκα (12) μήνες.*

*Σε κάθε περίπτωση, η αξιολόγηση του ΣΕΕ αποτελεί μέρος της συνολικής αξιολόγησης του συστήματος εταιρικής διακυβέρνησης της Εταιρείας, σύμφωνα με το άρθρο 4 παρ. 1 του ν. 4706/2020.*

v.      Κυρώσεις

*Σε περίπτωση παράβασης των διατάξεων της παρούσας, το Διοικητικό Συμβούλιο της Επιτροπή Κεφαλαιαγοράς επιβάλλει τις κυρώσεις που προβλέπονται στην παρ. 1 του άρθρου 24 του ν. 4706/2020.*

vi.      Χρόνος πρώτης εφαρμογής

*Η πρώτη αξιολόγηση του ΣΕΕ πρέπει να έχει ολοκληρωθεί, κατά τα προβλεπόμενα στην παρούσα απόφαση, έως την 31η Μαρτίου 2022 με ημερομηνία αναφοράς την 31η Δεκεμβρίου 2021 και περίοδο αναφοράς από την έναρξη ισχύος του άρθρου 14 του ν. 4706/2020.*

*Από τις διατάξεις της παρούσας απόφασης δεν προκαλείται δαπάνη σε βάρος του Κρατικού Προϋπολογισμού.*

*Η παρούσα να δημοσιευθεί στην Εφημερίδα της Κυβερνήσεως.*

<br>

     Η Γραμματέας
Αλεξάνδρα Νινάσιου

| Η Πρόεδρος | Ο Α' Αντιπρόεδρος | Η Β' Αντιπρόεδρος |
|---|---|---|
| Βασιλική Λαζαράκου | Νικόλαος Κονταρούδης | Αναστασία Στάμου |

<br>

Τα μέλη

| | |
|---|---|
| Αναστάσιος Βιρβιλιός | Παναγιώτης Γιαννόπουλος |
| Χριστίνα Παπακωνσταντίνου | Σπυρίδων Σπύρου |

iv.      Time - Regularity

The IAS shall be assessed either on a regular or on a case-by-case basis.

Regularity is defined as the period elapsing between two successive assessments and is set at three (3) years, starting on the reference date of the last assessment.

Time is defined as the point in time when a regular or a case-by-case assessment must be conducted. The Hellenic Capital Market Commission may issue a decision ordering the case-by-case assessment of the company's IAS, provided a similar assessment was not conducted during the previous twelve (12) months.

In any event, assessment of the IAS constitutes part of the overall assessment of the company's corporate governance system under Article 4(1) of Law 4706/2020.

v.      Sanctions

Where the provisions hereof are infringed, the Board of Directors of the Hellenic Capital Market Commission shall impose the sanctions provided for in Article 24(1) of Law 4706/2020.

vi.      First implementation

The first assessment of the IAS must be completed, in accordance with the provisions hereof, by 31 March 2022, with 31 December 2021 as the reference date and the period from the entry of Article 14 of Law 4706/2020 into force as the reference period.

The provisions hereof entail no expenditure under the State Budget.

This decision shall be published in the Government Gazette.


The Secretary
Alexandra Ninasiou

| The President | The 1st Vice-President | The 2nd Vice-President |
|---|---|---|
| Vasiliki Lazarakou | Nikolaos Kontaroudis | Anastasia Stamou |

The members

| | |
|---|---|
| Anastasios Virvilios | Panagiotis Giannopoulos |
| Christina Papakonstantinou | Spyridon Spyrou |

# ΕΛΛΗΝΙΚΗ ΔΗΜΟΚΡΑΤΙΑ

## ΕΠΙΤΡΟΠΗ ΚΕΦΑΛΑΙΑΓΟΡΑΣ

## Ν.Π.Δ.Δ.

## Α Π Ο Φ Α Σ Η

## ΑΠΟΦΑΣΗ 1/893/16.10.2020

*του Διοικητικού Συμβουλίου*

*Θέμα: Πληροφοριακό δελτίο που πρέπει να δημοσιεύεται στις περιπτώσεις προσφοράς κινητών αξιών της παρ. 2 του άρθρου 58 του ν. 4706/2020.*

**Η ΕΠΙΤΡΟΠΗ ΚΕΦΑΛΑΙΑΓΟΡΑΣ**

**Αφού έλαβε υπόψη:**

1.	Το άρθρο 6 του Κανονισμού (ΕΕ) 2017/1129 του Ευρωπαϊκού Κοινοβουλίου και του Συμβουλίου, της 14ης Ιουνίου 2017, σχετικά με το ενημερωτικό δελτίο που πρέπει να δημοσιεύεται κατά τη δημόσια προσφορά κινητών αξιών ή κατά την εισαγωγή κινητών αξιών προς διαπραγμάτευση σε ρυθμιζόμενη αγορά και την κατάργηση της οδηγίας 2003/71/ΕΚ.

2.	Τις παρ. 1 και 2 του άρθρου 58 του ν. 4706/2020 (ΦΕΚ 136/Α/17-7-2020) «Εταιρική διακυβέρνηση ανωνύμων εταιρειών, σύγχρονη αγορά κεφαλαίου, ενσωμάτωση στην ελληνική νομοθεσία της Οδηγίας (ΕΕ) 2017/828 του Ευρωπαϊκού Κοινοβουλίου και του Συμβουλίου, μέτρα προς εφαρμογή του Κανονισμού (ΕΕ) 2017/1131 και άλλες διατάξεις.»

3.	Τις παρ. 1, 2 και 3 άρθρου 59 του ν. 4706/2020.

4.	Την παράγραφο 2 του άρθρου 13 του ν. 2166/1993 (ΦΕΚ Α' 137) «Κίνητρα ανάπτυξης επιχειρήσεων, διαρρυθμίσεις στην έμμεση και άμεση φορολογία και άλλες διατάξεις», όπως τροποποιήθηκε με την παρ. 3 του άρθρου 18 του ν. 2198/1994 (ΦΕΚ Α' 43) και αντικαταστάθηκε από την παρ. 6 του άρθρου 39 του ν. 2324/1995 (ΦΕΚ Α' 146).

5.	Το άρθρο 90 του «Κώδικα της νομοθεσίας για την Κυβέρνηση και τα κυβερνητικά όργανα» που κυρώθηκε με το άρθρο Πρώτο του π.δ. 63/2005 (ΦΕΚ Α/98/22.4.2005).

# HELLENIC REPUBLIC

## HELLENIC CAPITAL MARKET COMMISSION
## BODY GOVERNED BY PUBLIC LAW
## DECISION

## DECISION 1/893/30.9.2020

*of the Board of Directors*

*Subject: Prospectus to be published in the cases of an offer of securities under Article 58(2) of Law 4706/2020.*

**THE HELLENIC CAPITAL MARKET COMMISSION**

**Having regard to:**

1.      Article 6 of Regulation (EU) 2017/1129 of the European Parliament and of the Council of 14 June 2017 on the prospectus to be published when securities are offered to the public or admitted to trading on a regulated market, and repealing Directive 2003/71/EC.

2.      Article 58(1) and (2) of Law 4706/2020 (Government Gazette, Series I, Issue 136/17.7.2020) on 'Corporate governance of sociétés anonymes, modern capital market, transposition of Directive (EU) No 2017/828 of the European Parliament and of the Council into Greek law, measures implementing Regulation (EU) No 2017/1131, and other provisions'.

3.      Article 59(1), (2) and (3) of Law 4706/2020.

4.      Article 13(2) of Law 2166/1993 (Government Gazette, Series I, Issue 137) 'Incentives for the development of companies, direct and indirect taxation arrangements and other provisions', as amended by Article 18(3) of Law 2198/1994 (Government Gazette, Series I, Issue 43) and replaced by Article 39(6) of Law 2324/1995 (Government Gazette, Series I, Issue 146).

5.      Article 90 of Presidential Decree 63/2005 'Codification of the legislation on Government and Governmental Agencies' (Government Gazette, Series I, Issue 98/22.4.2005).

ΑΠΟΦΑΣΙΖΕΙ ΟΜΟΦΩΝΑ

# Αρθρο 1
## Πεδίο Εφαρμογής

Η παρούσα απόφαση εφαρμόζεται στις περιπτώσεις προσφοράς κινητών αξιών, που λαμβάνει χώρα στην Ελλάδα, εφόσον η συνολική αξία των προσφερόμενων κινητών αξιών είναι τουλάχιστον πεντακόσιες χιλιάδες (500.000) ευρώ και έως το όριο που προβλέπεται στην παρ. 2 του άρθρου 58 του ν. 4706/2020 ή/ και στις περιπτώσεις εισαγωγής αυτών των κινητών αξιών με την επιφύλαξη της παρ. 3, του άρθρου 3, του Κανονισμού ΕΕ 2017/1129 και της εξαίρεσης της παρ. 3 του άρθρου 59 του ν. 4706/2020.

# Αρθρο 2
## Πληροφοριακό δελτίο

1.      Ο εκδότης ή ο προσφέρων καταρτίζει και δημοσιεύει πληροφοριακό δελτίο, το οποίο περιλαμβάνει τις πληροφορίες που περιλαμβάνονται στο Παράρτημα Ι της παρούσας. Το πληροφοριακό δελτίο ισχύει για δώδεκα μήνες από τη δημοσίευσή του, υπό την προϋπόθεση ότι συμπληρώνεται, εφόσον απαιτείται, σύμφωνα με την παράγραφο 10.

2.      Με την επιφύλαξη της παρ. 3, του άρθρου 3, του Κανονισμού ΕΕ 2017/1129 και της εξαίρεσης της παρ. 3 του άρθρου 59 του ν. 4706/2020, το πληροφοριακό δελτίο της παρ. 1, εγκρίνεται από την Επιτροπή Κεφαλαιαγοράς, εκτός από τις περιπτώσεις που οι κινητές αξίες εισάγονται προς διαπραγμάτευση σε ρυθμιζόμενη αγορά ή εντάσσονται σε πολυμερή μηχανισμό διαπραγμάτευσης, που λειτουργούν στην Ελλάδα, περιπτώσεις στις οποίες το πληροφοριακό δελτίο εγκρίνεται από τον διαχειριστή της ρυθμιζόμενης αγοράς ή του πολυμερούς μηχανισμού διαπραγμάτευσης, κατά περίπτωση.

3.      Η Επιτροπή Κεφαλαιαγοράς ή ο διαχειριστής της ρυθμιζόμενης αγοράς ή του πολυμερούς μηχανισμού διαπραγμάτευσης (ΠΜΔ) κατά περίπτωση μπορεί να επιτρέψει να μην περιληφθούν στο πληροφοριακό δελτίο ορισμένες πληροφορίες που προβλέπονται στο Παράρτημα της παρούσας εφόσον:

(α)      η γνωστοποίηση αυτών των πληροφοριών είναι αντίθετη προς το δημόσιο συμφέρον ή

(β)      η γνωστοποίηση αυτών των πληροφοριών βλάπτει σοβαρά τα συμφέροντα του εκδότη, υπό την προϋπόθεση ότι η παράλειψή τους δεν είναι παραπλανητική για το κοινό σχετικά με γεγονότα που είναι σημαντικά για την αξιολόγηση με εμπεριστατωμένο τρόπο του εκδότη, του προσφέροντος ή του τυχόν εγγυητή, καθώς και των δικαιωμάτων που απορρέουν από τις κινητές αξίες, στις οποίες αναφέρεται το πληροφοριακό δελτίο ή

UNANIMOUSLY DECIDES

# ARTICLE 1

## *Scope*

This decision shall apply in cases of offers of securities to the public taking place in Greece, where the total value of the securities offered ranges from at least five hundred thousand (500,000) euros up to the limit set forth in Article 58(2) of Law 4706/2020 and/or in cases of admitting to trading of such securities, without prejudice to Article 3(3) of Regulation EU 2017/1129 and the exception set out in Article 59(3) of Law 4706/2020.

# ARTICLE 2

## *Prospectus*

1.      The issuer or offeror shall draft and publish a prospectus containing the information included in Annex I hereto. A prospectus shall be valid for 12 months after its publication, provided that it is completed in accordance with paragraph 10.

2.      Without prejudice to Article 3(3) of Regulation EU 2017/1129 and the exception set out in Article 59(3) of Law 4706/2020, the prospectus referred to in paragraph 1 shall be approved by the Hellenic Capital Market Commission, save in cases where the securities are admitted to trading on a regulated market or are listed on a multilateral trading facility operating in Greece, in which cases the prospectus shall be approved by the regulated market or multilateral trading facility operator, as applicable.

3.      The Hellenic Capital Market Commission or the regulated market or multilateral trading facility (MTF) operator, as applicable, may authorise the omission of certain information provided for in the Annex hereto from the prospectus, where:

(a)      disclosure of such information would be contrary to the public interest;

(b)      disclosure of such information would be seriously detrimental to the issuer or to the guarantor, if any, provided that the omission of such information would not be likely to mislead the public with regard to facts essential for an informed assessment of the issuer, the offeror or the guarantor, if any, and of the rights attached to the securities to which the prospectus relates; or

(γ)     οι πληροφορίες αυτές είναι ήσσονος σημασίας για τη συγκεκριμένη προσφορά ή εισαγωγή ή ένταξη για διαπραγμάτευση και δεν μπορούν να επηρεάσουν την αξιολόγηση της οικονομικής κατάστασης και των προοπτικών του εκδότη, του προσφέροντος ή του τυχόν εγγυητή.

4.      Η Επιτροπή Κεφαλαιαγοράς ή ο διαχειριστής της ρυθμιζόμενης αγοράς ή του ΠΜΔ, κατά περίπτωση, μπορεί να απαιτεί από τον εκδότη, τον προσφέροντα, τους αναδόχους ή τους συμβούλους, εφόσον υφίστανται, να συμπεριλάβουν στο Πληροφοριακό Δελτίο συμπληρωματικές πληροφορίες, εφόσον αυτό απαιτείται για την προστασία των επενδυτών.

5.      Το πληροφοριακό δελτίο διατίθεται στο κοινό με δημοσίευση που γίνεται:

(α)     σε έντυπη μορφή που τίθεται στη διάθεση του κοινού δωρεάν στα γραφεία του εκδότη ή των διαμεσολαβούντων πιστωτικών ιδρυμάτων ή ΕΠΕΥ για την διάθεση των κινητών αξιών σύμφωνα με τις περιπτώσεις (6) και (7) αντιστοίχως του Τμήματος Α του Παραρτήματος Ι σε συνδυασμό με τις διατάξεις της παραγράφου 2 του Άρθρου 4 του ν. 4514/2018 (ΦΕΚ Α' 14/30-01-2018 και Α' 16/31-01-2018) ή

(β)     σε ηλεκτρονική μορφή στην ιστοσελίδα του εκδότη,

(γ)     σε ηλεκτρονική μορφή στην ιστοσελίδα του συμβούλου ή / και αναδόχου και

(δ)     σε ηλεκτρονική μορφή στην ιστοσελίδα της Επιτροπής Κεφαλαιαγοράς ή του διαχειριστή της ρυθμιζόμενης αγοράς ή του ΠΜΔ κατά περίπτωση.

6.      Το πληροφοριακό δελτίο δημοσιεύεται τουλάχιστον τρείς (3) εργάσιμες ημέρες πριν από την έναρξη της προσφοράς.

Στην περίπτωση που στο πληροφοριακό δελτίο δεν μπορεί να περιληφθεί η τελική τιμή διάθεσης ο εκδότης ή ο προσφέρων, το αργότερο δύο (2) εργάσιμες ημέρες πριν την έναρξη της προσφοράς, γνωστοποιεί στην Επιτροπή Κεφαλαιαγοράς ή στο διαχειριστή της ρυθμιζόμενης αγοράς ή του ΠΜΔ κατά περίπτωση και δημοσιεύει, σύμφωνα με την παράγραφο 5 του παρόντος άρθρου, την τελική τιμή διάθεσης, εφόσον αυτή έχει οριστεί, ή, σε αντίθετη περίπτωση, το εύρος τιμών εντός του οποίου θα κυμανθεί.

7.      Ο εκδότης, ο προσφέρων, ή το πρόσωπο που ζητά την εισαγωγή ή την ένταξη για διαπραγμάτευση δημοσιεύει στην ιστοσελίδα του, ανακοίνωση η οποία αναφέρει τον τρόπο και τόπο διάθεσης του πληροφοριακού δελτίου.

8.      Το κείμενο και η μορφή του πληροφοριακού δελτίου, και των τυχόν συμπληρωμάτων του, όπως αυτά δημοσιεύονται ή τίθενται στη διάθεση του κοινού, πρέπει σε κάθε περίπτωση να είναι πανομοιότυπα με την πρωτότυπη έκδοσή τους που εγκρίθηκε από την Επιτροπή Κεφαλαιαγοράς ή το διαχειριστή της ρυθμιζόμενης αγοράς ή του ΠΜΔ, κατά περίπτωση.

9.      Όλες οι πληροφορίες που σχετίζονται με τη προσφορά, την εισαγωγή για διαπραγμάτευση σε ρυθμιζόμενη αγορά ή την ένταξη προς διαπραγμάτευση σε ΠΜΔ και γνωστοποιούνται προφορικώς ή εγγράφως, πρέπει να συνάδουν

(c)      such information is of minor importance in relation to a specific offer or admission [for trading on a regulated market] or inclusion [for trading on an MTF] and would not influence the assessment of the financial position and prospects of the issuer, the offeror or the guarantor, if any.

4.       The Hellenic Capital Market Commission or the regulated market or MTF operator, as applicable, may require the issuer, the offeror, the underwriters or the advisers, where applicable, to include supplementary information in the prospectus, where necessary for investor protection.

5.       The prospectus shall be made available to the public via publication effected:

(a)      in hard copy made available to the public free of charge at the offices of the issuer or the intermediary credit institution or investment firms for the marketing of the securities in accordance with points 6 and 7, respectively, of Section A of Annex I, combined with the provisions of Article 4(2) of Law 4514/2018 (Government Gazette, Series I, Issue 14/30.1.2018 and Government Gazette, Series I, Issue 16/31.1.2018); or

(b)      in electronic format on the issuer's website;

(c)      in electronic format on the adviser's and/or the underwriter's website; and

(d)      in electronic format on the website of the Hellenic Capital Market Commission or of the regulated market or MTF operator, as applicable.

6.       The prospectus shall be published at least three (3) working days prior to the date the offer commences.

Where the final marketing price cannot be included in the prospectus, no later than two (2) working days before the offer commences, the issuer or the offeror shall notify the Hellenic Capital Market Commission or the regulated market or MTF operator, as applicable, and publish the final marketing price in accordance with paragraph 5 of this Article, where this price has been set, otherwise the range of prices.

7.       The issuer, offeror or person asking for admission [for trading on a regulated market] or inclusion [for trading on a MTF] shall publish an announcement on their website indicating the manner in which and place where the prospectus is being made available.

8.       The text and the format of the prospectus and any supplements thereto published or made available to the public shall at all times be identical to the original version approved by the Hellenic Capital Market Commission or the regulated market or MTF operator, as applicable.

9.       All the information concerning the offer, the admission for trading on a regulated market or the inclusion for trading on an MTF and disclosed in an oral or written form, even where not for advertising purposes, shall be consistent with the information contained in the prospectus and shall not be inaccurate or misleading.

με το περιεχόμενο του πληροφοριακού δελτίου ακόμη και αν δεν παρέχονται για διαφημιστικούς σκοπούς και δεν πρέπει να είναι ανακριβείς ή παραπλανητικές.

10.      Οι διαφημίσεις που δημοσιεύονται εν όψει προσφοράς ή εισαγωγής ή ένταξης κινητών αξιών για διαπραγμάτευση υποβάλλονται στην Επιτροπή Κεφαλαιαγοράς, ή στο διαχειριστή της ρυθμιζόμενης αγορά ή του ΠΜΔ κατά περίπτωση τουλάχιστον δυο εργάσιμες ημέρες πριν τη δημοσιοποίησή τους.

Στις διαφημίσεις αναφέρεται ότι το πληροφοριακό δελτίο έχει ήδη δημοσιευθεί, τα σημεία διάθεσης από τα οποία οι επενδυτές μπορούν να το προμηθεύονται, καθώς και ότι τα πλήρη στοιχεία της προσφοράς περιλαμβάνονται μόνο στο πληροφοριακό δελτίο και ότι ο επενδυτής πρέπει να βασίσει οποιαδήποτε απόφασή του στην εξέταση του πληροφοριακού δελτίου στο σύνολό του.

11.      Κάθε νέο σημαντικό στοιχείο, ουσιώδης ανακρίβεια ή ουσιώδες σφάλμα σχετικά με τις πληροφορίες που περιέχονται στο πληροφοριακό δελτίο, που μπορεί να επηρεάσει την αξιολόγηση των κινητών αξιών και ανακύπτει ή διαπιστώνεται κατά το χρόνο που μεσολαβεί από την έγκριση του πληροφοριακού δελτίου έως τη λήξη της προσφοράς ή/και έως την εισαγωγή κινητών αξιών προς διαπραγμάτευση σε ρυθμιζόμενη αγορά, αναφέρεται σε συμπλήρωμα του πληροφοριακού δελτίου, που εγκρίνεται από τον ίδιο φορέα που ενέκρινε το πληροφοριακό δελτίο. Επενδυτές οι οποίοι έχουν ήδη συμφωνήσει να αγοράσουν τις κινητές αξίες ή έχουν εγγραφεί για την αγορά κινητών αξιών πριν από τη δημοσίευση του συμπληρώματος, μπορούν να υπαναχωρήσουν από την αγορά ή την εγγραφή το αργότερο εντός δύο (2) εργάσιμων ημερών από τη δημοσίευση του συμπληρώματος.

Για τις ανάγκες της προηγούμενης παραγράφου η Επιτροπή Κεφαλαιαγοράς ή ο διαχειριστής της ρυθμιζόμενης αγοράς ή του ΠΜΔ κατά περίπτωση μπορεί να αναβάλει μία πρόσφορά εφόσον αυτό απαιτείται για την προστασία των επενδυτών.

# Αρθρο 3
## Πρόσωπα υπεύθυνα για το πληροφοριακό δελτίο

1.      Την ευθύνη για τις πληροφορίες που περιέχονται στο πληροφοριακό δελτίο, οι οποίες δεν πρέπει να είναι ανακριβείς ή παραπλανητικές φέρουν:

(α)      ο εκδότης ή ο προσφέρων,

(β)      τα μέλη των διοικητικών συμβουλίων ή των διαχειριστικών οργάνων των παραπάνω προσώπων κατά περίπτωση, καθώς και

(γ)      το πιστωτικό ίδρυμα ή ΕΠΕΥ που αναφέρεται στο πληροφοριακό δελτίο ότι παρέχει την επενδυτική υπηρεσία της αναδοχής χρηματοπιστωτικών μέσων ή της τοποθέτησης χρηματοπιστωτικών μέσων με δέσμευση ανάληψης ή της τοποθέτησης χρηματοπιστωτικών μέσων χωρίς δέσμευση ανάληψης σύμφωνα με τις περιπτώσεις (6) και (7) αντιστοίχως του Τμήματος Α του Παραρτήματος Ι σε συνδυασμό με τις διατάξεις της παραγράφου 2 του Άρθρου 4 του ν. 4514/2018 (ΦΕΚ Α' 14 και Α' 16) ,

10.     Advertisements published in view of an offer or admission or inclusion of securities for trading shall be submitted to the Hellenic Capital Market Commission or to the regulated market or MTF operator, as applicable, at least two working days prior to being made public.

Advertisements shall state that a prospectus has been published, where investors will be able to obtain it, as well as that full information about the offer is only included in the prospectus and that investors must base any decision they make on a consideration of the prospectus as a whole.

11.     Every significant new factor, material mistake or material inaccuracy relating to the information included in a prospectus which may affect the assessment of the securities and which arises or is noted between the time when the prospectus is approved and the closing of the offer period and/or the time when trading on a regulated market begins shall be mentioned in a supplement to the prospectus, approved by the same body that approved the prospectus. Investors who have already agreed to purchase or subscribe for the securities before the supplement is published may withdraw from the purchase or subscription no later than two (2) working days after the publication of the supplement.

For the purposes of the preceding paragraph, the Hellenic Capital Market Commission or the regulated market or MTF operator, as applicable, may defer an offer, where necessary for investor protection.

# ARTICLE 3

*Persons responsible for the prospectus*

1.     The responsibility for the information given in a prospectus, which shall not be inaccurate or misleading, shall attach to:

(a)     the issuer or the offeror;

(b)     the directors or members of the management bodies of the foregoing persons, as applicable; and

(c)     the credit institution or the investment firm indicated in the prospectus as the provider of the investment service of underwriting of financial instruments or placing of financial instruments on a firm-commitment basis, or placing of financial instruments without a firm-commitment basis, in accordance with points 6 and 7, respectively, of Section A of Annex I, combined with the provisions of Article 4(2) of Law 4514/2018 (Government Gazette, Series I, Issue 14 and Government Gazette,

καθώς και το πρόσωπο που αναφέρεται στο πληροφοριακό δελτίο με την ιδιότητα του «συμβούλου», «συμβούλου έκδοσης», «συντονιστή έκδοσης» ή άλλη παρεμφερή ιδιότητα.

2.        Άλλα πρόσωπα, πλην αυτών της παραγράφου 1, φέρουν ευθύνη για τις πληροφορίες που περιέχονται σε επί μέρους διακριτά τμήματα του πληροφοριακού δελτίου, εφόσον προσδιορίζεται ρητά σε αυτό για ποια επί μέρους τμήματά του ευθύνονται αυτά τα πρόσωπα.

3.        Το πληροφοριακό δελτίο που εκδίδεται για την προσφορά κινητών αξιών χωρίς εισαγωγή σε ρυθμιζόμενη αγορά ή ένταξη προς διαπραγμάτευση σε ΠΜΔ, υπογράφεται από πιστωτικό ίδρυμα ή ΕΠΕΥ που έχει άδεια για την παροχή της επενδυτικής υπηρεσίας της αναδοχής χρηματοπιστωτικών μέσων ή της τοποθέτησης χρηματοπιστωτικών μέσων με δέσμευση ανάληψης ή της τοποθέτησης χρηματοπιστωτικών μέσων χωρίς δέσμευση ανάληψης σύμφωνα με τις περιπτώσεις (6) και (7) αντιστοίχως του Τμήματος Α του Παραρτήματος Ι σε συνδυασμό με τις διατάξεις της παραγράφου 2 του Άρθρου 4 του ν. 4514/2018 (ΦΕΚ Α' 14 και Α' 16).

Η ανωτέρω διάταξη δεν εφαρμόζεται σε περίπτωση δημόσιας προσφοράς κινητών αξιών εκδότη, που κατά τον χρόνο έγκρισης του πληροφοριακού δελτίου, διαθέτει άλλες κινητές αξίες εισηγμένες σε ρυθμιζόμενη αγορά ή ΠΜΔ.

4.        Τα πρόσωπα που φέρουν την ευθύνη για τις πληροφορίες που περιέχονται στο πληροφοριακό δελτίο ή για επί μέρους τμήματά του προσδιορίζονται σαφώς σε αυτό με το όνομα και την ιδιότητά τους ή, στην περίπτωση των νομικών προσώπων, με την επωνυμία και την καταστατική τους έδρα. Στο πληροφοριακό δελτίο περιλαμβάνονται δηλώσεις των εν λόγω προσώπων με τις οποίες βεβαιώνεται ότι, καθόσον γνωρίζουν, οι πληροφορίες που περιέχονται στο πληροφοριακό δελτίο είναι αληθείς και δεν υπάρχουν παραλείψεις που να αλλοιώνουν το περιεχόμενό του.

# Αρθρο 4
## Δικαιολογητικά

Για την έγκριση του πληροφοριακού δελτίου υποβάλλονται στην Επιτροπή Κεφαλαιαγοράς ή στο διαχειριστή της ρυθμιζόμενης αγοράς ή του ΠΜΔ κατά περίπτωση, σχετικά δικαιολογητικά που προβλέπονται στην υπ'αριθμ. 2/892/13.10.2020 απόφαση της Επιτροπή Κεφαλαιαγοράς καθώς και πρόσθετα που ενδέχεται να ζητούνται από το διαχειριστή της ρυθμιζόμενης αγοράς ή του ΠΜΔ.

Series I, Issue 16), as well as the person indicated in the prospectus in the capacity of "advisor", "issue advisor", "issue arranger" or other similar capacity.

2.  Responsibility for the information given in separate, discrete sections of the prospectus shall attach to persons other than those referred to in paragraph 1, where it is expressly indicated in the prospectus for which separate sections thereof responsibility attaches to the said persons.

3.  The prospectus issued for the offer of securities not admitted to trading on a regulated market or on an MTF shall be signed by a credit institution or investment firm with authorisation to provide the investment service of underwriting of financial instruments or placing of financial instruments on a firm-commitment basis or without a firm-commitment basis, in accordance with points 6 and 7, respectively, of Section A of Annex I, combined with the provisions of Article 4(2) of Law 4514/2018 (Government Gazette, Series I, Issue 14 and Government Gazette, Series I, Issue 16).

The above provision shall not apply in cases of offering of securities to the public by an issuer who, at the time of approval of the prospectus, has other securities listed on a regulated market or MTF.

4.  The persons responsible for the information contained in the prospectus or separate sections thereof shall be clearly identified in the prospectus by their names and capacities or, in the case of legal persons, their corporate names and registered offices, as well as declarations by them that the information contained in the prospectus is true and that the prospectus makes no omission likely to affect its import.

# ARTICLE 4

## *Supporting documents*

In order for the prospectus to be approved, the relevant supporting documents provided for in Hellenic Capital Market Commission Decision No 2/892/13.10.2020 shall be submitted to the Hellenic Capital Market Commission or the regulated market or MTF operator, as applicable, as well as additional information that may be requested by the regulated market or MTF operator.

# Αρθρο 5

## Έναρξη Ισχύος - Κατάργηση διατάξεων

1.       Η παρούσα απόφαση ισχύει από τη λήψη της.

2.       Από την έναρξη ισχύος της παρούσης η υπ' αριθμ. απόφ. 12/697/10.11.2014 (ΦΕΚ Β 3136 21.11.2014) Απόφαση του Διοικητικού Συμβουλίου της Επιτροπής Κεφαλαιαγοράς καταργείται.

Από τις διατάξεις της παρούσας δεν προκαλείται δαπάνη σε βάρος του Κρατικού Προϋπολογισμού.

Η παρούσα απόφαση να δημοσιευτεί στην Εφημερίδα της Κυβερνήσεως (Τεύχος Β').


        Η Γραμματέας
     Αλεξάνδρα Νινάσιου

     Η Πρόεδρος              Ο Α' Αντιπρόεδρος              Η Β' Αντιπρόεδρος
   Βασιλική Λαζαράκου       Νικόλαος Κονταρούδης            Αναστασία Στάμου


                        Τα μέλη
   Αναστάσιος Βιρβιλιός                         Παναγιώτης Γιαννόπουλος

        Χριστίνα                                   Σπυρίδων Σπύρου
   Παπακωνσταντίνου

# ARTICLE 5

*Entry into force - Repeal of provisions*

1.     This decision shall enter into force from the moment it was made.

2.     Upon the entry hereof into force, Hellenic Capital Market Commission Decision No 12/697/10.11.2014 (Government Gazette, Series II, Issue 3136/21.11.2014) is repealed.

The provisions hereof entail no expenditure under the State Budget.

This decision shall be published in the Government Gazette (Series II).


The Secretary
Alexandra Ninasiou

| The President | The 1st Vice-President | The 2nd Vice-President |
|---|---|---|
| Vasiliki Lazarakou | Nikolaos Kontaroudis | Anastasia Stamou |

The members

| Anastasios Virvilios | Panagiotis Giannopoulos |
|---|---|
| Christina Papakonstantinou | Spyridon Spyrou |

## ΠΑΡΑΡΤΗΜΑ: Ι ΠΛΗΡΟΦΟΡΙΑΚΟ ΔΕΛΤΙΟ

Στο πληροφοριακό δελτίο θα περιλαμβάνεται δήλωση ότι η έγκρισή του από τον εκάστοτε αρμόδιο φορέα, αφορά μόνο την κάλυψη των αναγκών πληροφόρησης του επενδυτικού κοινού, όπως αυτές καθορίζονται από την παρούσα Απόφαση.

**1        ΥΠΕΥΘΥΝΑ ΠΡΟΣΩΠΑ**

1.1      Παράθεση των προσώπων που είναι υπεύθυνα για τις πληροφορίες που περιέχει το πληροφοριακό δελτίο και, κατά περίπτωση, για ορισμένα τμήματά του, με αναφορά των τμημάτων αυτών. Εάν οι υπεύθυνοι είναι φυσικά πρόσωπα, περιλαμβανομένων των μελών των διοικητικών ή διαχειριστικών οργάνων του εκδότη, να αναφερθεί το όνομα και τα καθήκοντα των προσώπων εάν οι υπεύθυνοι είναι νομικά πρόσωπα, να αναφερθεί η επωνυμία και η καταστατική τους έδρα.

1.2      Δήλωση όλων των μελών του διοικητικού συμβουλίου, ή του διαχειριστικού οργάνου ανάλογα με την εταιρική μορφή του εκδότη, και των υπευθύνων για το πληροφοριακό δελτίο ότι, αφού έλαβαν κάθε εύλογο μέτρο για το σκοπό αυτό, οι πληροφορίες που περιέχονται στο πληροφοριακό δελτίο είναι, εξ όσων γνωρίζουν, αληθείς και δεν υπάρχουν παραλείψεις ή αναφορές που θα μπορούσαν να καταστήσουν το περιεχόμενό του παραπλανητικό Κατά περίπτωση, δήλωση των υπευθύνων για ορισμένα τμήματα του πληροφοριακού δελτίου ότι, αφού έλαβαν κάθε εύλογο μέτρο για το σκοπό αυτό, οι πληροφορίες που περιέχονται στο τμήμα του πληροφοριακού δελτίου για το οποίο είναι υπεύθυνοι, είναι, εξ όσων γνωρίζουν, αληθείς και δεν υπάρχουν παραλείψεις ή αναφορές που θα μπορούσαν να καταστήσουν το περιεχόμενό του παραπλανητικό. Τα υπεύθυνα πρόσωπα και τα μέλη του διοικητικού συμβουλίου, ή του διαχειριστικού οργάνου ανάλογα με την εταιρική μορφή του εκδότη δηλώνουν ότι το πληροφοριακό δελτίο έχει συνταχθεί σύμφωνα με την παρούσα Απόφαση και ότι η έγκριση του πληροφοριακού δελτίου αφορά μόνο την κάλυψη των αναγκών πληροφόρησης του επενδυτικού κοινού σύμφωνα με την παρούσα Απόφαση.

Δήλωση των υπευθύνων προσώπων και των μελών του διοικητικού συμβουλίου, του διαχειριστικού ή εποπτικού οργάνου, κατά περίπτωση, ανάλογα με την εταιρική μορφή του εκδότη, ότι το πληροφοριακό δελτίο έχει συνταχθεί σύμφωνα με την παρούσα Απόφαση.

## ANNEX: I PROSPECTUS

The prospectus shall include a declaration that its approval by the competent body in each case only concerns covering the needs of informing the investing public, as set forth in this Decision.

## 1        PERSONS RESPONSIBLE

1.1        Identify all persons responsible for the information given in the prospectus and, as the case may be, for certain parts of it, with, in the latter case, an indication of such parts. In case of natural persons including members of the issuer's administrative or management bodies indicate the name and function of the person; in case of legal persons indicate the name and registered office.

1.2        A declaration by all directors or members of the management body, depending on the issuer's corporate form, and by those responsible for the prospectus that, having taken all reasonable care to ensure that such is the case, the information contained in the prospectus is, to the best of their knowledge, in accordance with the facts and contains no omission or reference likely to affect its import. As the case may be, a declaration by those responsible for certain parts of the prospectus that, having taken all reasonable care to ensure that such is the case, the information contained in the part of the prospectus for which they are responsible is, to the best of their knowledge, in accordance with the facts and contains no omission or reference likely to affect its import. Those responsible and the directors or members of the management body, depending on the issuer's corporate form, shall declare that the prospectus was prepared in accordance with this Decision and that its approval only concerns covering the needs of informing the investing public, in accordance with this Decision.

A declaration by those responsible and the directors or members of the management or supervisory body, as the case may be, depending on the issuer's corporate form, that the prospectus was prepared in accordance with this Decision.

1.3      *Εάν το πληροφοριακό δελτίο περιλαμβάνει δήλωση ή έκθεση προσώπου που ενεργεί ως εμπειρογνώμονας, να αναφερθούν τα κατωτέρω στοιχεία του εν λόγω προσώπου: α) ονοματεπώνυμο· β) επαγγελματική διεύθυνση· γ) επαγγελματικά προσόντα·*

     *δ) σημαντικό συμφέρον που ενδεχομένως έχει το πρόσωπο αυτό στον εκδότη.*

     *Εάν η δήλωση ή η έκθεση καταρτίστηκε μετά από αίτημα του εκδότη, να αναφέρεται ότι η εν λόγω δήλωση ή έκθεση έχει περιληφθεί στο έγγραφο αναφοράς με τη συναίνεση του προσώπου το οποίο ενέκρινε το περιεχόμενο αυτού του μέρους του εγγράφου αναφοράς για τον σκοπό του ενημερωτικού δελτίου.*

1.4      *Εάν οι πληροφορίες προέρχονται από τρίτο μέρος, παρέχεται βεβαίωση ότι οι πληροφορίες αυτές έχουν αναπαραχθεί πιστά και ότι, εξ όσων γνωρίζει ο εκδότης και είναι σε θέση να βεβαιώσει με βάση τις πληροφορίες που έχουν δημοσιευθεί απ' αυτό το τρίτο μέρος, δεν υπάρχουν παραλείψεις που θα καθιστούσαν τις αναπαραγόμενες πληροφορίες ανακριβείς ή παραπλανητικές. Επιπλέον, προσδιορίζεται/-ονται η/οι πηγή/-ές των εν λόγω πληροφοριών.*

1.5      *Δήλωση ότι:*

     *α) το παρόν [πληροφοριακό δελτίο] εγκρίθηκε από την Επιτροπή Κεφαλαιαγοράς/Διαχειριστή της ρυθμιζόμενης αγοράς ή του πολυμερούς μηχανισμού διαπραγμάτευσης, ως αρμόδια αρχή σύμφωνα με τον νόμο 4706/20.*

     *γ) η εν λόγω έγκριση δεν θα πρέπει να θεωρείται ως ευνοϊκή γνώμη για την ποιότητα των κινητών αξιών που αποτελούν το αντικείμενο του παρόντος [σημειώματος εκδιδόμενου τίτλου/ενημερωτικού δελτίου].*

     *δ) οι επενδυτές θα πρέπει να προβούν σε δική τους εκτίμηση ως προς την καταλληλότητα της επένδυσης στις κινητές αξίες.*

2      ***ΝΟΜΙΜΟΙ ΕΛΕΓΚΤΕΣ***

2.1      *Ονόματα και διευθύνσεις των νόμιμων ελεγκτών του εκδότη για την περίοδο που καλύπτουν οι ιστορικές χρηματοοικονομικές πληροφορίες (καθώς και στοιχεία της εγγραφής τους σε οικεία επαγγελματική οργάνωση).*

2.2      *Εάν οι ελεγκτές έχουν παραιτηθεί, ανακληθεί από τα καθήκοντά τους ή δεν ορίστηκαν εκ νέου για την περίοδο που καλύπτουν οι ιστορικές χρηματοοικονομικές πληροφορίες, οι σχετικές λεπτομέρειες αναφέρονται.*

1.3         Where a statement or report attributed to a person as an expert is included in the prospectus, provide the following particulars of such person: a) full name; b) business address; c) professional qualifications;

d) material interest, if any, in the issuer.

If the statement or report has been produced at the issuer's request, indicate that the statement or report in question has been included in the registration document with the consent of that person who has authorised the contents of that part of the registration document for the purpose of the prospectus.

1.4         Where information has been sourced from a third party, provide a confirmation that this information has been accurately reproduced and that as far as the issuer is aware and is able to ascertain from information published by that third party, no facts have been omitted which would render the reproduced information inaccurate or misleading. In addition, identify the source(s) of the information.

1.5         Declaration that:

a) this [prospectus] has been approved by the Hellenic Capital Market Commission/regulated market or MTF operator as competent authority under Law 4706/2020;

c) such approval should not be considered as an endorsement of the quality of the securities that are the subject of this [securities note/ prospectus];

d) investors should make their own assessment as to the suitability of investing in the securities.

## 2          STATUTORY AUDITORS

2.1         Names and addresses of the issuer's auditors for the period covered by the historical financial information (together with their membership in a professional body).

2.2         If auditors have resigned, been removed or have not been re-appointed during the period covered by the historical financial information, indicate details.

**3         ΠΑΡΑΓΟΝΤΕΣ ΚΙΝΔΥΝΟΥ**

*Περιγραφή των σημαντικών κινδύνων που αφορούν ειδικά τον εκδότη και τις μετοχές οι οποίες προσφέρονται και/ή εισάγονται προς διαπραγμάτευση, σε περιορισμένο αριθμό κατηγοριών, σε τμήμα που φέρει τον τίτλο «Παράγοντες κινδύνου».*

*Σε κάθε κατηγορία, πρώτα παρατίθενται οι σημαντικότεροι κίνδυνοι, στην αξιολόγηση που διενεργείται από τον εκδότη, τον προσφέροντα ή το πρόσωπο που ζητά την εισαγωγή προς διαπραγμάτευση σε ρυθμιζόμενη αγορά, λαμβανομένου υπόψη του αρνητικού αντικτύπου που έχουν στον εκδότη, καθώς και της πιθανότητας εμφάνισής τους. Οι κίνδυνοι επιβεβαιώνονται από το περιεχόμενο του πληροφοριακού δελτίου.*

**4         ΠΛΗΡΟΦΟΡΙΕΣ ΓΙΑ ΤΟΝ ΕΚΔΟΤΗ**

**4.1       ΙΣΤΟΡΙΚΟ ΚΑΙ ΑΝΑΠΤΥΞΗ ΤΟΥ ΕΚΔΟΤΗ**

4.1.1    *Νόμιμη και εμπορική επωνυμία του εκδότη·*

4.1.2    *Τόπος και αριθμός εγγραφής του εκδότη στα μητρώα·*

4.1.3    *Ημερομηνία σύστασης και διάρκεια ζωής της εταιρίας του εκδότη*

4.1.4    *Έδρα και νομική μορφή του εκδότη, νομοθεσία στην οποία υπάγεται, χώρα σύστασης της εταιρίας του καθώς και η διεύθυνση και ο αριθμός τηλεφώνου της καταστατικής του έδρας και του κύριου τόπου άσκησης των δραστηριοτήτων του, εφόσον αυτός διαφέρει από εκείνον της καταστατικής του έδρας.·*

**4.2       ΕΠΕΝΔΥΣΕΙΣ**

4.2.1    *Περιγραφή (συμπεριλαμβανομένου του ποσού) των κυριότερων επενδύσεων που πραγματοποίησε ο εκδότης από τις τελευταίες ιστορικές δημοσιευμένες χρηματοοικονομικές πληροφορίες, μέχρι την ημερομηνία του πληροφοριακού δελτίου εφόσον υπάρχουν.*

4.2.2    *Περιγραφή των κυριότερων επενδύσεων του εκδότη που βρίσκονται στο στάδιο της υλοποίησης.*

4.2.3    *Πληροφορίες για τις κυριότερες επενδύσεις που σκοπεύει να πραγματοποιήσει στο μέλλον ο εκδότης και για τις οποίες τα διοικητικά του όργανα έχουν ήδη αναλάβει ισχυρές δεσμεύσεις.*

4.2.4    *Πληροφορίες για τις κοινοπραξίες και τις επιχειρήσεις στο κεφάλαιο των οποίων ο εκδότης κατέχει συμμετοχή η οποία ενδέχεται να έχει σημαντική επίπτωση στην εκτίμηση των περιουσιακών του στοιχείων και των υποχρεώσεων, της χρηματοοικονομικής του θέσης και των αποτελεσμάτων του*

**5         ΕΠΙΣΚΟΠΗΣΗ ΤΗΣ ΕΠΙΧΕΙΡΗΜΑΤΙΚΗΣ ΔΡΑΣΤΗΡΙΟΤΗΤΑΣ**

**5.1       ΚΥΡΙΟΤΕΡΕΣ ΔΡΑΣΤΗΡΙΟΤΗΤΕΣ**

| 3 | **RISK FACTORS** |
|---|---|

A description of the material risks that are specific to the issuer and the shares being offered and/or admitted to trading in a limited number of categories, in a section headed 'Risk Factors'.

In each category, the most material risks, in the assessment undertaken by the issuer, offeror or person asking for admission to trading on a regulated market, taking into account the negative impact on the issuer and the probability of their occurrence shall be set out first. The risks shall be corroborated by the content of the prospectus.

| 4 | **INFORMATION ON THE ISSUER** |
|---|---|
| 4.1 | **HISTORY AND DEVELOPMENT OF THE ISSUER** |
| 4.1.1 | The legal and commercial name of the issuer. |
| 4.1.2 | The place of registration of the issuer and its registration number. |
| 4.1.3 | The date of incorporation and the length of life of the issuer's company. |
| 4.1.4 | The domicile and legal form of the issuer, the legislation under which the issuer operates, its country of incorporation, and the address and telephone number of its registered office (or principal place of business if different from its registered office). |

| 4.2 | **INVESTMENTS** |
|---|---|
| 4.2.1 | A description (including the amount) of the issuer's principal investments from the most recent historical financial information published up to the date of the prospectus, where applicable. |
| 4.2.2 | A description of the issuer's principal investments that are in progress. |
| 4.2.3 | Information concerning the issuer's principal future investments on which its management bodies have already made firm commitments. |
| 4.2.4 | Information relating to the joint ventures and undertakings in which the issuer holds a proportion of the capital likely to have a significant effect on the assessment of its own assets and liabilities, financial position or profits and losses. |

| 5 | **BUSINESS OVERVIEW** |
|---|---|
| 5.1 | **PRINCIPAL ACTIVITIES** |

5.1.1    *Σύντομη περιγραφή των κυριότερων δραστηριοτήτων του εκδότη αναφέροντας τις σημαντικότερες κατηγορίες προϊόντων που πωλήθηκαν ή/και υπηρεσιών που παρασχέθηκαν για την περίοδο που καλύπτουν οι ιστορικές χρηματοοικονομικές πληροφορίες,*

**5.2    ΚΥΡΙΟΤΕΡΕΣ ΑΓΟΡΕΣ**

5.2.1    *Σύντομη περιγραφή των κυριότερων αγορών στις οποίες δραστηριοποιείται ή πρόκειται να δραστηριοποιηθεί ο εκδότης, όπου θα αναφέρεται και η κατανομή του συνολικού ποσού των εσόδων του ανά είδος δραστηριότητας και ανά γεωγραφική αγορά, για την περίοδο που καλύπτουν οι ιστορικές χρηματοοικονομικές πληροφορίες.*

5.2.2    *Συνοπτικές πληροφορίες για τον βαθμό εξάρτησης του εκδότη από διπλώματα ευρεσιτεχνίας ή άδειες εκμετάλλευσης, από βιομηχανικές, εμπορικές ή χρηματοοικονομικές συμβάσεις ή από νέες μεθόδους μεταποίησης, εφόσον τα στοιχεία αυτά είναι σημαντικά για τις επιχειρηματικές δραστηριότητες ή την κερδοφορία του εκδότη.*

5.2.3    *Σε περίπτωση δηλώσεων του εκδότη σχετικά με την ανταγωνιστική του θέση παρατίθενται οι σχετικές πηγές.*

**6    ΟΡΓΑΝΩΤΙΚΗ ΔΙΑΡΘΡΩΣΗ**

6.1    *Εάν ο εκδότης αποτελεί εταιρία ομίλου, περιγράφεται εν συντομία ο όμιλος και η θέση που κατέχει σε αυτόν ο εκδότης. Αυτό μπορεί να γίνει με τη μορφή, ή την επισύναψη, διαγράμματος της οργανωτικής δομής, εφόσον αυτό συμβάλλει στην αποσαφήνιση της δομής.*

6.2    *Κατάλογος των σημαντικών θυγατρικών του εκδότη, με την επωνυμία τους, τη χώρα σύστασης ή εγκατάστασής τους καθώς και το ποσοστό του κεφαλαίου και, εφόσον διαφέρει, το ποσοστό δικαιωμάτων ψήφου που κατέχει σε αυτές ο εκδότης.*

**7    ΔΙΟΙΚΗΤΙΚΑ, ΔΙΑΧΕΙΡΙΣΤΙΚΑ ΚΑΙ ΕΠΟΠΤΙΚΑ ΟΡΓΑΝΑ ΚΑΙ ΑΝΩΤΕΡΑ ΔΙΟΙΚΗΤΙΚΑ ΣΤΕΛΕΧΗ**

7.1    *Όνομα, διεύθυνση και ιδιότητα των ακόλουθων προσώπων που απασχολούνται στον εκδότη, με αναφορά των κυριότερων δραστηριοτήτων τους που ασκούν εκτός αυτού, εφόσον οι εν λόγω δραστηριότητες είναι σημαντικές για τον εκδότη:*

*(α) μέλη των διοικητικών, διαχειριστικών ή εποπτικών οργάνων.*

*(β) ομόρρυθμο εταίροι, σε περίπτωση ετερόρρυθμης κατά μετοχές εταιρίας.*

*(γ)ιδρυτών, εάν από τη σύσταση του εκδότη δεν έχει ακόμη συμπληρωθεί πενταετία·*

*(δ) κάθε ανώτερο διοικητικό στέλεχος που είναι αρμόδιο να βεβαιώσει ότι ο εκδότης διαθέτει την κατάλληλη εμπειρογνωμοσύνη και πείρα για τον χειρισμό των υποθέσεών του.*

5.1.1    A brief description of the issuer's principal activities stating the main categories of products sold and/or services performed for the period covered by the historical financial information.

**5.2      PRINCIPAL MARKETS**

5.2.1    A brief description of the principal markets in which the issuer competes or intends to compete, including a breakdown of the total amount of its revenues by type of activity and geographic market for the period covered by the historical financial information.

5.2.2    If material to the issuer's business or profitability, summary information regarding the extent to which the issuer is dependent, on patents or licences, industrial, commercial or financial contracts or new manufacturing processes.

5.2.3    In the case of any statements made by the issuer regarding its competitive position, indicate the relevant sources.

**6        ORGANISATIONAL STRUCTURE**

6.1      If the issuer is a company belonging to a group, a brief description of the group and the issuer's position within the group. This may be in the form of, or accompanied by, a diagram of the organisational structure if this helps to clarify the structure.

6.2      A list of the issuer's significant subsidiaries, including name, country of incorporation or residence, the proportion of capital and, if different, the proportion of voting power held.

**7        ADMINISTRATIVE, MANAGEMENT AND SUPERVISORY BODIES AND SENIOR MANAGEMENT**

7.1      Names, business addresses and functions in the issuer of the following persons and an indication of the principal activities performed by them outside that issuer where these are significant with respect to that issuer:

(a) members of the administrative, management or supervisory bodies;

(b) partners with unlimited liability, in the case of a limited partnership with a share capital;

(c) founders, if the issuer has been established for fewer than five years;

(d) any senior manager who is relevant to establishing that the issuer has the appropriate expertise and experience for the management of the issuer's business.

Να αναφερθεί η φύση τυχόν οικογενειακών δεσμών μεταξύ των παραπάνω προσώπων.

Για τα ανωτέρω πρόσωπα (α) έως (δ) παρέχονται λεπτομερείς πληροφορίες σχετικά με την εμπειρογνωμοσύνη και την πείρα του σε θέματα διαχείρισης καθώς και τα ακόλουθα πληροφοριακά στοιχεία:

(α) επωνυμίες όλων των εταιριών και των ετερόρρυθμων εταιριών στις οποίες το πρόσωπο αυτό ήταν μέλος διοικητικού, διαχειριστικού ή εποπτικού οργάνου ή εταίρος, σε οποιαδήποτε στιγμή των τελευταίων πέντε ετών, αναφέροντας επίσης εάν το πρόσωπο αυτό εξακολουθεί ή όχι να είναι μέλος αυτού του οργάνου ή εταίρος. Δεν απαιτείται η κατάρτιση καταλόγου με όλες τις θυγατρικές του εκδότη στων οποίων τα διοικητικά, διαχειριστικά ή εποπτικά όργανα είναι επίσης μέλος το πρόσωπο αυτό·

(β) οποιαδήποτε καταδικαστική απόφαση για τέλεση δόλιας πράξης κατά τα πέντε τουλάχιστον τελευταία έτη·

(γ) λεπτομέρειες για οποιαδήποτε διαδικασία συνδιαλλαγής ή πτώχευσης, αναγκαστικής διαχείρισης ή εκκαθάρισης στην οποία συμμετείχε, κατά τη διάρκεια των πέντε τουλάχιστον τελευταίων ετών.

(δ) λεπτομέρειες οποιασδήποτε δημόσιας επίσημης κριτικής ή/και κύρωσης κατά ενός τέτοιου προσώπου εκ μέρους των καταστατικών ή ρυθμιστικών αρχών (συμπεριλαμβανομένων των αρμόδιων επαγγελματικών οργανώσεων). Αναφέρεται επίσης εάν το πρόσωπο αυτό έχει ήδη παρεμποδιστεί από δικαστήριο να ενεργήσει με την ιδιότητα του μέλους διοικητικού, διαχειριστικού ή εποπτικού οργάνου ενός εκδότη ή να παρέμβει στην διαχείριση ή στον χειρισμό των υποθέσεων ενός εκδότη κατά τη διάρκεια των πέντε τουλάχιστον τελευταίων ετών.

Εάν δεν υφίσταται προς γνωστοποίηση καμία τέτοια πληροφορία, παρατίθεται αρνητική δήλωση.

The nature of any family relationship between any of the above persons.

In the case of above persons from (a) to (d), details of that person's relevant management expertise and experience and the following information:

(a) the names of all companies and partnerships of which such person has been a member of the administrative, management or supervisory bodies or partner at any time in the previous 5 years, indicating whether or not the individual is still a member of the administrative, management or supervisory bodies or partner. It is not necessary to list all the subsidiaries of an issuer of which the person is also a member of the administrative, management or supervisory bodies;

(b) any convictions in relation to fraudulent offences for at least the previous 5 years;

(c) details of any conciliations or bankruptcies, receiverships or liquidations in respect of those persons for at least the previous five years;

(d) details of any official public incrimination and/or sanctions of such person by statutory or regulatory authorities (including designated professional bodies) and whether such person has ever been disqualified by a court from acting as a member of the administrative, management or supervisory bodies of an issuer or from acting in the management or conduct of the affairs of any issuer for at least the previous 5 years.

If there is no such information to be disclosed, a statement to that effect is to be made.

7.2      Συγκρούσεις συμφερόντων στο επίπεδο των διοικητικών, διαχειριστικών και εποπτικών οργάνων καθώς και των ανώτερων διοικητικών στελεχών

Περιγραφή των δυνητικών συγκρούσεων συμφερόντων μεταξύ των υποχρεώσεων που έχουν έναντι του εκδότη τα πρόσωπα του σημείου 7.1. και των ιδιωτικών

συμφερόντων ή/και άλλων υποχρεώσεων αυτών. Σε περίπτωση απουσίας τέτοιου είδους συγκρούσεων, παρατίθεται αρνητική δήλωση.

Αναφορά κάθε ρύθμισης ή συμφωνίας με τους κυριότερους μετόχους, πελάτες, προμηθευτές ή άλλα πρόσωπα, δυνάμει της οποίας οποιοδήποτε από τα αναφερόμενα στο σημείο 7.1. πρόσωπα έχει επιλεγεί ως μέλος των διοικητικών, διαχειριστικών ή εποπτικών οργάνων ή ως ανώτερο διοικητικό στέλεχος.

Αναφορά κάθε περιορισμού αποδεκτού από τα πρόσωπα που αναφέρονται στο σημείο 7.1. και ο οποίος αφορά τη διάθεση, εντός ορισμένης χρονικής περιόδου, των κινητών αξιών του εκδότη που κατέχουν τα πρόσωπα αυτά.

8        **ΑΜΟΙΒΕΣ ΚΑΙ ΟΦΕΛΗ**

Για τα μέλη των διοικητικών, διαχειριστικών ή εποπτικών οργάνων να αναφερθεί για την τελευταία οικονομική χρήση:

8.1      Το ύψος της συνολικής καταβληθείσας αμοιβής ανά πρόσωπο συμπεριλαμβανομένης οποιασδήποτε υπό όρους ή ετεροχρονισμένης αμοιβής, και τα οφέλη σε είδος που χορήγησε ο εκδότης και οι θυγατρικές του για τις κάθε είδους υπηρεσίες που τους παρείχε οποιοδήποτε από τα προαναφερόμενα πρόσωπα.

9        **ΤΡΟΠΟΣ ΛΕΙΤΟΥΡΓΙΑΣ ΤΟΥ ΔΙΟΙΚΗΤΙΚΟΥ ΣΥΜΒΟΥΛΙΟΥ**

Για την τελευταία λήξασα χρήση του εκδότη, και εάν δεν προβλέπεται διαφορετικά, παρέχονται οι ακόλουθες πληροφορίες για κάθε πρόσωπο που αναφέρεται στο στοιχείο

(α) του πρώτου εδαφίου του σημείου 7.1.:

9.1      Ημερομηνία λήξης της τρέχουσας θητείας του, εφόσον προβλέπεται, και περίοδος κατά την οποία το προαναφερόμενο πρόσωπο έχει ασκήσει τα καθήκοντα αυτά.

9.2      Αναφορά στο αν ο εκδότης συμμορφώνεται ή όχι με το καθεστώς εταιρικής διακυβέρνησης που ισχύει στην χώρα σύστασής του. Όταν ο εκδότης δεν συμμορφώνεται με το καθεστώς αυτό, η αναφορά αυτή συνοδεύεται από επεξήγηση των λόγων της μη συμμόρφωσης.

7.2     Administrative, management and supervisory bodies and senior management conflicts of interests

Description of potential conflicts of interests between any duties to the issuer, of the persons referred to in item 7.1, and their private interests and/or other duties.

 In the event that there are no such conflicts, a statement to that effect must be made.

Reference to any arrangement or understanding with major shareholders, customers, suppliers or others, pursuant to which any person referred to in item 7.1 was selected as a member of the administrative, management or supervisory bodies or member of senior management.

Reference to any restrictions agreed by the persons referred to in item 7.1 on the disposal within a certain period of time of their holdings in the issuer's securities.

8       **REMUNERATION AND BENEFITS**

In relation to the last financial year for the members of the administrative, management or supervisory bodies, state:

8.1     The amount of total remuneration paid per person, including any contingent or deferred compensation, and benefits in kind granted to such persons by the issuer and its subsidiaries for services in all capacities to the issuer and its subsidiaries by any person.

9       **BOARD PRACTICES**

In relation to the issuer's last completed financial year, and unless otherwise specified, provide the following information with respect to those persons referred to in point

(a) of the first subparagraph of item 7.1.:

9.1     Date of expiration of the current term of office, if applicable, and the period during which the person has served in that office.

9.2     A statement as to whether or not the issuer complies with its country's of incorporation corporate governance regime. In the event that the issuer does not comply with such a regime, this statement shall be accompanied by an explanation regarding why the issuer does not comply with such regime.

**10      ΚΥΡΙΟΙ ΜΕΤΟΧΟΙ/ΕΤΑΙΡΟΙ ΚΑΙ ΚΕΦΑΛΑΙΟ**

10.1    *Στο βαθμό που οι σχετικές πληροφορίες είναι γνωστές στον εκδότη, παρατίθεται το όνομα κάθε προσώπου το οποίο κατέχει, άμεσα ή έμμεσα, πάνω από 5% του κεφαλαίου ή των δικαιωμάτων ψήφου του εκδότη καθώς και το ύψος της συμμετοχής που κατέχει το πρόσωπο αυτό. Σε διαφορετική περίπτωση, παρατίθεται σχετική αρνητική δήλωση.*

10.2    *Περιγραφή κάθε γνωστής στον εκδότη συμφωνίας της οποίας η εφαρμογή θα μπορούσε, σε μεταγενέστερη ημερομηνία, να επιφέρει αλλαγές όσον αφορά στον έλεγχο του εκδότη.*

10.3    *Αναφορά εάν και από ποιόν ο εκδότης κατέχεται ή ελέγχεται άμεσα ή έμμεσα, στο βαθμό που ο εκδότης γνωρίζει τις σχετικές πληροφορίες, και περιγραφή της φύσης αυτού του ελέγχου καθώς και των μέτρων που λήφθηκαν για να διασφαλιστεί ότι ο εν λόγω έλεγχος δεν ασκείται με τρόπο καταχρηστικό.*

**11      ΧΡΗΜΑΤΟΟΙΚΟΝΟΜΙΚΕΣ ΠΛΗΡΟΦΟΡΙΕΣ ΓΙΑ ΤΑ ΠΕΡΙΟΥΣΙΑΚΑ ΣΤΟΙΧΕΙΑ ΚΑΙ ΤΙΣ ΥΠΟΧΡΕΩΣΕΙΣ ΤΟΥ ΕΚΔΟΤΗ, ΤΗΝ ΧΡΗΜΑΤΟΟΙΚΟΝΟΜΙΚΗ ΤΟΥ ΘΕΣΗ ΚΑΙ ΤΑ ΑΠΟΤΕΛΕΣΜΑΤΑ ΤΟΥ**

11.1    ΙΣΤΟΡΙΚΕΣ ΧΡΗΜΑΤΟΟΙΚΟΝΟΜΙΚΕΣ ΠΛΗΡΟΦΟΡΙΕΣ

*Παρουσιάζονται οι ενοποιημένες (εφόσον υφίσταται) ιστορικές χρηματοοικονομικές πληροφορίες για την τελευταία χρήση (ή γιαμικρότερη περίοδο κατά την οποία ο εκδότης ασκούσε τις δραστηριότητές του). Η παρουσίαση αυτή συνοδεύεται από περιγραφή της χρηματοοικονομικής κατάστασης και των αποτελεσμάτων των δραστηριοτήτων του εκδότη καθώς κι από επεξήγηση των μεταβολών τους μεταξύ της τρέχουσας και της συγκριτικής χρήσης, στο βαθμό που αυτό είναι απαραίτητο για την κατανόηση των δραστηριοτήτων του εκδότη στο σύνολό τους. Οι ανωτέρω χρηματοοικονομικές πληροφορίες προέρχονται από οικονομικές καταστάσεις ελεγμένες από νόμιμο ελεγκτή, στην έκθεση ελέγχου του οποίου δεν διατυπώνεται διαφοροποιημένη γνώμη.*

*Στην περίπτωση που στις δημοσιευμένες οικονομικές καταστάσεις του εκδότη, ο νόμιμος ελεγκτής έχει διατυπώσει διαφοροποιημένη γνώμη, το γεγονός αυτό αναφέρεται στο πληροφοριακό δελτίο με την επισήμανση ότι οι παρουσιαζόμενες χρηματοοικονομικές πληροφορίες προέρχονται από τις ως άνω αναμορφωμένες οικονομικές καταστάσεις.*

*Στο παράρτημα παρατίθενται οι οικονομικές καταστάσεις από τις οποίες προήλθαν οι ιστορικές χρηματοοικονομικές πληροφορίες, συνοδευόμενες από την έκθεση ελέγχου επί αυτών.*

11.1.1  *Εάν ο εκδότης καταρτίζει εταιρικές και ενοποιημένες οικονομικές καταστάσεις, στο πληροφοριακό δελτίο περιλαμβάνονται τουλάχιστον οι ενοποιημένες οικονομικές του καταστάσεις.*

**10      MAJOR SHAREHOLDERS/PARTNERS AND CAPITAL**

10.1      In so far as is known to the issuer, the name of any person who, directly or indirectly, has an interest of over 5% in the issuer's capital or voting rights, together with the amount of each such person's interest, as at the date of the registration document or, if there are no such persons, an appropriate statement to that that effect that no such person exists.

10.2      A description of any arrangements, known to the issuer, the operation of which may at a subsequent date result in a change in control of the issuer.

10.3      To the extent known to the issuer, a statement as to whether the issuer is directly or indirectly owned or controlled and by whom, and a description of the nature of such control and of the measures in place to ensure that such control is not abused.

**11      FINANCIAL INFORMATION CONCERNING THE ISSUER'S ASSETS AND LIABILITIES, FINANCIAL POSITION AND PROFITS AND LOSSES**

11.1      HISTORICAL FINANCIAL INFORMATION

Present the consolidated (if applicable) historical financial information covering the last financial year (or such shorter period that the issuer has been in operation). This presentation shall be accompanied by a description of the issuer's financial condition and results of operations, as well as an explanation of changes between the current and the comparative financial year, to the extent necessary for an understanding of the issuer's business as a whole. The above financial information shall be extracted from the financial statements audited by a statutory auditor, whose audit report does not contain a modified opinion.

Where the statutory auditor has expressed a modified opinion in the issuer's published financial statements, this fact shall be stated in the prospectus, with the note that the financial information presented was extracted from the aforesaid revised financial statements.

The financial statements from which the historical financial information was extracted, accompanied by the audit report thereon, shall be set out in the annex.

11.1.1    If the issuer prepares company and consolidated financial statements, the prospectus shall include, as a minimum, the issuer's consolidated financial statements.

11.2      *ΑΤΥΠΕΣ (PRO FORMA) ΧΡΗΜΑΤΟΟΙΚΟΝΟΜΙΚΕΣ ΠΛΗΡΟΦΟΡΙΕΣ*

*Σε περίπτωση σημαντικής μεταβολής της συνολικής κατάστασης (άνω του 50% στον κύκλο εργασιών ή στα αποτελέσματα μετά από φόρους ή στο σύνολο του ενεργητικού του ομίλου ή της εταιρίας στην περίπτωση μη σύνταξης ενοποιημένων οικονομικών καταστάσεων), να περιγραφεί με τη συμπερίληψη άτυπων χρηματοοικονομικών πληροφοριών ο τρόπος με τον οποίο η συναλλαγή θα είχε επηρεάσει τα περιουσιακά στοιχεία, τις υποχρεώσεις και τα αποτελέσματα του εκδότη, εάν η συναλλαγή αυτή λάμβανε χώρα στην αρχή της περιόδου που καλύπτουν οι χρηματοοικονομικές πληροφορίες. Οι άτυπες χρηματοοικονομικές πληροφορίες καταρτίζονται με τρόπο συνεπή με τις λογιστικές πολιτικές που εφάρμοσε ο εκδότης στις τελευταίες ή στις επόμενες οικονομικές καταστάσεις του και να αναφέρουν ιδίως: α) τη βάση στην όποια καταρτιστήκαν και*

*β) την πηγή κάθε πληροφορίας που παρέχεται και κάθε προσαρμογής που γίνεται.*

*Οι άτυπες χρηματοοικονομικές πληροφορίες παρουσιάζονται μόνο για την πλέον πρόσφατη κλεισθείσα χρήση και την πλέον πρόσφατη ενδιάμεση περίοδο εφόσον υπάρχει και συνοδεύονται από έκθεση συνταχθείσα από νόμιμους ελεγκτές.*

11.3      *ΕΝΔΙΑΜΕΣΕΣ ΚΑΙ ΑΛΛΕΣ ΧΡΗΜΑΤΟΟΙΚΟΝΟΜΙΚΕΣ ΠΛΗΡΟΦΟΡΙΕΣ*

11.3.1    *Εάν ο εκδότης έχει δημοσιεύσει ενδιάμεσες οικονομικές καταστάσεις σύμφωνα με το ν. 3556/2007, στο πληροφοριακό δελτίο παρουσιάζονται οι πλέον πρόσφατες χρηματοοικονομικές πληροφορίες. Η παρουσίαση αυτή συνοδεύεται από περιγραφή της χρηματοοικονομικής κατάστασης και των αποτελεσμάτων των δραστηριοτήτων του εκδότη, καθώς κι από επεξήγηση των μεταβολών τους μεταξύ της τρέχουσας και της συγκριτικής περιόδου, στο βαθμό που είναι αυτό απαραίτητο για την κατανόηση των δραστηριοτήτων του εκδότη στο σύνολό τους.*

*Εάν αυτές οι ενδιάμεσες οικονομικές καταστάσεις δεν έχουν ελεγχθεί / επισκοπηθεί νόμιμους ελεγκτές, το γεγονός αυτό αναφέρεται στο πληροφοριακό δελτίο.*

*Στο παράρτημα παρατίθενται οι οικονομικές καταστάσεις του εκδότη, από τις οποίες προήλθαν οι παρουσιαζόμενες ενδιάμεσες χρηματοοικονομικές πληροφορίες, συνοδευόμενες από την έκθεση ελέγχου / επισκόπησης επί αυτών, εφόσον υφίσταται.*

11.2      PRO FORMA FINANCIAL INFORMATION

In the case of a significant gross change (over 50% in turnover or earnings after tax or the total assets of the group or company where consolidated financial statements are not prepared), provide a description, through inclusion of pro forma financial information, of how the transaction might have affected the assets, liabilities and earnings of the issuer, had the transaction been undertaken at the commencement of the period covered by the financial statements. The pro forma financial information shall be prepared in a manner consistent with the accounting policies adopted by the issuer in its last or next financial statements, and shall particularly indicate the following: a) the basis upon which it was prepared;

b) the source of each item of information provided and each adjustment effected.

Pro forma information shall be presented solely in respect of the most recent completed financial period and the most recent interim period, where applicable, and shall be accompanied by a report prepared by statutory auditors.

11.3      INTERIM AND OTHER FINANCIAL INFORMATION

11.3.1    If the issuer has published interim financial statements pursuant to Law 3556/2007, the most recent financial information shall be presented in the prospectus. This presentation shall be accompanied by a description of the issuer's financial condition and results of operations, as well as an explanation of changes between the current and the comparative financial year, to the extent necessary for an understanding of the issuer's business as a whole.

If these interim financial statements have not been audited or reviewed by statutory auditors, this fact must be stated in the prospectus.

The issuer's financial statements from which the interim financial information presented was extracted, accompanied by the audit/review report thereon, where applicable, shall be set out in the annex.

11.3.2    *Εάν το πληροφοριακό δελτίο έχει συνταχθεί περισσότερο από εννέα μήνες μετά τη λήξη της τελευταίας ελεγμένης χρήσης, περιλαμβάνει τουλάχιστον ενδιάμεσες εξαμηνιαίες χρηματοοικονομικές πληροφορίες, οι οποίες συνοδεύονται από συγκριτικές χρηματοοικονομικές πληροφορίες που αντιστοιχούν στην ίδια περίοδο της προηγούμενης χρήσης (η παράθεση ωστόσο του ισολογισμού τέλους της προηγούμενης χρήσης είναι αρκετή για να πληρούνται η απαίτηση περί συγκρίσιμων πληροφοριών ως προς τα στοιχεία ισολογισμού). Η παρουσίαση αυτή συνοδεύεται από περιγραφή της χρηματοοικονομικής κατάστασης και των αποτελεσμάτων των δραστηριοτήτων του εκδότη, καθώς κι από επεξήγηση των μεταβολών τους μεταξύ τρέχουσας και συγκριτικής περιόδου, στο βαθμό που αυτό είναι απαραίτητο για την κατανόηση των δραστηριοτήτων του εκδότη στο σύνολό τους.*

          *Οι ανωτέρω χρηματοοικονομικές πληροφορίες προέρχονται από οικονομικές καταστάσεις επισκοπημένες από νόμιμο ελεγκτή, στην έκθεση επισκόπησης του οποίου δεν διατυπώνεται διαφοροποιημένη γνώμη.*

          *Στην περίπτωση που ο εκδότης έχει δημοσιεύσει ενδιάμεσες οικονομικές καταστάσεις, επί των οποίων νόμιμος ελεγκτής έχει διατυπώσει διαφοροποιημένη γνώμη, το γεγονός αυτό αναφέρεται στο πληροφοριακό δελτίο με την επισήμανση ότι οι παρουσιαζόμενες χρηματοοικονομικές πληροφορίες προέρχονται από τις ως άνω αναμορφωμένες οικονομικές καταστάσεις.*

          *Στο παράρτημα παρατίθενται οι οικονομικές καταστάσεις του εκδότη από τις οποίες προήλθαν οι παρουσιαζόμενες ενδιάμεσες χρηματοοικονομικές πληροφορίες, συνοδευόμενες από την έκθεση επισκόπησης επί αυτών.*

11.4      *ΠΡΟΒΛΕΨΕΙΣ Ή ΕΚΤΙΜΗΣΕΙΣ ΑΠΟΤΕΛΕΣΜΑΤΩΝ*

          *Σε περίπτωση νεοφυών (start -up) εταιριών ή εκδοτών που λειτουργούν στον κλάδο που δραστηριοποιούνται για χρονικό διάστημα μικρότερο των δύο ετών το πληροφοριακό δελτίο πρέπει να περιέχει επιχειρηματικό σχέδιο (business plan) που περιλαμβάνει τουλάχιστον πρόβλεψη ή εκτίμηση αποτελεσμάτων σύμφωνα με τις πληροφορίες που αναφέρονται στα σημεία 11.4.1. και 11.4.2. Στις λοιπές εταιρίες εφόσον ο εκδότης επιλέξει να περιλάβει πρόβλεψη ή εκτίμηση αποτελεσμάτων, το πληροφοριακό δελτίο περιέχει τις πληροφορίες που αναφέρονται στα σημεία 11.4.1. και 11.4.2.:*

11.3.2    If the prospectus is dated more than nine months after the end of the last audited financial year, it shall contain, as a minimum, interim half-yearly financial information, accompanied by comparative financial information from the same period in the prior financial year (however, the reproduction of the balance sheet at the end of the prior financial year is sufficient to satisfy the requirement concerning comparable information about balance sheet items). This presentation shall be accompanied by a description of the issuer's financial condition and results of operations, as well as an explanation of changes between the current and the comparative financial year, to the extent necessary for an understanding of the issuer's business as a whole.

The above financial information shall be extracted from the financial statements reviewed by a statutory auditor, whose review report does not contain a modified opinion.

Where the issuer has published interim financial statements wherein the statutory auditor has expressed a modified opinion, this fact shall be stated in the prospectus, with the note that the financial information presented was extracted from the aforesaid revised financial statements.

The annex shall reproduce the issuer's financial statements from which the interim financial information presented was extracted, accompanied by the review report thereon.

11.4    EARNINGS FORECASTS OR ESTIMATES

In cases of start-up companies or issuers operating in their field for a period of under two years, the prospectus must include a business plan that shall include, as a minimum, an earnings forecast or estimate in accordance with the information set forth in points 11.4.1 and 11.4.2. In cases of other companies, where the issuer chooses to include an earnings forecast or estimate, the prospectus shall include the information set forth in points 11.4.1 and 11.4.2:

11.4.1    *Δήλωση του εκδότη στην οποία αναφέρει τις κυριότερες υποθέσεις στις οποίες στήριξε την πρόβλεψη ή την εκτίμησή του.*

*Η πρόβλεψη ή εκτίμηση είναι σύμφωνη με τις ακόλουθες αρχές:*

*α) πρέπει να γίνεται σαφής διαχωρισμός μεταξύ παραδοχών για παράγοντες τους οποίους μπορούν να επηρεάσουν τα μέλη των διοικητικών, διαχειριστικών ή εποπτικών οργάνων, και παραδοχών για παράγοντες τους οποίους κατά κανέναν τρόπο δεν μπορούν να επηρεάσουν τα μέλη των διοικητικών, διαχειριστικών ή εποπτικών οργάνων·*

*β) οι παραδοχές αυτές πρέπει να είναι εύλογες, εύκολα κατανοητές από τους επενδυτές, να είναι συγκεκριμένες και ακριβείς και να μην παραπέμπουν στη γενικότερη ακρίβεια των εκτιμήσεων στις οποίες βασίζεται η πρόβλεψη·*

*γ) στην περίπτωση πρόβλεψης, οι παραδοχές εφιστούν την προσοχή του επενδυτή στους αστάθμητους παράγοντες που θα μπορούσαν να αλλάξουν σημαντικά το αποτέλεσμα της πρόβλεψης.*

11.4.2    *Έκθεση συνταχθείσα από νόμιμο ελεγκτή που να αναφέρει ότι, κατά τη γνώμη του, η πρόβλεψη ή η εκτίμηση όσον αφορά τα αποτελέσματα καταρτίστηκε με βάση τις δηλωθείσες υποθέσεις και ότι η λογιστική βάση που χρησιμοποιήθηκε γι' αυτή τη πρόβλεψη ή εκτίμηση αποτελεσμάτων είναι σύμφωνη με τις βασικές λογιστικές αρχές που εφαρμόζει ο εκδότης.*

**12       ΔΙΚΑΣΤΙΚΕΣ ΚΑΙ ΔΙΑΙΤΗΤΙΚΕΣ ΔΙΑΔΙΚΑΣΙΕΣ**

*Παρατίθενται πληροφορίες, οι οποίες καλύπτουν περίοδο τουλάχιστον δώδεκα μηνών για κάθε διοικητική, δικαστική ή διαιτητική διαδικασία (συμπεριλαμβανομένης κάθε τέτοιας διαδικασίας που εκκρεμεί ή ενδέχεται να κινηθεί εναντίον του εκδότη και έχει περιέλθει σε γνώση του) η οποία μπορεί να έχει ή είχε προσφάτως σημαντικές επιπτώσεις στην χρηματοοικονομική κατάσταση ή στα αποτελέσματα του εκδότη ή / και του ομίλου. Εφόσον δεν υφίστανται τέτοιες διαδικασίες, παρατίθεται σχετική αρνητική δήλωση.*

**13       ΣΗΜΑΝΤΙΚΕΣ   ΑΛΛΑΓΕΣ   ΣΤΗΝ   ΧΡΗΜΑΤΟΟΙΚΟΝΟΜΙΚΗ   Ή ΕΜΠΟΡΙΚΗ ΘΕΣΗ ΤΟΥ ΕΚΔΟΤΗ**

*Περιγραφή κάθε σημαντικής μεταβολής στη χρηματοοικονομική θέση του ομίλου η οποία έλαβε χώρα από τη λήξη της τελευταίας χρήσης, για την οποία δημοσιεύθηκαν είτε ελεγμένες οικονομικές καταστάσεις είτε ενδιάμεσες χρηματοοικονομικές πληροφορίες. Εφόσον δεν έχουν σημειωθεί τέτοιου είδους αλλαγές, παρατίθεται σχετική αρνητική δήλωση.*

11.4.1     A statement setting out the principal assumptions upon which the issuer has based its forecast or estimate.

The forecast or estimate shall comply with the following principles:

a) there must be a clear distinction between assumptions about factors which the members of the administrative, management or supervisory bodies can influence and assumptions about factors which are exclusively outside the influence of the members of the administrative, management or supervisory bodies;

b) the assumptions must be reasonable, readily understandable by investors, specific and precise and not relate to the general accuracy of the estimates underlying the forecast;

c) in the case of a forecast, the assumptions shall draw the investor's attention to those uncertain factors which could materially change the outcome of the forecast.

11.4.2     A report prepared by a statutory auditor stating that, in their opinion, the forecast or estimate concerning the earnings has been properly compiled on the basis stated and that the basis of accounting used for the earnings forecast or estimate is consistent with the key accounting policies of the issuer.

**12        LEGAL AND ARBITRATION PROCEEDINGS**

Information on any governmental, legal or arbitration proceedings (including any such proceedings which are pending or threatened of which the issuer is aware), during a period covering at least 12 months which may have, or have had in the recent past significant effects on the issuer and/or group's financial position or earnings, or provide an appropriate negative statement.

**13        SIGNIFICANT CHANGE IN THE ISSUER'S FINANCIAL OR TRADING POSITION**

A description of any significant change in the financial position of the group which has occurred since the end of the last financial period for which either audited financial statements or interim financial information have been published, or provide an appropriate negative statement.

**14      ΓΝΩΣΤΟΠΟΙΗΣΕΙΣ ΣΥΝΑΛΛΑΓΩΝ ΜΕ ΣΥΝΔΕΔΕΜΕΝΑ ΜΕΡΗ**

*Περιγραφή των συναλλαγών με συνδεδεμένα μέρη τις οποίες διενήργησε ο εκδότης κατά την περίοδο που καλύπτουν οι ιστορικές χρηματοοικονομικές πληροφορίες μέχρι την ημερομηνία του πληροφοριακού δελτίου, σύμφωνα με το οικείο πρότυπο ΔΛΠ/ΔΠΧΠ που έχει υιοθετηθεί από την Ευρωπαϊκή Ένωση με βάση τον Κανονισμό (ΕΚ) αριθ. 1606/2002.*

*Επιπλέον, όταν αυτές οι συναλλαγές με συνδεδεμένα μέρη δεν διενεργήθηκαν με τους όρους της αγοράς, να αναφερθούν οι σχετικοί λόγοι.*

**15      ΣΗΜΑΝΤΙΚΕΣ ΣΥΜΒΑΣΕΙΣ**

*Συνοπτική περιγραφή κάθε σημαντικής σύμβασης που είναι σε ισχύ (εκτός από τις συμβάσεις που συνάπτονται στο σύνηθες πλαίσιο των δραστηριοτήτων) στις οποίες ο εκδότης ή οποιοδήποτε άλλο μέλος του ομίλου αποτελεί συμβαλλόμενο μέρος.*

*Συνοπτική περιγραφή κάθε άλλης σύμβασης (εκτός από τις συμβάσεις που συνάπτονται στο σύνηθες πλαίσιο των δραστηριοτήτων) που έχει συναφθεί από οποιοδήποτε μέλος του ομίλου και περιέχει διατάξεις δυνάμει των οποίων ένα οποιοδήποτε μέλος του ομίλου έχει αναλάβει υποχρέωση ή δέσμευση που είναι σημαντική για τον όμιλο κατά την ημερομηνία του εγγράφου αναφοράς.*

**16      ΛΟΙΠΕΣ ΠΛΗΡΟΦΟΡΙΕΣ**

16.1     Δήλωση για το κεφάλαιο κίνησης

*Δήλωση του εκδότη ότι, κατά την άποψή του, το κεφάλαιο κίνησής του επαρκεί για τους επόμενους 12 μήνες από την ημερομηνία έγκρισης του πληροφοριακού δελτίου ή, εάν όχι, διευκρίνιση του τρόπου με τον οποίο προτείνει να εισφέρει το συμπληρωματικό κεφαλαίο κίνησης που είναι αναγκαίο.*

16.2     *Συμφέροντα των φυσικών και νομικών προσώπων που συμμετέχουν στην έκδοση / προσφορά*

*Περιγραφή τυχόν συμφερόντων, περιλαμβανομένων των συγκρουόμενων, που επηρεάζουν σημαντικά την έκδοση / προσφορά, με προσδιορισμό των σχετικών προσώπων και της φύσης των συμφερόντων.*

16.3     *Λόγοι της προσφοράς και χρήση των εσόδων*

*Λόγοι της προσφοράς και, κατά περίπτωση, του εκτιμώμενου καθαρού ποσού των εσόδων, αναλυτικά ανά προβλεπόμενη χρήση και κατά σειρά προτεραιότητας των*

## 14 DISCLOSURE OF RELATED PARTY TRANSACTIONS

Description of of related party transactions that the issuer has entered into during the period covered by the historical financial information and up to the date of the prospectus, in accordance with the respective IAS/IFRS standard adopted by the European Union under Regulation (EC) No 1606/2002.

Where such related party transactions are not concluded at arm's length provide an explanation of why these transactions were not concluded at arm's length.

## 15 MATERIAL CONTRACTS

A summary of each material contract in effect (other than contracts entered into in the ordinary course of business) to which the issuer or any member of the group is a party.

A summary of any other contract (not being a contract entered into in the ordinary course of business) entered into by any member of the group which contains any provision under which any member of the group has any obligation or entitlement which is material to the group as at the date of the registration document.

## 16 OTHER INFORMATION

16.1 Working capital statement

Statement by the issuer that, in its opinion, its working capital is sufficient for the 12 months subsequent to the date of approval of the prospectus or, if not, how it proposes to provide the additional working capital needed.

16.2 Interest of natural and legal persons involved in the issue/offer

A description of any interest, including conflicting ones that is material to the issue/offer, detailing the persons involved and the nature of the interest.

16.3 Reasons for the offer and use of proceeds

Reasons for the offer and, where applicable, the estimated net amount of the proceeds broken into each intended use and presented in order of priority of such uses.

*χρήσεων. Εάν ο εκδότης γνωρίζει ότι τα αναμενόμενα έσοδα δεν θα επαρκέσουν για τη χρηματοδότηση όλων των προτεινόμενων χρήσεων, να αναφερθεί το ποσό και οι πηγές των συμπληρωματικών κεφαλαίων που απαιτούνται. Πρέπει να αναφέρεται λεπτομερώς η χρήση των εσόδων, ιδίως εάν αυτά χρησιμοποιούνται για την απόκτηση περιουσιακών στοιχείων εκτός της συνήθους δραστηριότητας, για τη χρηματοδότηση προαναγγελθεισών αποκτήσεων άλλων επιχειρήσεων ή για την εξόφληση, μείωση ή εξαγορά χρεών.*

*Περιγραφή του τρόπου ενημέρωσης και της διαδικασίας ελέγχου ως προς τη πορεία διάθεσης των αντληθέντων κεφαλαίων μέχρι την ολοκλήρωση της διάθεσης τους, σε περίπτωση που δεν προβλέπεται στη νομοθεσία.*

**17      ΠΛΗΡΟΦΟΡΙΕΣ ΓΙΑ ΤΙΣ ΤΑΣΕΙΣ**

17.1   *Περιγραφή των κατωτέρω στοιχείων:*

*α) των σημαντικότερων πρόσφατων τάσεων όσον αφορά την παραγωγή, τις πωλήσεις και τα αποθέματα, το κόστος και τις τιμές πώλησης, από τη λήξη της τελευταίας χρήσης έως την ημερομηνία του εγγράφου αναφοράς·*

*β) κάθε σημαντικής μεταβολής στις οικονομικές επιδόσεις του ομίλου, από τη λήξη της τελευταίας χρήσης για την οποία δημοσιεύθηκαν χρηματοοικονομικές πληροφορίες έως την ημερομηνία του εγγράφου αναφοράς, ή υποβολή κατάλληλης αρνητικής δήλωσης.*

17.2   *Πληροφορίες για κάθε γνωστή τάση, αβεβαιότητα, αίτημα, δέσμευση ή γεγονός που ευλόγως μπορεί να αναμένεται ότι θα επηρεάσει σημαντικά τις προοπτικές του εκδότη, τουλάχιστον για την τρέχουσα χρήση.*

**18      ΠΛΗΡΟΦΟΡΙΕΣ ΣΧΕΤΙΚΑ ΜΕ ΤΙΣ ΚΙΝΗΤΕΣ ΑΞΙΕΣ**

18.1   *Περιγραφή του είδους και της κατηγορίας των κινητών αξιών που προσφέρονται και/ή εισάγονται σε διαπραγμάτευση, περιλαμβανομένου του κωδικού ISIN (International Security Identification Number) ή άλλου τέτοιου κωδικού αναγνώρισης κινητών αξιών, εφόσον υπάρχει.*

18.2   *Νομοθεσία βάσει της οποίας δημιουργήθηκαν οι κινητές αξίες.*

18.3   *Αναφορά αν οι κινητές αξίες είναι ονομαστικές ή στον κομιστή, ενσώματες ή άυλες. Στην τελευταία περίπτωση, να αναφερθεί το όνομα και η διεύθυνση του προσώπου που είναι επιφορτισμένο με την τήρηση των αρχείων.*

18.4   *Νόμισμα στο οποίο είναι εκφρασμένες οι κινητές αξίες της έκδοσης.*

If the issuer is aware that the anticipated proceeds will not be sufficient to fund all the proposed uses, state the amount and sources of other funds needed. Details must be given with regard to the use of the proceeds, in particular when they are being used to acquire assets, other than in the ordinary course of business, to finance announced acquisitions of other business, or to discharge, reduce or retire indebtedness.

Description of the method by which information is to be provided, and the process for checking the progress in allocating the funds raised until the completion of such allocation, where this is not provided for in legislation.

## 17      TREND INFORMATION

17.1      A description of:

a) the most significant recent trends in production, sales and inventory, and costs and selling prices since the end of the last financial year to the date of the registration document;

b) any significant change in the financial performance of the group since the end of the last financial period for which financial information has been published to the date of the registration document, or provide an appropriate negative statement.

17.2      Information on any known trends, uncertainties, demands, commitments or events that are reasonably likely to have a material effect on the issuer's prospects for at least the current financial year.

## 18      INFORMATION CONCERNING THE SECURITIES

18.1      A description of the type and the class of the securities being offered and/or admitted to trading, including the ISIN (International Security Identification Number) or other such security identification code, where applicable.

18.2      Legislation under which the securities have been created.

18.3      Indication whether the securities are in registered form or bearer form and whether the securities are in certificated form or book-entry form. In the latter case, name and address of the entity in charge of keeping the records.

18.4      Currency of the securities issue.

18.5    (α) Περιγραφή των δικαιωμάτων που είναι ενσωματωμένα στις κινητές αξίες, περιλαμβανομένων των ενδεχόμενων περιορισμών τους, και διαδικασία για την άσκηση αυτών των δικαιωμάτων.

(β) Δικαίωμα μερίσματος: σταθερή(-ές) ημερομηνία(-ες) κατά την οποία(-ες) γεννάται το δικαίωμα.

(γ) Δικαιώματα ψήφου.

(δ) Δικαίωμα προτίμησης στην εγγραφή κινητών αξιών της ιδίας κατηγορίας.

(ε) Δικαίωμα στα κέρδη του εκδότη.

(στ) Ρήτρες εξαγοράς.

(ζ) Ρήτρες μετατροπής.

18.6    Σε περίπτωση νέας έκδοσης, να αναφερθούν οι αποφάσεις, άδειες και εγκρίσεις δυνάμει των οποίων δημιουργήθηκαν ή θα δημιουργηθούν ή/ και εκδόθηκαν ή θα εκδοθούν οι κινητές αξίες.

18.7    Τυχόν περιορισμοί στην ελεύθερη μεταβίβαση των κινητών αξιών.

18.8    Να αναφερθεί εάν υπάρχουν δεσμευτικές προσφορές εξαγοράς ή/και κανόνες υποχρεωτικής εκχώρησης και υποχρεωτικής εξαγοράς των κινητών αξιών.

18.9    Πληροφορίες για το φορολογικό καθεστώς των κινητών αξιών.

**19      ΟΡΟΙ ΤΗΣ ΠΡΟΣΦΟΡΑΣ**

19.1    Όροι της προσφοράς, προβλεπόμενο χρονοδιάγραμμα και διαδικασία υποβολής αίτησης εγγραφής.

19.1.1  Όροι στους οποίους υπόκειται η προσφορά.

19.1.2  Χρονική περίοδος, περιλαμβανομένων των δυνατών μεταβολών της, κατά την οποία η προσφορά θα είναι ανοικτή και περιγραφή της διαδικασίας υποβολής αίτησης εγγραφής.

19.1.3  Περιγραφή της δυνατότητας περιορισμού της εγγραφής και του τρόπου επιστροφής τυχόν υπερβάλλοντος ποσού που έχει καταβληθεί από τους εγγραφέντες.

19.1.4  Αναφέρεται πότε, και σε ποιες περιστάσεις, είναι δυνατή η ανάκληση ή η αναστολή της προσφοράς, και αν η ανάκληση είναι δυνατή μετά την έναρξη της διαπραγμάτευσης.

19.1.5  Κατώτατο και / ή ανώτατο ποσό της αίτησης εγγραφής (είτε σε αριθμό κινητών αξιών ή σωρευτικά σε επενδυόμενο ποσό).

19.1.6  Περίοδος εντός της οποίας μπορεί να αποσυρθεί η αίτηση εγγραφής, εφόσον επιτρέπεται στους επενδυτές να αποσύρουν την αίτησή τους.

19.1.7  Μέθοδος και προθεσμίες πληρωμής και παράδοσης των κινητών αξιών.

18.5    (a) A description of the rights attached to the securities, including any limitations of those rights, and procedure for the exercise of said rights.

(b) Dividend rights: fixed date(s) on which the entitlement arises.

(c) Voting rights.

(d) Pre-emption rights in the subscription of securities of the same class.

(e) Right to share in the issuer's profits.

(f) Redemption provisions.

(g) Conversion provisions.

18.6    In the case of new issues, a statement of the resolutions, authorisations and approvals by virtue of which the securities have been or will be created and/or issued.

18.7    Any restrictions on the free transferability of the securities.

18.8    Indication of the existence of any mandatory takeover bids/or squeeze-out and sell-out rules in relation to the securities.

18.9    Information regarding the tax regime of the securities.

**19      CONDITIONS OF THE OFFER**

19.1    Offer conditions, expected timetable and action required to apply for the offer.

19.1.1  Conditions to which the offer is subject.

19.1.2  The time period, including any possible amendments, during which the offer will be open and description of the application process.

19.1.3  A description of the possibility to reduce subscriptions and the manner for refunding amounts paid in excess by applicants.

19.1.4  An indication of when, and under which circumstances, the offer may be revoked or suspended and whether revocation can occur after dealing has begun.

19.1.5  Details of the minimum and/or maximum amount of application (whether in number of securities or aggregate amount to invest).

19.1.6  An indication of the period during which an application may be withdrawn, provided that investors are allowed to withdraw their subscription.

19.1.7  Method and time limits for paying up the securities and for delivery of the securities.

19.1.8  *Περιγραφή του τρόπου και της ημερομηνίας δημοσιοποίησης των αποτελεσμάτων της προσφοράς.*

19.1.9  *Διαδικασία άσκησης τυχόν δικαιώματος προτίμησης, εάν τα δικαιώματα εγγραφής είναι διαπραγματεύσιμα και ο τρόπος αντιμετώπισης των δικαιωμάτων που δεν ασκούνται.*

19.2  *Τρόπος κατανομής των κινητών αξιών*

19.2.1  *Κατηγορίες δυνητικών επενδυτών στους οποίες προσφέρονται οι κινητές αξίες.*

19.2.2  *Γνωστοποιήσεις πριν την κατανομή εφόσον υφίσταται:*

*(α) Διαίρεση της προσφοράς σε τμήματα που προορίζονται για τους ειδικούς επενδυτές, για τους ιδιώτες επενδυτές και για τους εργαζομένους του εκδότη, και κάθε άλλο τμήμα της.*

*(β) Όροι άσκησης του δικαιώματος ανάκτησης (claw back), ανώτατη δυνατή ανάκτηση και ελάχιστο ποσοστό ανάκτησης για επιμέρους τμήματα της προσφοράς.*

*(γ) Μέθοδος ή μέθοδοι κατανομής που εφαρμόζονται στα τμήματα που προορίζονται για τους ιδιώτες επενδυτές και για τους εργαζομένους του εκδότη σε περίπτωση υπερκάλυψης της εγγραφής αυτών των τμημάτων.*

*(δ) Περιγραφή κάθε προκαθορισμένης προτιμησιακής μεταχείρισης συγκεκριμένων ομάδων επενδυτών ή κατηγοριών προσώπων που συνδέονται με τον εκδότη (περιλαμβανομένων των προγραμμάτων που αφορούν φίλους ή μέλη της οικογενείας), ποσοστό της προσφοράς που προορίζεται για αυτή την προτιμησιακή μεταχείριση και κριτήρια ένταξης στις σχετικές ομάδες ή κατηγορίες.*

*(ε) Διευκρίνιση αν στην κατανομή η αντιμετώπιση των εγγραφών ή των αιτήσεων εγγραφής μπορεί να εξαρτάται από την επιχείρηση μέσω της οποίας γίνονται οι εγγραφές ή υποβάλλονται οι αιτήσεις εγγραφής.*

*(στ) Στο τμήμα που προορίζεται για ιδιώτες επενδυτές αναφέρεται αν προβλέπεται ελάχιστο ποσό-στόχος ανά εγγραφόμενο.*

*(ζ) Διευκρίνιση αν επιτρέπονται ή όχι πολλαπλές εγγραφές και, εάν δεν επιτρέπονται, ο τρόπος επεξεργασίας ενδεχόμενων πολλαπλών εγγραφών.*

*(η) Όροι κλεισίματος της προσφοράς και ημερομηνία του ν.ωρίτερου δυνατού κλεισίματος της προσφοράς·*

19.2.3  *Αναμενόμενη ημερομηνία παράδοσης/έκδοσης/έναρξης διαπραγμάτευσης των κινητών αξιών.*

19.1.8    A description of the manner and date in which results of the offer are to be made public.

19.1.9    The procedure for the exercise of any right of pre-emption, the negotiability of subscription rights and the treatment of subscription rights not exercised.

19.2      Manner of allotment of securities

19.2.1    Categories of potential investors to which the securities are offered.

19.2.2    Pre-allotment disclosure, where applicable:

(a) the division into tranches of the offer including the qualified investor, retail investor and issuer's employee tranches and any other tranches;

(b) the conditions under which the claw-back may be used, the maximum size of such claw back and any applicable minimum percentages for individual tranches;

(c) the allotment method or methods to be used for the retail investors and issuer's employee tranche in the event of an over-subscription of these tranches;

(d) a description of any pre-determined preferential treatment to be accorded to certain classes of investors or certain affinity groups (including friends and family programmes), the percentage of the offer reserved for such preferential treatment and the criteria for inclusion in such classes or groups;

(e) whether the treatment of subscriptions or bids to subscribe in the allotment may be determined on the basis of which firm they are made through;

(f) whether a target minimum individual allotment is provided for within the retail tranche;

(g) whether or not multiple subscriptions are admitted, and where they are not, how any multiple subscriptions will be handled;

(h) the conditions for the closing of the offer as well as the date on which the offer may be closed at the earliest.

19.2.3    Expected date of delivery/issue/commencement of trading of securities.

19.3    Καθορισμός της τιμής

19.3.1  Τιμή στην οποία θα προσφερθούν οι κινητές αξίες. Εάν η τιμή δεν είναι γνωστή να αναφερθεί η μέθοδος προσδιορισμού της τιμής προσφοράς και να περιληφθεί δήλωση που να αναφέρει το πρόσωπο που όρισε τα κριτήρια καθορισμού της τιμής. Να παρατεθεί το ποσό τυχόν εξόδων και φόρων που βαρύνουν ειδικά τον εγγραφόμενο ή τον αγοραστή

19.3.2  Εφόσον η τιμή της προσφοράς δεν παρατίθεται στο πληροφοριακό δελτίο, αναφέρεται ένα από τα ακόλουθα: α)Τη μέγιστη τιμή, εφόσον είναι διαθέσιμη·

β)Τις μεθόδους αποτίμησης και τα κριτήρια, και/ή οι προϋποθέσεις, σύμφωνα με τις οποίες καθορίστηκε ή θα καθοριστεί η τελική τιμή προσφοράς, καθώς και επεξήγηση των μεθόδων αποτίμησης που τυχόν χρησιμοποιήθηκαν.

Όταν στο πληροφοριακό δελτίο δεν μπορεί να περιληφθεί ούτε το στοιχείο α) ούτε το β), τότε διευκρινίζεται σε αυτό ότι η αποδοχή της αγοράς ή της εγγραφής για απόκτηση κινητών αξιών μπορεί να αποσύρεται το πολύ δύο εργάσιμες ημέρες μετά την κατάθεση της τελικής τιμής προσφοράς των κινητών αξιών που αποτελούν το αντικείμενο δημόσιας προσφοράς

19.4    Πληροφορίες για την τοποθέτηση και αναδοχή εφόσον υφίστανται

19.4.1  Όνομα και διεύθυνση του συντονιστή ή των συντονιστών του συνόλου της έκδοσης και των μεμονωμένων τμημάτων της εφόσον υφίστανται.

19.4.2  Όνομα και διεύθυνση των οντοτήτων που έχουν συμφωνήσει να αναλάβουν την αναδοχή της έκδοσης με ανέκκλητη δέσμευση και εκείνων που έχουν συμφωνήσει να τοποθετήσουν την έκδοση χωρίς ανέκκλητη δέσμευση ή στη βάση της καλύτερης δυνατής προσπάθειας. Αναφορά των σημαντικών στοιχείων των συμφωνιών, περιλαμβανομένων των ποσοστώσεων. Εάν η αναδοχή δεν αφορά το σύνολο της έκδοσης, διευκρίνιση του μη καλυπτόμενου τμήματος. Αναφορά του συνολικού ποσού της προμήθειας αναδοχής και της προμήθειας τοποθέτησης.

19.4.3  Χρόνος κατά τον οποίο επιτεύχθηκε ή θα επιτευχθεί η συμφωνία αναδοχής.

20      ΕΙΣΑΓΩΓΗ ΣΕ ΔΙΑΠΡΑΓΜΑΤΕΥΣΗ ΚΑΙ ΔΙΑΔΙΚΑΣΙΑ ΔΙΑΠΡΑΓΜΑΤΕΥΣΗΣ

20.1    Διευκρίνιση εάν οι προσφερόμενες κινητές αξίες αποτελούν ή θα αποτελέσουν αντικείμενο αίτησης εισαγωγής σε διαπραγμάτευση, ενόψει της διανομής τους σε ρυθμιζόμενη αγορά ή σε άλλες ισοδύναμες αγορές και παράθεση των αγορών αυτών. Η σχετική πληροφόρηση πρέπει να γίνεται χωρίς να δίνεται η εντύπωση ότι η εισαγωγή σε διαπραγμάτευση θα εγκριθεί οπωσδήποτε. Εάν είναι γνωστές, να αναφερθούν οι ημερομηνίες στις οποίες οι κινητές αξίες θα γίνουν το νωρίτερο δεκτές σε διαπραγμάτευση. Οι ανωτέρω πληροφορίες παρατίθενται αναλογικά στις περιπτώσεις ένταξης σε ΠΜΔ.

19.3       Pricing

19.3.1     The price at which the securities will be offered. If the price is not known, indicate the method for determining the offer price, including a statement as to who has set the criteria for the determination. Indication of the amount of any expenses and taxes specifically charged to the subscriber or purchaser.

19.3.2     If the offer price is not stated in the prospectus, indicate either: a) the maximum price as far as it is available;

b) the valuation methods and criteria, and/or conditions, in accordance with which the final offer price has been or will be determined and an explanation of any valuation methods used.

Where neither point (a) nor (b) can be provided in the prospectus, the prospectus shall specify that acceptances of the purchase or subscription of securities may be withdrawn up to two working days after the final offer price of securities to be offered to the public has been filed.

19.4       Information on placing and underwriting, where applicable

19.4.1     Name and address of the coordinator(s) of the global issue and of single parts of the issue, where applicable.

19.4.2     Name and address of the entities agreeing to underwrite the issue on a firm commitment basis, and name and address of the entities agreeing to place the issue without a firm commitment or under "best efforts" arrangements. Indication of the material features of the agreements, including the quotas. Where not all of the issue is underwritten, a statement of the portion not covered Indication of the overall amount of the underwriting commission and of the placing commission.

19.4.3     When the underwriting agreement has been or will be reached.

## 20        ADMISSION TO TRADING AND DEALING ARRANGEMENTS

20.1       An indication as to whether the securities offered are or will be the object of an application for admission to trading, with a view to their distribution in a regulated market or other equivalent markets, with indication of the markets in question. This information must be provided without creating the impression that the admission to trading necessarily will be approved. If known, give the earliest dates on which the securities will be admitted to trading. In cases of admission to an MTF, the above information shall be provided *mutatis mutandis*.

**21      ΚΑΤΟΧΟΙ ΠΟΥ ΠΡΟΣΦΕΡΟΥΝ ΚΙΝΗΤΕΣ ΑΞΙΕΣ**

21.1    *Όνομα και επαγγελματική διεύθυνση του προσώπου ή της οντότητας που προσφέρει τις κινητές αξίες, με διευκρίνιση της φύσης κάθε καθήκοντος ή άλλης σημαντικής σχέσης που είχαν τα τελευταία τρία χρόνια με τον εκδότη ή με έναν οποιοδήποτε από τους προκατόχους του ή με συνδεδεμένα με αυτόν πρόσωπα.*

21.2    *Αριθμός και κατηγορία των κινητών αξιών που προσφέρονται από καθέναν από τους κατόχους που πωλούν τις κινητές αξίες*

21.3    *Στοιχεία για τυχόν συμφωνίες υποχρεωτικής διακράτησης:*

        *Ενδιαφερόμενα μέρη·*

        *Περιεχόμενο των συμφωνιών και εξαιρέσεις*

        *Περίοδος υποχρεωτικής διακράτησης.*


**22      ΔΑΠΑΝΕΣ ΤΗΣ ΕΚΔΟΣΗΣ / ΠΡΟΣΦΟΡΑΣ**

22.1    *Συνολικά καθαρά έσοδα της έκδοσης / προσφοράς και εκτίμηση των συνολικών δαπανών.*

**23      ΜΕΙΩΣΗ ΤΗΣ ΣΥΜΜΕΤΟΧΗΣ ΤΩΝ ΜΕΤΟΧΩΝ**

23.1    *Σύγκριση των ακόλουθων στοιχείωντης συμμετοχής στο μετοχικό κεφάλαιο και στα δικαιώματα ψήφου των υφιστάμενων μετόχων πριν και μετά την αύξηση κεφαλαίου λόγω της δημόσιας προσφοράς, με την παραδοχή ότι οι υφιστάμενοι μέτοχοι δεν εγγράφονται για τις νέες μετοχές·*

23.2    *Όταν η συμμετοχή των υφιστάμενων μετόχων θα μειωθεί, ανεξαρτήτως αν εγγράφονται για τα δικαιώματά τους, λόγω του ότι μέρος της σχετικής έκδοσης μετοχών έχει δεσμευτεί μόνο για συγκεκριμένους επενδυτές (π.χ. μια θεσμική τοποθέτηση σε συνδυασμό με προσφορά στους μετόχους), επισημαίνεται η μείωση της συμμετοχής που θα υποστούν οι υφιστάμενοι μέτοχοι επίσης και όταν ασκούν όντος τα δικαιώματά τους (επιπλέον της περίπτωσης που αναφέρεται στο σημείο 9.1, στο πλαίσιο της οποίας δεν τα ασκούν).*

**21**      **SELLING SECURITIES HOLDERS**

21.1      Name and business address of the person or entity offering the securities, the nature of any position office or other material relationship that they have had within the past three years with the issuer or any of its predecessors or affiliates.

21.2      The number and class of securities being offered by each of the selling security holders.

21.3      Information on any lock-up agreements:

         The parties involved;

         Content and exceptions of the agreement;

         An indication of the period of the lock up.

**22**      **EXPENSE OF THE ISSUE/OFFER**

22.1      The total net proceeds and an estimate of the total expenses of the issue/offer.

**23**      **DILUTION**

23.1      A comparison of the following information of the participation in share capital and voting rights for existing shareholders before and after the capital increase resulting from the public offer, with the assumption that existing shareholders do not subscribe for the new shares.

23.2      Where existing shareholders will be diluted regardless of whether they subscribe for their entitlement, because a part of the relevant share issue is reserved only for certain investors (e.g. an institutional placing coupled with an offer to shareholders), an indication of the dilution existing shareholders will experience shall also be presented on the basis that they do take up their entitlement (in addition to the situation in item 9.1 where they do not).

**24      ΠΡΟΣΘΕΤΕΣ ΠΛΗΡΟΦΟΡΙΕΣ ΓΙΑ ΟΜΟΛΟΓΙΕΣ**

24.1     *ΠΑΡΑΓΟΝΤΕΣ ΚΙΝΔΥΝΟΥ*

*Περιγραφή των σημαντικών κινδύνων που αφορούν ειδικά τις ομολογίες οι οποίες προσφέρονται και/ή εισάγονται προς διαπραγμάτευση, σε περιορισμένο αριθμό κατηγοριών, σε τμήμα που φέρει τον τίτλο «Παράγοντες κινδύνου».*

*Στους κινδύνους προς γνωστοποίηση περιλαμβάνονται:*

*α) εκείνοι που προκύπτουν από το επίπεδο εξασφάλισης μιας ομολογίας, και τον αντίκτυπο στο αναμενόμενο μέγεθος ή τον χρόνο των πληρωμών στους κατόχους των ομολογιών στο πλαίσιο πτώχευσης, ή οποιασδήποτε άλλης ανάλογης διαδικασίας, συμπεριλαμβανομένης, κατά περίπτωση, της αφερεγγυότητας πιστωτικού ιδρύματος ή της εξυγίανσης ή αναδιάρθρωσής του σύμφωνα με την οδηγία 2014/59/ΕΕ·*

*β) σε περιπτώσεις όπου οι ομολογίες καλύπτονται από εγγύηση, οι ειδικοί και σημαντικοί κίνδυνοι που αφορούν τον εγγυητή, στον βαθμό που σχετίζονται με την ικανότητά του ν.α εκπληρώσει τις δεσμεύσεις που προβλέπει η εγγύηση.*

*Σε κάθε κατηγορία, πρώτα παρατίθενται οι σημαντικότεροι κίνδυνοι, στην αξιολόγηση που διενεργείται από τον εκδότη, τον προσφέροντα ή το πρόσωπο που ζητά την εισαγωγή προς διαπραγμάτευση σε ρυθμιζόμενη αγορά, λαμβανομένου υπόψη του αρνητικού αντικτύπου που έχουν στον εκδότη και στις ομολογίες, καθώς και της πιθανότητας εμφάνισής τους. Οι κίνδυνοι επιβεβαιώνονται από το περιεχόμενο του σημειώματος εκδιδόμενου τίτλου.*

24.2     *Να διευκρινιστεί η τάξη εξασφάλισης των κινητών αξιών που προσφέρονται ή/και εισάγονται σε διαπραγμάτευση, με συνοπτική περιγραφή τυχόν ρητρών που έχουν σαν σκοπό να επηρεάσουν την τάξη αυτή ή να την εξαρτήσουν από τρέχουσες ή μελλοντικές υποχρεώσεις του εκδότη.*

24.3     *Απόδοση. Συνοπτική περιγραφή της μεθόδου υπολογισμού της απόδοσης. Περιγραφή των όρων της ομολογίας*

## 24      ADDITIONAL INFORMATION ON BONDS

24.1      RISK FACTORS

A description of the material risks that are specific to the bonds being offered and/or admitted to trading in a limited number of categories, in a section headed 'Risk Factors'.

Risks to be disclosed shall include:

a) those resulting from the level of subordination of a security and the impact on the expected size or timing of payments to holders of the bonds under bankruptcy, or any other similar procedure, including, where relevant, the insolvency of a credit institution or its resolution or restructuring in accordance with Directive 2014/59/EU;

b) in cases where the bonds are guaranteed, the specific and material risks related to the guarantor to the extent they are relevant to its ability to fulfil its commitment under the guarantee.

In each category the most material risks, in the assessment of the issuer, offeror or person asking for admission to trading on a regulated market, taking into account the negative impact on the issuer and the bonds and the probability of their occurrence, shall be set out first. The risks shall be corroborated by the content of the securities note.

24.2      Ranking of the securities being offered and/or admitted to trading, including summaries of any clauses that are intended to affect ranking or subordinate the security to any present or future liabilities of the issuer.

24.3      Yield. Describe the method whereby that yield is calculated in summary form. Describe the terms of the bond.

24.4       Ονομαστικό επιτόκιο, απόδοση και πληρωμή των τόκων.

*ημερομηνία κατά την οποία οι τόκοι καθίστανται πληρωτέοι και ημερομηνία πληρωμής των τόκων·*

*προθεσμία παραγραφής των τόκων και του κεφαλαίου·*

*Εάν το επιτόκιο δεν είναι σταθερό, να δοθεί περιγραφή του υποκείμενου στοιχείου στο οποίο βασίζεται και της μεθόδου που χρησιμοποιείται για τη συσχέτισή τους και να αναφερθεί η πηγή στην οποία μπορούν να ληφθούν πληροφορίες για τις παρελθούσες και μελλοντικές επιδόσεις του υποκείμενου στοιχείου και για τη μεταβλητότητά του·*

*περιγραφή κάθε διαταραχής της αγοράς ή του διακανονισμού που μπορεί να επηρεάσει το υποκείμενο περιουσιακό στοιχείο·*

*κανόνες προσαρμογής που εφαρμόζονται σε περίπτωση γεγονότος που επηρεάζει το υποκείμενο περιουσιακό στοιχείο·*

*ονομασία του φορέα υπολογισμού.*

*Εάν η πληρωμή των τόκων που παράγει η κινητή αξία συνδέεται με παράγωγο(-α) μέσο(-α), να δοθούν σαφείς και πλήρεις*

*εξηγήσεις που να επιτρέπουν στους επενδυτές να κατανοήσουν τον τρόπο με τον οποίο η αξία της επένδυσής τους επηρεάζεται από την αξία του ή των παράγωγων μέσων, ιδίως στις περιπτώσεις στις οποίες οι κίνδυνοι είναι περισσότερο εμφανείς.*

*πιστοληπτική διαβάθμιση της ομολογίας εφόσον υπάρχει*


24.5       *Ημερομηνία λήξης και τρόπος απόσβεσης του δανείου, περιλαμβανομένων των διαδικασιών εξόφλησης. Εάν προβλέπεται δυνατότητα πρόωρης αποπληρωμής με πρωτοβουλία του εκδότη ή του κατόχου, να αναφερθούν οι σχετικοί όροι.*

24.6       *Να διευκρινιστούν οι τρόποι εκπροσώπησης των κατόχων χρεωστικών τίτλων, και ιδίως η επωνυμία του οργανισμού που εκπροσωπεί τους επενδυτές και οι διατάξεις που εφαρμόζονται στην εκπροσώπηση αυτή. Να αναφερθούν τα σημεία στα οποία το κοινό μπορεί να έχει πρόσβαση στις συμβάσεις που διέπουν αυτές τις μορφές εκπροσώπησης.*

24.7       *Η σχετική εξοφλητική προτεραιότητα των κινητών αξιών στη διάρθρωση του κεφαλαίου του εκδότη στην περίπτωση αφερεγγυότητας, συμπεριλαμβανομένων, κατά περίπτωση, πληροφοριών σχετικά με το επίπεδο εξασφάλισης των κινητών αξιών και τον πιθανό αντίκτυπο στην επένδυση στην περίπτωση εξυγίανσης, σύμφωνα με την οδηγία 2014/59/ΕΕ.*

24.4   Nominal interest rate, yield and payment of interest.

    the date from which interest becomes payable and the due dates for interest;

    the time limit on the validity of claims to interest and repayment of principal;

    Where the rate is not fixed, a description of the underlying [instrument] on which it is based and of the method used to relate the underlying [instrument] and the rate and an indication where information about the past and the further performance of the underlying [instrument] and its volatility can be obtained;

    a description of any market disruption or settlement disruption events that affect the underlying [instrument];

    adjustment rules with relation to events concerning the underlying [instrument];

    name of the calculation agent;

    If the security has a derivative component in the interest payment, provide a clear and comprehensive explanation to help investors understand how the value of their investment is affected by the value of the underlying instrument(s), especially under the circumstances when the risks are most evident;

    credit rating of the bond, where applicable.

24.5   Maturity date and arrangements for the amortisation of the loan, including the repayment procedures. Where advance amortisation is contemplated on the initiative of the issuer or of the holder, state the relevant terms.

24.6   Representation of debt security holders including an identification of the organisation representing the investors and provisions applying to such representation. Indication of where the public may have access to the contracts relating to these forms of representation.

24.7   the relative seniority of the securities in the issuer's capital structure in the event of insolvency including, where applicable, information on the level of subordination of the securities and the potential impact on the investment in the event of a resolution under Directive 2014/59/EU.

24.8    Βαθμίδες πιστοληπτικής ικανότητας που αποδόθηκαν στις κινητές αξίες μετά από αίτημα του εκδότη ή με τη συνεργασία του κατά τη διαδικασία πιστοληπτικής αξιολόγησης. Εάν οι βαθμίδες αυτές έχουν ήδη δημοσιευθεί από τον οργανισμό πιστοληπτικής αξιολόγησης, να εξηγηθεί εν συντομία η σημασία τους.

**25      Εγγυήσεις**

25.1    Φύση της εγγύησης.

25.1.1  Περιγραφή των ρυθμίσεων οι οποίες αποσκοπούν να εξασφαλίσουν τη δέουσα εκπλήρωση όλων των υποχρεώσεων που είναι σημαντικές για την έκδοση, είτε αυτές έχουν μορφή εγγύησης, τριτεγγύησης, επιστολής στήριξης («keep well agreement»), ασφαλιστηρίου συμβολαίου με τιτλοποίηση απαιτήσεων («monoline insurance») ή άλλης ισοδύναμης δέσμευσης («εγγυήσεις»), καθώς και του παρόχου τους «εγγυητής»). Οι εν λόγω ρυθμίσεις περιλαμβάνουν δεσμεύσεις, συμπεριλαμβανομένων εκείνων που υπόκεινται σε όρους, ώστε να διασφαλίζεται η τήρηση από τον οφειλέτη της υποχρέωσής του ν.α εξοφλήσει μη μετοχικές κινητές αξίες και/ή να πληρώσει τόκο. Η περιγραφή τους διευκρινίζει τον τρόπο με τον οποίο η ρύθμιση αυτή πρόκειται να διασφαλίσει την πραγματική εξόφληση των εγγυημένων πληρωμών.

25.2    Αντικείμενο της εγγύησης.

25.2.2  Λεπτομερή στοιχεία για τους όρους, τις προϋποθέσεις και το αντικείμενο της εγγύησης. Τα στοιχεία αυτά πρέπει να περιλαμβάνουν, αφενός, τις προϋποθέσεις εφαρμογής της εγγύησης στις περιπτώσεις υπερημερίας που προβλέπει η σύμβαση ασφάλειας και, αφετέρου, τους σχετικούς όρους του ασφαλιστηρίου συμβολαίου με τιτλοποίηση απαιτήσεων ή της επιστολής στήριξης μεταξύ του εκδότη και του εγγυητή. Πρέπει επίσης να γνωστοποιείται αν ο εγγυητής έχει το δικαίωμα να αρνηθεί κάθε τροποποίηση των δικαιωμάτων του κατόχου κινητών αξιών, πράγμα το οποίο προβλέπεται συχνά στα ασφαλιστήρια συμβόλαια με τιτλοποίηση απαιτήσεων.

25.2.3  Για τις ομολογίες οι οποίες περιλαμβάνουν εγγυήσεις, το πληροφοριακό δελτίο περιέχει τις ανωτέρω πρόσθετες πληροφορίες : 1, 6, 7, 9, 10, 11, 12, 13, 17 και 24 για τον εγγυητή.

24.8    Credit ratings assigned to the securities at the request or with the cooperation of the issuer in the rating process. A brief explanation of the meaning of the ratings if this has previously been published by the rating provider.

## 25    Guarantees

25.1    Nature of the guarantee.

25.1.1  A description of any arrangement intended to ensure that any obligation material to the issue will be duly serviced, whether in the form of guarantee, surety, Keep well Agreement, Mono-line Insurance policy or other equivalent commitment ('guarantees') and their provider ('guarantor'). Such arrangements encompass commitments, including those under conditions, to ensure that the obligations to repay non-equity securities and/or the payment of interest are fulfilled and their description shall set out how the arrangement is intended to ensure that the guaranteed payments will be duly serviced.

25.2    Scope of the guarantee

25.2.2  Details shall be disclosed about the terms and conditions and scope of the guarantee. These details should cover any conditionality on the application of the guarantee in the event of any default under the terms of the security and the material terms of any Mono-line Insurance or Keep well Agreement between the issuer and the guarantor. Details must also be disclosed of any guarantor's power of veto in relation to changes to the security holder's rights, such as is often found in Mono-line Insurance.

25.2.3  For bonds that include guarantees, the prospectus shall contain the aforesaid additional information: 1, 6, 7, 9, 10, 11, 12, 13 , 17 and 24 concerning the guarantor.

# EL - EN Glossary

| EL | EN |
|---|---|
| *αγελαία σκέψη* | groupthink |
| *άδεια λειτουργίας* | authorisation |
| *ακεραιότητα* | integrity |
| *ακίνητη περιουσία* | real estate property |
| *Αμοιβαία Κεφάλαια της Χρηματαγοράς (ΑΚΧΑ)* | Money Market Funds (MMFs) |
| *αμοιβαίο κεφάλαιο* | mutual fund |
| *αναγνωριστικός κωδικός νομικής οντότητας* | Legal Entity Identifier (LEI) |
| *ανάθεση εξουσιών* | delegation of powers |
| *ανάκληση* | withdrawal |
| *αναλογικότητα* | proportionality |
| *αναστολή* | suspension |
| *ανεξαρτησία κρίσης* | independence of judgement |
| *ανεξάρτητο μη εκτελεστικό μέλος* | independent non-executive director |
| *ανεξάρτητος αξιολογητής* | independent assessor |
| *ανθρώπινοι πόροι / ανθρώπινο δυναμικό* | human resources |
| *ανταλλαγή μετοχών* | share swap |
| *ανώνυμη εταιρεία* | société anonyme |
| *Ανώνυμη Εταιρεία Διαχείρισης Αμοιβαίων Κεφαλαίων (ΑΕΔΑΚ)* | Mutual Fund Management Company (MFMC) |
| *Ανώνυμη Εταιρεία Διαχείρισης Οργανισμών Εναλλακτικών Επενδύσεων (ΑΕΔΟΕΕ)* | Alternative Investment Fund Management Company (AIFMC) |
| *Ανώνυμη Εταιρεία Εναλλακτικής Διαχείρισης (ΑΕΕΔ)\** | Alternative Management Firm* |
| *Ανώνυμη Εταιρεία Παροχής Επενδυτικών Υπηρεσιών (ΑΕΠΕΥ)* | Investment firm société anonyme (IFSA) |
| *Ανώνυμη Εταιρεία Επενδυτικής Διαμεσολάβησης (ΑΕΕΔ)\** | Investment Intermediation Firm (IIF)* |
| *Ανώνυμη Εταιρία Επενδύσεων Μεταβλητού Κεφαλαίου (ΑΕΕΜΚ)* | société d'investissement à capital variable (SICAV) |
| *Ανώτατο Συμβούλιο Επιλογής Προσωπικού (ΑΣΕΠ)* | Supreme Council for Civil Personnel Selection |

| | |
|---|---|
| *αξιολόγηση κινδύνων* | risk assessment |
| *απαρτία* | quorum |
| *απόκριση σε κινδύνους* | risk response |
| *αποτίμηση* | valuation |
| *αρχείο κινδύνου* | risk register |
| *αρχικός δανειοδότης* | original lender |
| *αστική ευθύνη* | civil liability |
| *αυξημένη απαρτία* | qualified quorum |
| *βήμα τιμής* | tick size |
| *Γενική Συνέλευση* | General Meeting |
| *Γενικό Εμπορικό Μητρώο (ΓΕΜΗ)* | General Commercial Registry |
| *δεδομένα προσωπικού χαρακτήρα / προσωπικά δεδομένα* | personal data |
| *δείκτες αναφοράς* | benchmarks |
| *διαμεσολαβητής* | intermediary |
| *διαπραγματεύσιμα αμοιβαία κεφάλαια* | exchange-traded funds |
| *διασφάλιση ποιότητας* | quality assurance |
| *διαφάνεια* | transparency |
| *διαχείριση κινδύνων* | risk management |
| *διαχειριστής* | manager |
| *Διαχειριστής αγοράς* | Market operator |
| *Διαχειριστής Οργανισμών Εναλλακτικών Επενδύσεων (ΔΟΕΕ)* | Alternative Investment Fund Manager (AIFM) |
| *διαχειριστής περιουσιακών στοιχείων* | asset manager |
| *Διαχειριστής ΠΜΔ* | MTF operator |
| *διευθύνων σύμβουλος* | chief executive officer (CEO) |
| *δικαιολογητικά* | supporting documents |
| *δικαιώματα προτίμησης* | pre-emptive rights |
| *δικαιώματα ψήφου* | voting rights |
| *Διοικητικό Συμβούλιο* | Board of Directors |
| *έγγραφο αναφοράς* | registration document |
| *εισαγωγή προς διαπραγμάτευση* | admittance to trading |
| *εισηγμένη εταιρεία* | listed company |
| *έκθεση πεπραγμένων* | activity report |

| | |
|---|---|
| έκτακτη γενική συνέλευση | extraordinary General Meeting |
| εκτελεστικό μέλος | executive director |
| ενεργητικό | assets |
| ενεργός διάλογος με μετόχους / ενεργή συμμετοχή μετόχων | shareholder engagement |
| ενεχυρίαση | pledging |
| ενεχυρούχος δανειστής | pledgee |
| ενημερωτικό δελτίο | prospectus |
| Ενιαίος Εποπτικός Μηχανισμός | Single Supervisory Mechanism |
| εξαγορά μεριδίων | unit redemption |
| επενδυτής | investor |
| επίπληξη | reprimand |
| επιτροπή αποδοχών | remuneration committee |
| επιτροπή ελέγχου | audit committee |
| Επιτροπή Κεφαλαιαγοράς | Hellenic Capital Market Commission |
| Επιτροπή Λογιστικής Τυποποίησης και Ελέγχων | Hellenic Accounting and Auditing Standards Oversight Board |
| επιτροπή υποψηφιοτήτων | nominations committee |
| επιχείρηση παροχής επενδυτικών υπηρεσιών (ΕΠΕΥ) | investment firm (IF) |
| εσωτερικός έλεγχος | internal audit |
| εταιρεία | company |
| Εταιρεία Επενδύσεων σε Ακίνητη Περιουσία (ΑΕΕΑΠ) | Real Estate Investment Company (REIC) |
| εταιρική διακυβέρνηση | corporate governance |
| Ευρωπαϊκή Κεντρική Τράπεζα | European Central Bank |
| ευρωπαϊκός μοναδικός ταυτοποιητής | European Unique Identifier (EUID) |
| ήθος | character |
| θεματοφύλακας | depositary |
| θέση σε αναγκαστική διαχείριση | receivership |
| θεσμικός επενδυτής | institutional investor |
| θυγατρική | subsidiary |
| ιδιότητα μέλους διοικητικού συμβουλίου | directorship |
| ιστότοπος / διαδικτυακός τόπος | website |
| καθεστώς διαπραγμάτευσης | trading status |
| Κανονισμός ΟΕΕ | AIF regulations |
| κανονιστική συμμόρφωση | regulatory compliance |
| καταγγελία πληροφοριών | whistleblowing |

| | |
|---|---|
| *καταλληλότητα* | fitness and propriety / suitability |
| *καταστατική έδρα* | registered offices |
| *καταστατικό* | Articles of Association |
| *κεντρικά γραφεία* | head office |
| *κεντρικό αποθετήριο τίτλων* | central securities depository |
| *κινητές αξίες* | transferable securities |
| *κριτήρια διαφοροποίησης κινδύνου* | risk diversification criteria |
| *κύκλος εργασιών* | turnover |
| *κύριο διοικητικό στέλεχος* | key management executive |
| *κύρωση* | penalty / sanction |
| *κώδικας εταιρικής διακυβέρνησης* | corporate governance code |
| *λύση* | winding-up |
| *μέλος διοικητικού συμβουλίου* | director |
| *μερίδιο* | unit |
| *μεριδιούχος* | unit-holder |
| *μεταβιβάζουσα οντότητα* | originator |
| *μεταβίβαση* | transfer |
| *μετοχές* | shares |
| *μη διακριτική μεταχείριση* | non-discrimination |
| *μη εκτελεστικό μέλος* | non-executive director |
| *μητρική επιχείρηση* | parent undertaking |
| *μητρώο* | register |
| *μονάδα διαχείρισης κινδύνων* | risk management unit |
| *μονάδα εταιρικών ανακοινώσεων* | corporate announcements department |
| *νομικό πρόσωπο* | legal person |
| *νόμιμος ελεγκτής* | statutory auditor |
| *ΟΕΕ ανοικτού τύπου* | open-ended AIF |
| *ΟΕΕ κλειστού τύπου* | closed-ended AIF |
| *όμιλος* | group |
| *ομολογιακό δάνειο* | bond loan |
| *οντότητα δημόσιου συμφέροντος* | public-interest entity |
| *όντοτητα ειδικού σκοπού για τιτλοποίηση (ΟΕΣΤ)* | securitisation special purpose entity (SSPE) |
| *Οργανισμός εναλλακτικών επενδύσεων (ΟΕΕ)* | Alternative investment fund (AIF) |
| *Οργανισμός Συλλογικών Επενδύσεων σε Κινητές Αξίες (ΟΣΕΚΑ)* | Undertaking for Collective Investment in Transferable Securities (UCITS) |
| *όρια θέσεων* | position limits |

| | |
|---|---|
| όρια μόχλευσης | leverage limits |
| ορκωτός ελεγκτής λογιστής | certified public accountant |
| παράβαση | infringement |
| παρακολούθηση εξέλιξης κινδύνων | risk monitoring |
| περιβάλλον ελέγχου | control environment |
| περιουσιακά στοιχεία | assets |
| πιστωτικό ίδρυμα | credit institution |
| πληρεξούσιος σύμβουλος | proxy advisor |
| πληροφοριακό δελτίο | prospectus |
| πολιτική αποδοχών | remuneration policy |
| πολιτική καταλληλότητας | fit and proper policy |
| πολιτική ψήφου | voting policy |
| πολυμερής μηχανισμός διαπραγμάτευσης (ΠΜΔ) | Multilateral Trading Facility (MTF) |
| πολυμορφία | diversity |
| πρακτικά | minutes |
| Πρόεδρος του Διοικητικού Συμβουλίου | Chairperson of the Board of Directors |
| προϊστάμενος | head (of unit) |
| προσφέρων | offeror |
| πτώχευση | insolvency / bankruptcy |
| ρευστοποίηση | liquidation |
| ρυθμιζόμενη αγορά | regulated market |
| σημαντική θυγατρική | material subsidiary |
| σύγκρουση συμφερόντων | conflict of interest |
| συλλογική καταλληλότητα | collective suitability |
| Συμβουλευτική Επιτροπή | Advisory Committee |
| Συμβούλιο Επιλογής Προϊσταμένων (Σ.Ε.Π) | Head [of Unit] Selection Council |
| συνδεδεμένη εταιρεία ή πρόσωπο ή μέρος | related company or person or party |
| σύστημα αμοιβής ή παροχών συνδεόμενο με την απόδοση | performance-related remuneration or compensation scheme |
| σύστημα δικαιωμάτων προαίρεσης για την αγορά μετοχών | share option scheme |
| σύστημα εσωτερικού ελέγχου | internal audit system |
| σύστημα μοριοδότησης | points system |
| σχέσεις εξάρτησης | relationships of dependence |
| τακτική γενική συνέλευση | ordinary General Meeting |

| | |
|---|---|
| ταυτοποίηση | identification |
| τεχνικά πρότυπα | technical standards |
| τιτλοποίηση | securitisation |
| Τράπεζα της Ελλάδος | Bank of Greece |
| υπαιτιότητα | culpability |
| υποχρεωτικός έλεγχος | statutory audit |
| φερεγγυότητα | solvency |
| φήμη | reputation |
| φυσικό πρόσωπο | natural person |
| χαρτοφυλάκιο | portfolio |
| χρηματικό πρόστιμο | pecuniary fine |
| Χρηματιστήριο Αθηνών | Athens Stock Exchange |
| χρηματοοικονομική απόδοση | financial performance |
| χρηματοοικονομική κατάσταση | financial statement |
| χρηματοοικονομική πληροφόρηση | financial reporting |
| χρηματοπιστωτικά μέσα | financial instruments |
| χρήση / διαχειριστική περίοδος | accounting period |

* As noted in the foreword, two different names are given in the text of Law 4706/2020 for the initialism "ΑΕΕΔ": Ανώνυμες Εταιρείες Εναλλακτικής Διαχείρισης (Alternative Management Firms) in Article 43(9) and Ανώνυμες Εταιρείες Επενδυτικής Διαμεσολάβησης (Investment Intermediation Firms) in Article 73.

# EN - EL Glossary

| EN | EL |
|---|---|
| accounting period | χρήση / διαχειριστική περίοδος |
| activity report | έκθεση πεπραγμένων |
| admittance to trading | εισαγωγή προς διαπραγμάτευση |
| Advisory Committee | Συμβουλευτική Επιτροπή |
| AIF regulations | Κανονισμός ΟΕΕ |
| Alternative investment fund (AIF) | Οργανισμός εναλλακτικών επενδύσεων (ΟΕΕ) |
| Alternative Investment Fund Management Company (AIFMC) | Ανώνυμη Εταιρεία Διαχείρισης Οργανισμών Εναλλακτικών Επενδύσεων (ΑΕΔΟΕΕ) |
| Alternative Investment Fund Manager (AIFM) | Διαχειριστής Οργανισμών Εναλλακτικών Επενδύσεων (ΔΟΕΕ) |
| Alternative Management Firm* | Ανώνυμη Εταιρεία Εναλλακτικής Διαχείρισης (ΑΕΕΔ)* |
| Articles of Association | καταστατικό |
| asset manager | διαχειριστής περιουσιακών στοιχείων |
| assets | ενεργητικό |
| assets | περιουσιακά στοιχεία |
| Athens Stock Exchange | Χρηματιστήριο Αθηνών |
| audit committee | επιτροπή ελέγχου |
| authorisation | άδεια λειτουργίας |
| Bank of Greece | Τράπεζα της Ελλάδος |
| benchmarks | δείκτες αναφοράς |
| Board of Directors | Διοικητικό Συμβούλιο |
| bond loan | ομολογιακό δάνειο |
| central securities depository | κεντρικό αποθετήριο τίτλων |
| certified public accountant | ορκωτός ελεγκτής λογιστής |
| Chairperson of the Board of Directors | Πρόεδρος του Διοικητικού Συμβουλίου |
| character | ήθος |
| chief executive officer (CEO) | διευθύνων σύμβουλος |
| civil liability | αστική ευθύνη |
| closed-ended AIF | ΟΕΕ κλειστού τύπου |
| collective suitability | συλλογική καταλληλότητα |
| company | εταιρεία |

| | |
|---|---|
| conflict of interest | *σύγκρουση συμφερόντων* |
| control environment | *περιβάλλον ελέγχου* |
| corporate announcements department | *μονάδα εταιρικών ανακοινώσεων* |
| corporate governance | *εταιρική διακυβέρνηση* |
| corporate governance code | *κώδικας εταιρικής διακυβέρνησης* |
| credit institution | *πιστωτικό ίδρυμα* |
| culpability | *υπαιτιότητα* |
| delegation of powers | *ανάθεση εξουσιών* |
| depositary | *θεματοφύλακας* |
| director | *μέλος διοικητικού συμβουλίου* |
| directorship | *ιδιότητα μέλους διοικητικού συμβουλίου* |
| diversity | *πολυμορφία* |
| European Central Bank | *Ευρωπαϊκή Κεντρική Τράπεζα* |
| European Unique Identifier (EUID) | *ευρωπαϊκός μοναδικός ταυτοποιητής* |
| exchange-traded funds | *διαπραγματεύσιμα αμοιβαία κεφάλαια* |
| executive director | *εκτελεστικό μέλος* |
| extraordinary General Meeting | *έκτακτη γενική συνέλευση* |
| financial instruments | *χρηματοπιστωτικά μέσα* |
| financial performance | *χρηματοοικονομική απόδοση* |
| financial reporting | *χρηματοοικονομική πληροφόρηση* |
| financial statement | *χρηματοοικονομική κατάσταση* |
| fit and proper policy | *πολιτική καταλληλότητας* |
| fitness and propriety / suitability | *καταλληλότητα* |
| General Commercial Registry | *Γενικό Εμπορικό Μητρώο (ΓΕΜΗ)* |
| General Meeting | *Γενική Συνέλευση* |
| group | *όμιλος* |
| groupthink | *αγελαία σκέψη* |
| head (of unit) | *προϊστάμενος* |
| Head [of Unit] Selection Council | *Συμβούλιο Επιλογής Προϊσταμένων (Σ.Ε.Π)* |
| head office | *κεντρικά γραφεία* |
| Hellenic Accounting and Auditing Standards Oversight Board | *Επιτροπή Λογιστικής Τυποποίησης και Ελέγχων* |
| Hellenic Capital Market Commission | *Επιτροπή Κεφαλαιαγοράς* |

| | |
|---|---|
| human resources | *ανθρώπινοι πόροι / ανθρώπινο δυναμικό* |
| identification | *ταυτοποίηση* |
| independence of judgement | *ανεξαρτησία κρίσης* |
| independent assessor | *ανεξάρτητος αξιολογητής* |
| independent non-executive director | *ανεξάρτητο μη εκτελεστικό μέλος* |
| infringement | *παράβαση* |
| insolvency / bankruptcy | *πτώχευση* |
| institutional investor | *θεσμικός επενδυτής* |
| integrity | *ακεραιότητα* |
| intermediary | *διαμεσολαβητής* |
| internal audit | *εσωτερικός έλεγχος* |
| internal audit system | *σύστημα εσωτερικού ελέγχου* |
| investment firm (IF) | *επιχείρηση παροχής επενδυτικών υπηρεσιών (ΕΠΕΥ)* |
| Investment firm société anonyme (IFSA) | *Ανώνυμη Εταιρεία Παροχής Επενδυτικών Υπηρεσιών (ΑΕΠΕΥ)* |
| Investment Intermediation Firm (IIF)* | *Ανώνυμη Εταιρεία Επενδυτικής Διαμεσολάβησης (ΑΕΕΔ)** |
| investor | *επενδυτής* |
| issuer | *εκδότης* |
| key management executive | *κύριο διοικητικό στέλεχος* |
| Legal Entity Identifier (LEI) | *αναγνωριστικός κωδικός νομικής οντότητας* |
| legal person | *νομικό πρόσωπο* |
| leverage limits | *όρια μόχλευσης* |
| liquidation | *ρευστοποίηση* |
| listed company | *εισηγμένη εταιρεία* |
| manager | *διαχειριστής* |
| Market operator | *Διαχειριστής αγοράς* |
| material subsidiary | *σημαντική θυγατρική* |
| minutes | *πρακτικά* |
| Money Market Funds (MMFs) | *Αμοιβαία Κεφάλαια της Χρηματαγοράς (ΑΚΧΑ)* |
| MTF operator | *Διαχειριστής ΠΜΔ* |
| Multilateral Trading Facility (MTF) | *πολυμερής μηχανισμός διαπραγμάτευσης (ΠΜΔ)* |
| mutual fund | *αμοιβαίο κεφάλαιο* |

| | |
|---|---|
| Mutual Fund Management Company (MFMC) | *Ανώνυμη Εταιρεία Διαχείρισης Αμοιβαίων Κεφαλαίων (ΑΕΔΑΚ)* |
| natural person | *φυσικό πρόσωπο* |
| nominations committee | *επιτροπή υποψηφιοτήτων* |
| non-discrimination | *μη διακριτική μεταχείριση* |
| non-executive director | *μη εκτελεστικό μέλος* |
| offeror | *προσφέρων* |
| open-ended AIF | *ΟΕΕ ανοικτού τύπου* |
| ordinary General Meeting | *τακτική γενική συνέλευση* |
| original lender | *αρχικός δανειοδότης* |
| originator | *μεταβιβάζουσα οντότητα* |
| parent undertaking | *μητρική επιχείρηση* |
| pecuniary fine | *χρηματικό πρόστιμο* |
| penalty / sanction | *κύρωση* |
| performance-related remuneration or compensation scheme | *σύστημα αμοιβής ή παροχών συνδεόμενο με την απόδοση* |
| personal data | *δεδομένα προσωπικού χαρακτήρα / προσωπικά δεδομένα* |
| pledgee | *ενεχυρούχος δανειστής* |
| pledging | *ενεχυρίαση* |
| points system | *σύστημα μοριοδότησης* |
| portfolio | *χαρτοφυλάκιο* |
| position limits | *όρια θέσεων* |
| pre-emptive rights | *δικαιώματα προτίμησης* |
| proportionality | *αναλογικότητα* |
| prospectus | *ενημερωτικό δελτίο* |
| prospectus | *πληροφοριακό δελτίο* |
| proxy advisor | *πληρεξούσιος σύμβουλος* |
| public-interest entity | *οντότητα δημόσιου συμφέροντος* |
| qualified quorum | *αυξημένη απαρτία* |
| quality assurance | *διασφάλιση ποιότητας* |
| quorum | *απαρτία* |
| Real Estate Investment Company (REIC) | *Εταιρεία Επενδύσεων σε Ακίνητη Περιουσία (ΑΕΕΑΠ)* |
| real estate property | *ακίνητη περιουσία* |
| receivership | *θέση σε αναγκαστική διαχείριση* |
| register | *μητρώο* |
| registered offices | *καταστατική έδρα* |

| | |
|---|---|
| registration document | *έγγραφο αναφοράς* |
| regulated market | *ρυθμιζόμενη αγορά* |
| regulatory compliance | *κανονιστική συμμόρφωση* |
| related company or person or party | *συνδεδεμένη εταιρεία ή πρόσωπο ή μέρος* |
| relationships of dependence | *σχέσεις εξάρτησης* |
| remuneration committee | *επιτροπή αποδοχών* |
| remuneration policy | *πολιτική αποδοχών* |
| reprimand | *επίπληξη* |
| reputation | *φήμη* |
| risk assessment | *αξιολόγηση κινδύνων* |
| risk diversification criteria | *κριτήρια διαφοροποίησης κινδύνου* |
| risk management | *διαχείριση κινδύνων* |
| risk management unit | *μονάδα διαχείρισης κινδύνων* |
| risk monitoring | *παρακολούθηση εξέλιξης κινδύνων* |
| risk register | *αρχείο κινδύνου* |
| risk response | *απόκριση σε κινδύνους* |
| rules of procedure | *κανονισμός λειτουργίας* |
| securitisation | *τιτλοποίηση* |
| securitisation special purpose entity (SSPE) | *όντοτητα ειδικού σκοπού για τιτλοποίηση (ΟΕΣΤ)* |
| share option scheme | *σύστημα δικαιωμάτων προαίρεσης για την αγορά μετοχών* |
| share swap | *ανταλλαγή μετοχών* |
| shareholder engagement | *ενεργός διάλογος με μετόχους / ενεργή συμμετοχή μετόχων* |
| shares | *μετοχές* |
| Single Supervisory Mechanism | *Ενιαίος Εποπτικός Μηχανισμός* |
| société anonyme | *ανώνυμη εταιρεία* |
| *société d'investissement à capital variable* (SICAV) | *Ανώνυμη Εταιρία Επενδύσεων Μεταβλητού Κεφαλαίου (ΑΕΕΜΚ)* |
| solvency | *φερεγγυότητα* |
| statutory audit | *υποχρεωτικός έλεγχος* |
| statutory auditor | *νόμιμος ελεγκτής* |
| subsidiary | *θυγατρική* |
| supporting documents | *δικαιολογητικά* |
| Supreme Council for Civil Personnel Selection | *Ανώτατο Συμβούλιο Επιλογής Προσωπικού (ΑΣΕΠ)* |

| | |
|---|---|
| suspension | *αναστολή* |
| technical standards | *τεχνικά πρότυπα* |
| tick size | *βήμα τιμής* |
| trading status | *καθεστώς διαπραγμάτευσης* |
| transfer | *μεταβίβαση* |
| transferable securities | *κινητές αξίες* |
| transparency | *διαφάνεια* |
| turnover | *κύκλος εργασιών* |
| Undertaking for Collective Investment in Transferable Securities (UCITS) | *Οργανισμός Συλλογικών Επενδύσεων σε Κινητές Αξίες (ΟΣΕΚΑ)* |
| unit redemption | *εξαγορά μεριδίων* |
| unit | *μερίδιο* |
| unit-holder | *μεριδιούχος* |
| valuation | *αποτίμηση* |
| voting policy | *πολιτική ψήφου* |
| voting rights | *δικαιώματα ψήφου* |
| website | *ιστότοπος / διαδικτυακός τόπος* |
| whistleblowing | *καταγγελία πληροφοριών* |
| winding-up | *λύση* |
| withdrawal | *ανάκληση* |

* As noted in the foreword, two different names are given in the text of Law 4706/2020 for the initialism "ΑΕΕΔ": Ανώνυμες Εταιρείες Εναλλακτικής Διαχείρισης (Alternative Management Firms) in Article 43(9) and Ανώνυμες Εταιρείες Επενδυτικής Διαμεσολάβησης (Investment Intermediation Firms) in Article 73.

www.ingramcontent.com/pod-product-compliance
Lightning Source LLC
Chambersburg PA
CBHW081805200326
41597CB00023B/4149